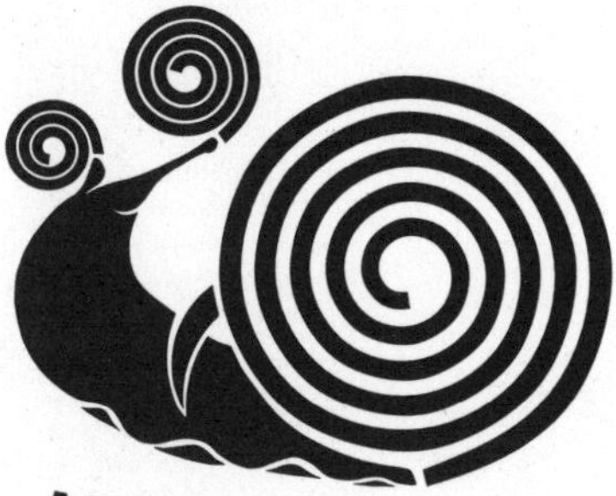

MAYOI maimai

BAKEMONOGATARI

化物語

TEXT: NISIOISIN

ZEICHNUNGEN: OH!GREAT

CHARACTER DESIGN: VOFAN

2

TOKYOPOP®

CHARAKTERE

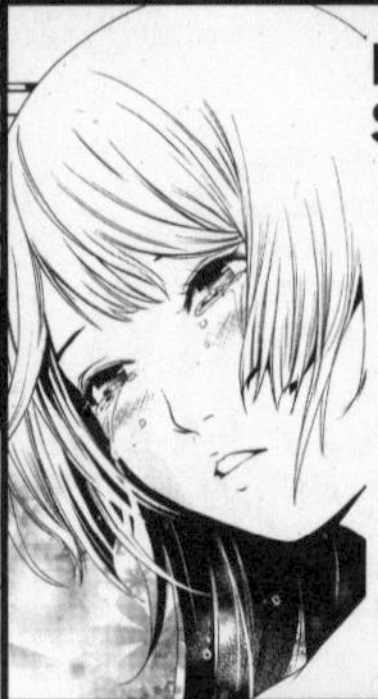

Hitagi Senjogahara

Ein Mädchen, dessen Körpergewicht von der Omoshikani geraubt wurde. Obwohl sie eine unscheinbare Existenz geführt hat, um ihr Geheimnis zu bewahren, kommt Koyomi dahinter.

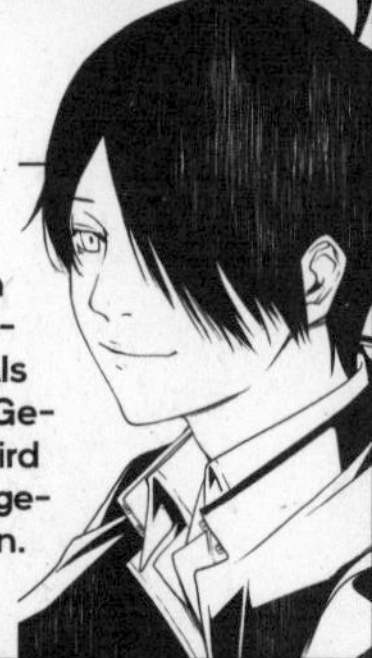

Koyomi Araragi

Ein Junge, der von einem Vampir angefallen wurde. Als er zufällig Hitagis Geheimnis erfährt, wird er aktiv, damit sie gerettet werden kann.

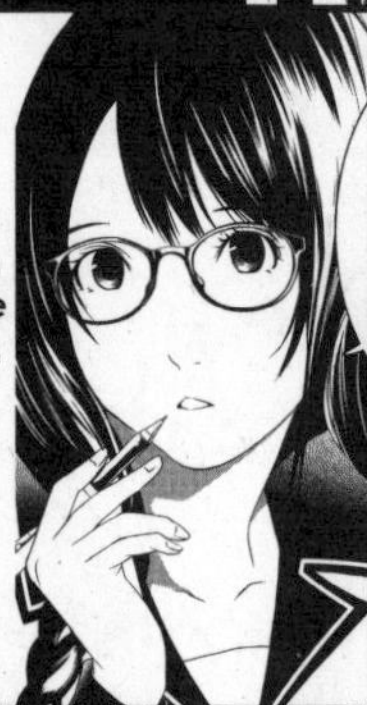

Tsubasa Hanekawa

Sie ist Koyomis Klassenkameradin und eine legendäre Klassensprecherin, die in allen sechs Fachgebieten 598 von 600 Punkten geholt hat. Sie war auf derselben Mittelschule wie Hitagi.

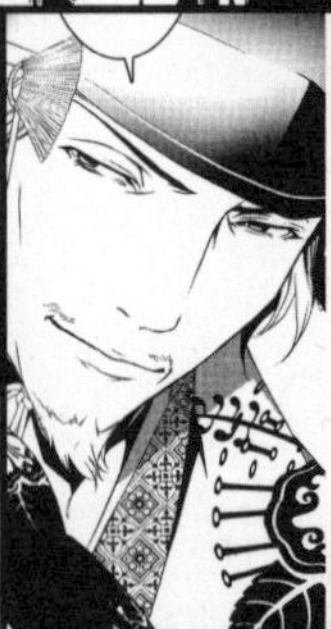

Meme Oshino

Ein Experte für Kaii. Ein schmuddeliger älterer Kerl, der Koyomi geholfen hat, . Er war es, zu dem Koyomi Hitagi gebracht hat.

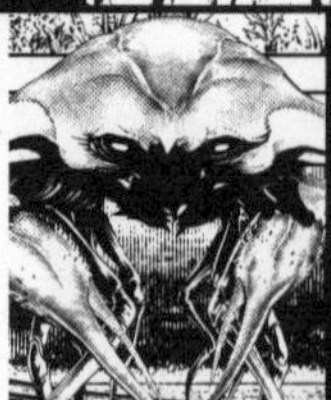

Omoshikani

Ein Kaii, der den Menschen ihr Körpergewicht raubt. Hat Hitagi ihr Gewicht und ihre Gefühle geraubt.

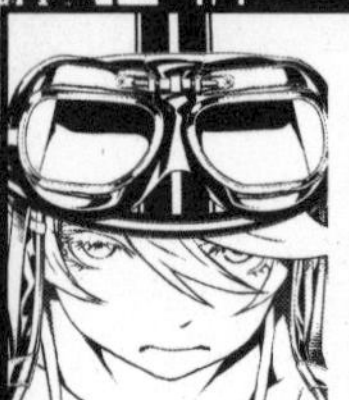

Shinobu Oshino

Ein heruntergekommener Vampir, der seinen Namen von Meme bekommen hat. Shinobu tut nichts und sitzt bloß herum.

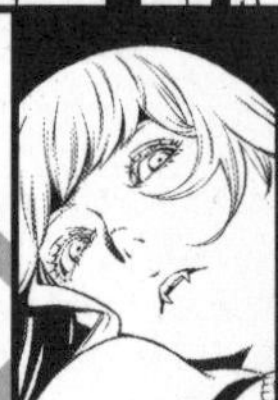

Kiss-Shot Acerola-Orion Heart-Under-Blade

Ein eisenblütiger, heißblütiger, kaltblütiger Vampir, der Koyomi angefallen hat.

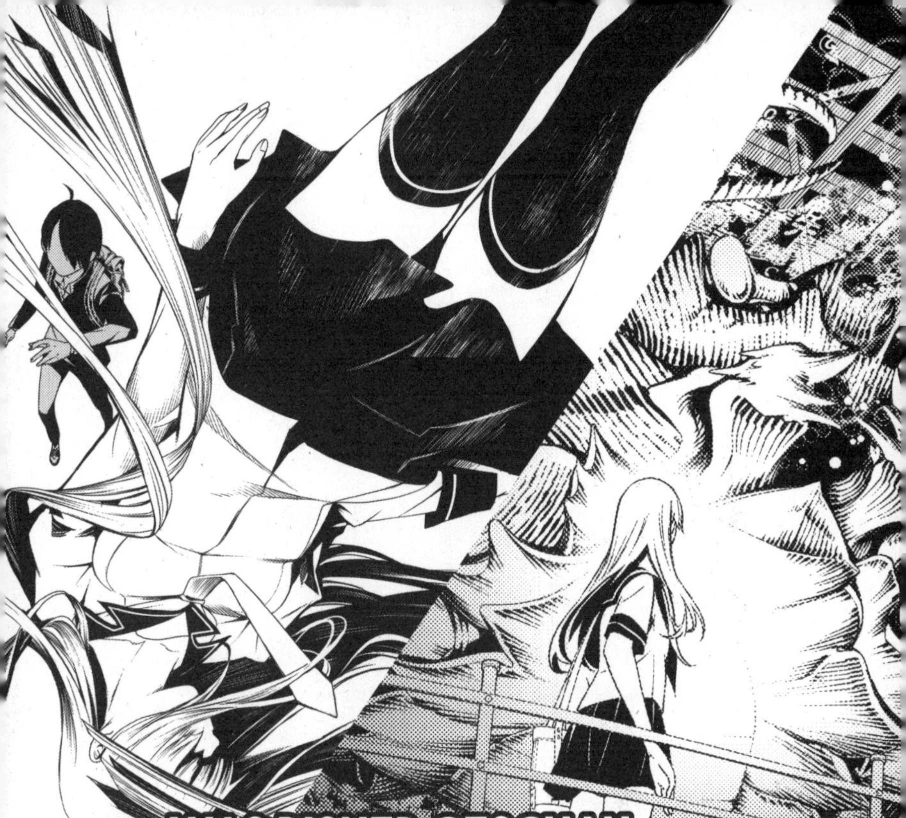

WAS BISHER GESCHAH

Koyomi Araragi fängt eines Tages Hitagi Senjogahara auf und stellt fest, dass das Mädchen fast nichts wiegt. Zuvor war sie einer Krabbe begegnet, die Hitagi ihr fast ihr gesamtes Körpergewicht genommen hat. Um dem Mädchen zu helfen, wendet sich Koyomi an den Kaii-Experten Meme Oshino. Doch als beiden dort sind, stellt sich heraus, dass Hitagi freiwillig ihr Gewicht dargeboten hat, um ihre allzu belastenden Gefühle gegenüber ihrer Mutter loszuwerden ...

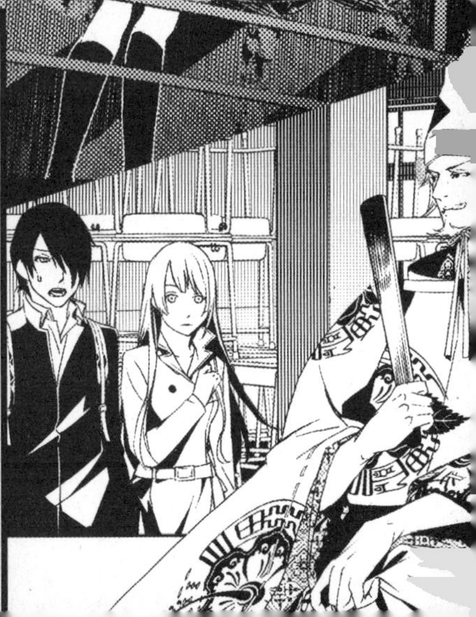

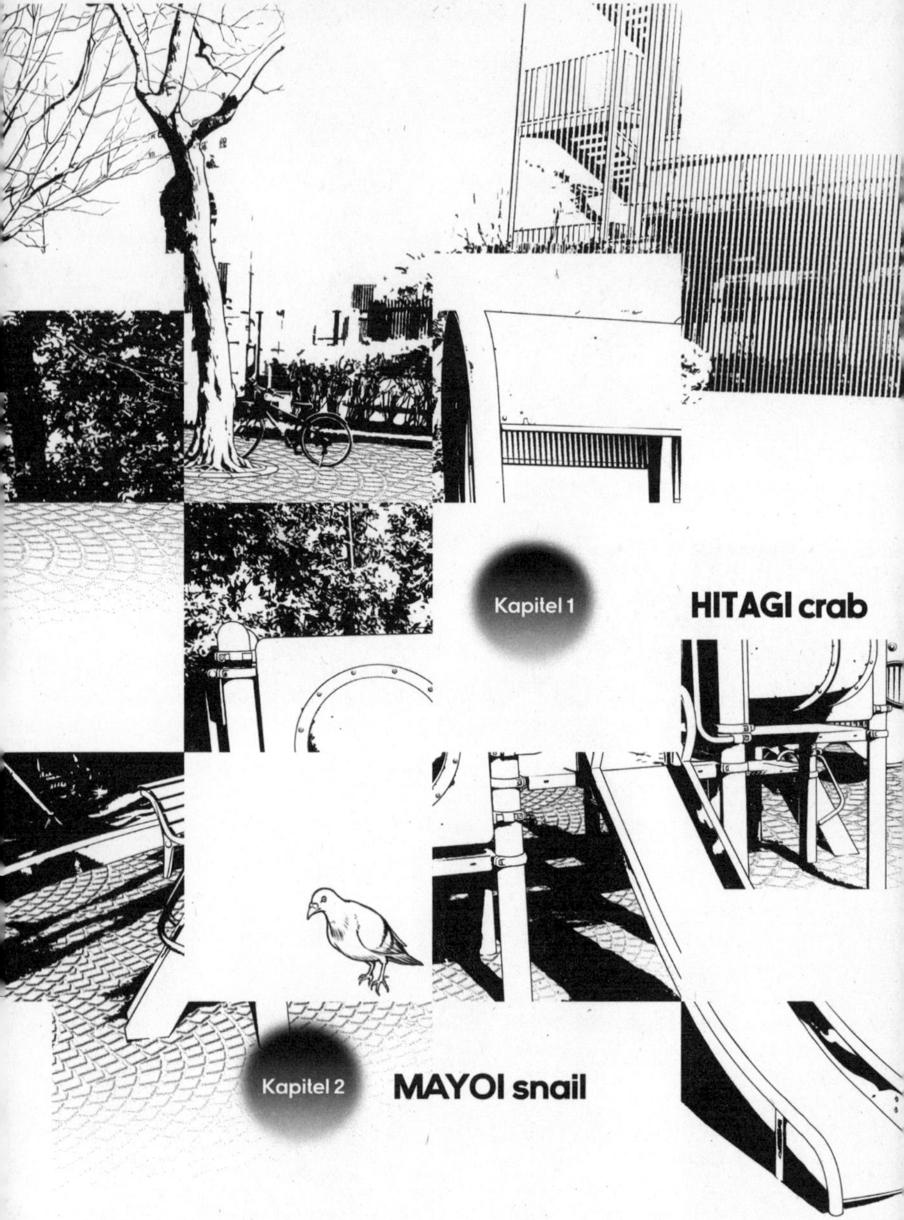

Kapitel 1 **HITAGI crab**

Kapitel 2 **MAYOI snail**

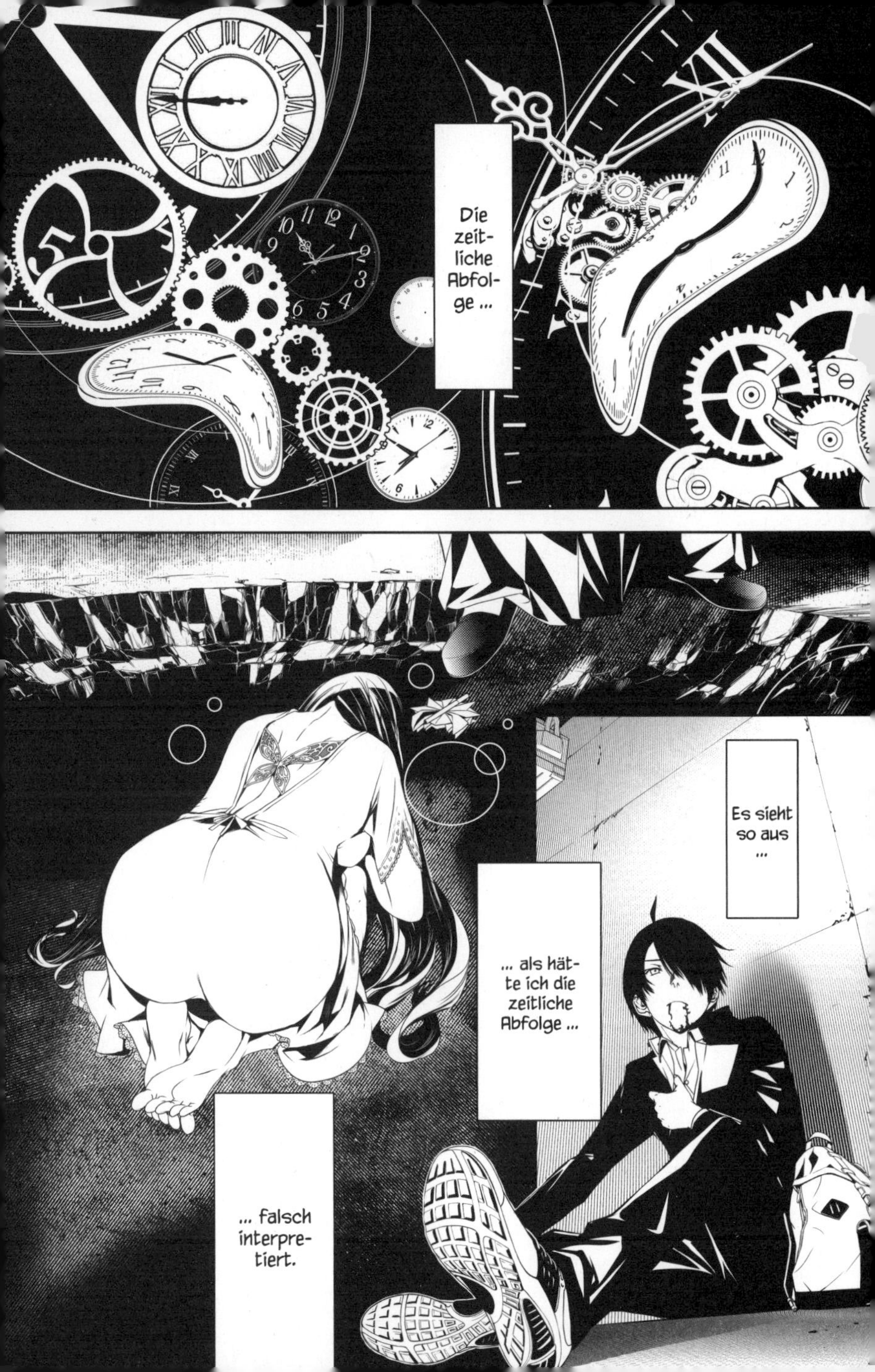
Die zeit-liche Abfol-ge ...
Es sieht so aus ...
... als hät-te ich die zeitliche Abfolge ...
... falsch interpre-tiert.

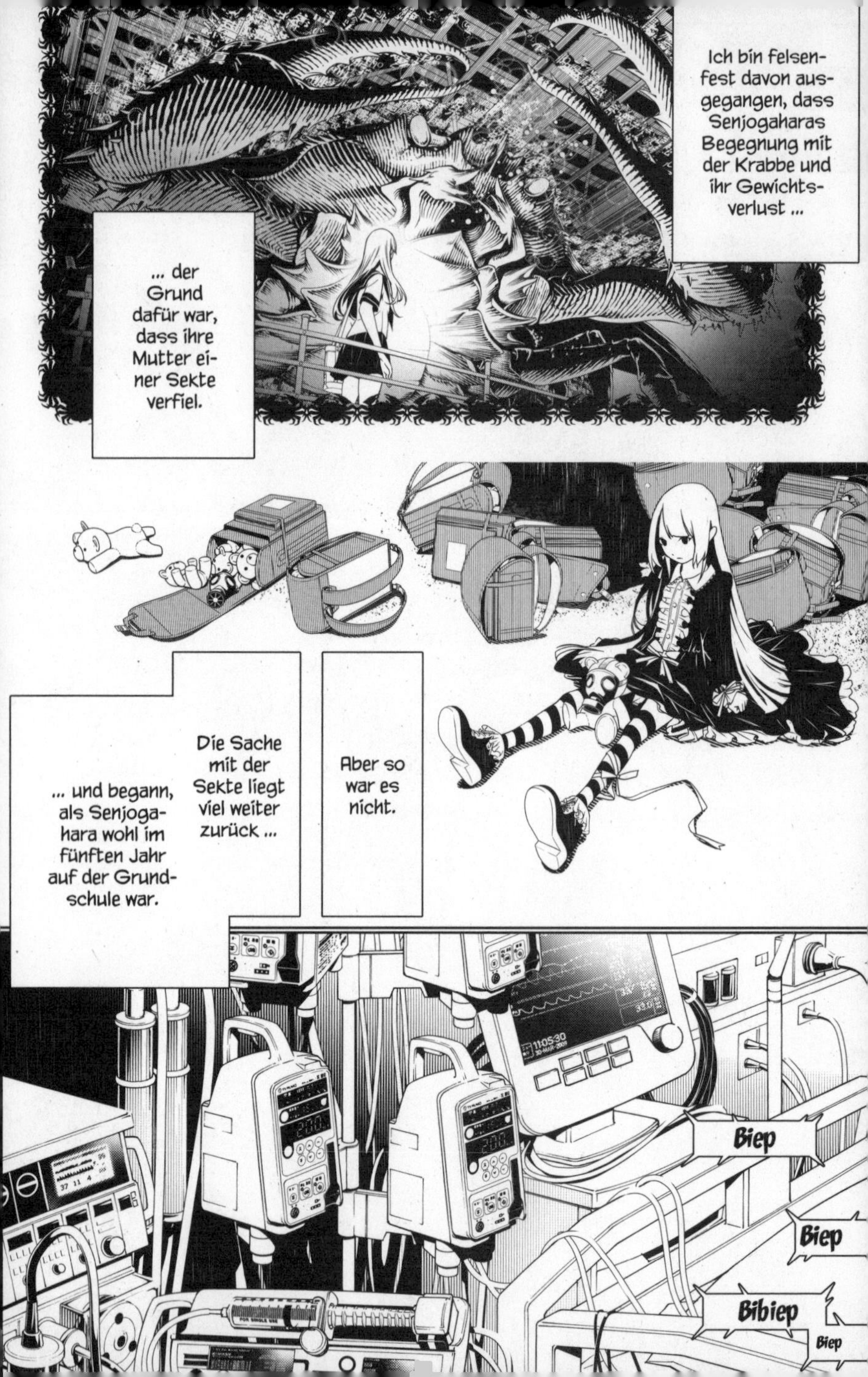
Ich bin felsenfest davon ausgegangen, dass Senjogaharas Begegnung mit der Krabbe und ihr Gewichtsverlust ...
... der Grund dafür war, dass ihre Mutter einer Sekte verfiel.
Aber so war es nicht.
Die Sache mit der Sekte liegt viel weiter zurück ...
... und begann, als Senjogahara wohl im fünften Jahr auf der Grundschule war.
Biep
Biep
Bibiep
Biep

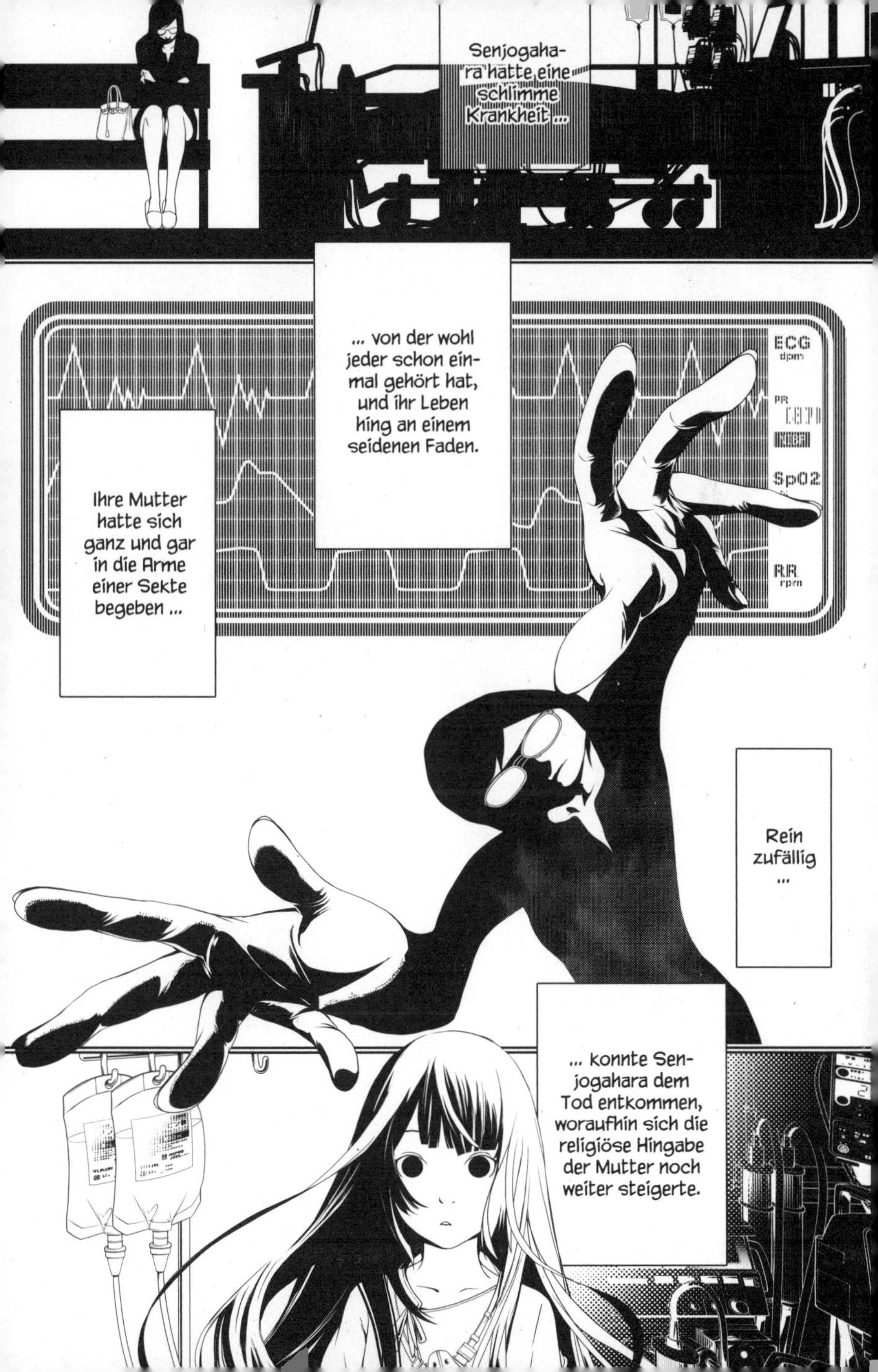
Senjogahara hatte eine schlimme Krankheit ...
... von der wohl jeder schon einmal gehört hat, und ihr Leben hing an einem seidenen Faden.
Ihre Mutter hatte sich ganz und gar in die Arme einer Sekte begeben ...
ECG
PR
SpO2
RR
Rein zufällig ...
... konnte Senjogahara dem Tod entkommen, woraufhin sich die religiöse Hingabe der Mutter noch weiter steigerte.

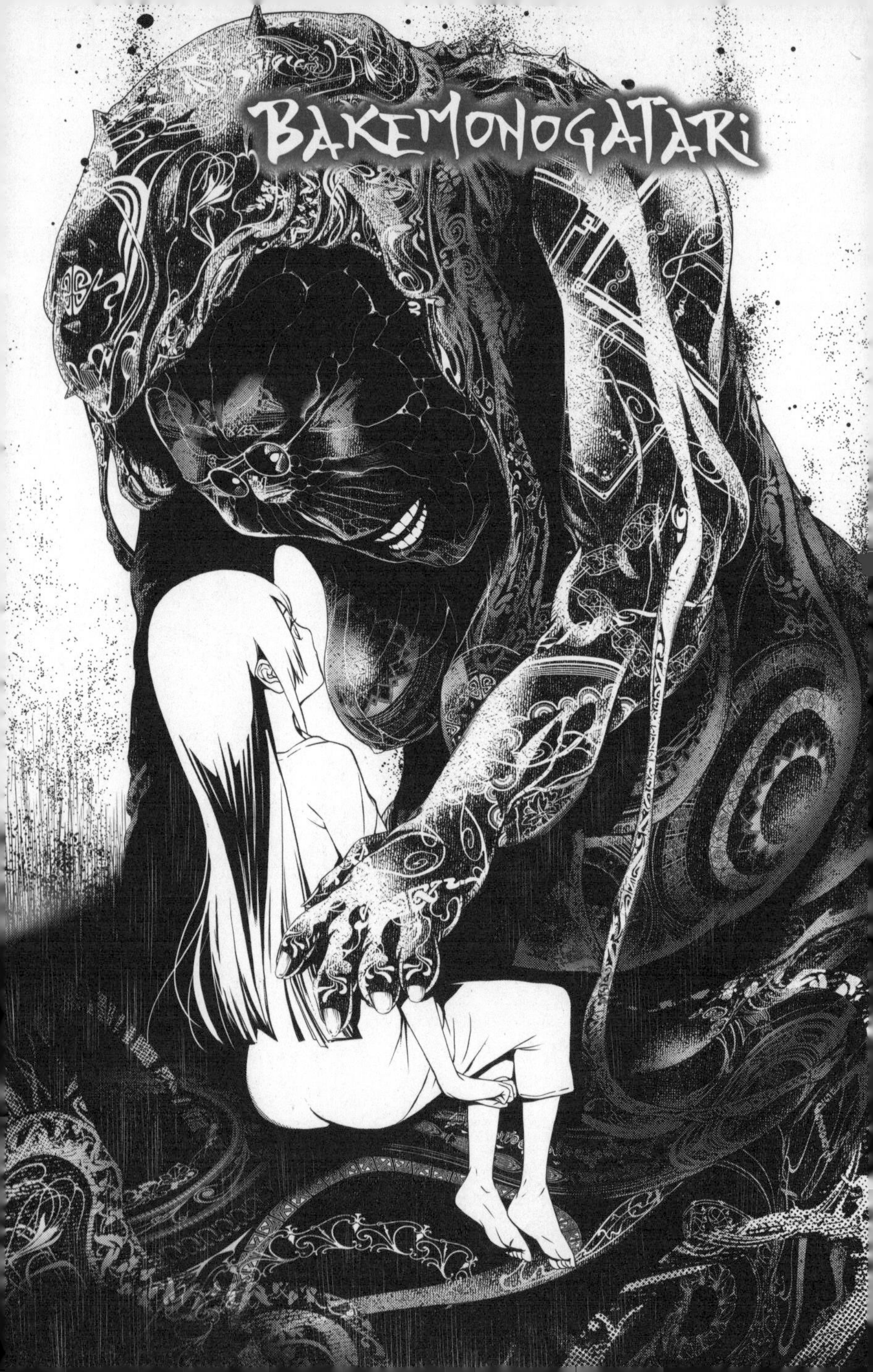
BAKEMONOGATARI

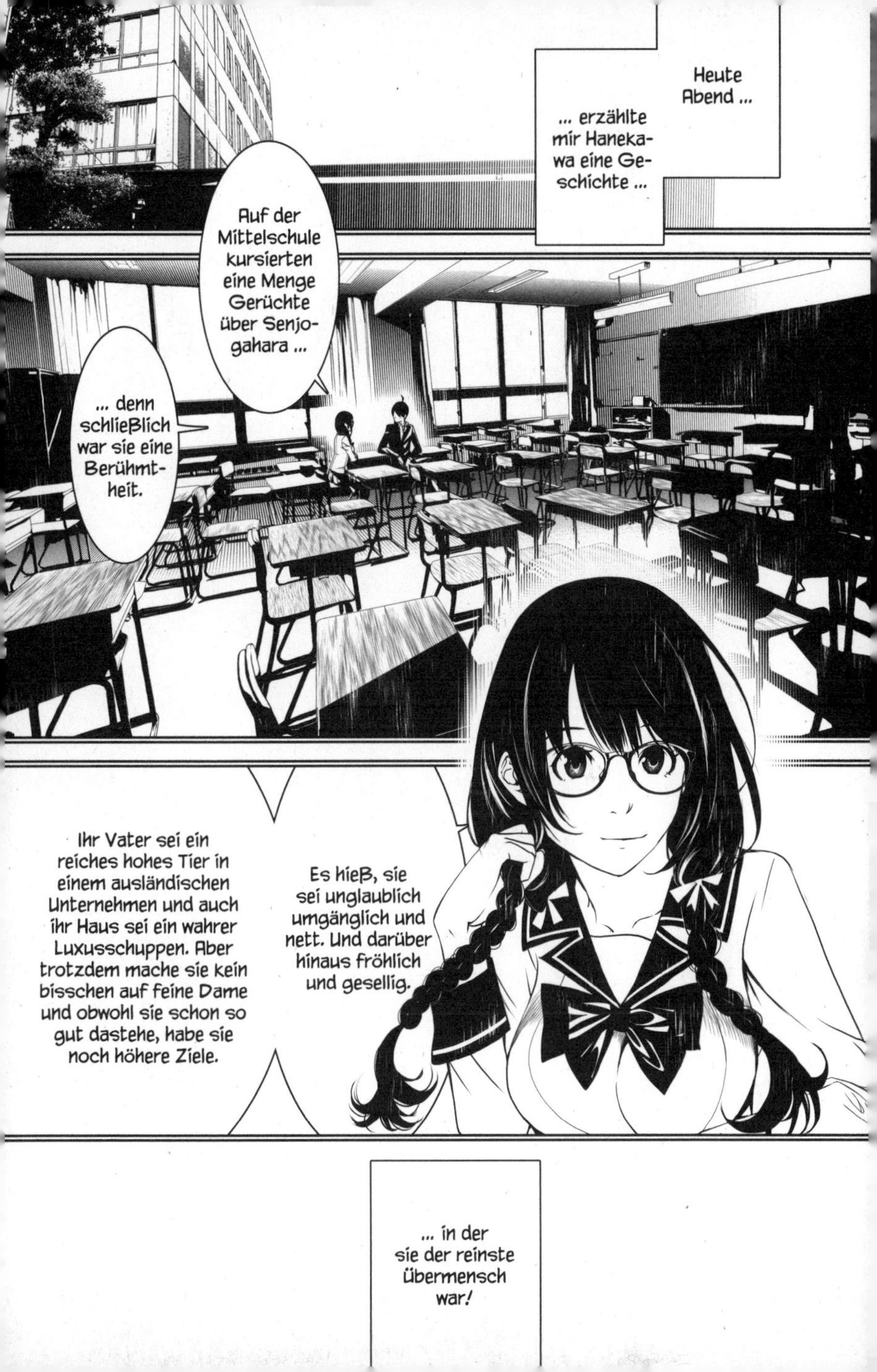
Heute Abend ...
... erzählte mir Hanekawa eine Geschichte ...
Auf der Mittelschule kursierten eine Menge Gerüchte über Senjogahara ...
... denn schließlich war sie eine Berühmtheit.
Es hieß, sie sei unglaublich umgänglich und nett. Und darüber hinaus fröhlich und gesellig.
Ihr Vater sei ein reiches hohes Tier in einem ausländischen Unternehmen und auch ihr Haus sei ein wahrer Luxusschuppen. Aber trotzdem mache sie kein bisschen auf feine Dame und obwohl sie schon so gut dastehe, habe sie noch höhere Ziele.
... in der sie der reinste Übermensch war!

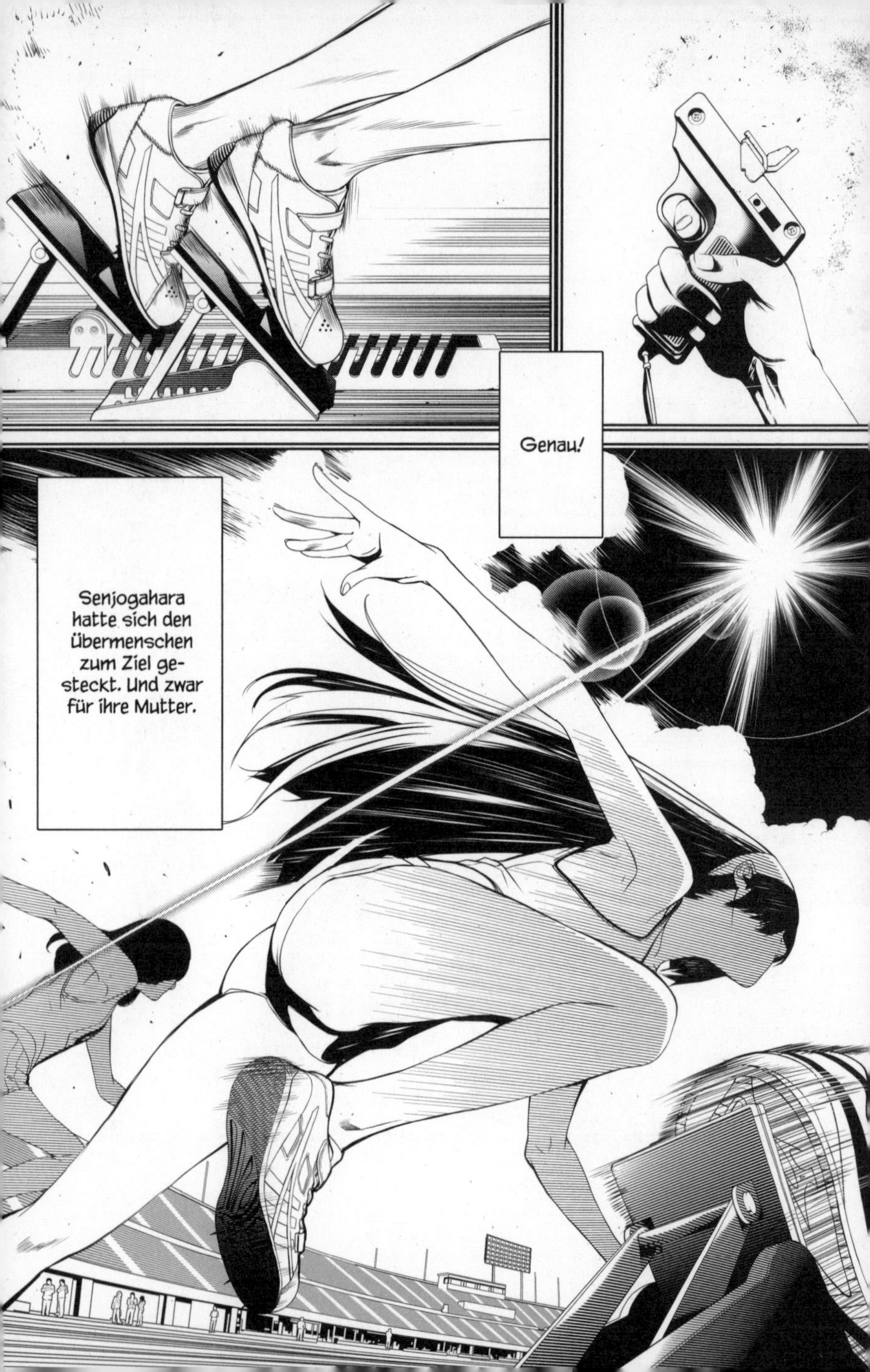
Genau!
Senjogahara hatte sich den Übermenschen zum Ziel gesteckt. Und zwar für ihre Mutter.

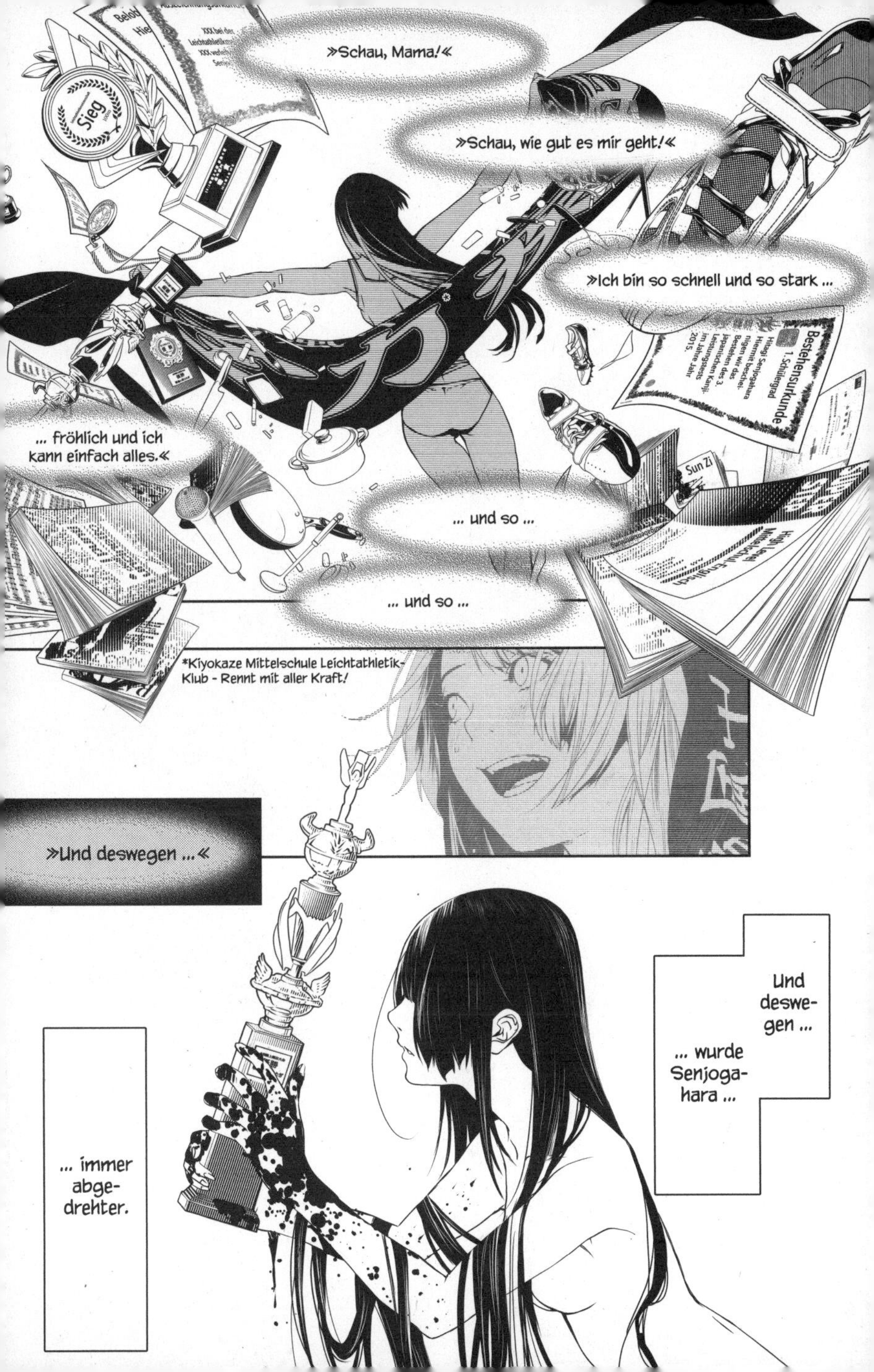

»Schau, Mama!«
»Schau, wie gut es mir geht!«
»Ich bin so schnell und so stark ...
... fröhlich und ich kann einfach alles.«
... und so ...
... und so ...
Sieg
Bestehensurkunde
1. Schülergrad
Hitagi Senjogahara
Hiermit beschei-nigen wir das Bestehen des 3. Japanischen Kanji-Leistungstests im Jahre Jahr 2015.
Sun Zi
High Level Mittelschul-Englisch
*Kiyokaze Mittelschule Leichtathletik-Klub - Rennt mit aller Kraft!
»Und deswegen ...«
Und deswe-gen ...
... wurde Senjoga-hara ...
... immer abge-drehter.

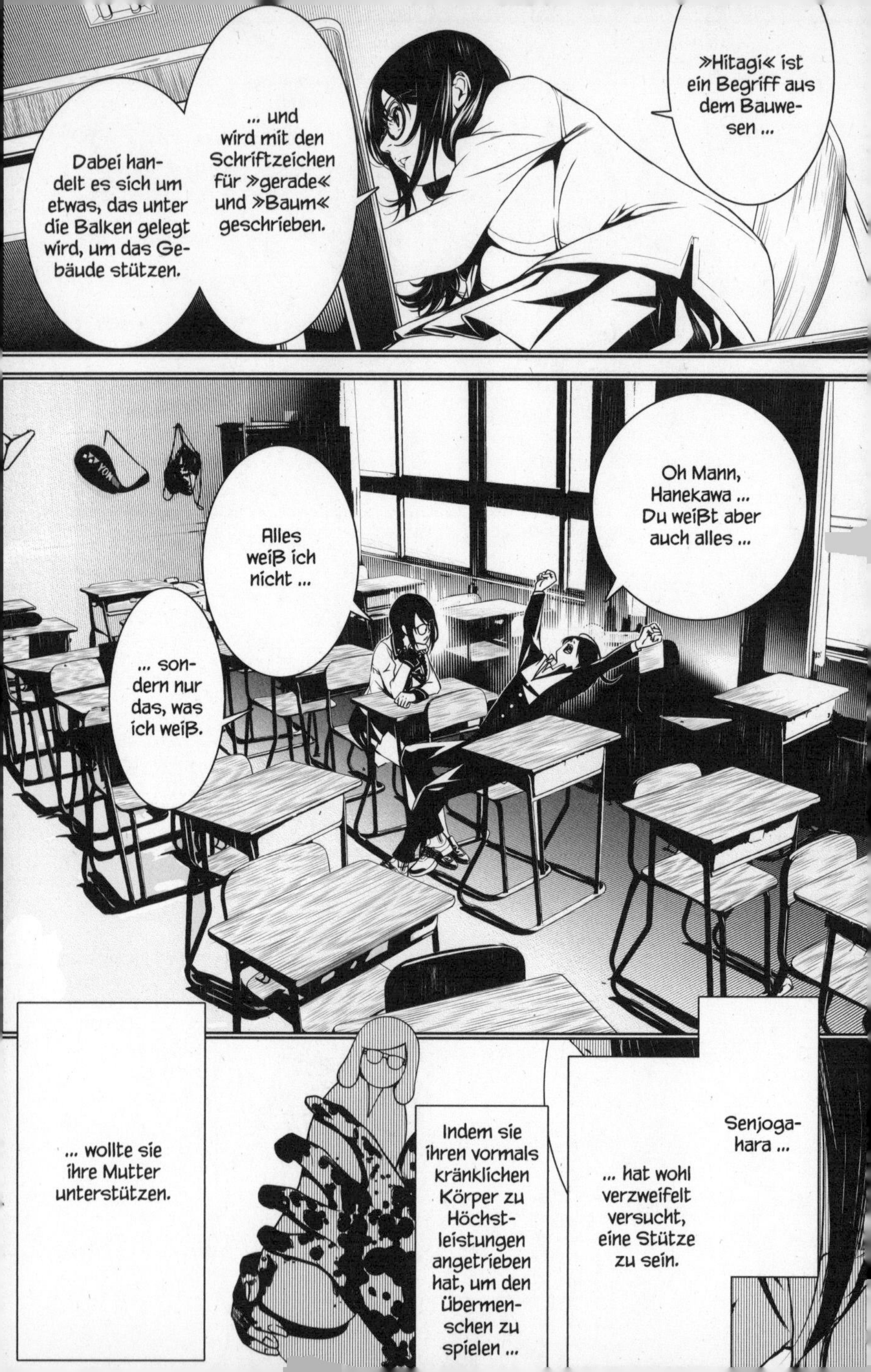
»Hitagi« ist ein Begriff aus dem Bauwesen ...
... und wird mit den Schriftzeichen für »gerade« und »Baum« geschrieben.
Dabei handelt es sich um etwas, das unter die Balken gelegt wird, um das Gebäude stützen.
Oh Mann, Hanekawa ... Du weißt aber auch alles ...
Alles weiß ich nicht ...
... sondern nur das, was ich weiß.
Senjogahara ...
... hat wohl verzweifelt versucht, eine Stütze zu sein.
Indem sie ihren vormals kränklichen Körper zu Höchstleistungen angetrieben hat, um den Übermenschen zu spielen ...
... wollte sie ihre Mutter unterstützen.

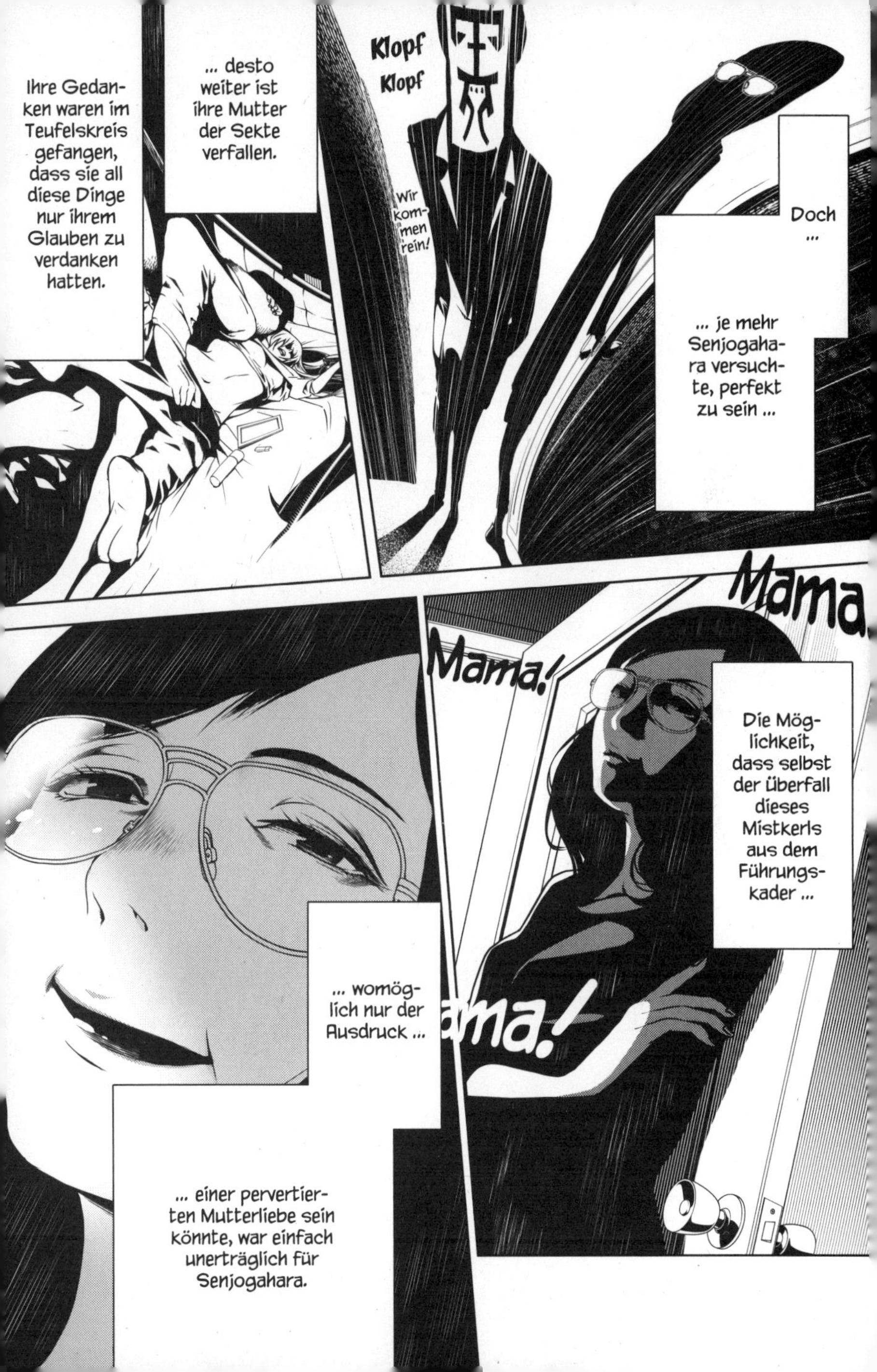

Doch ...
... je mehr Senjogahara versuchte, perfekt zu sein ...
Klopf Klopf
Wir kommen rein!
... desto weiter ist ihre Mutter der Sekte verfallen.
Ihre Gedanken waren im Teufelskreis gefangen, dass sie all diese Dinge nur ihrem Glauben zu verdanken hatten.
Mama!
Mama!
Die Möglichkeit, dass selbst der Überfall dieses Mistkerls aus dem Führungskader ...
...ama!
... womöglich nur der Ausdruck ...
... einer pervertierten Mutterliebe sein könnte, war einfach unerträglich für Senjogahara.

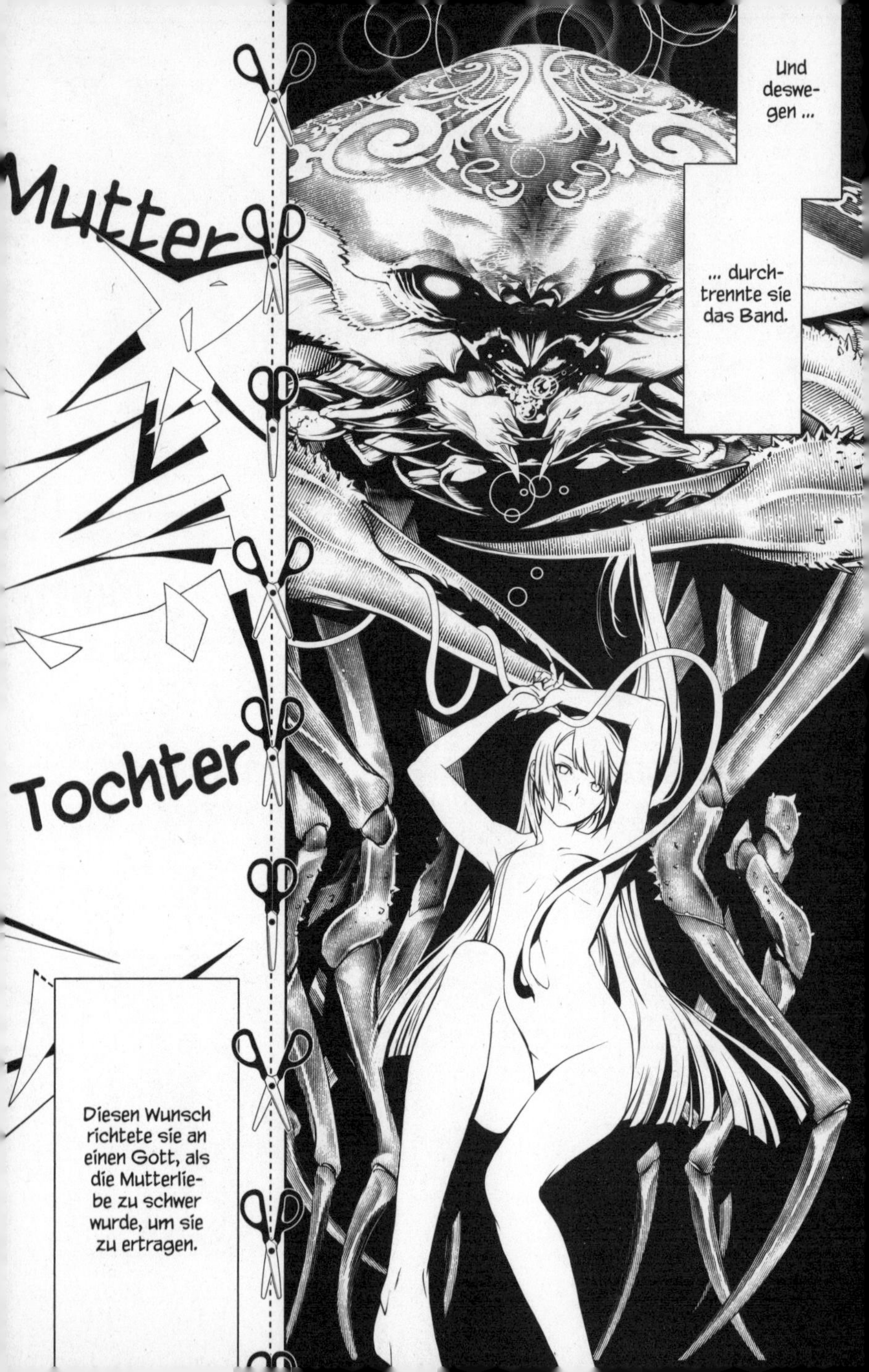
Und deswegen ...
... durchtrennte sie das Band.
Mutter
Tochter
Diesen Wunsch richtete sie an einen Gott, als die Mutterliebe zu schwer wurde, um sie zu ertragen.

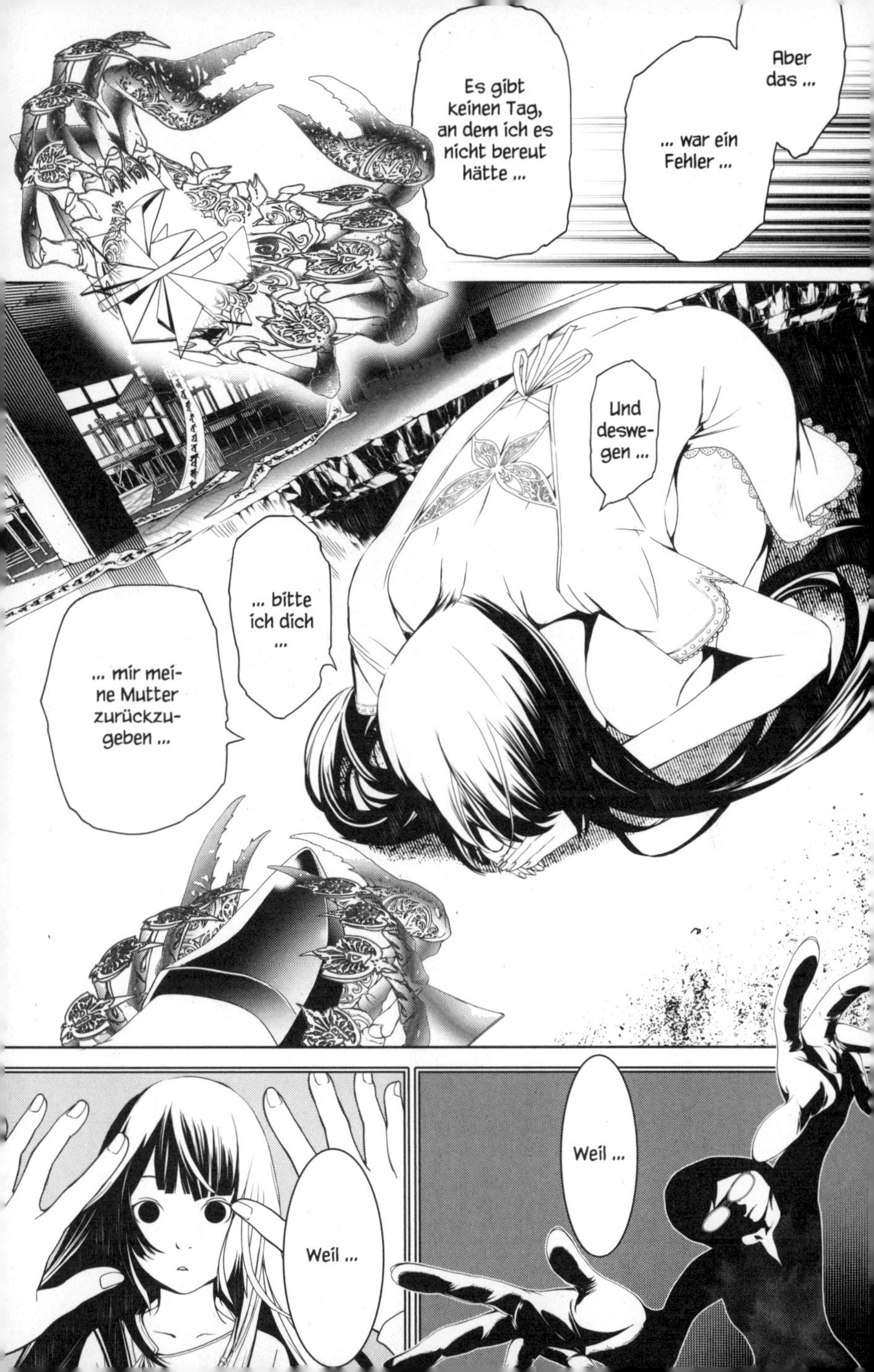

Aber das ...
... war ein Fehler ...
Es gibt keinen Tag, an dem ich es nicht bereut hätte ...
Und deswegen ...
... bitte ich dich ...
... mir meine Mutter zurückzugeben ...
Weil ...
Weil ...

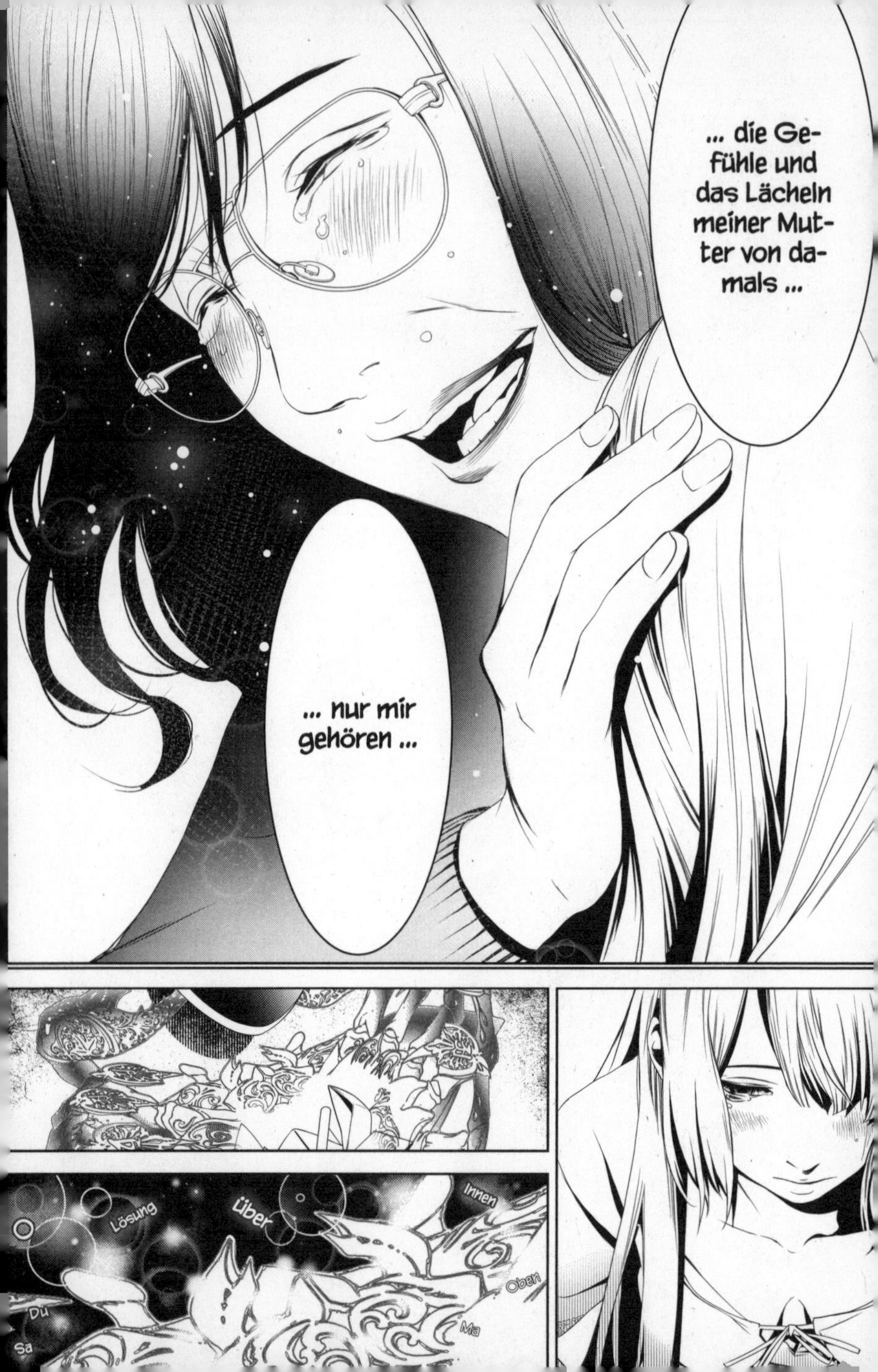
... die Gefühle und das Lächeln meiner Mutter von damals ...
... nur mir gehören ...
Innen
Über
Lösung
Oben
Ma
Du
Sa

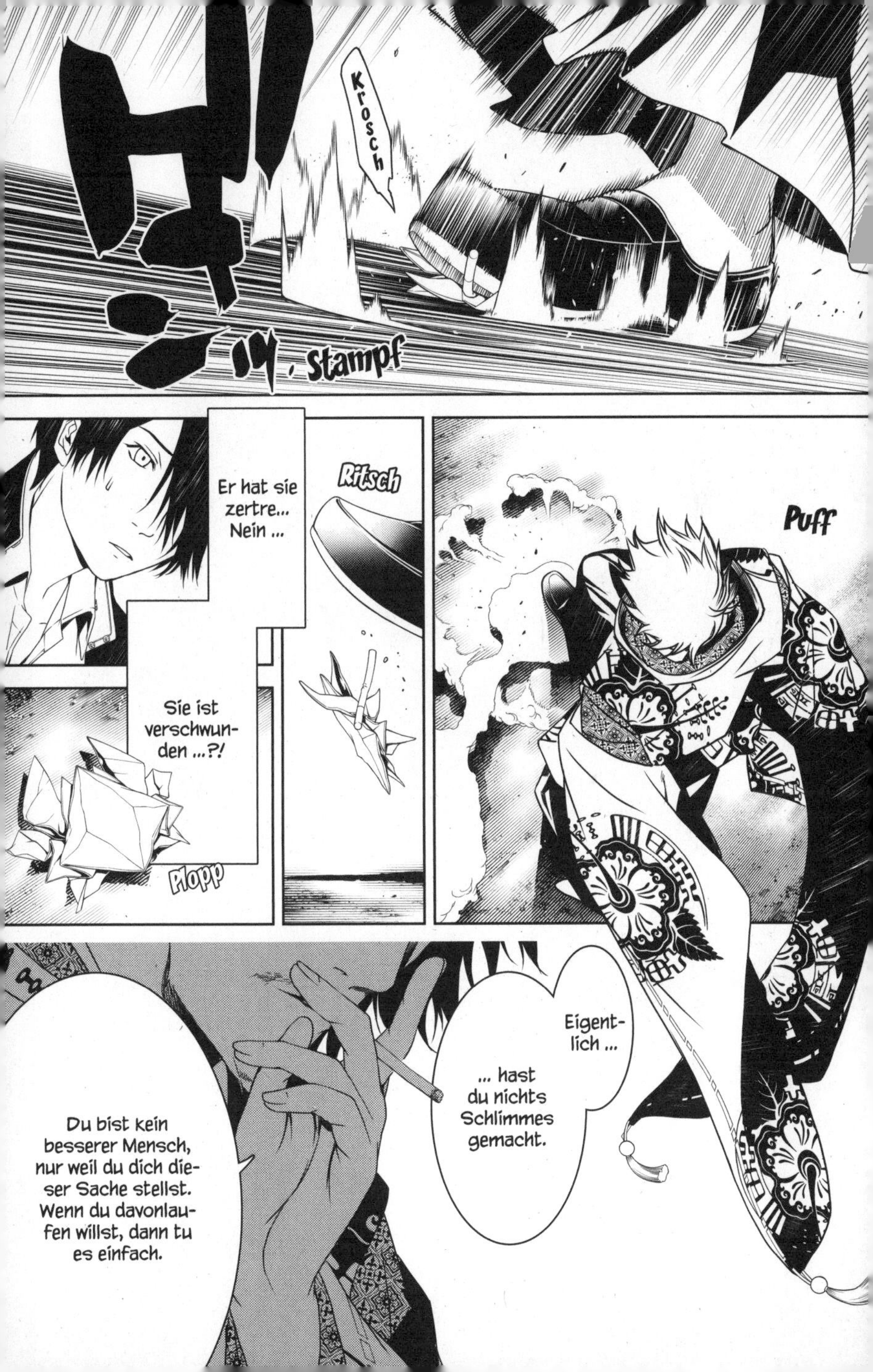
Krosch
Stampf
Puff
Ritsch
Er hat sie zertre... Nein ...
Sie ist verschwunden ...?!
Plopp
Eigentlich ...
... hast du nichts Schlimmes gemacht.
Du bist kein besserer Mensch, nur weil du dich dieser Sache stellst. Wenn du davonlaufen willst, dann tu es einfach.

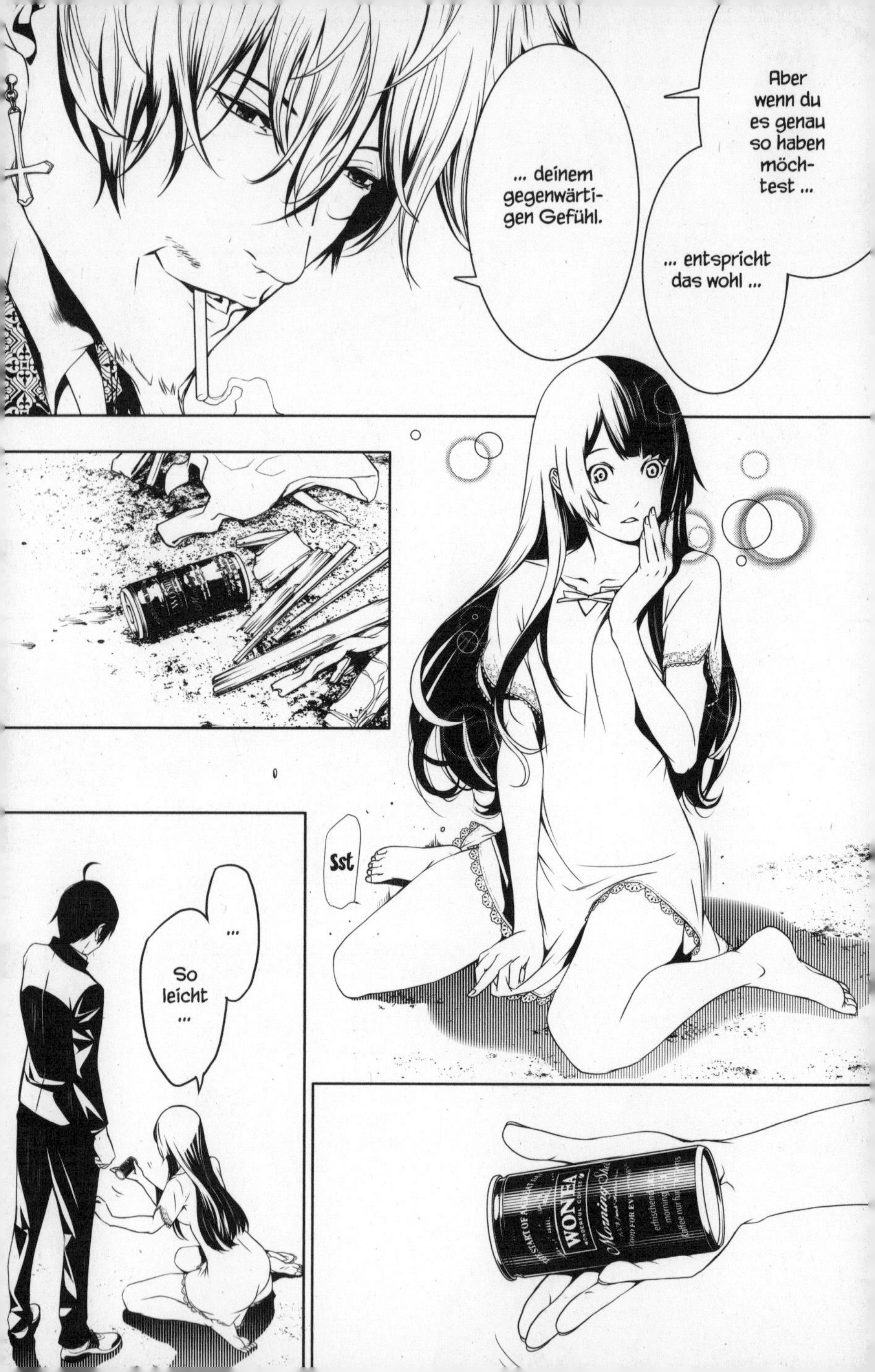
Aber wenn du es genau so haben möchtest ...
... entspricht das wohl ...
... deinem gegenwärtigen Gefühl.
Sst
... So leicht ...

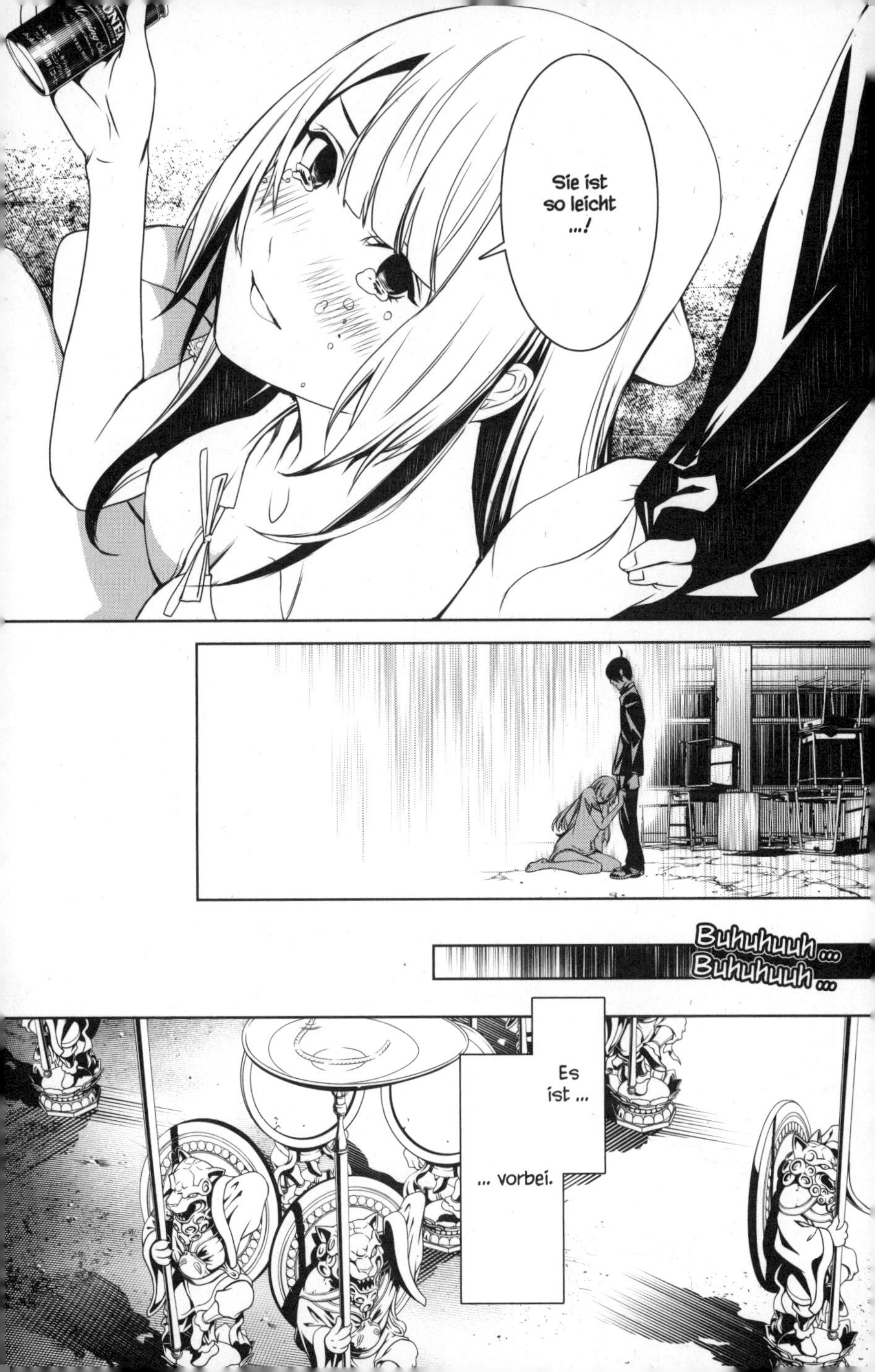
Sie ist so leicht ...!
Buhuhuuh ... Buhuhuuh ...
Es ist ...
... vorbei.

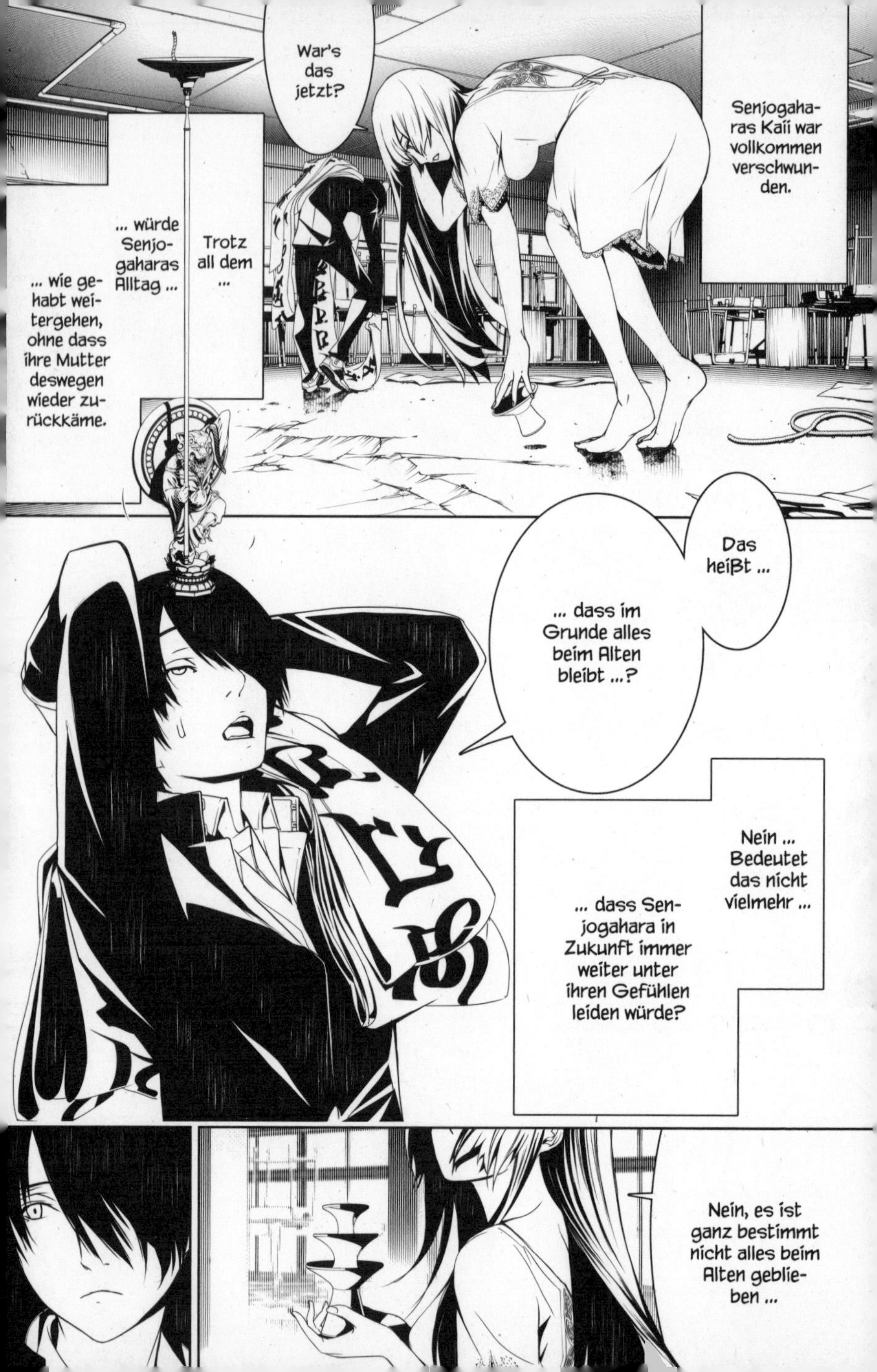
Senjogahara Kaii war vollkommen verschwunden.
War's das jetzt?
Trotz all dem ...
... würde Senjogaharas Alltag ...
... wie gehabt weitergehen, ohne dass ihre Mutter deswegen wieder zurückkäme.
Das heißt ...
... dass im Grunde alles beim Alten bleibt ...?
Nein ... Bedeutet das nicht vielmehr ...
... dass Senjogahara in Zukunft immer weiter unter ihren Gefühlen leiden würde?
Nein, es ist ganz bestimmt nicht alles beim Alten geblieben ...

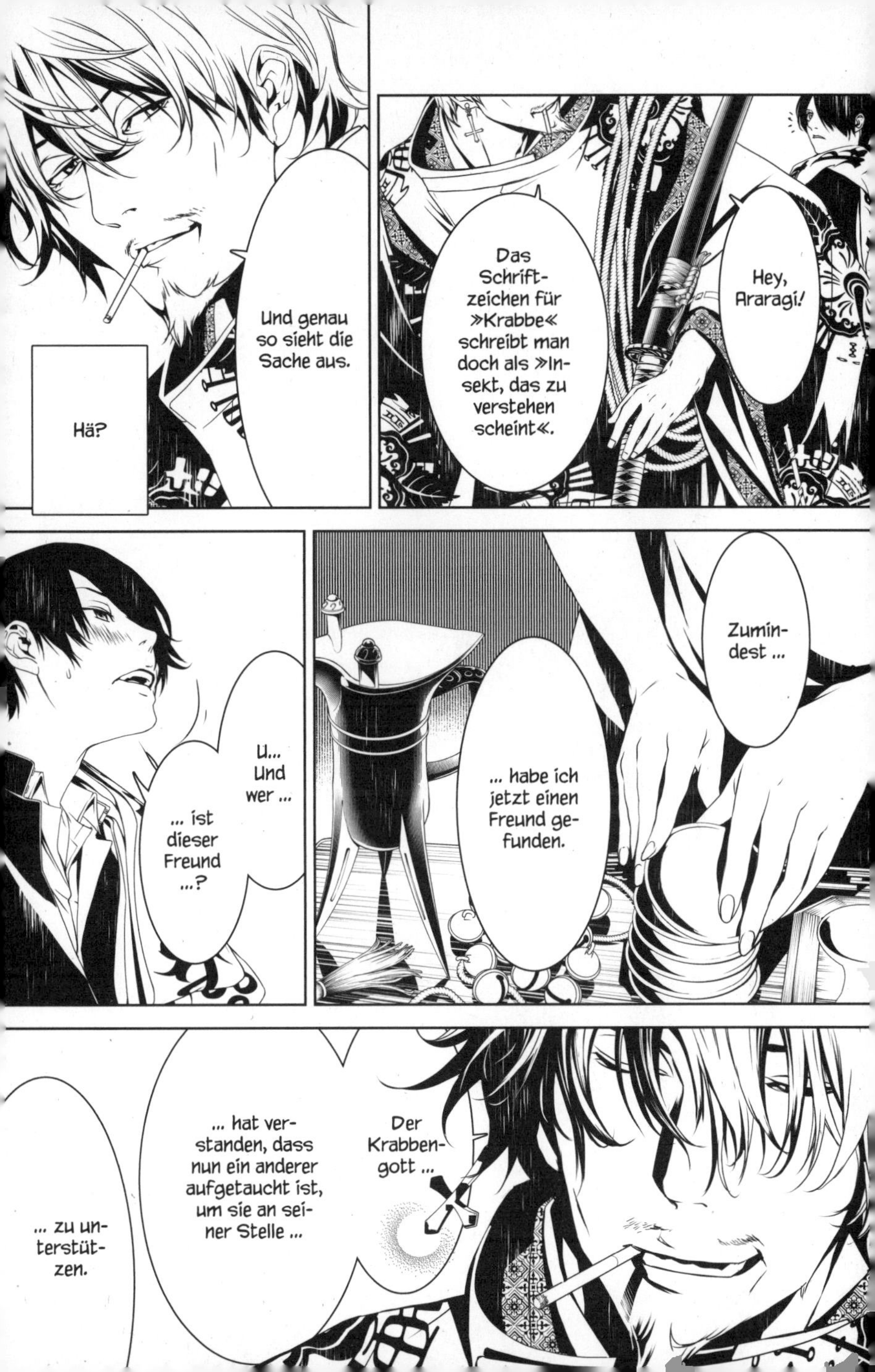
Hey, Araragi!
Das Schriftzeichen für »Krabbe« schreibt man doch als »Insekt, das zu verstehen scheint«.
Und genau so sieht die Sache aus.
Hä?
Zumindest ...
... habe ich jetzt einen Freund gefunden.
U... Und wer ...
... ist dieser Freund ...?
Der Krabbengott ...
... hat verstanden, dass nun ein anderer aufgetaucht ist, um sie an seiner Stelle ...
... zu unterstützen.

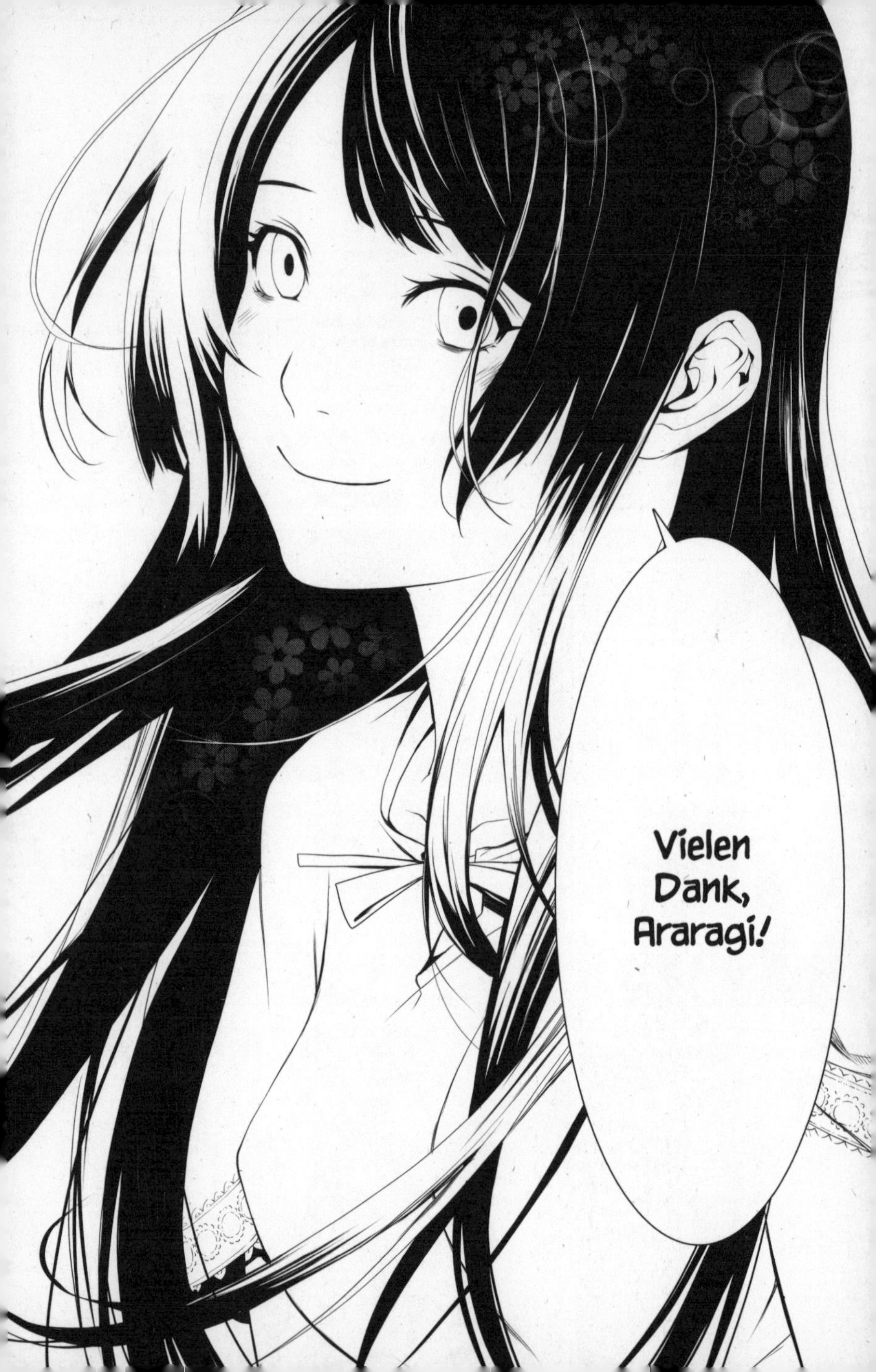
Vielen Dank, Araragi!

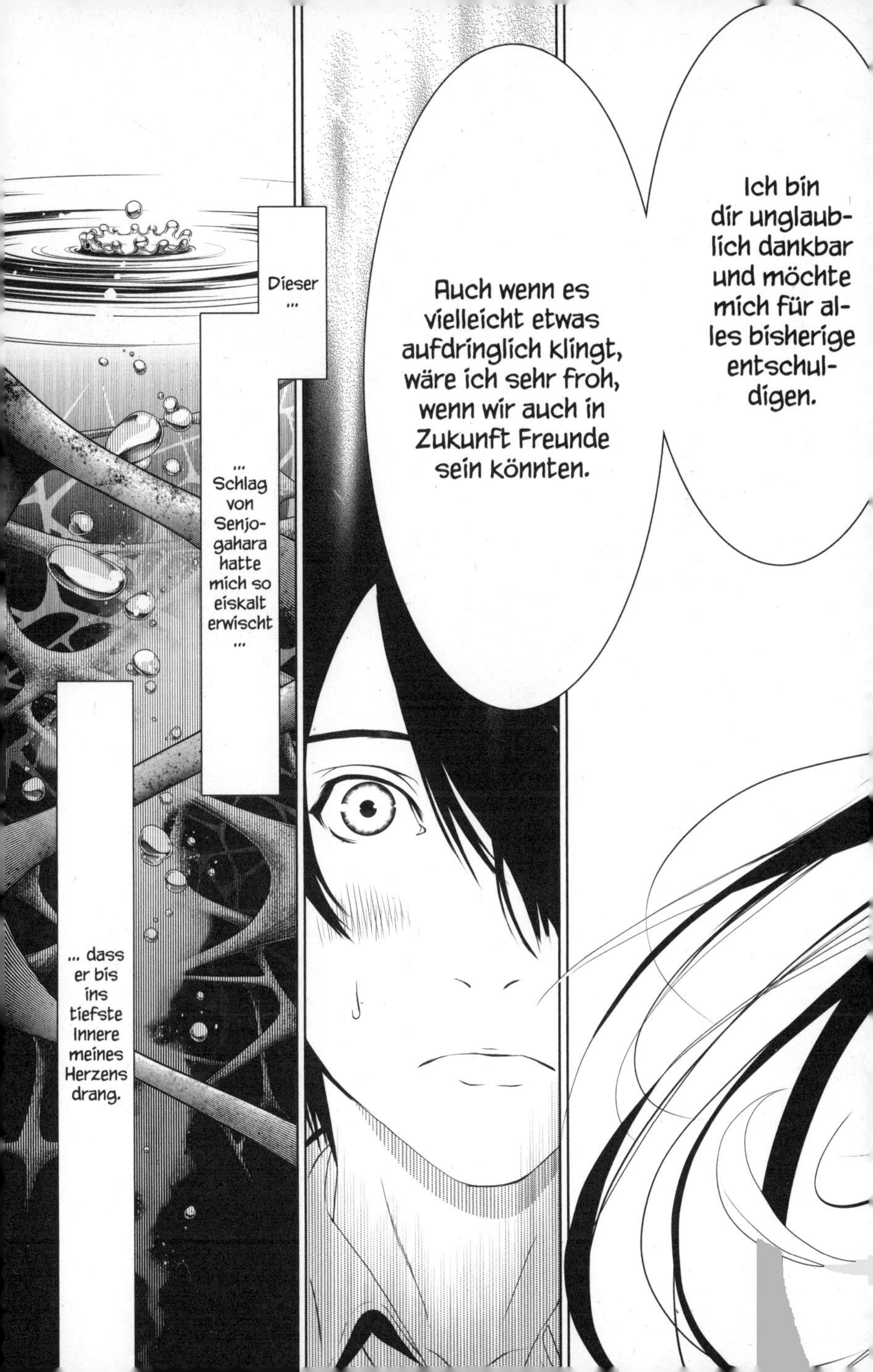
Ich bin dir unglaublich dankbar und möchte mich für alles bisherige entschuldigen.
Auch wenn es vielleicht etwas aufdringlich klingt, wäre ich sehr froh, wenn wir auch in Zukunft Freunde sein könnten.
Dieser ...
... Schlag von Senjogahara hatte mich so eiskalt erwischt ...
... dass er bis ins tiefste Innere meines Herzens drang.

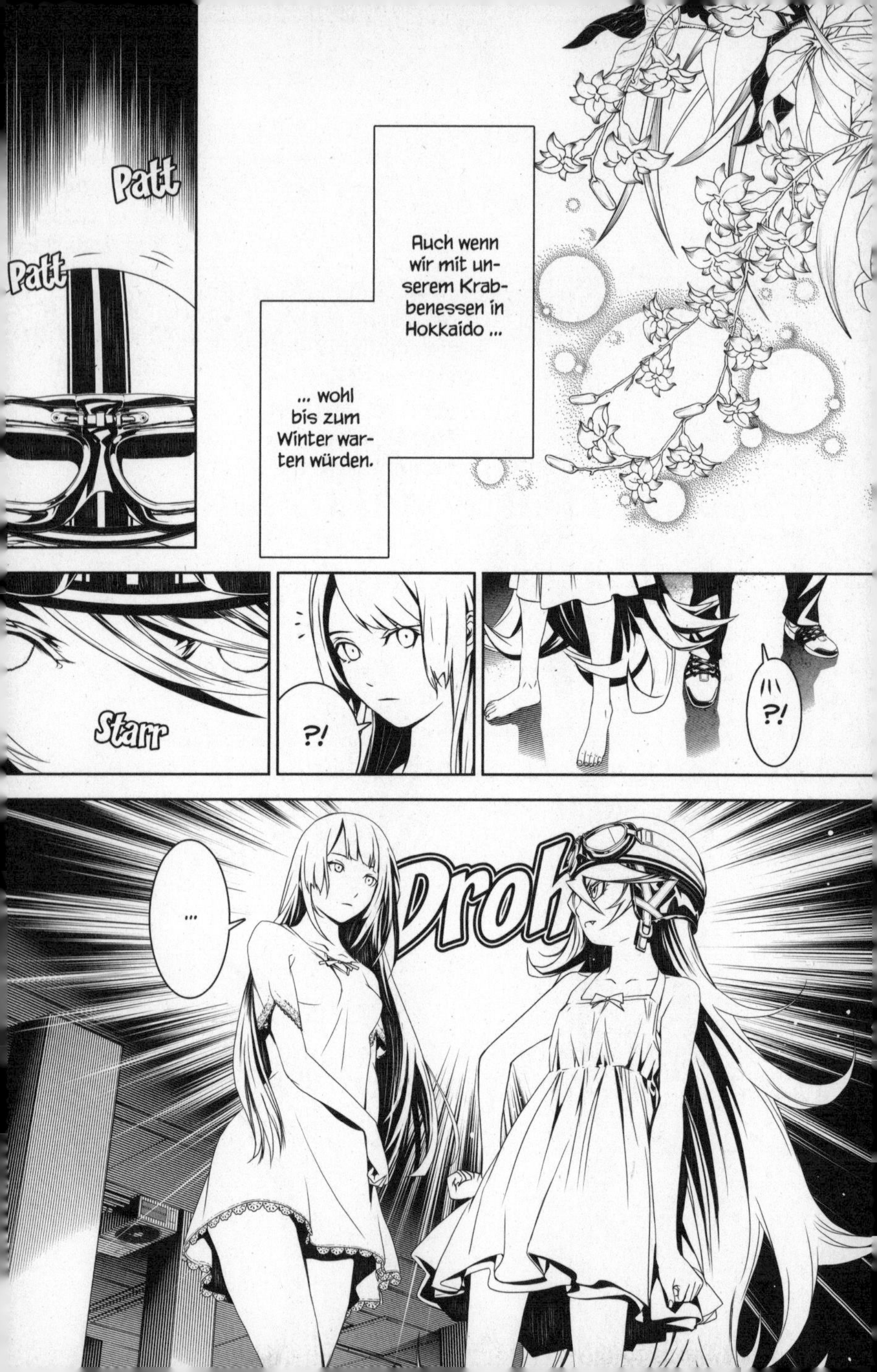
Auch wenn wir mit unserem Krabbenessen in Hokkaido ...
... wohl bis zum Winter warten würden.
Patt
Patt
?!
?!
Starr
Droh
...

HITAGI CRAB

2

HITAGI CRAB

2

BAKEMONOGATARI

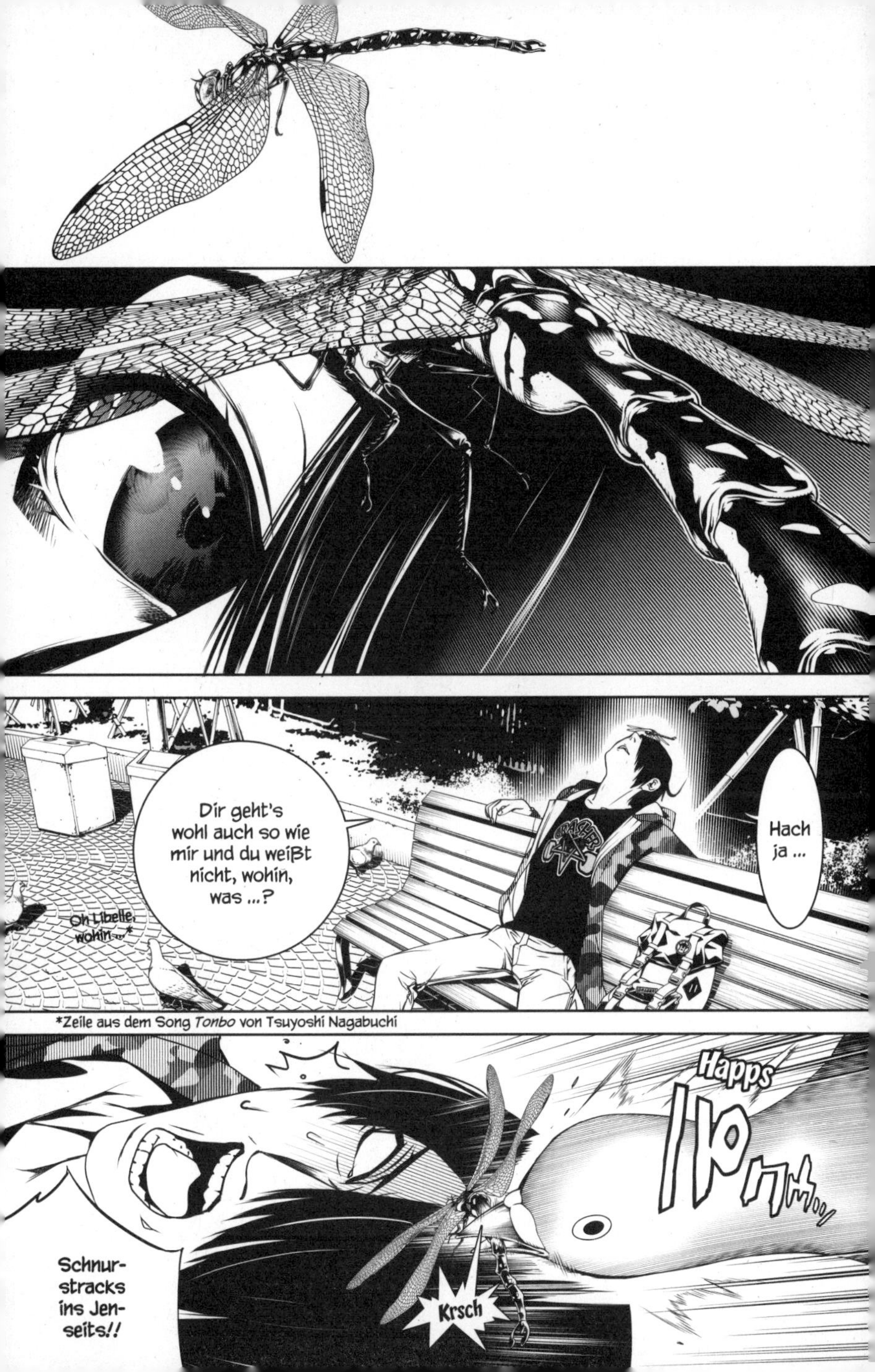

*Zeile aus dem Song *Tonbo* von Tsuyoshi Nagabuchi

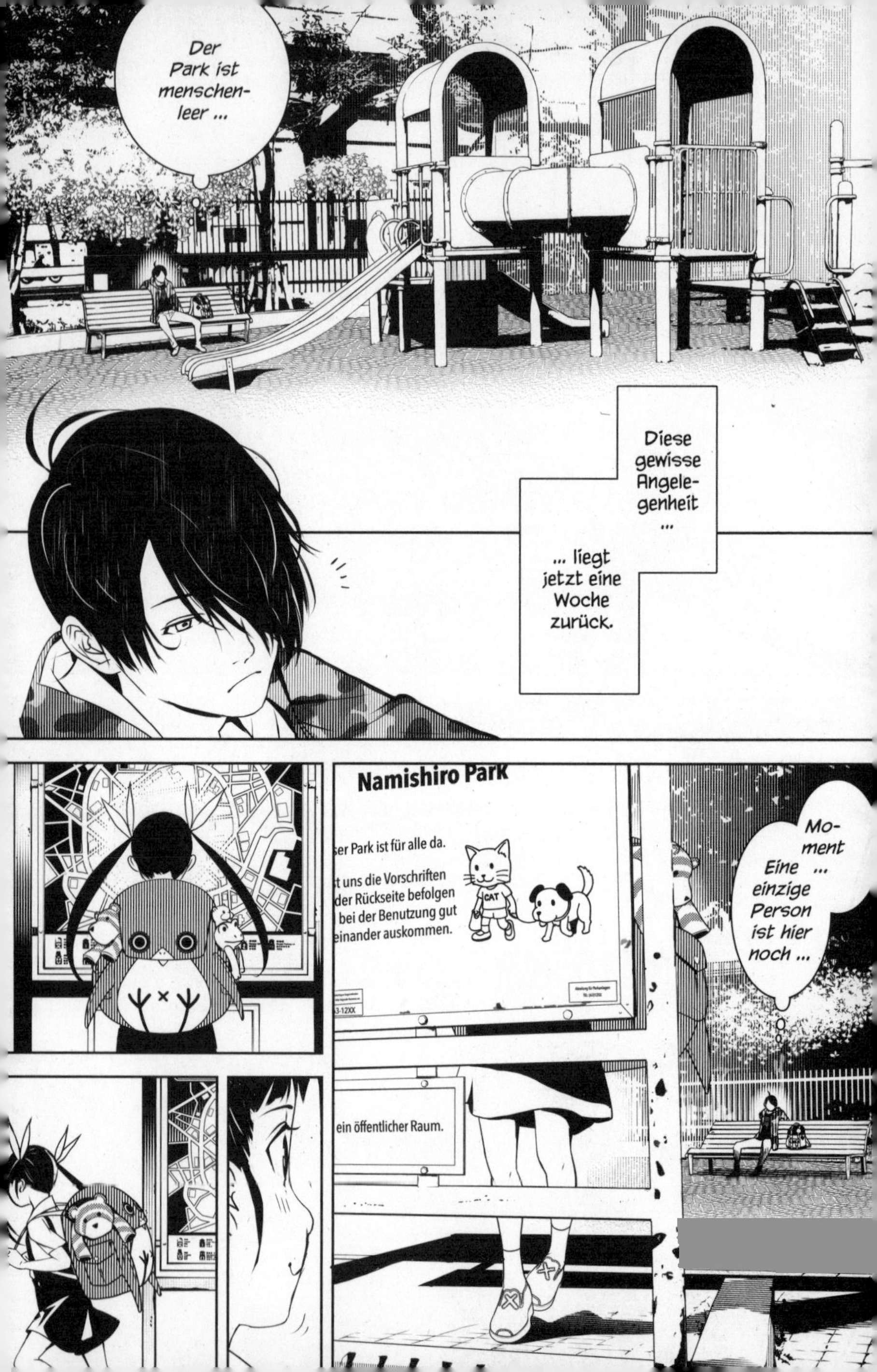
Der Park ist menschenleer ...
Diese gewisse Angelegenheit ...
... liegt jetzt eine Woche zurück.
Moment ... Eine einzige Person ist hier noch ...
Namishiro Park
ser Park ist für alle da.
t uns die Vorschriften der Rückseite befolgen bei der Benutzung gut einander auskommen.
CAT
ein öffentlicher Raum.

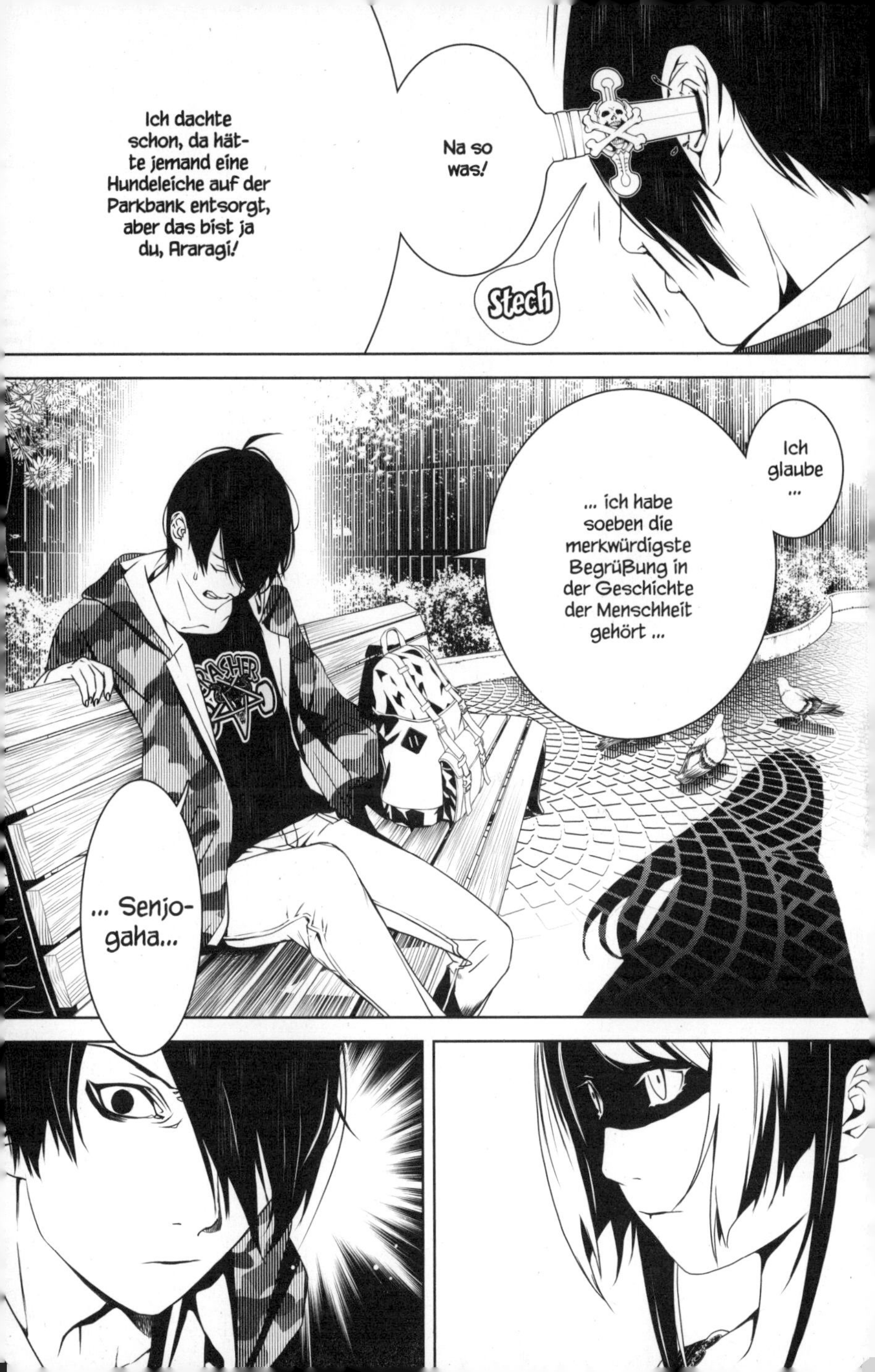

Na so was!
Stech
Ich dachte schon, da hät-te jemand eine Hundeleiche auf der Parkbank entsorgt, aber das bist ja du, Araragi!
Ich glaube ...
... ich habe soeben die merkwürdigste Begrüßung in der Geschichte der Menschheit gehört ...
... Senjo-gaha...

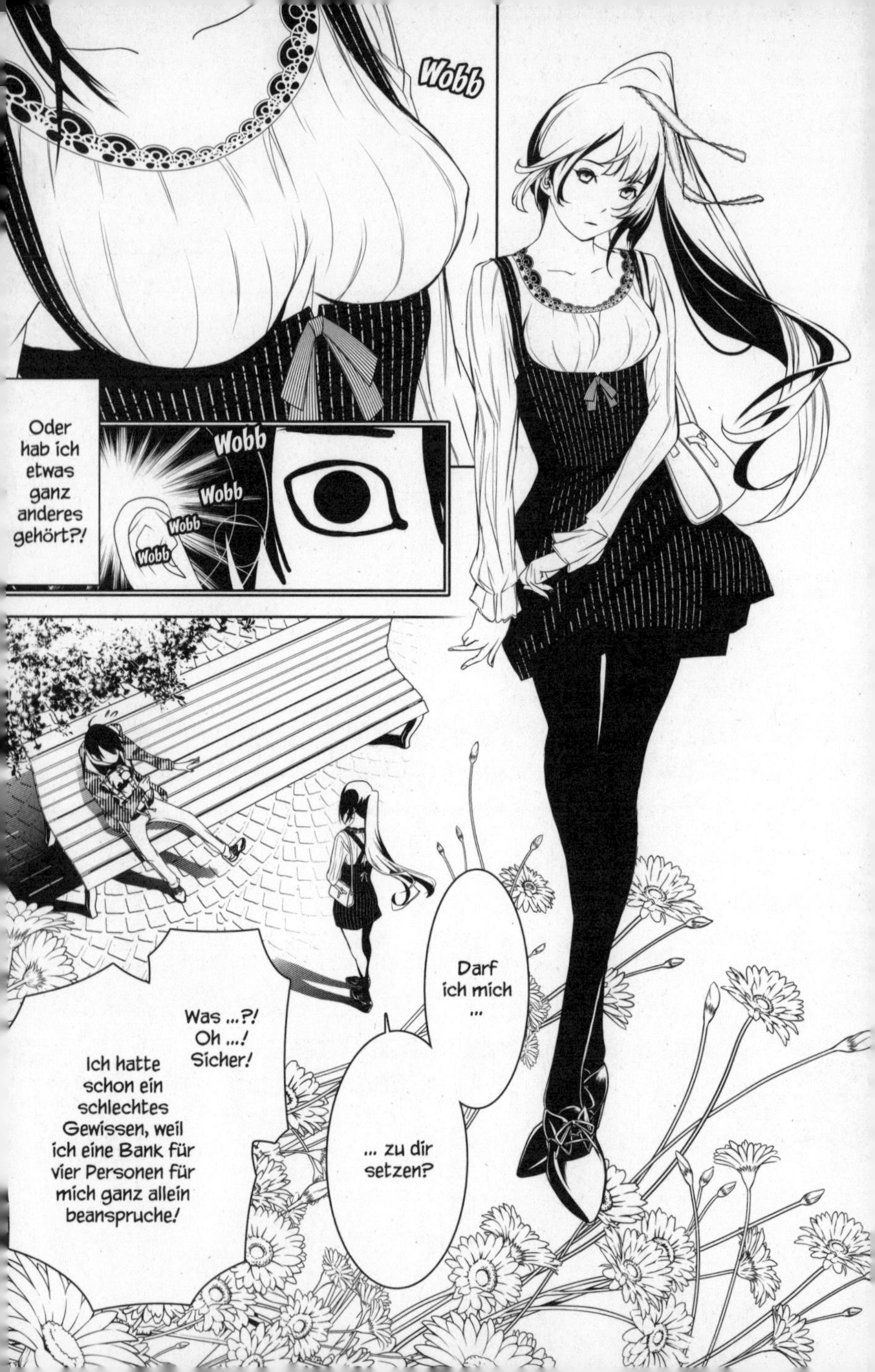
Wobb
Oder hab ich etwas ganz anderes gehört?!
Wobb
Wobb
Wobb
Wobb
Darf ich mich …
… zu dir setzen?
Was …?! Oh …! Sicher!
Ich hatte schon ein schlechtes Gewissen, weil ich eine Bank für vier Personen für mich ganz allein beanspruche!

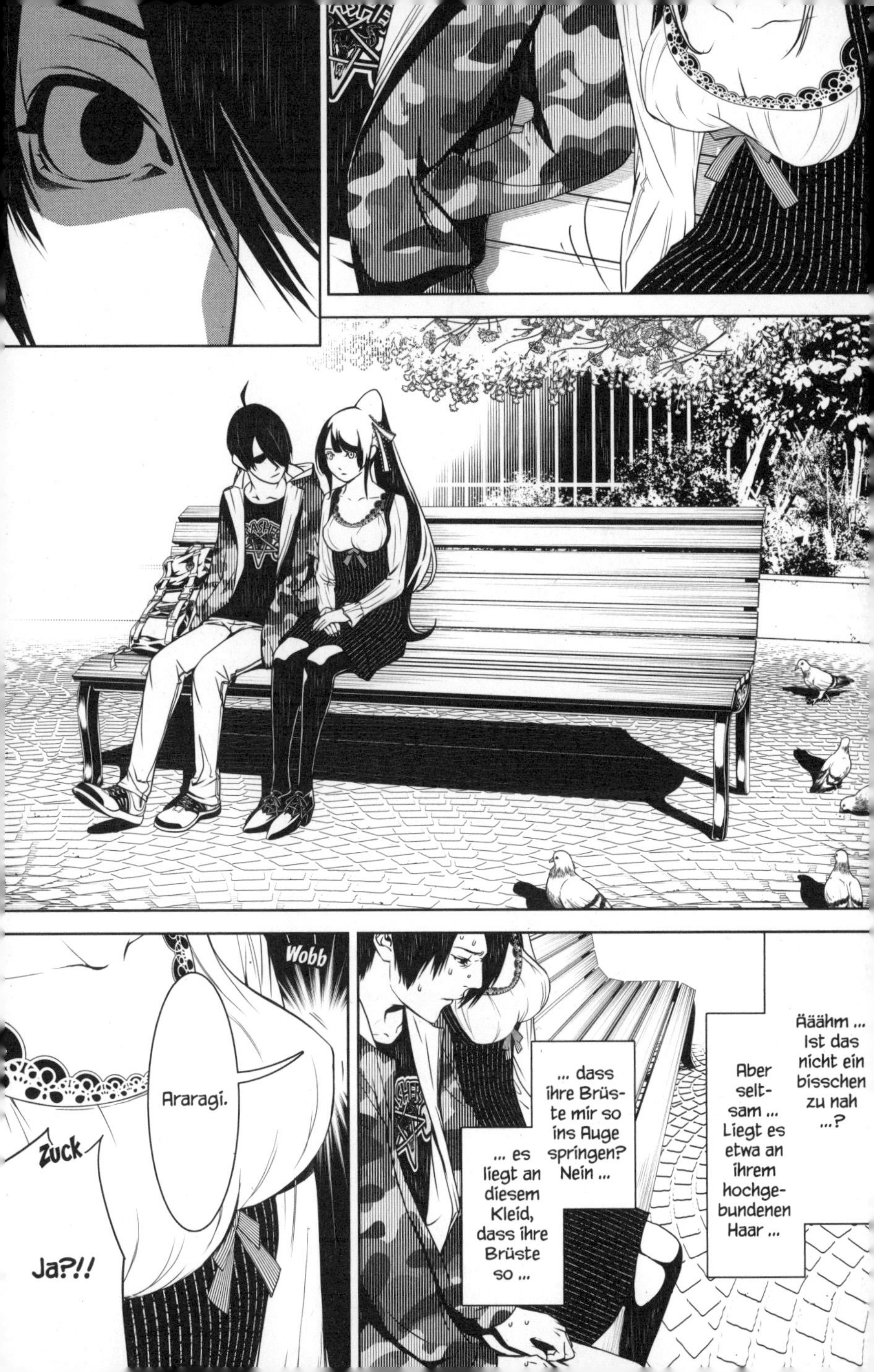
Ääähm ... Ist das nicht ein bisschen zu nah ...?
Aber seltsam ... Liegt es etwa an ihrem hochgebundenen Haar ...
... dass ihre Brüste mir so ins Auge springen? Nein ...
... es liegt an diesem Kleid, dass ihre Brüste so ...
Wobb
Araragi.
Zuck
Ja?!!

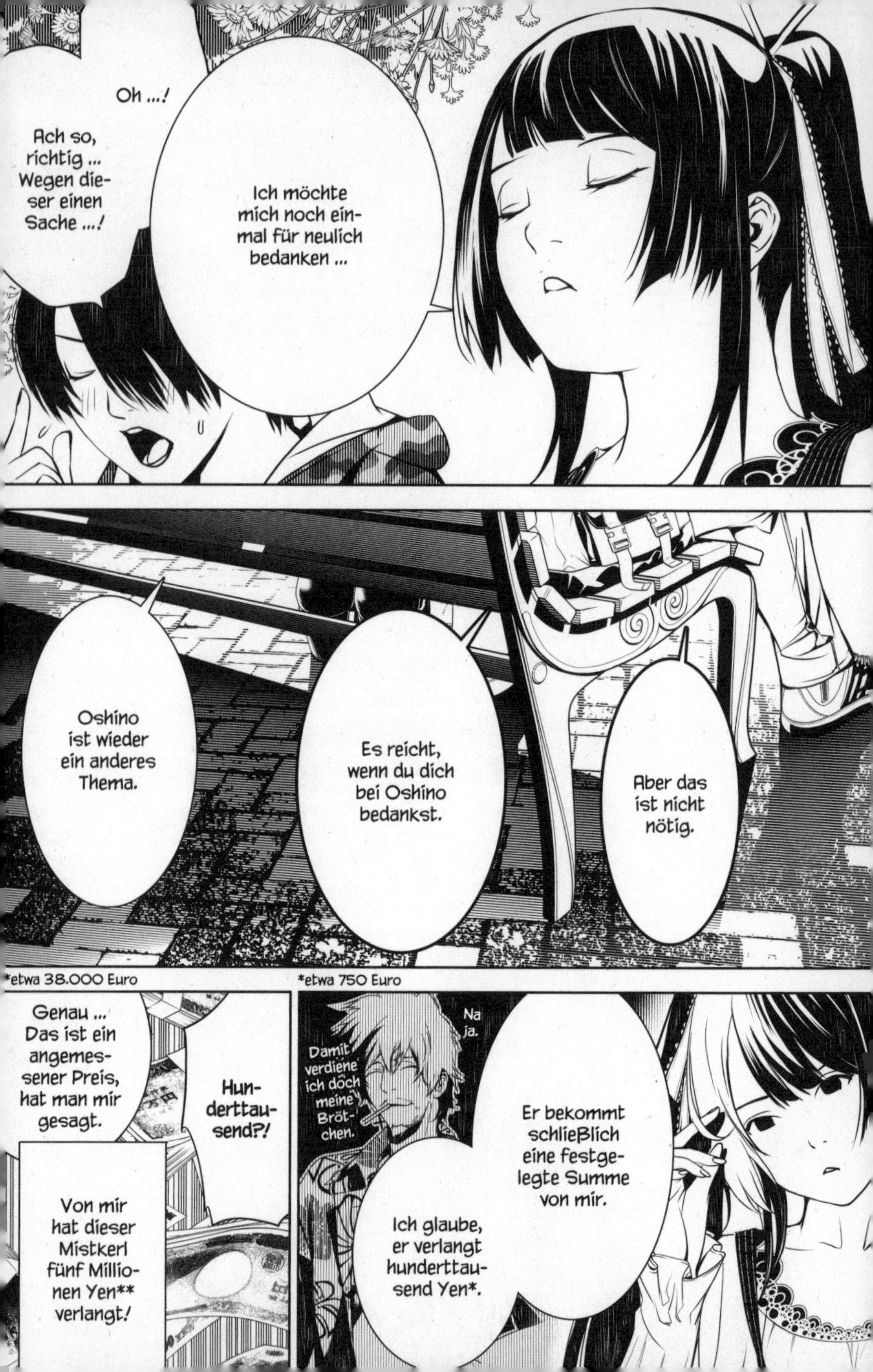
Ich möchte mich noch einmal für neulich bedanken ...
Oh ...!
Ach so, richtig ... Wegen dieser einen Sache ...!
Aber das ist nicht nötig.
Es reicht, wenn du dich bei Oshino bedankst.
Oshino ist wieder ein anderes Thema.
*etwa 38.000 Euro
*etwa 750 Euro
Er bekommt schließlich eine festgelegte Summe von mir.
Ich glaube, er verlangt hunderttausend Yen*.
Na ja.
Damit verdiene ich doch meine Brötchen.
Hunderttausend?!
Genau ... Das ist ein angemessener Preis, hat man mir gesagt.
Von mir hat dieser Mistkerl fünf Millionen Yen** verlangt!

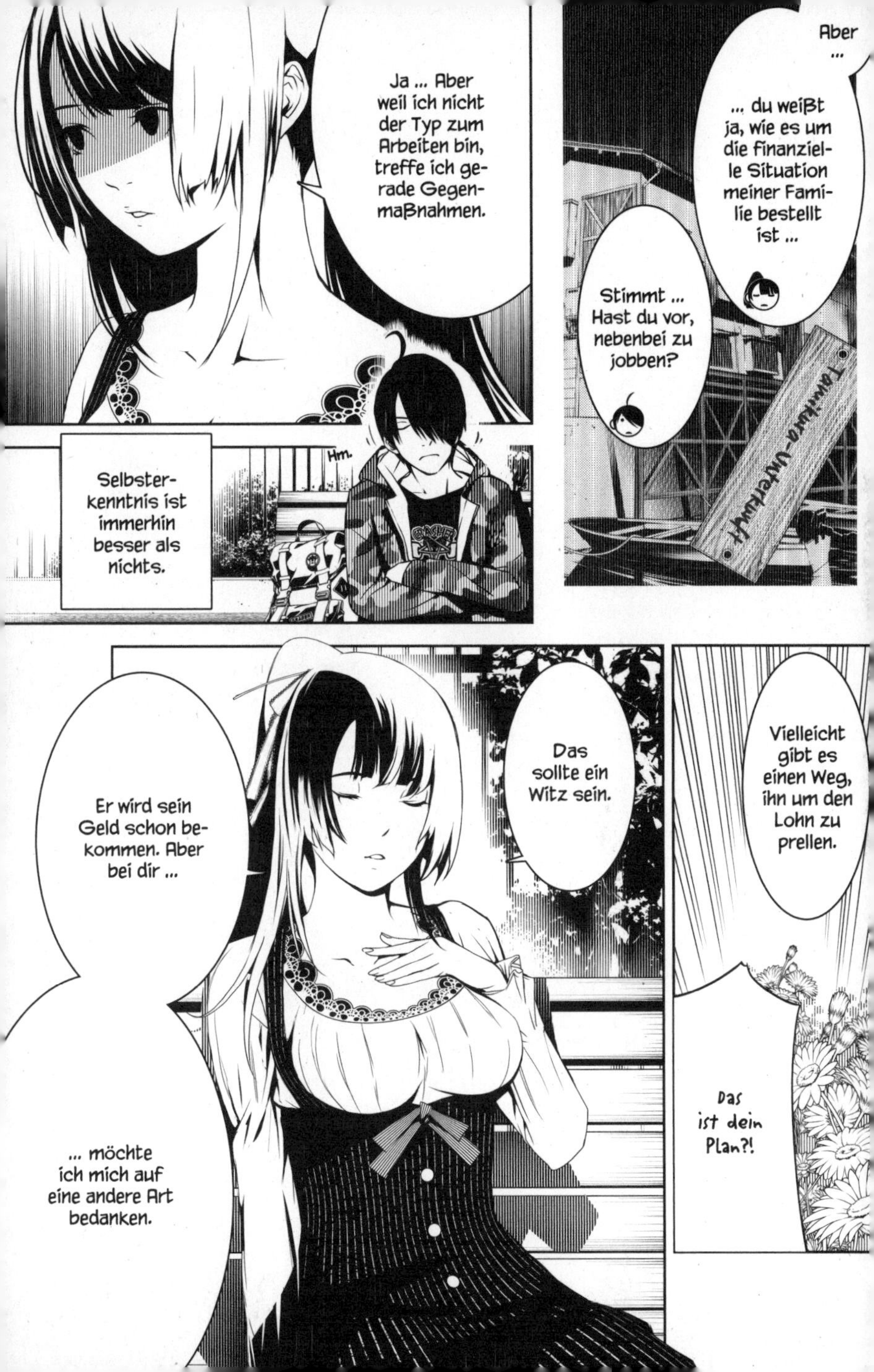

Aber ...
... du weißt ja, wie es um die finanzielle Situation meiner Familie bestellt ist ...
Stimmt ... Hast du vor, nebenbei zu jobben?
Ja ... Aber weil ich nicht der Typ zum Arbeiten bin, treffe ich gerade Gegenmaßnahmen.
Hm.
Selbsterkenntnis ist immerhin besser als nichts.
Vielleicht gibt es einen Weg, ihn um den Lohn zu prellen.
Das ist dein Plan?!
Das sollte ein Witz sein.
Er wird sein Geld schon bekommen. Aber bei dir ...
... möchte ich mich auf eine andere Art bedanken.

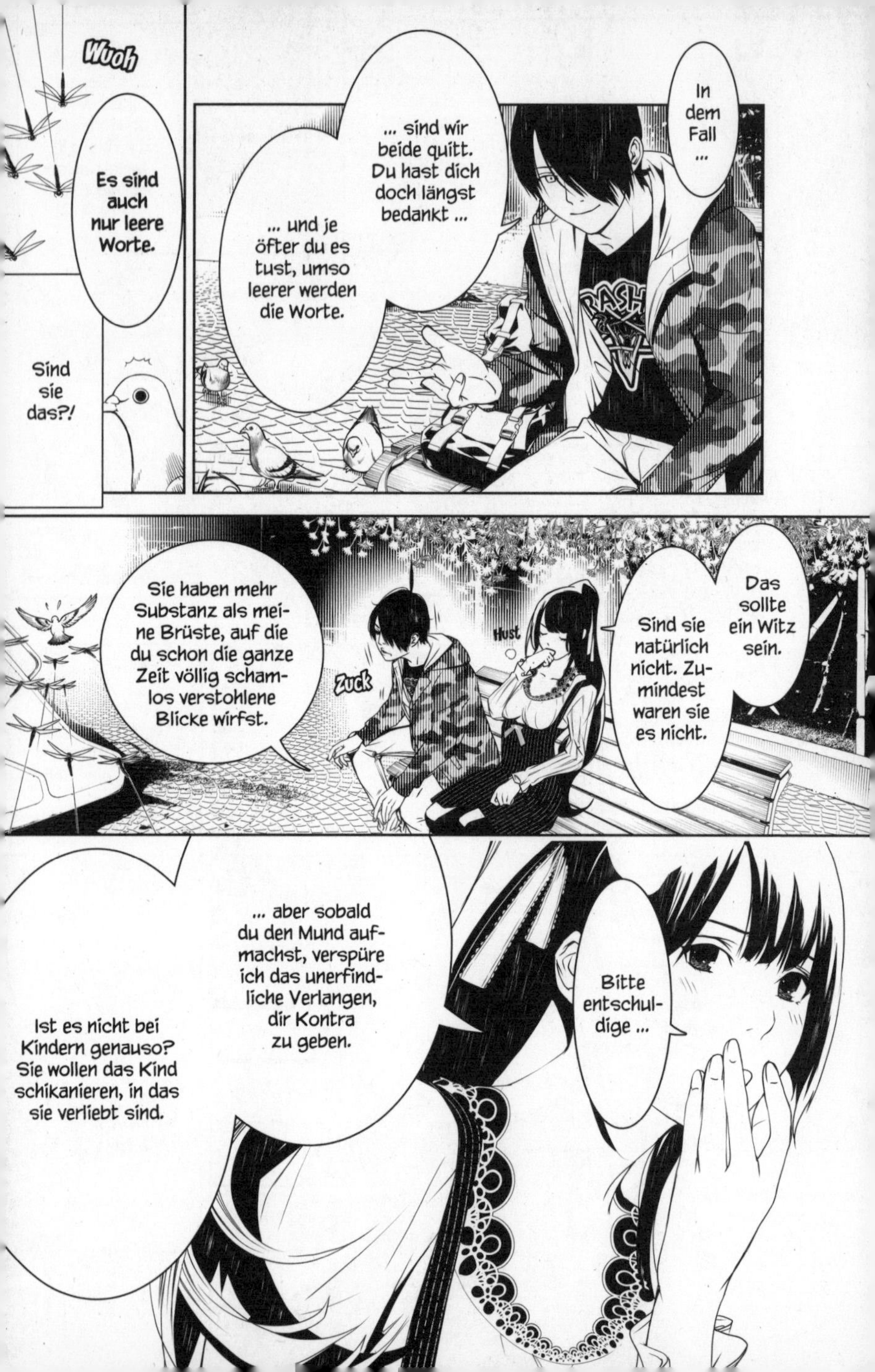
In dem Fall ...
... sind wir beide quitt. Du hast dich doch längst bedankt ...
... und je öfter du es tust, umso leerer werden die Worte.
Wuoh
Es sind auch nur leere Worte.
Sind sie das?!
Das sollte ein Witz sein.
Sind sie natürlich nicht. Zumindest waren sie es nicht.
Hust
Zuck
Sie haben mehr Substanz als meine Brüste, auf die du schon die ganze Zeit völlig schamlos verstohlene Blicke wirfst.
Bitte entschuldige ...
... aber sobald du den Mund aufmachst, verspüre ich das unerfindliche Verlangen, dir Kontra zu geben.
Ist es nicht bei Kindern genauso? Sie wollen das Kind schikanieren, in das sie verliebt sind.

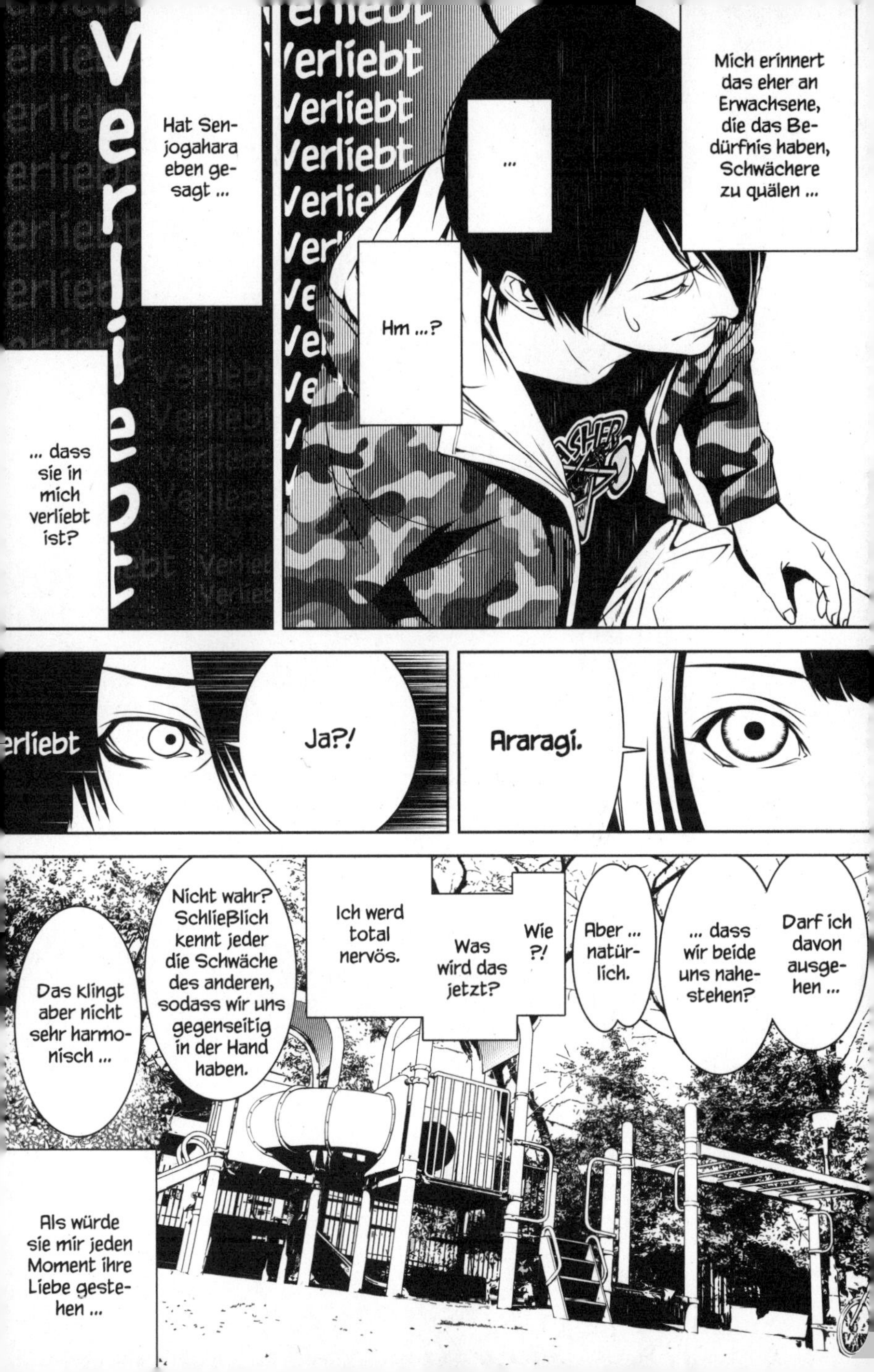
Mich erinnert das eher an Erwachsene, die das Bedürfnis haben, Schwächere zu quälen ...
...
Hm ...?
Verliebt
Hat Senjogahara eben gesagt ...
... dass sie in mich verliebt ist?
Araragi.
Ja?!
Darf ich davon ausgehen ...
... dass wir beide uns nahestehen?
Aber ... natürlich.
Wie ?!
Was wird das jetzt?
Ich werd total nervös.
Nicht wahr? Schließlich kennt jeder die Schwäche des anderen, sodass wir uns gegenseitig in der Hand haben.
Das klingt aber nicht sehr harmonisch ...
Als würde sie mir jeden Moment ihre Liebe gestehen ...

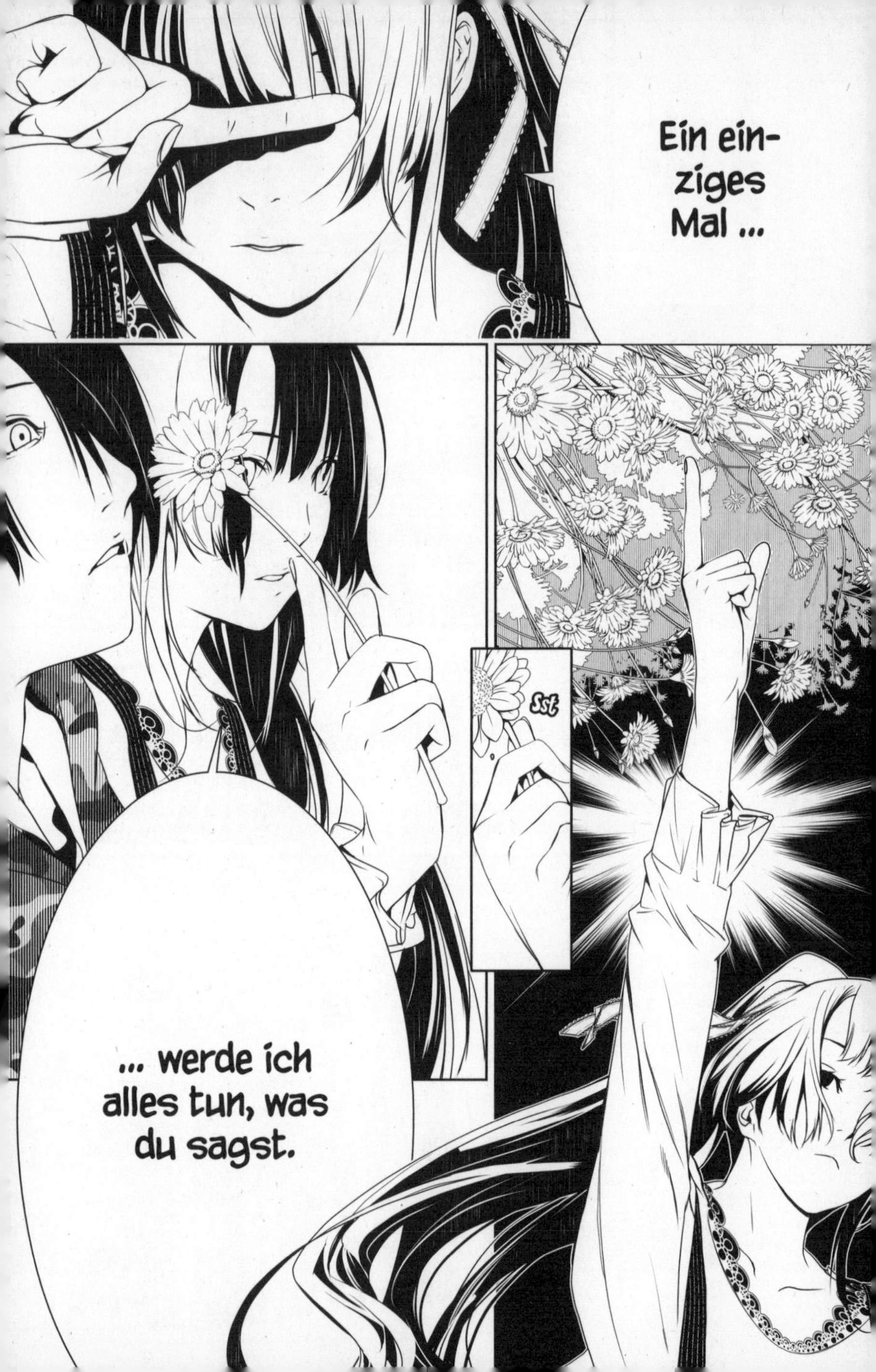

Ein einziges Mal ...
Sst
... werde ich alles tun, was du sagst.

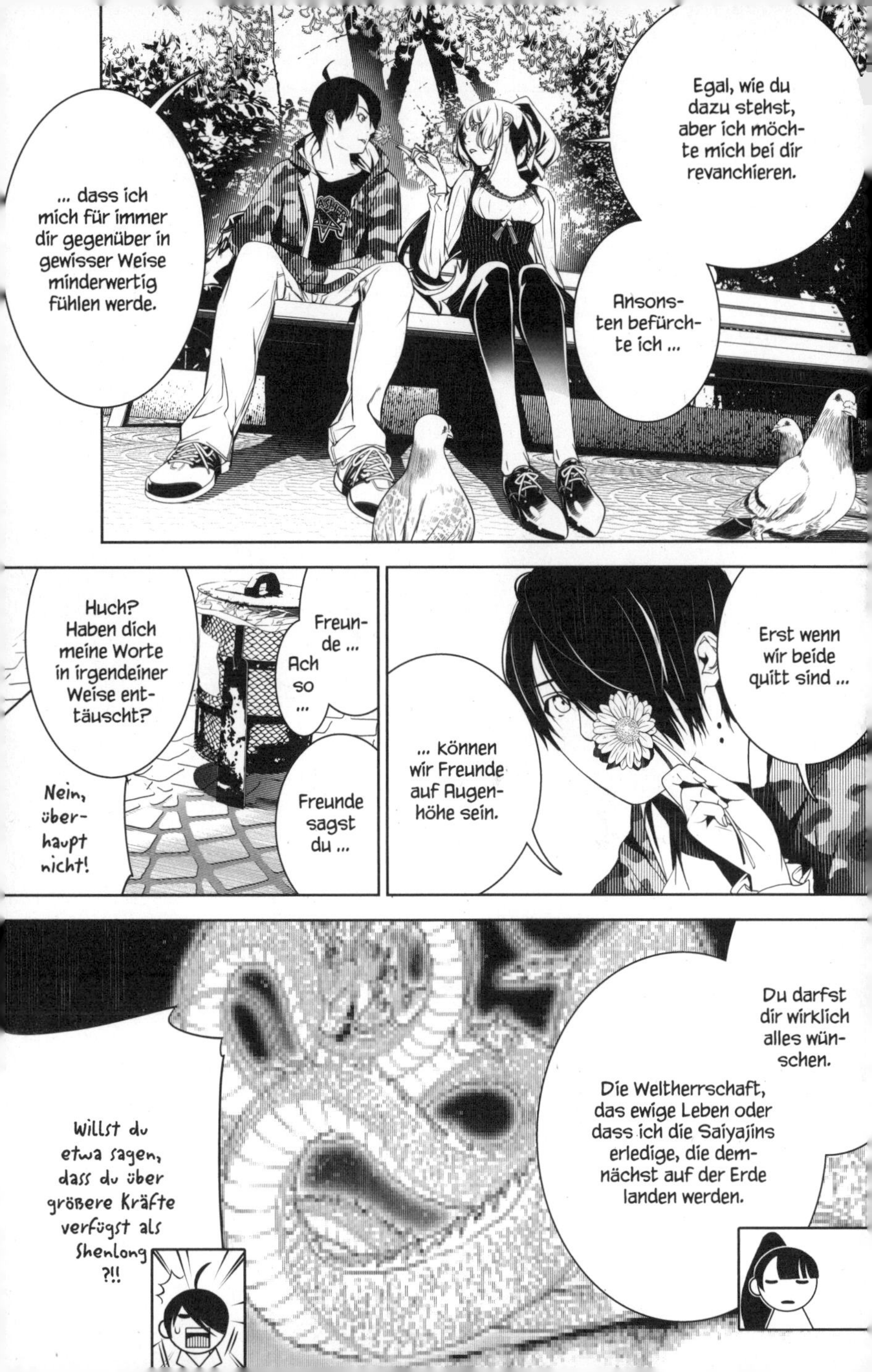

Egal, wie du dazu stehst, aber ich möchte mich bei dir revanchieren.
Ansonsten befürchte ich ...
... dass ich mich für immer dir gegenüber in gewisser Weise minderwertig fühlen werde.
Erst wenn wir beide quitt sind ...
... können wir Freunde auf Augenhöhe sein.
Freunde ...
Ach so ...
Huch? Haben dich meine Worte in irgendeiner Weise enttäuscht?
Freunde sagst du ...
Nein, überhaupt nicht!
Du darfst dir wirklich alles wünschen.
Die Weltherrschaft, das ewige Leben oder dass ich die Saiyajins erledige, die demnächst auf der Erde landen werden.
Willst du etwa sagen, dass du über größere Kräfte verfügst als Shenlong ?!!

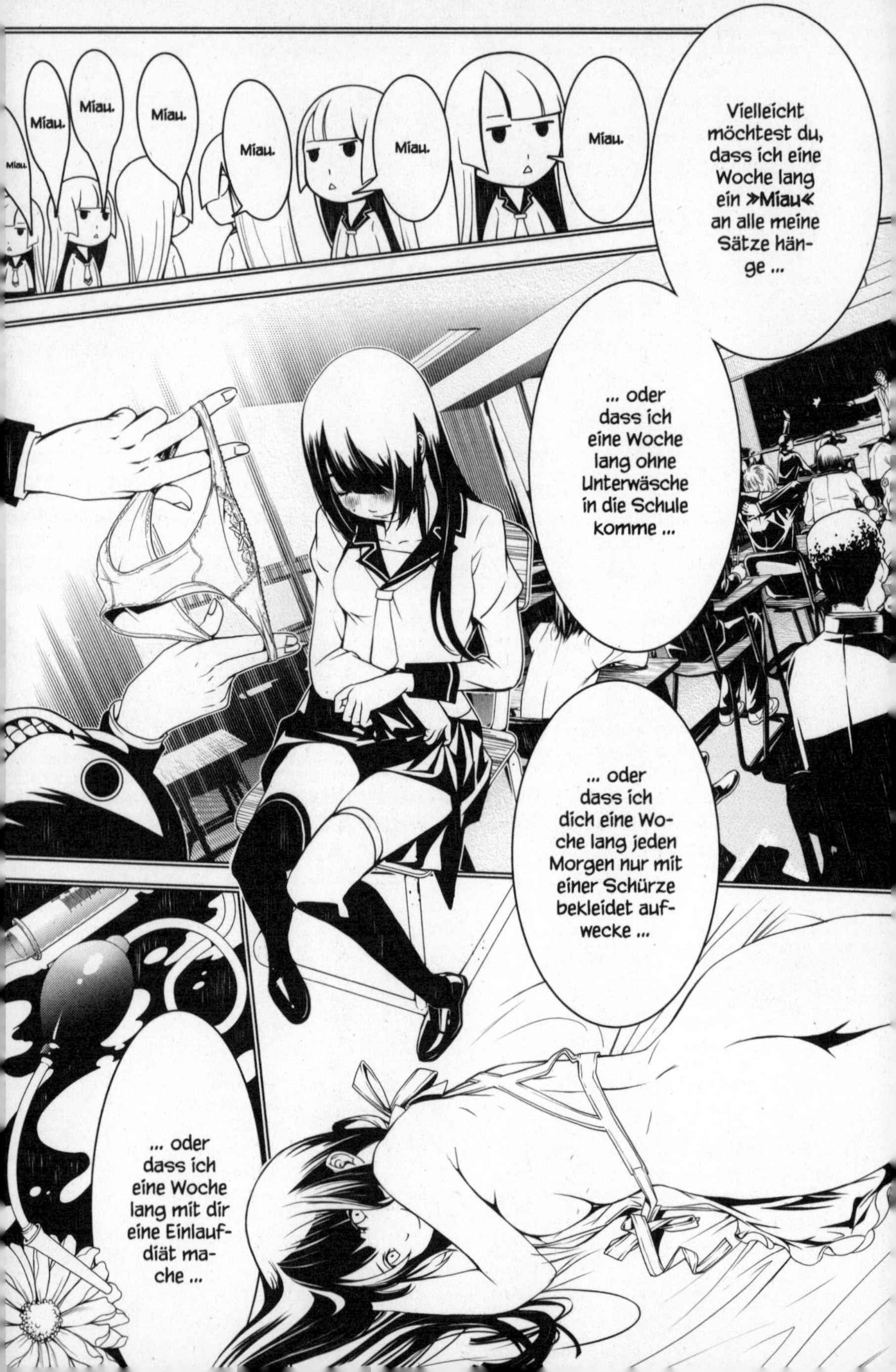
Vielleicht möchtest du, dass ich eine Woche lang ein »Miau« an alle meine Sätze hänge ...
Miau.
Miau.
Miau.
Miau.
Miau.
Miau.
Miau
... oder dass ich eine Woche lang ohne Unterwäsche in die Schule komme ...
... oder dass ich dich eine Woche lang jeden Morgen nur mit einer Schürze bekleidet aufwecke ...
... oder dass ich eine Woche lang mit dir eine Einlaufdiät mache ...

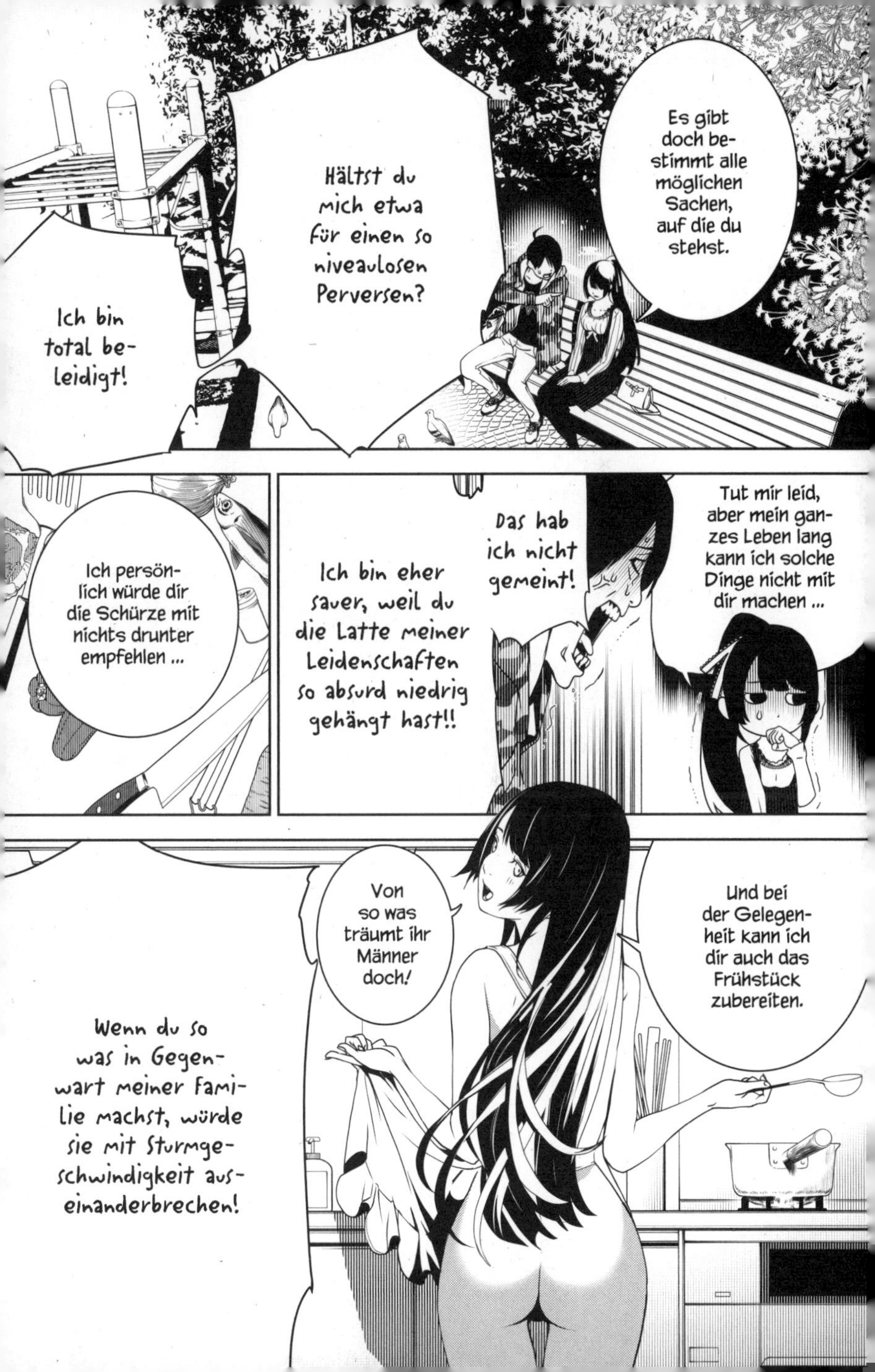
Es gibt doch bestimmt alle möglichen Sachen, auf die du stehst.
Hältst du mich etwa für einen so niveaulosen Perversen?
Ich bin total beleidigt!
Tut mir leid, aber mein ganzes Leben lang kann ich solche Dinge nicht mit dir machen ...
Das hab ich nicht gemeint!
Ich bin eher sauer, weil du die Latte meiner Leidenschaften so absurd niedrig gehängt hast!!
Ich persönlich würde dir die Schürze mit nichts drunter empfehlen ...
Und bei der Gelegenheit kann ich dir auch das Frühstück zubereiten.
Von so was träumt ihr Männer doch!
Wenn du so was in Gegenwart meiner Familie machst, würde sie mit Sturmgeschwindigkeit auseinanderbrechen!

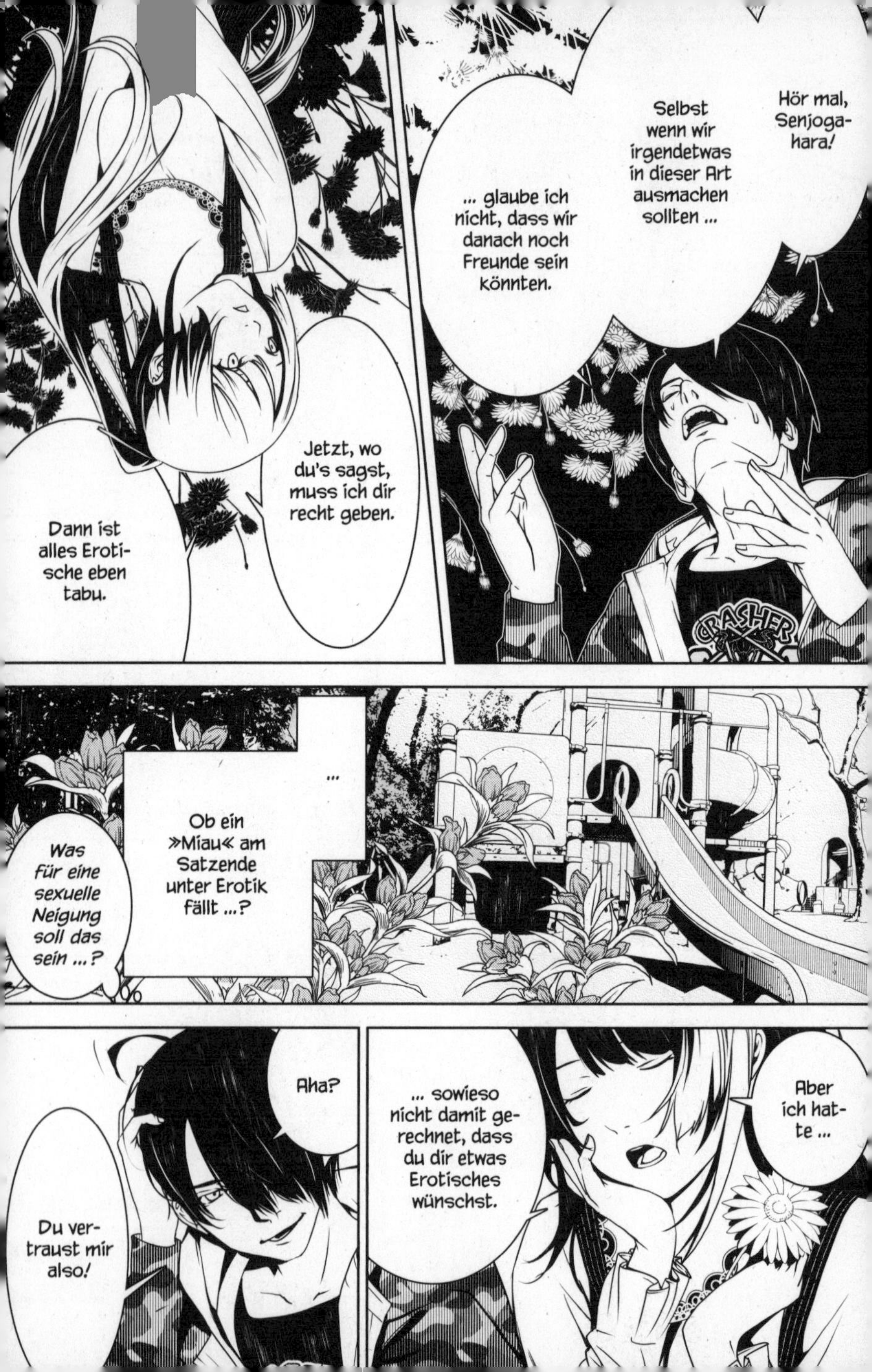
Hör mal, Senjogahara!
Selbst wenn wir irgendetwas in dieser Art ausmachen sollten ...
... glaube ich nicht, dass wir danach noch Freunde sein könnten.
Jetzt, wo du's sagst, muss ich dir recht geben.
Dann ist alles Erotische eben tabu.
...
Ob ein »Miau« am Satzende unter Erotik fällt ...?
Was für eine sexuelle Neigung soll das sein ...?
Aber ich hatte ...
... sowieso nicht damit gerechnet, dass du dir etwas Erotisches wünschst.
Aha?
Du vertraust mir also!

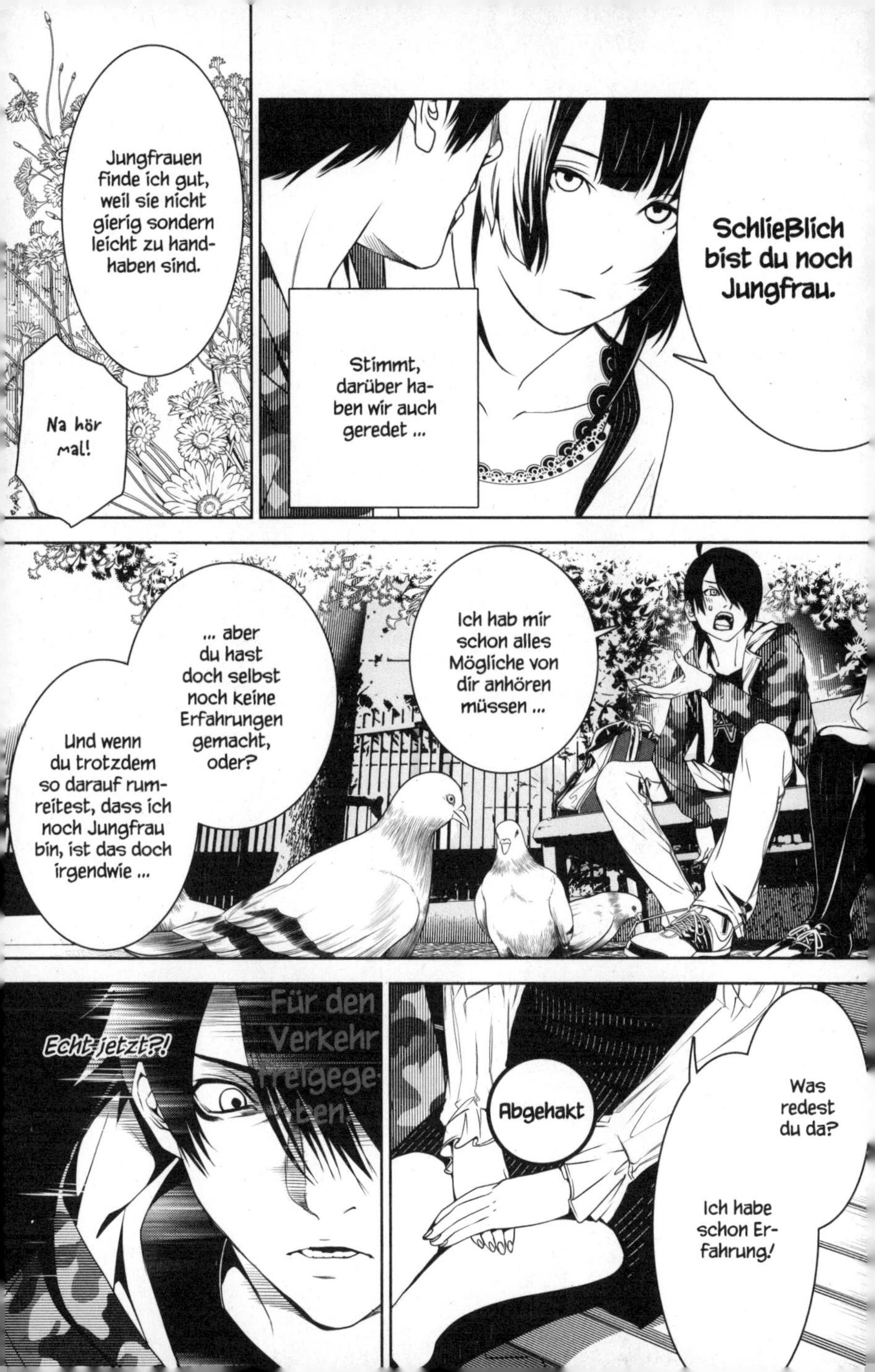
Schließlich bist du noch Jungfrau.
Stimmt, darüber haben wir auch geredet ...
Jungfrauen finde ich gut, weil sie nicht gierig sondern leicht zu handhaben sind.
Na hör mal!
Ich hab mir schon alles Mögliche von dir anhören müssen ...
... aber du hast doch selbst noch keine Erfahrungen gemacht, oder?
Und wenn du trotzdem so darauf rumreitest, dass ich noch Jungfrau bin, ist das doch irgendwie ...
Was redest du da?
Ich habe schon Erfahrung!
Abgehakt
Für den Verkehr freigegeben.
Echt jetzt?!

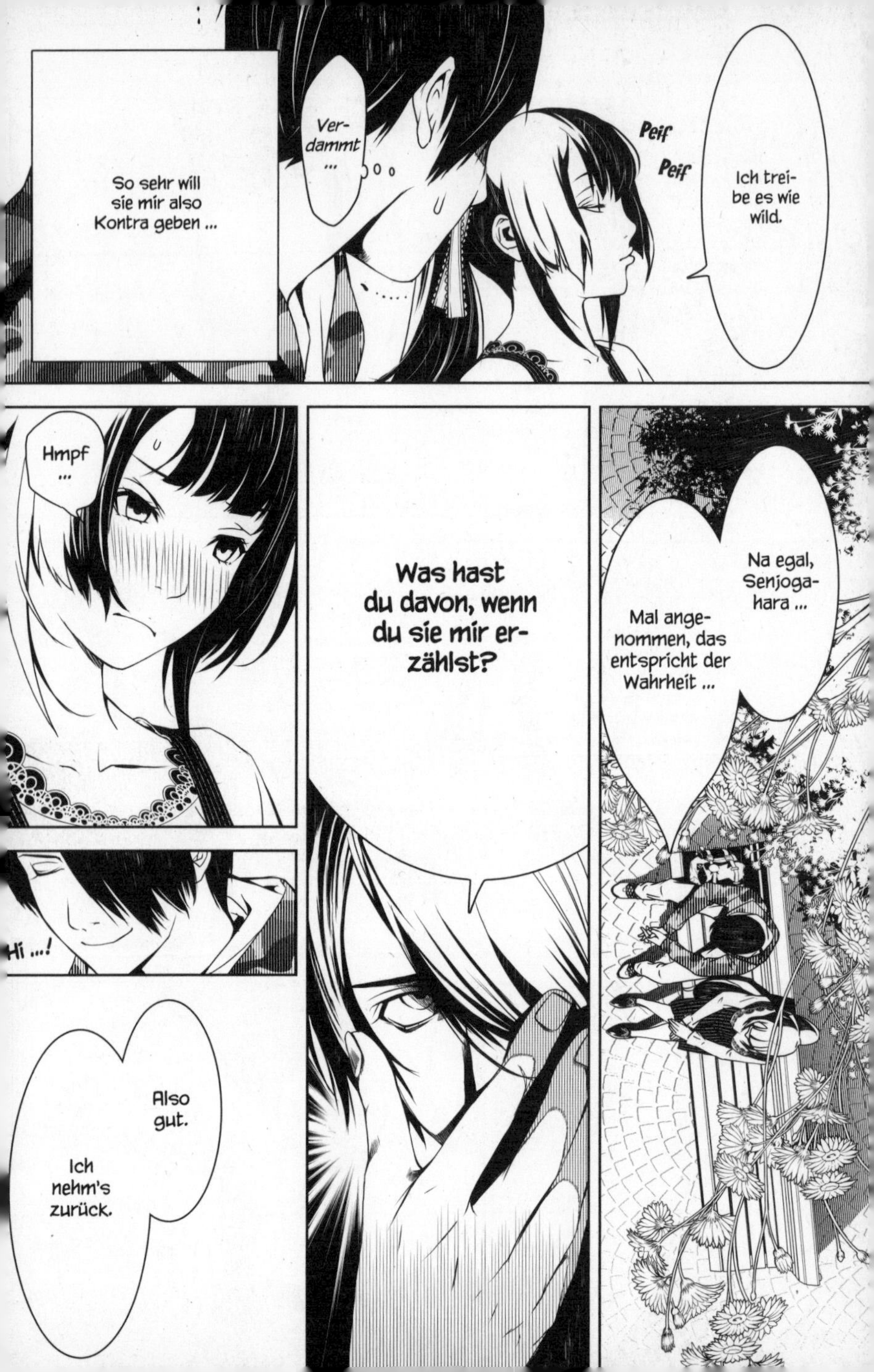
Ich treibe es wie wild.
Peif
Peif
Verdammt ...
So sehr will sie mir also Kontra geben ...
Na egal, Senjogahara ...
Mal angenommen, das entspricht der Wahrheit ...
Was hast du davon, wenn du sie mir erzählst?
Hmpf ...
Hi ...!
Also gut.
Ich nehm's zurück.

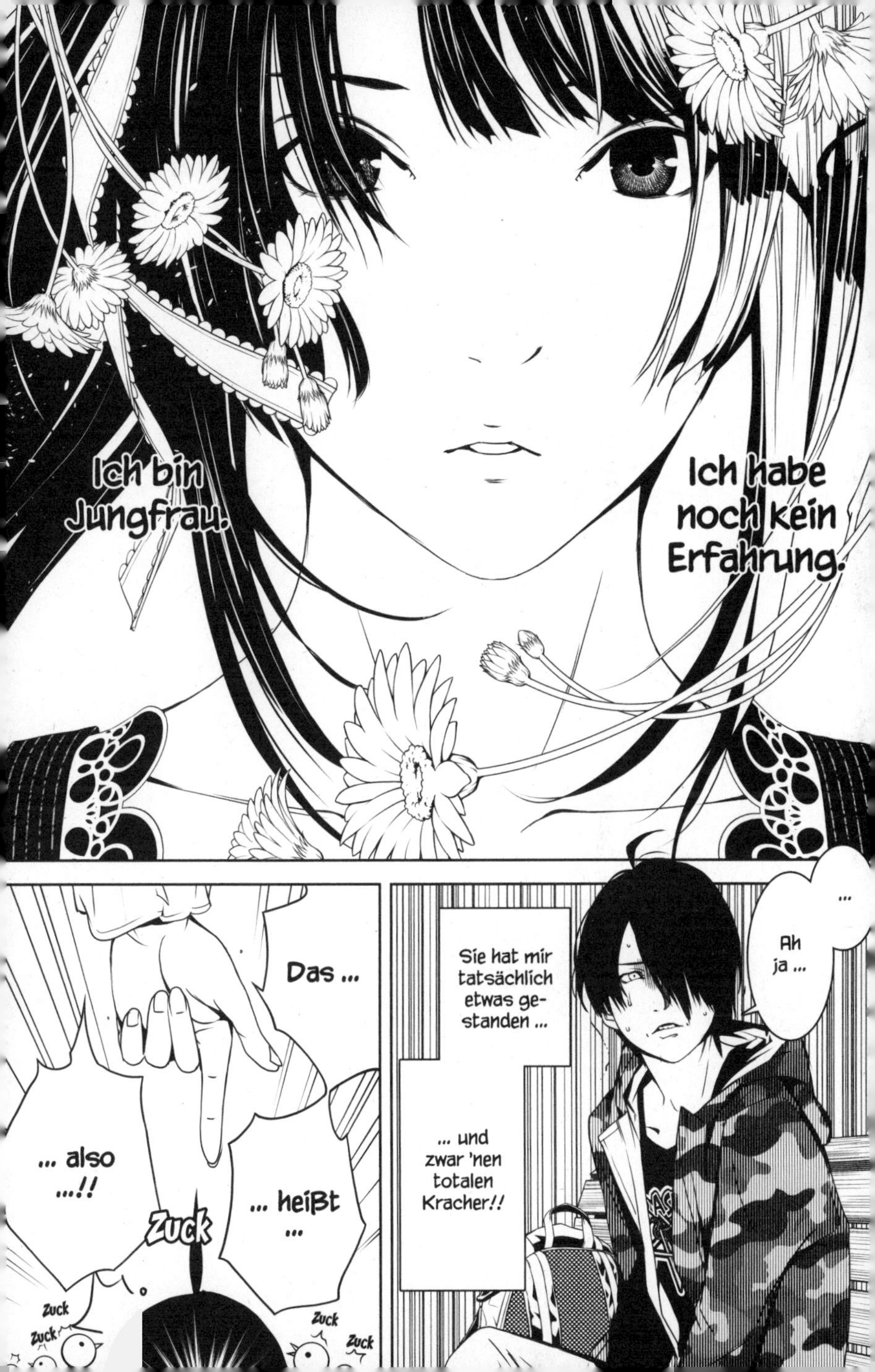

Ich habe noch kein Erfahrung.
Ich bin Jungfrau.
...
Ah ja ...
Sie hat mir tatsächlich etwas gestanden ...
... und zwar 'nen totalen Kracher!!
Das ...
... heißt ...
... also ...!!
Zuck
Zuck
Zuck
Zuck
Zuck

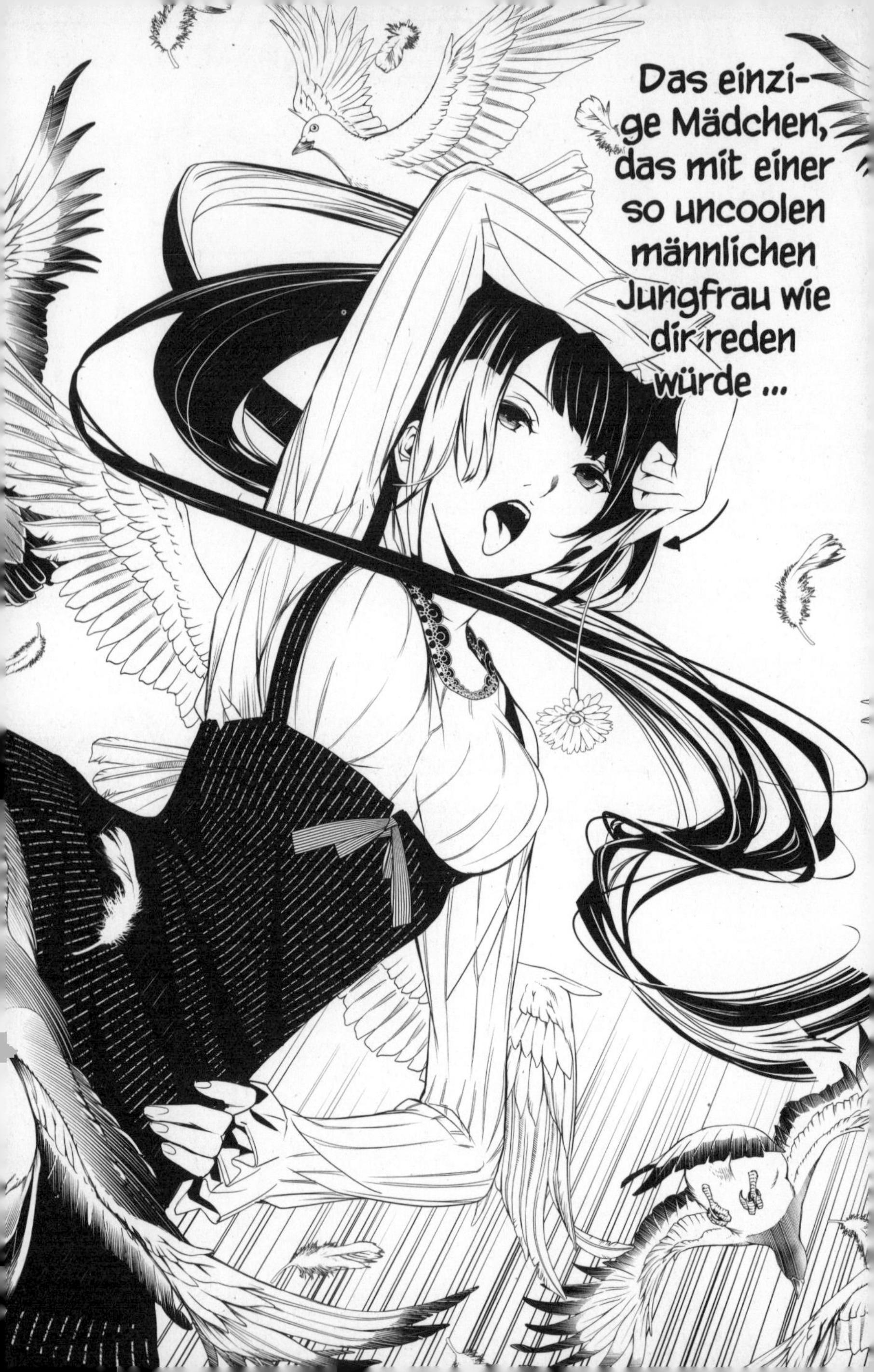
Das einzige Mädchen, das mit einer so uncoolen männlichen Jungfrau wie dir reden würde ...

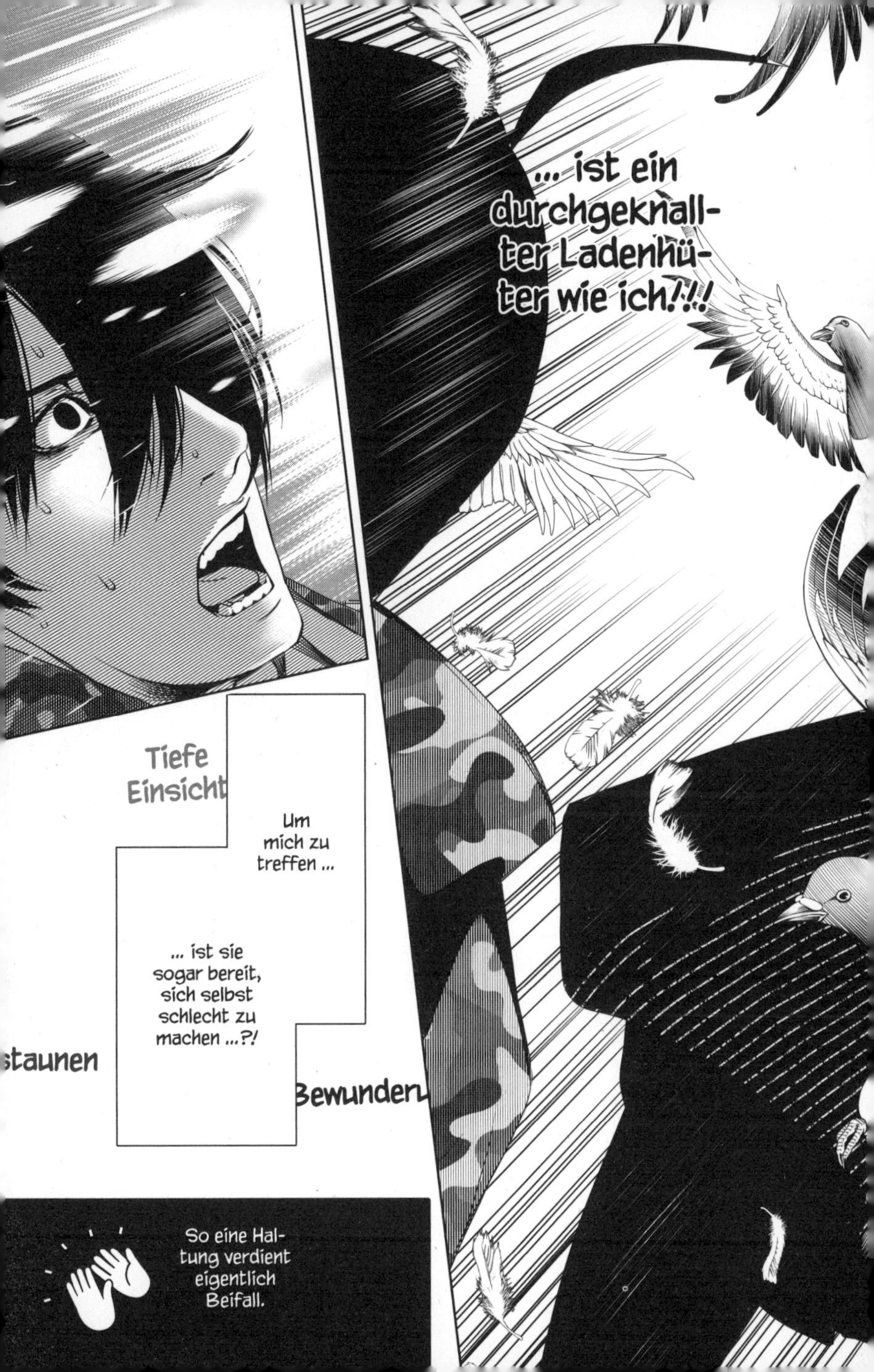
... ist ein durchgeknall-ter Ladenhü-ter wie ich!!!
Tiefe Einsicht
Um mich zu treffen ...
... ist sie sogar bereit, sich selbst schlecht zu machen ...?!
staunen
Bewunder
So eine Hal-tung verdient eigentlich Beifall.

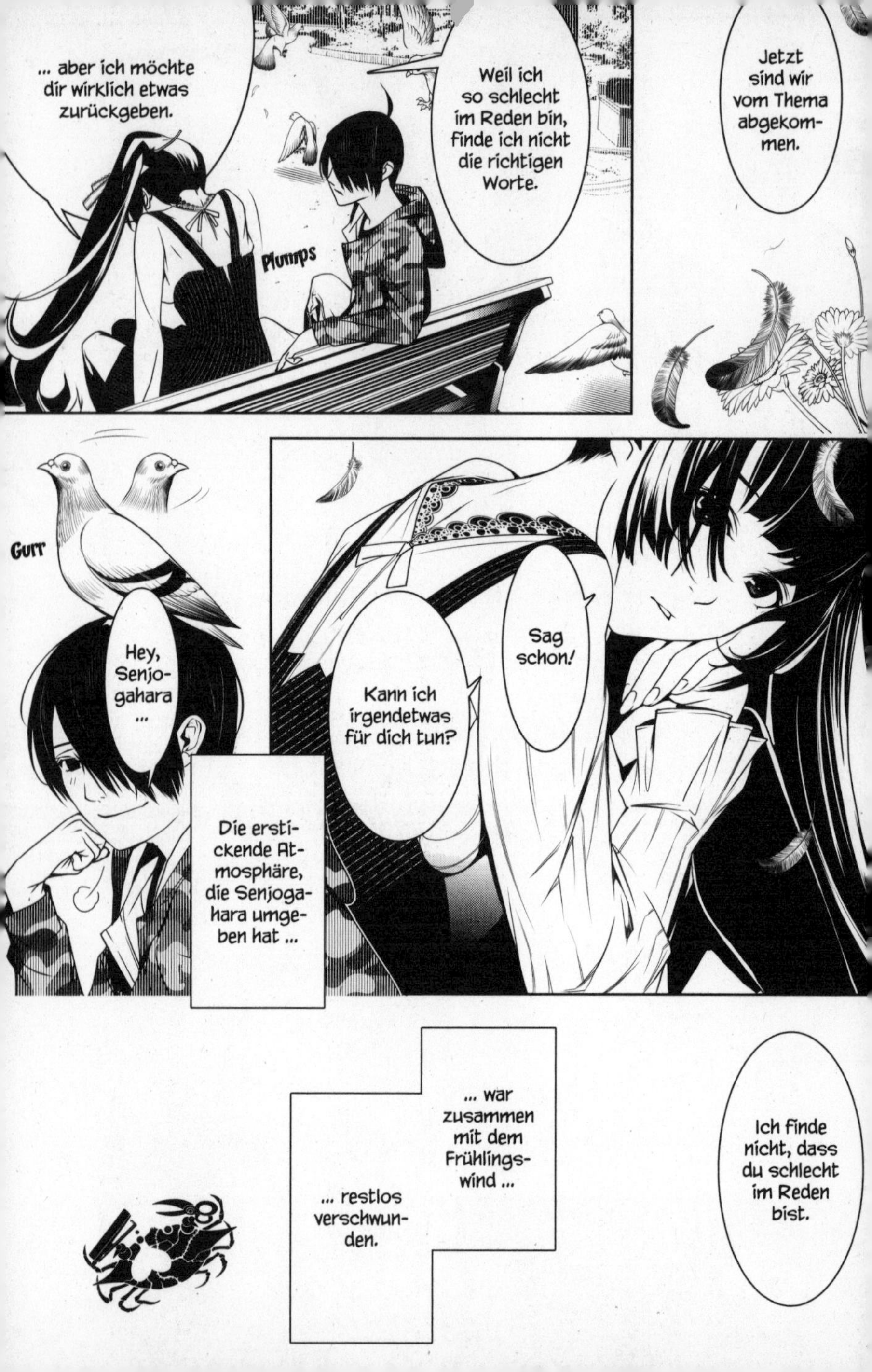

Jetzt sind wir vom Thema abgekommen.
Weil ich so schlecht im Reden bin, finde ich nicht die richtigen Worte.
... aber ich möchte dir wirklich etwas zurückgeben.
Plumps
Sag schon!
Kann ich irgendetwas für dich tun?
Gurr
Hey, Senjogahara ...
Die erstickende Atmosphäre, die Senjogahara umgeben hat ...
Ich finde nicht, dass du schlecht im Reden bist.
... war zusammen mit dem Frühlingswind ...
... restlos verschwunden.

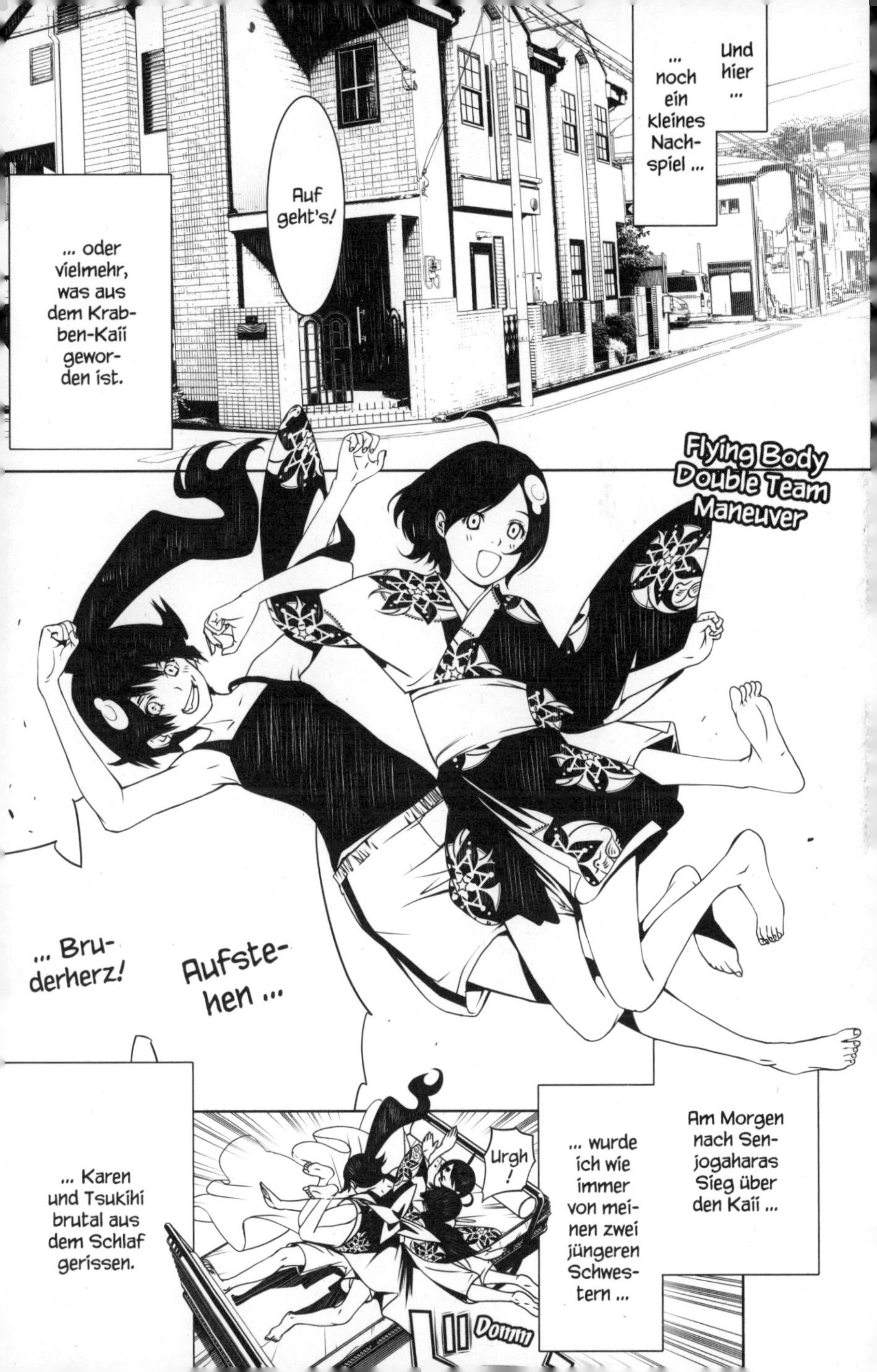
Und hier ...
... noch ein kleines Nachspiel ...
Auf geht's!
... oder vielmehr, was aus dem Krabben-Kaii geworden ist.
Flying Body Double Team Maneuver
Aufstehen ...
... Bruderherz!
Am Morgen nach Senjogaharas Sieg über den Kaii ...
... wurde ich wie immer von meinen zwei jüngeren Schwestern ...
Urgh!
... Karen und Tsukihi brutal aus dem Schlaf gerissen.
Domm

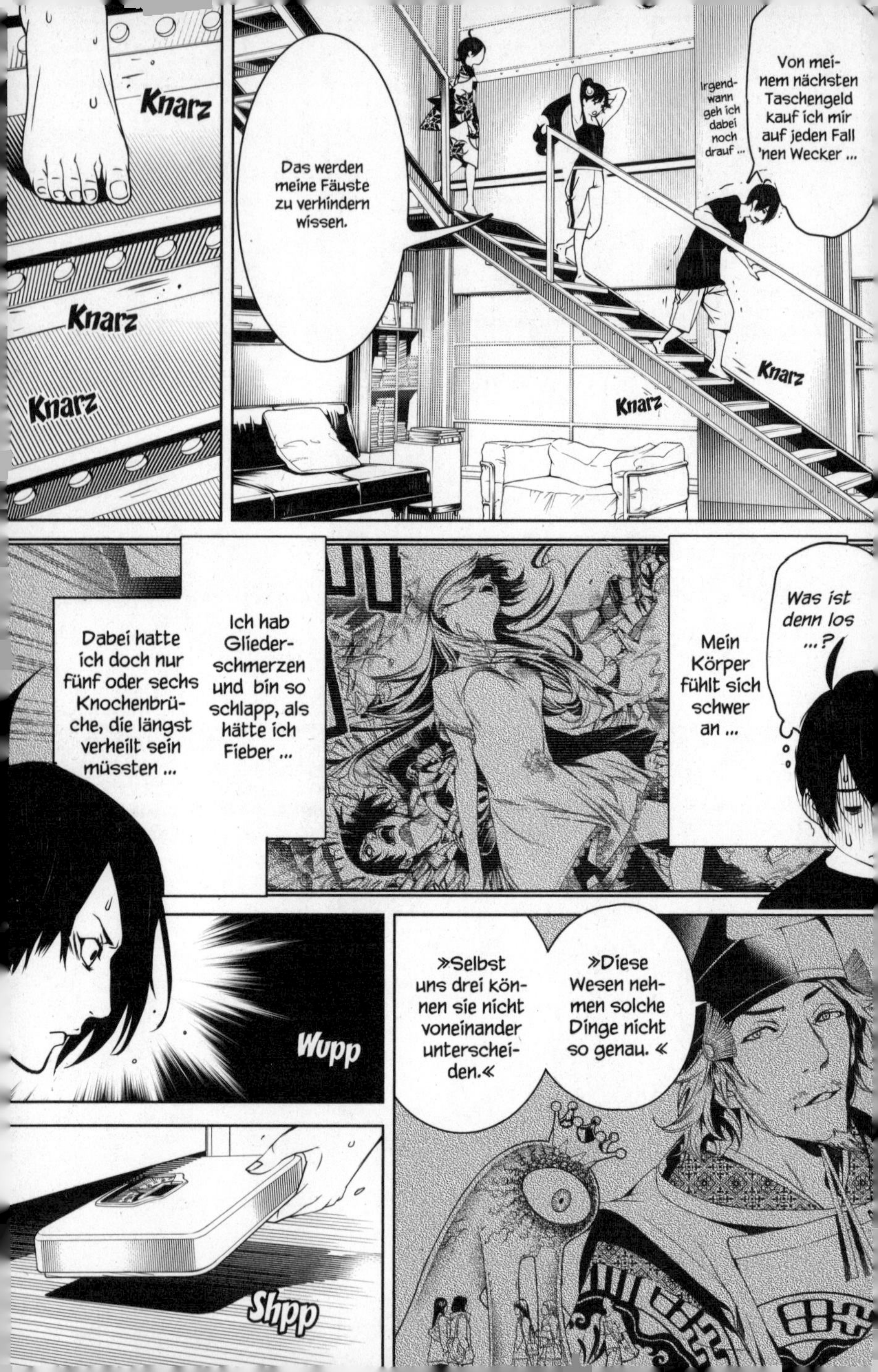
Von meinem nächsten Taschengeld kauf ich mir auf jeden Fall 'nen Wecker ...
Irgendwann geh ich dabei noch drauf ...
Das werden meine Fäuste zu verhindern wissen.
Knarz
Knarz
Knarz
Knarz
Knarz
Was ist denn los ...?
Mein Körper fühlt sich schwer an ...
Ich hab Gliederschmerzen und bin so schlapp, als hätte ich Fieber ...
Dabei hatte ich doch nur fünf oder sechs Knochenbrüche, die längst verheilt sein müssten ...
»Diese Wesen nehmen solche Dinge nicht so genau.«
»Selbst uns drei können sie nicht voneinander unterscheiden.«
Wupp
Shpp

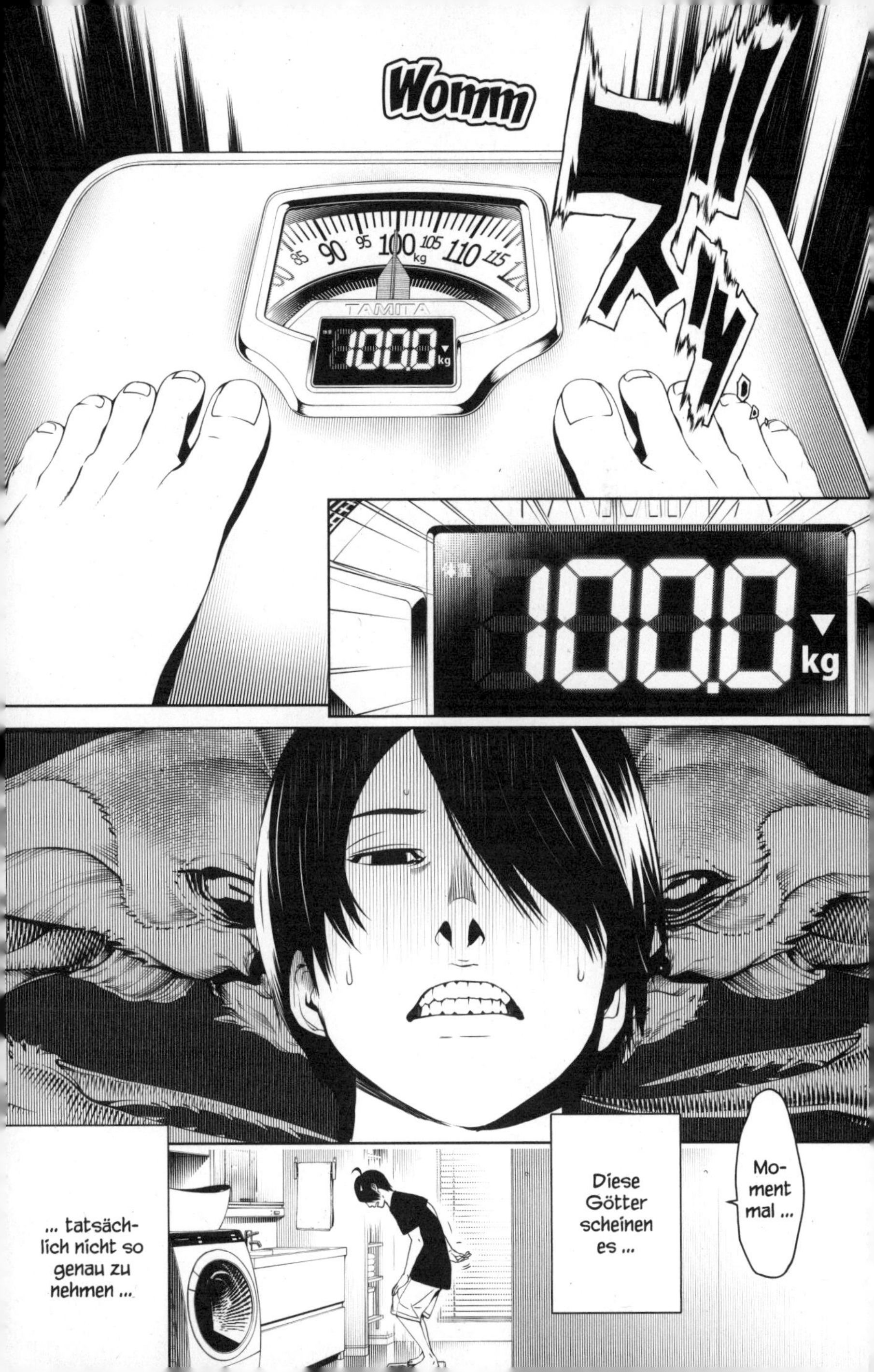
Womm
90 95 100 105 110 115 kg
TAMITA
100.0 kg
100.0 kg
Mo-ment mal ...
Diese Götter scheinen es ...
... tatsächlich nicht so genau zu nehmen ...

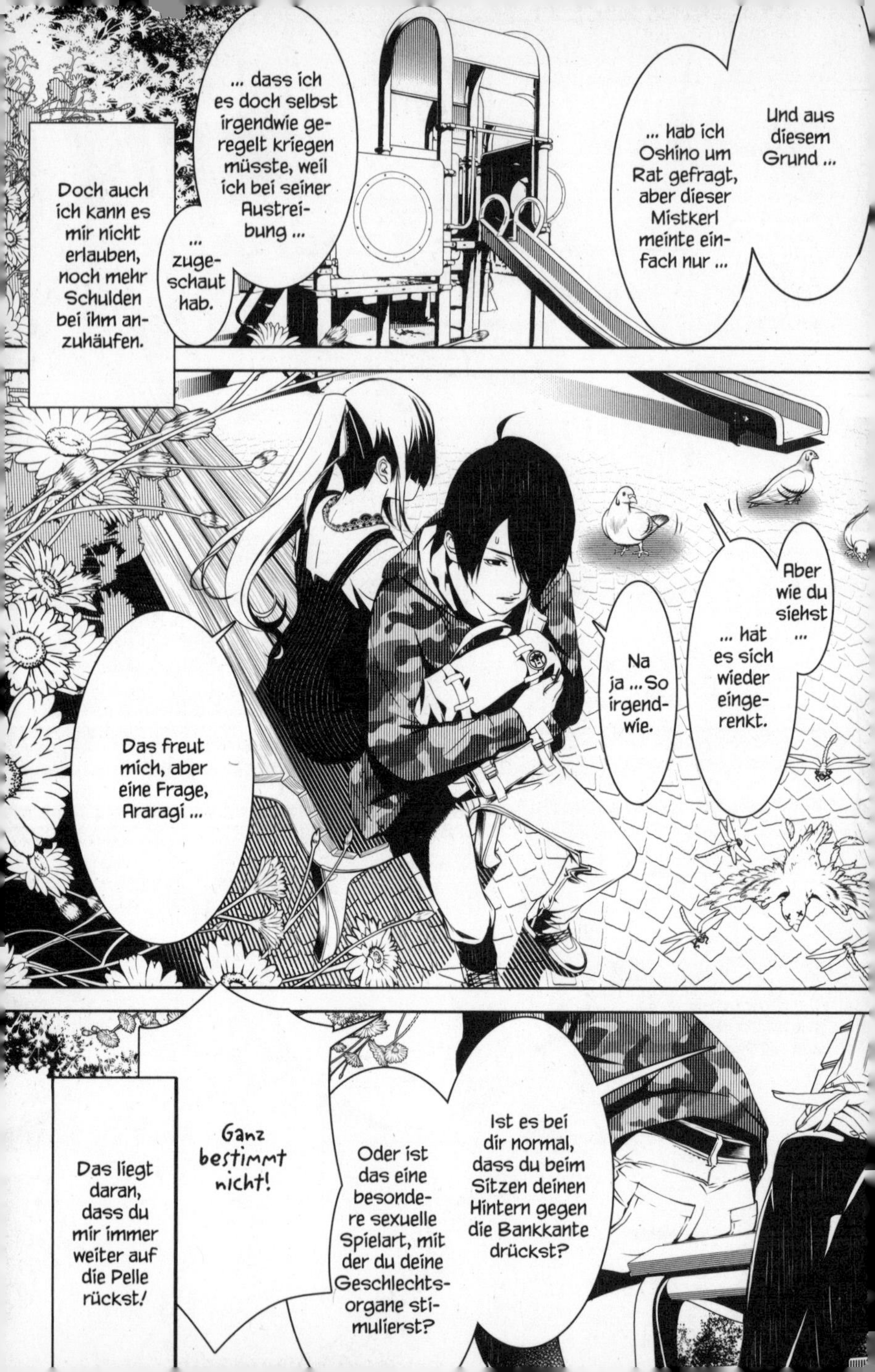
Und aus diesem Grund ...
... hab ich Oshino um Rat gefragt, aber dieser Mistkerl meinte einfach nur ...
... dass ich es doch selbst irgendwie geregelt kriegen müsste, weil ich bei seiner Austreibung ...
... zugeschaut hab.
Doch auch ich kann es mir nicht erlauben, noch mehr Schulden bei ihm anzuhäufen.
Aber wie du siehst ...
... hat es sich wieder eingerenkt.
Na ja ... So irgendwie.
Das freut mich, aber eine Frage, Araragi ...
Ist es bei dir normal, dass du beim Sitzen deinen Hintern gegen die Bankkante drückst?
Oder ist das eine besondere sexuelle Spielart, mit der du deine Geschlechtsorgane stimulierst?
Ganz bestimmt nicht!
Das liegt daran, dass du mir immer weiter auf die Pelle rückst!

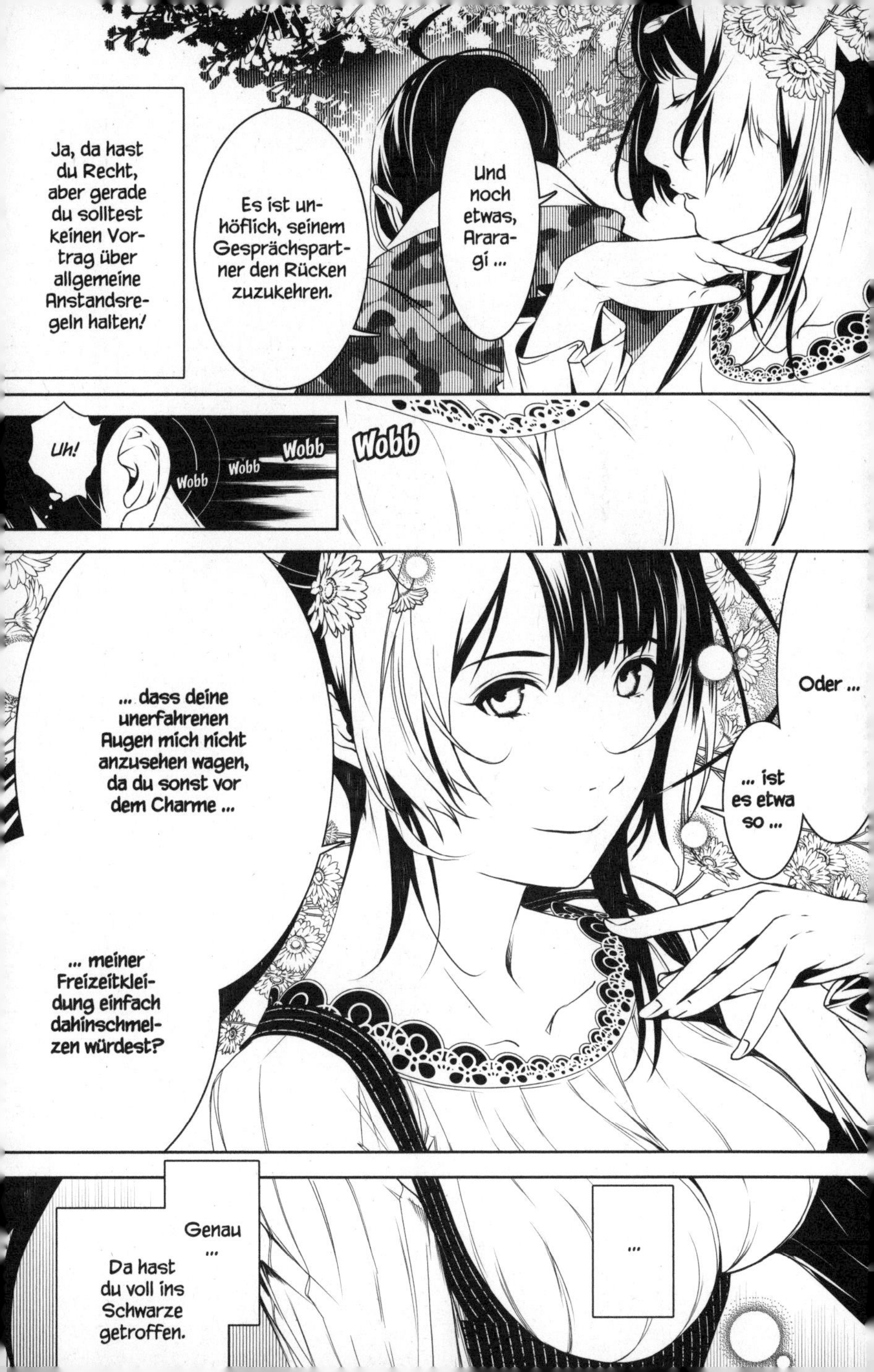

Ja, da hast du Recht, aber gerade du solltest keinen Vortrag über allgemeine Anstandsregeln halten!
Es ist unhöflich, seinem Gesprächspartner den Rücken zuzukehren.
Und noch etwas, Araragi ...
Uh!
Wobb
Wobb
Wobb
Wobb
... dass deine unerfahrenen Augen mich nicht anzusehen wagen, da du sonst vor dem Charme ...
... meiner Freizeitkleidung einfach dahinschmelzen würdest?
Oder ...
... ist es etwa so ...
Genau ...
Da hast du voll ins Schwarze getroffen.
...

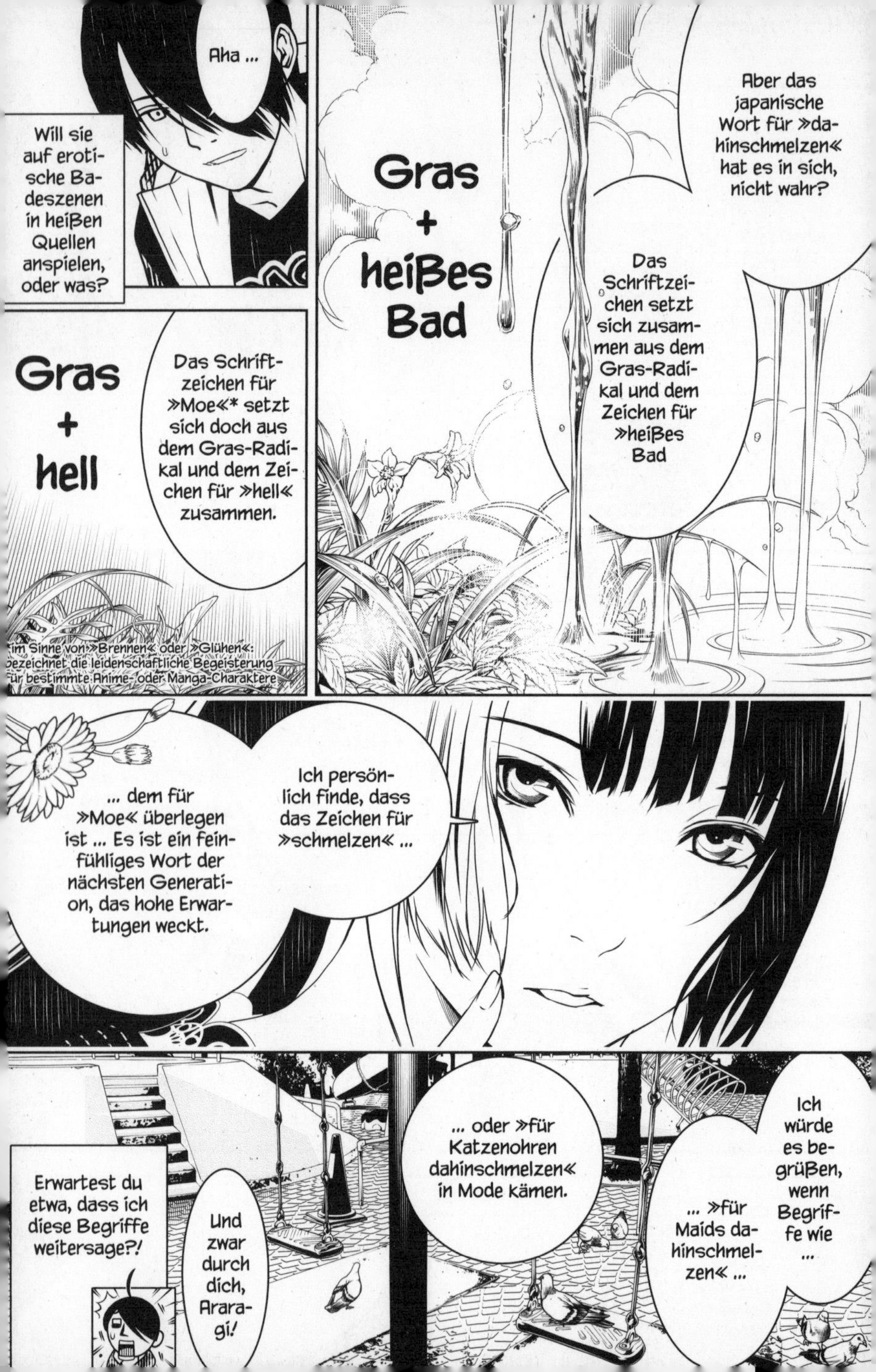

Aber das japanische Wort für »dahinschmelzen« hat es in sich, nicht wahr?
Das Schriftzeichen setzt sich zusammen aus dem Gras-Radikal und dem Zeichen für »heißes Bad
Gras + heißes Bad
Aha ...
Will sie auf erotische Badeszenen in heißen Quellen anspielen, oder was?
Das Schriftzeichen für »Moe«* setzt sich doch aus dem Gras-Radikal und dem Zeichen für »hell« zusammen.
Gras + hell
* Im Sinne von »Brennen« oder »Glühen«: bezeichnet die leidenschaftliche Begeisterung für bestimmte Anime- oder Manga-Charaktere
Ich persönlich finde, dass das Zeichen für »schmelzen« ...
... dem für »Moe« überlegen ist ... Es ist ein feinfühliges Wort der nächsten Generation, das hohe Erwartungen weckt.
Ich würde es begrüßen, wenn Begriffe wie ...
... »für Maids dahinschmelzen« ...
... oder »für Katzenohren dahinschmelzen« in Mode kämen.
Und zwar durch dich, Araragi!
Erwartest du etwa, dass ich diese Begriffe weitersage?!

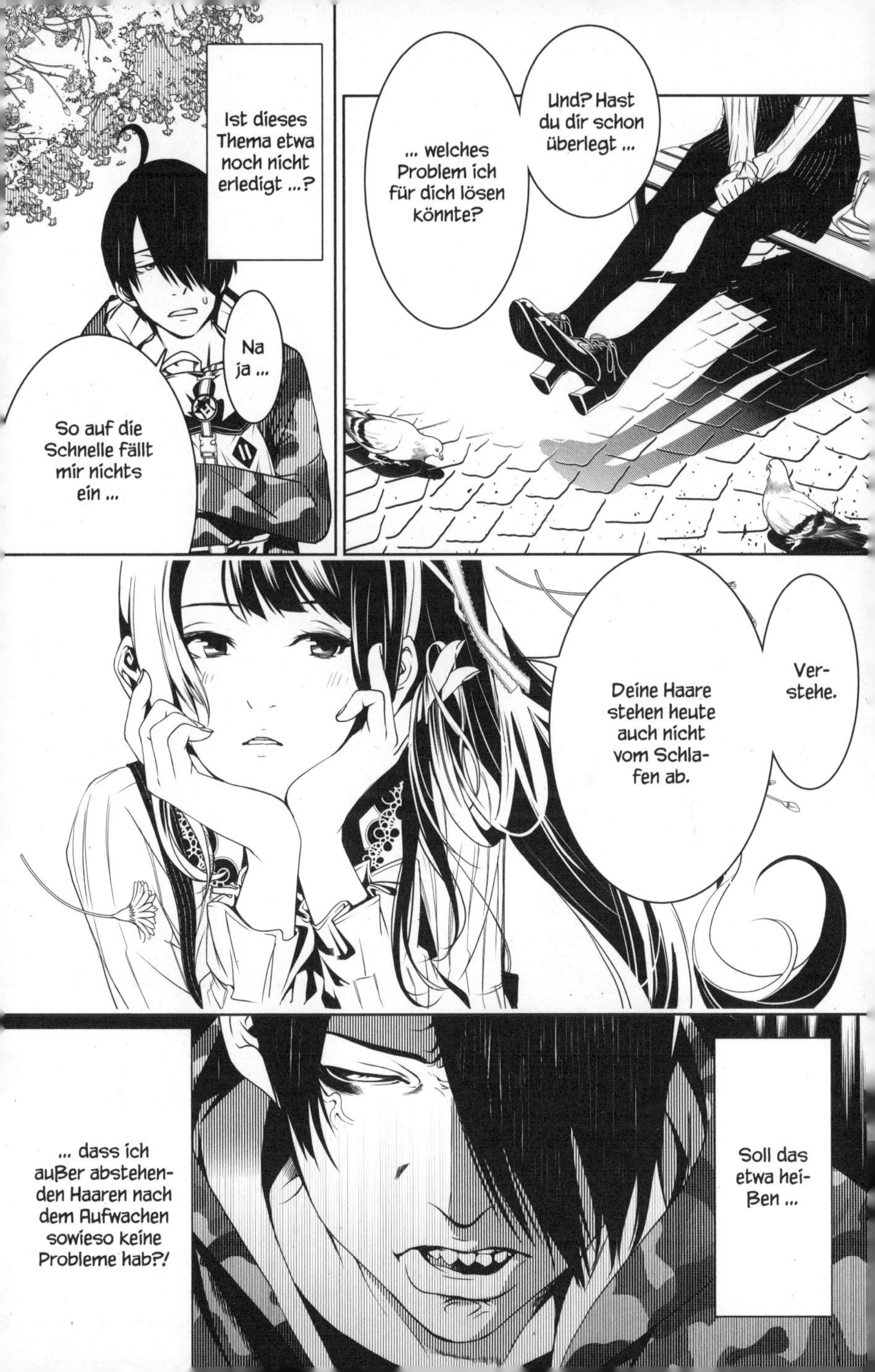
Und? Hast du dir schon überlegt ...
... welches Problem ich für dich lösen könnte?
Ist dieses Thema etwa noch nicht erledigt ...?
Na ja ...
So auf die Schnelle fällt mir nichts ein ...
Ver-stehe.
Deine Haare stehen heute auch nicht vom Schla-fen ab.
Soll das etwa hei-ßen ...
... dass ich außer abstehen-den Haaren nach dem Aufwachen sowieso keine Probleme hab?!

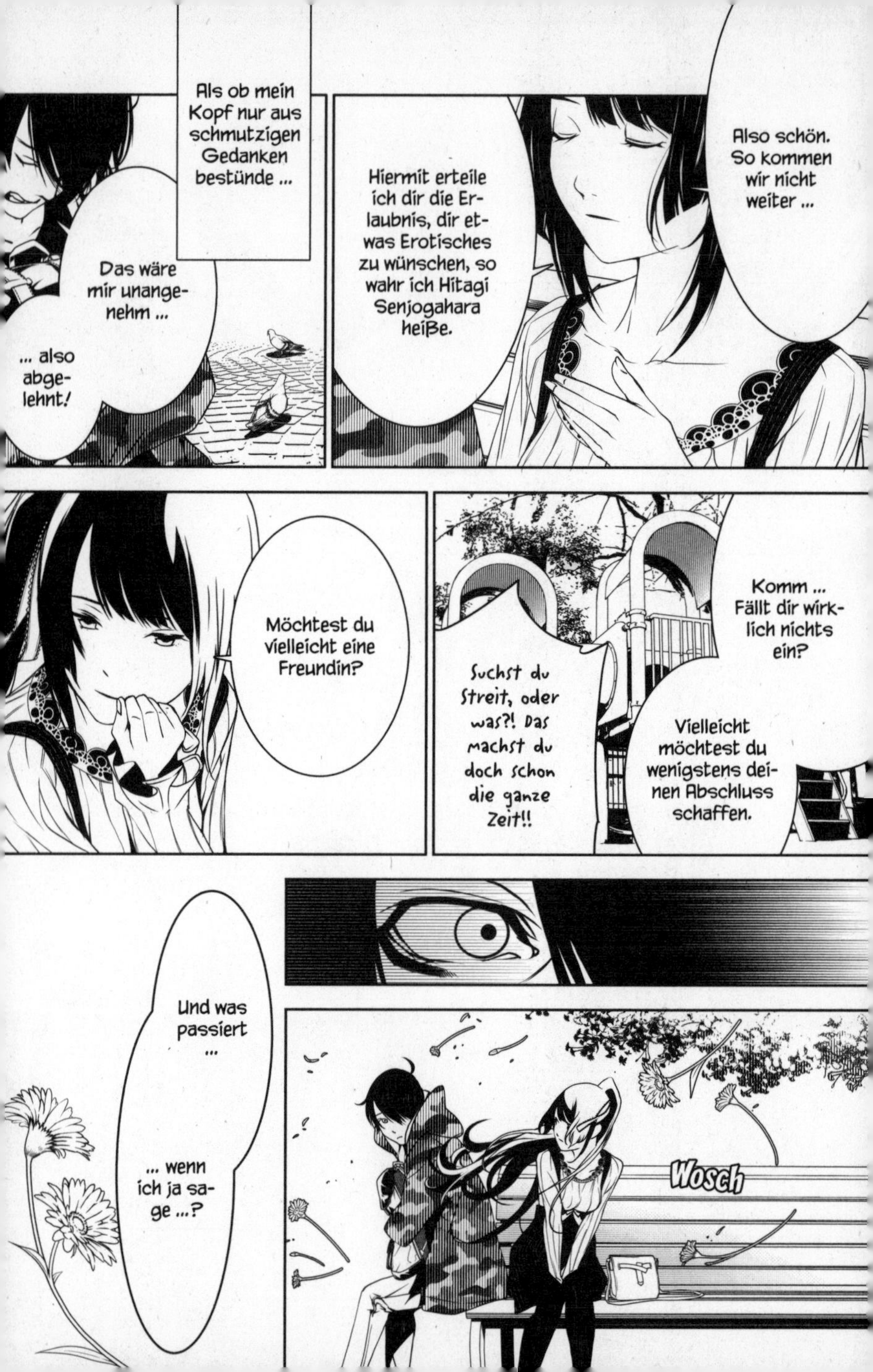
Also schön. So kommen wir nicht weiter ...
Hiermit erteile ich dir die Erlaubnis, dir etwas Erotisches zu wünschen, so wahr ich Hitagi Senjogahara heiße.
Als ob mein Kopf nur aus schmutzigen Gedanken bestünde ...
Das wäre mir unangenehm ...
... also abgelehnt!
Komm ... Fällt dir wirklich nichts ein?
Vielleicht möchtest du wenigstens deinen Abschluss schaffen.
Suchst du Streit, oder was?! Das machst du doch schon die ganze Zeit!!
Möchtest du vielleicht eine Freundin?
Wosch
Und was passiert ...
... wenn ich ja sage ...?

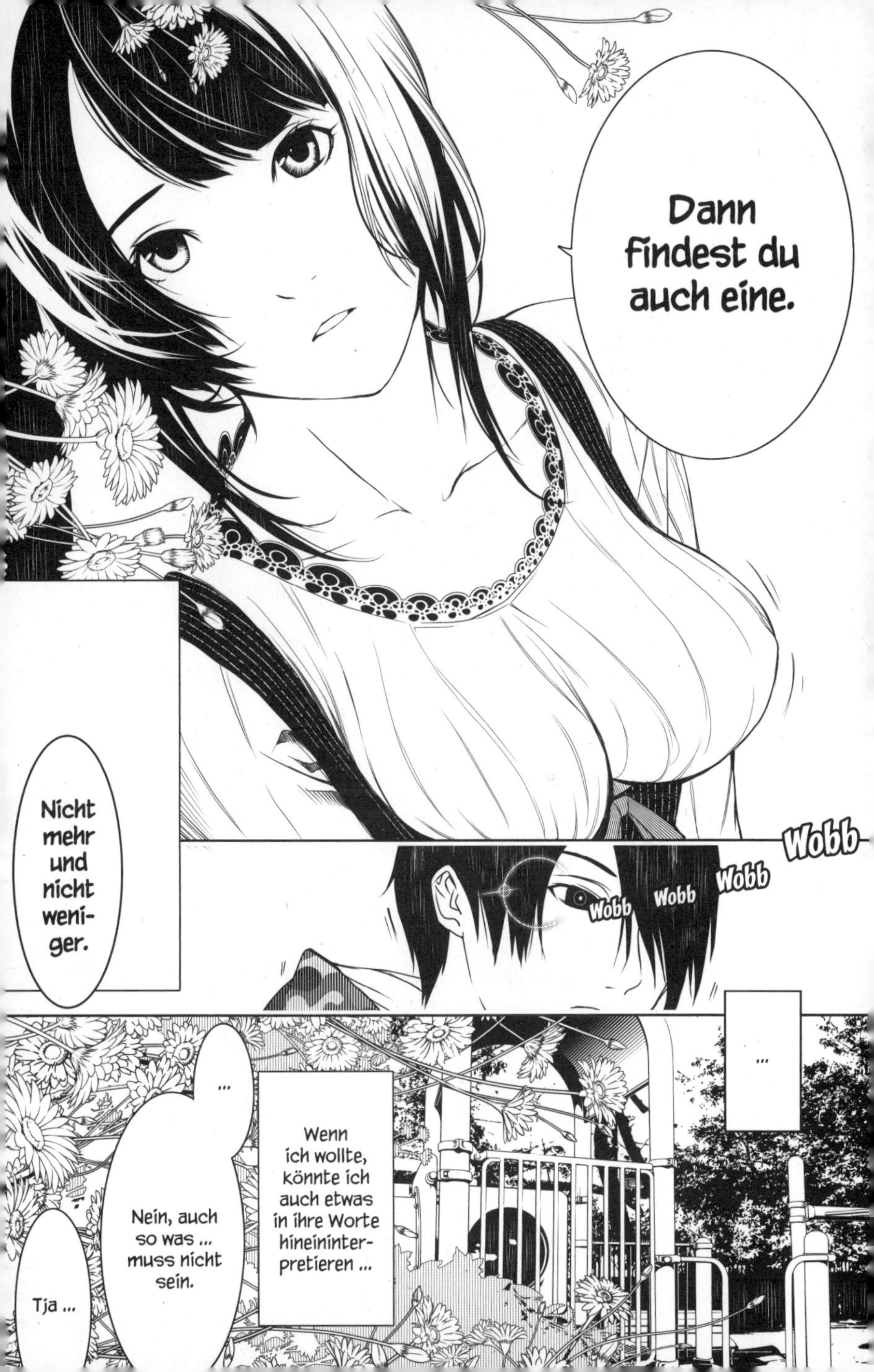
Dann findest du auch eine.
Nicht mehr und nicht weniger.
Wobb
Wobb
Wobb
Wobb
...
Wenn ich wollte, könnte ich auch etwas in ihre Worte hineininterpretieren ...
...
Nein, auch so was ... muss nicht sein.
Tja ...

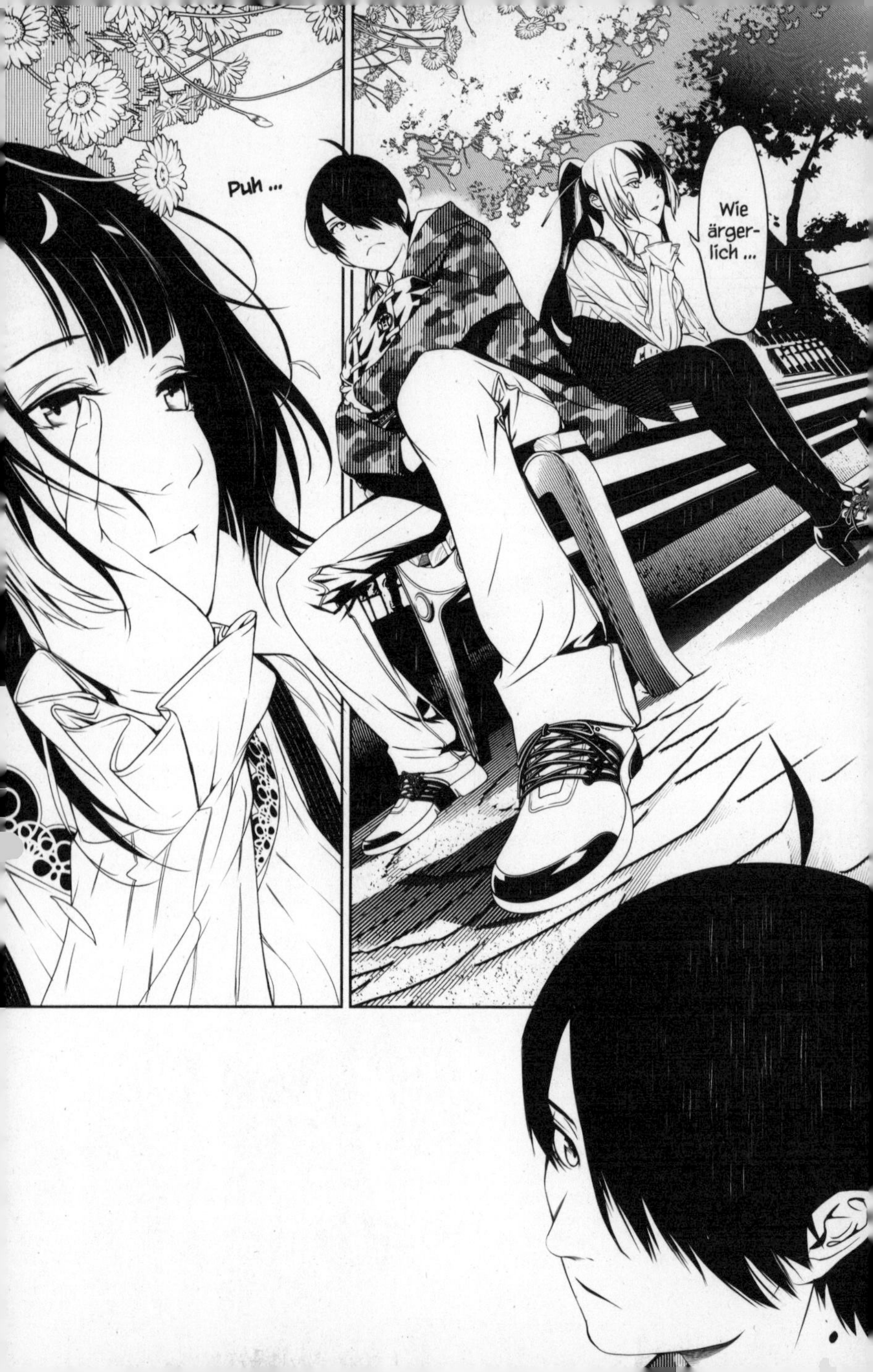
Wie ärger-lich ...
Puh ...

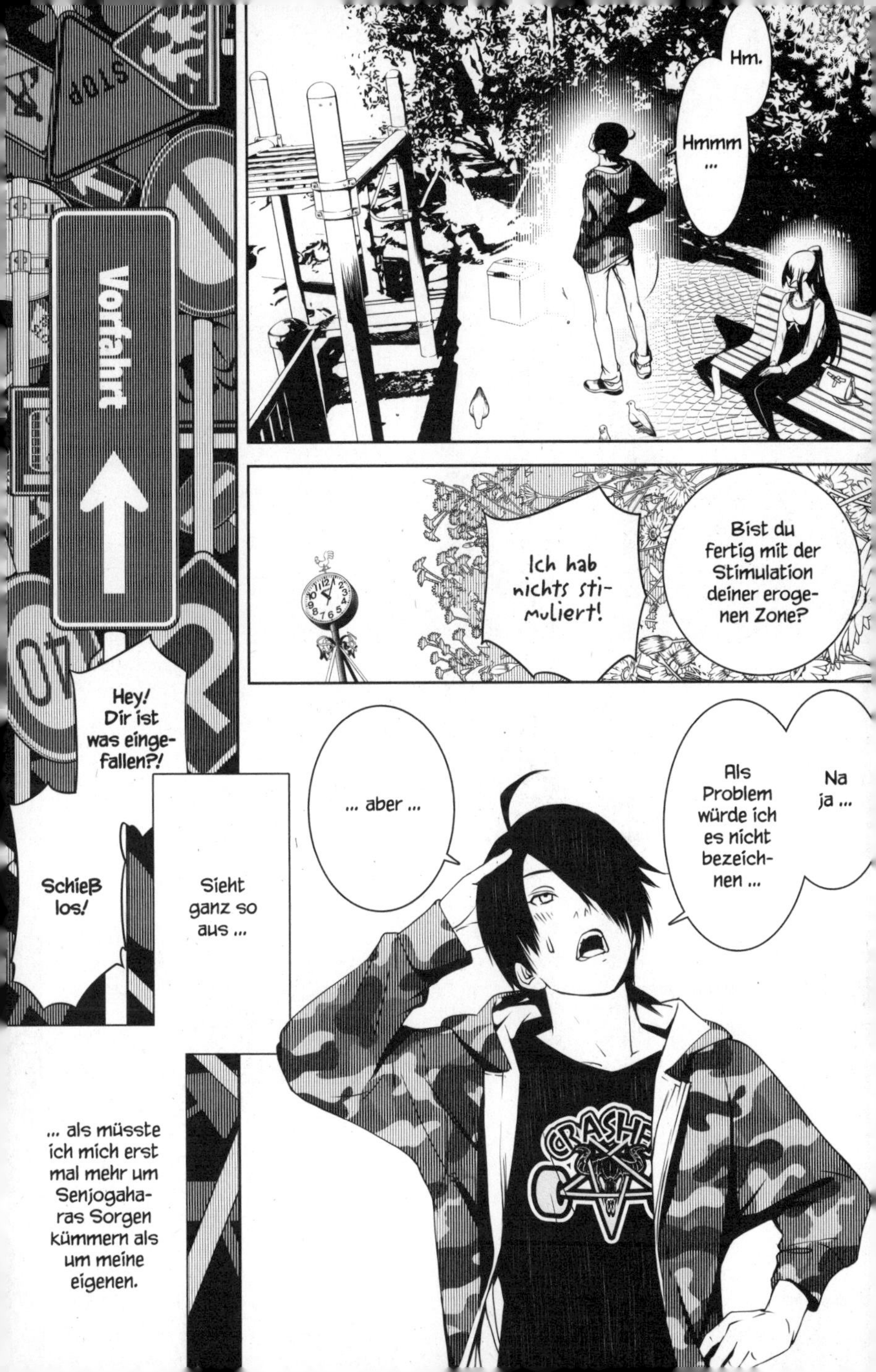
Hm.
Hmmm ...
Vorfahrt
STOP
Bist du fertig mit der Stimulation deiner erogenen Zone?
Ich hab nichts stimuliert!
Na ja ...
Als Problem würde ich es nicht bezeichnen ...
... aber ...
Sieht ganz so aus ...
Hey! Dir ist was eingefallen?!
Schieß los!
... als müsste ich mich erst mal mehr um Senjogaharas Sorgen kümmern als um meine eigenen.
CRASHER

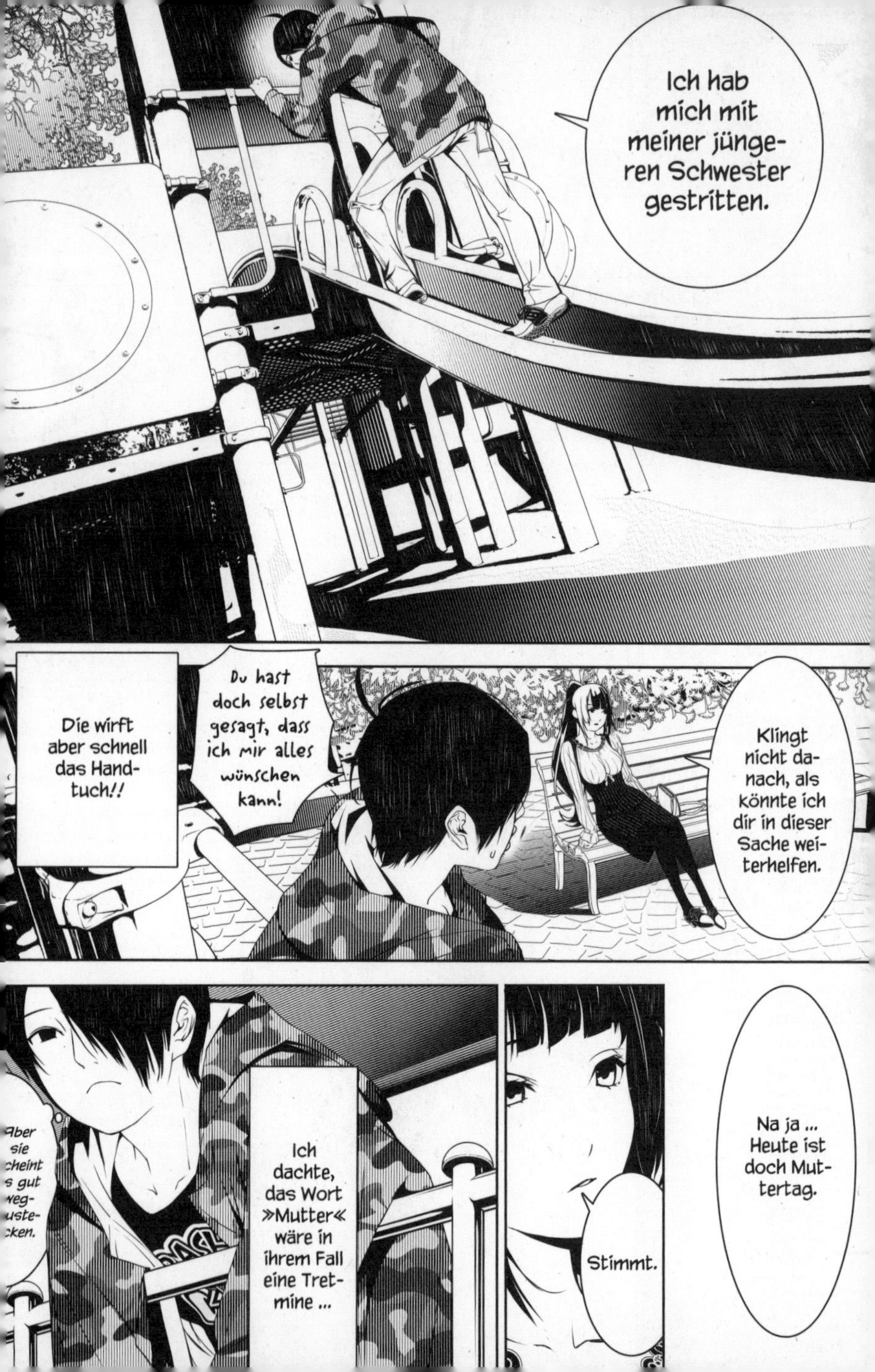

Ich hab mich mit meiner jüngeren Schwester gestritten.
Klingt nicht danach, als könnte ich dir in dieser Sache weiterhelfen.
Du hast doch selbst gesagt, dass ich mir alles wünschen kann!
Die wirft aber schnell das Handtuch!!
Na ja ... Heute ist doch Muttertag.
Stimmt.
Ich dachte, das Wort »Mutter« wäre in ihrem Fall eine Tretmine ...
Aber sie cheint s gut weg- uste- cken.

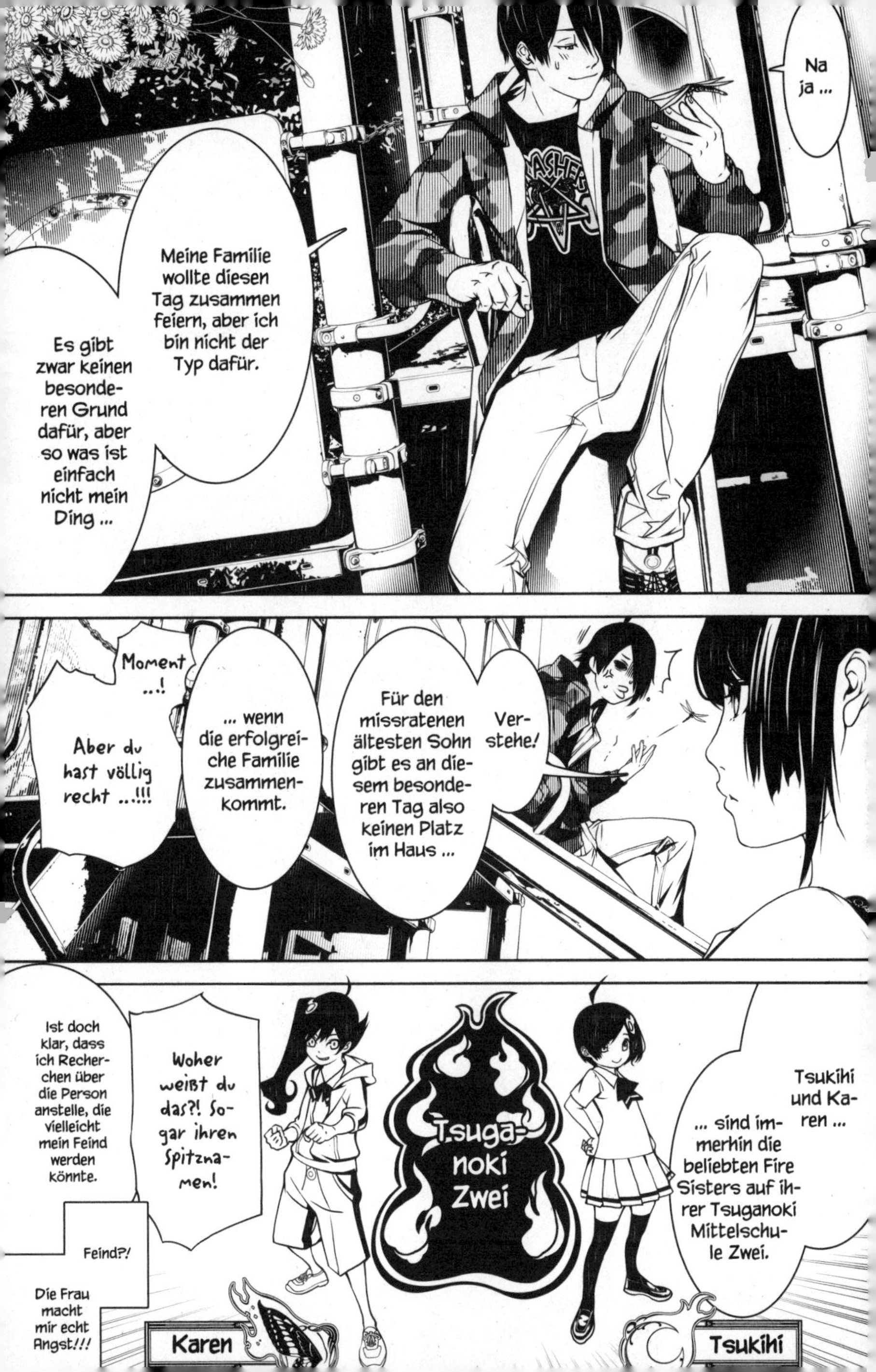

Na ja ...
Meine Familie wollte diesen Tag zusammen feiern, aber ich bin nicht der Typ dafür.
Es gibt zwar keinen besonderen Grund dafür, aber so was ist einfach nicht mein Ding ...
Verstehe!
Für den missratenen ältesten Sohn gibt es an diesem besonderen Tag also keinen Platz im Haus ...
... wenn die erfolgreiche Familie zusammenkommt.
Moment ...!
Aber du hast völlig recht ...!!!
Tsukihi und Karen ...
... sind immerhin die beliebten Fire Sisters auf ihrer Tsuganoki Mittelschule Zwei.
Tsuganoki Zwei
Woher weißt du das?! Sogar ihren Spitznamen!
Ist doch klar, dass ich Recherchen über die Person anstelle, die vielleicht mein Feind werden könnte.
Feind?!
Die Frau macht mir echt Angst!!!
Tsukihi
Karen

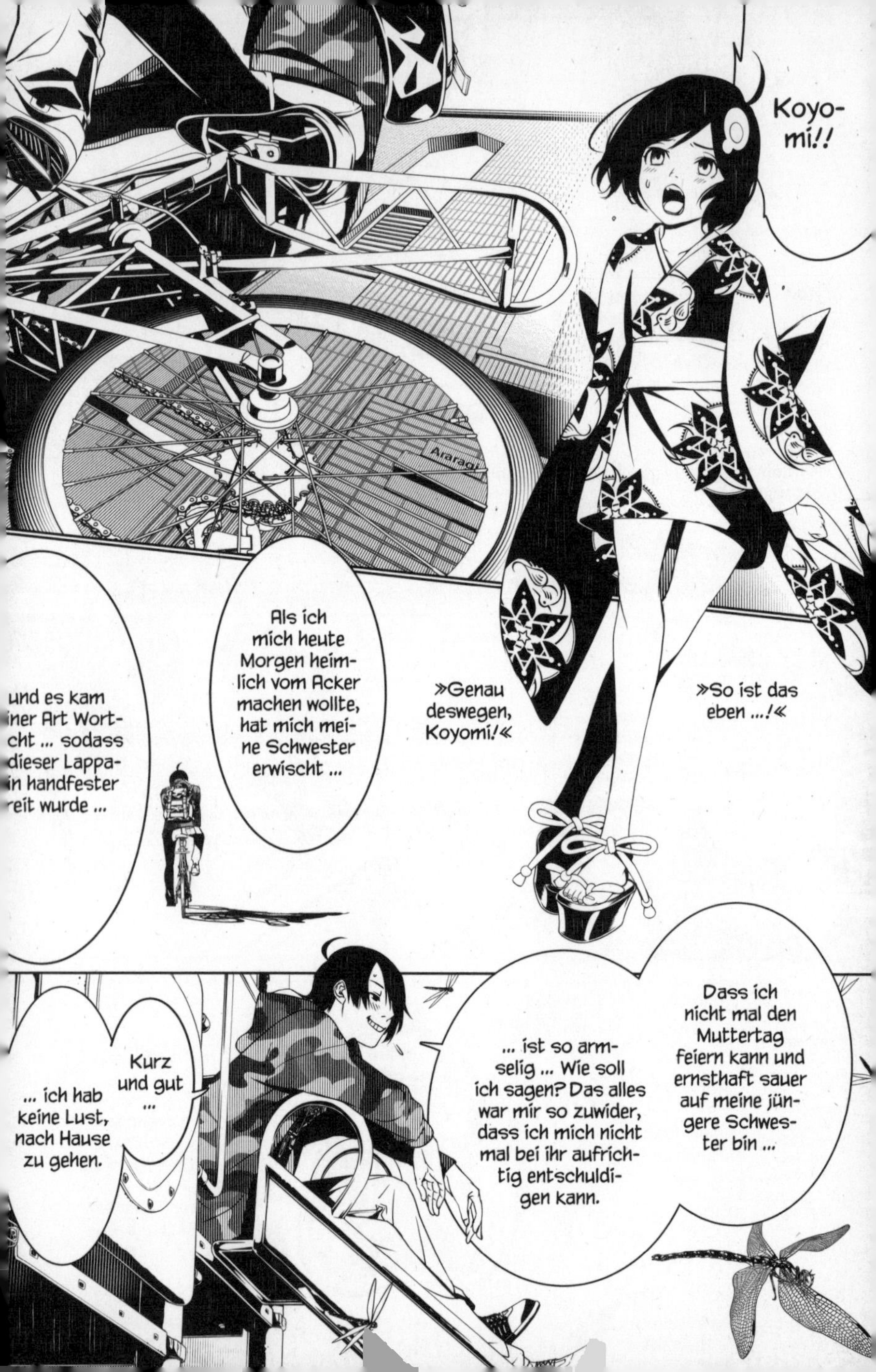
Koyomi!!
Araragi
»So ist das eben ...!«
»Genau deswegen, Koyomi!«
Als ich mich heute Morgen heimlich vom Acker machen wollte, hat mich meine Schwester erwischt ...
und es kam iner Art Wort-cht ... sodass dieser Lappa-in handfester reit wurde ...
Dass ich nicht mal den Muttertag feiern kann und ernsthaft sauer auf meine jüngere Schwester bin ...
... ist so armselig ... Wie soll ich sagen? Das alles war mir so zuwider, dass ich mich nicht mal bei ihr aufrichtig entschuldigen kann.
Kurz und gut ...
... ich hab keine Lust, nach Hause zu gehen.

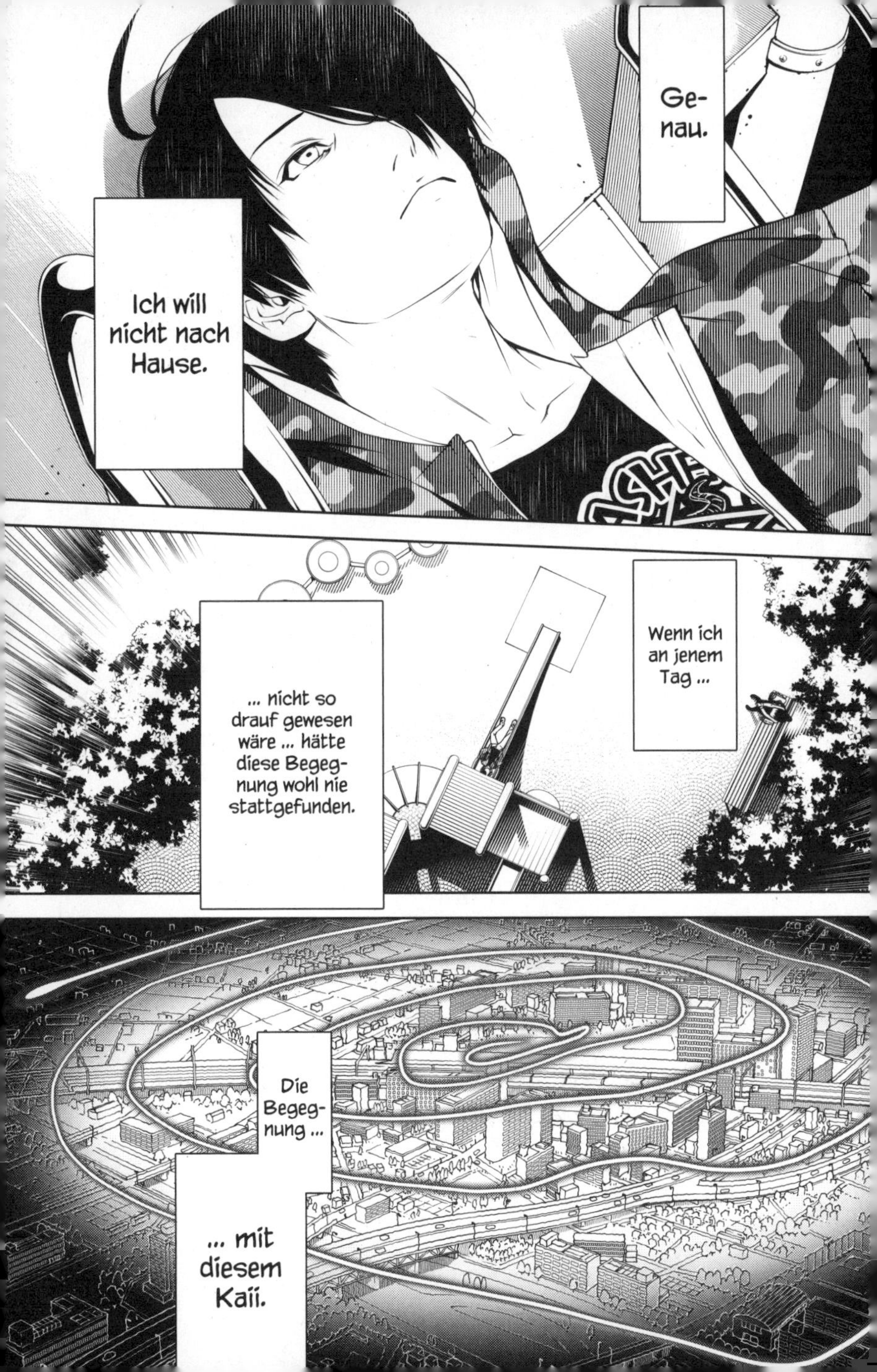
Ge-
nau.
Ich will
nicht nach
Hause.
Wenn ich
an jenem
Tag ...
... nicht so
drauf gewesen
wäre ... hätte
diese Begeg-
nung wohl nie
stattgefunden.
Die
Begeg-
nung ...
... mit
diesem
Kaii.

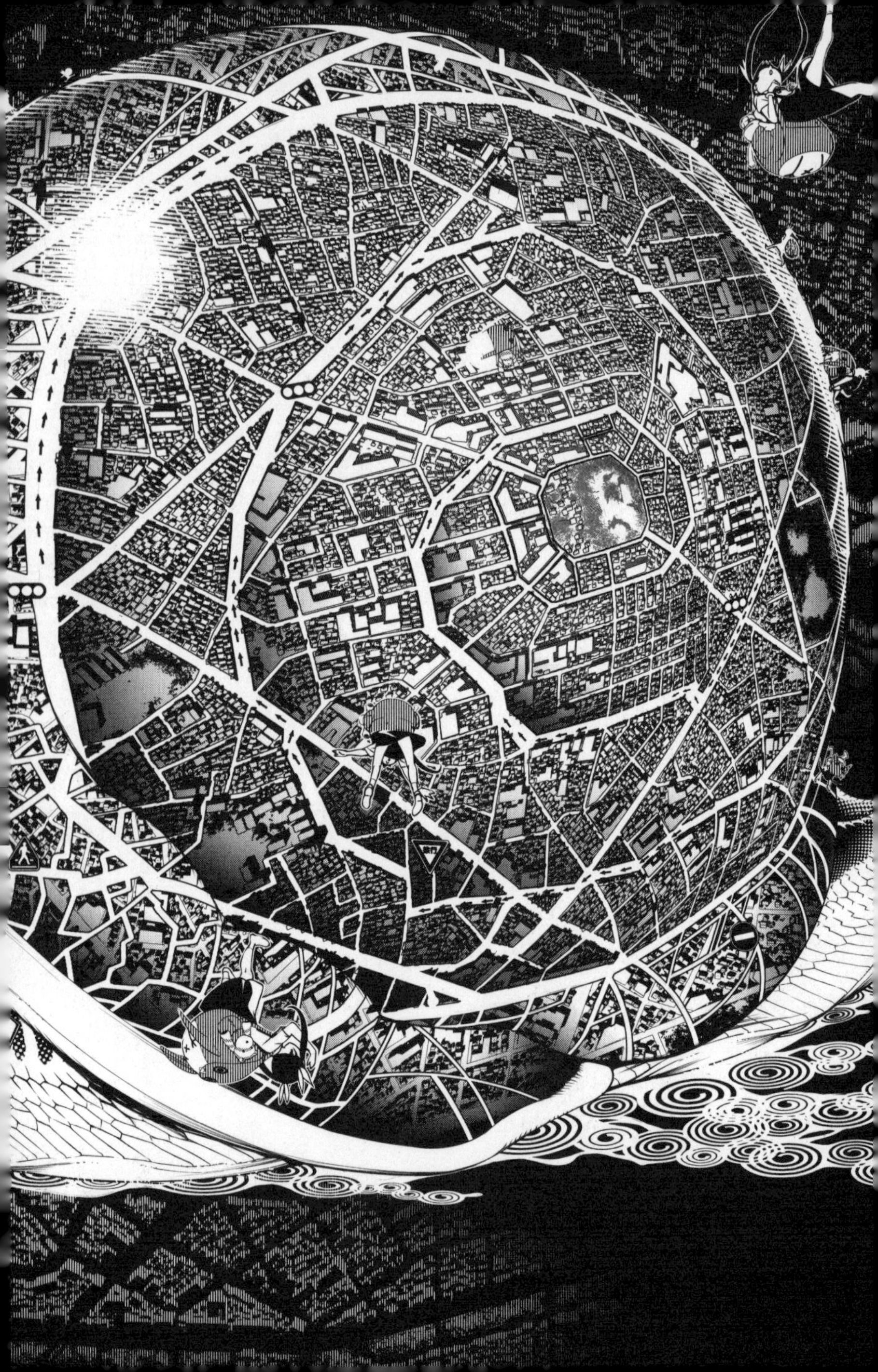

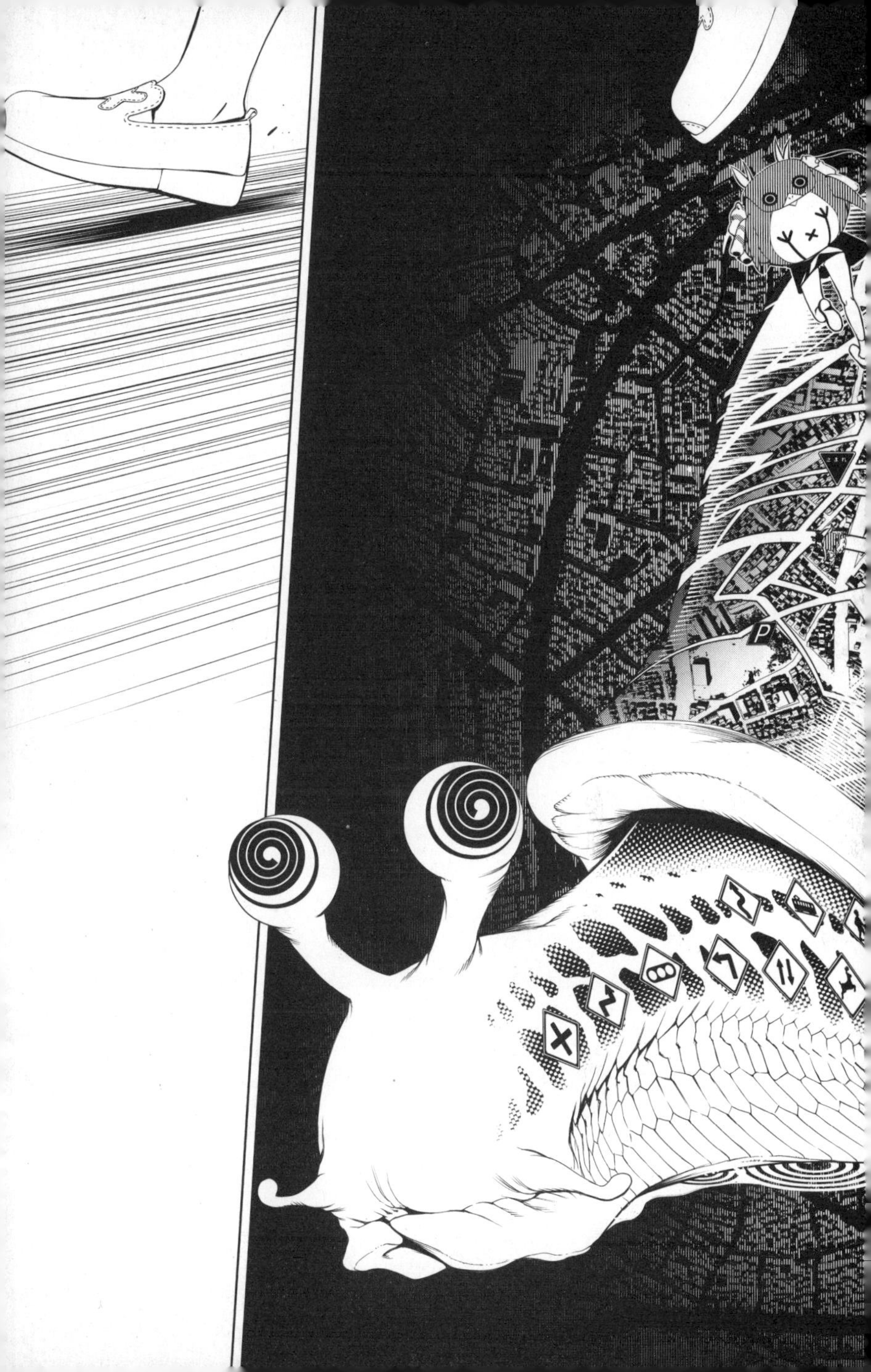

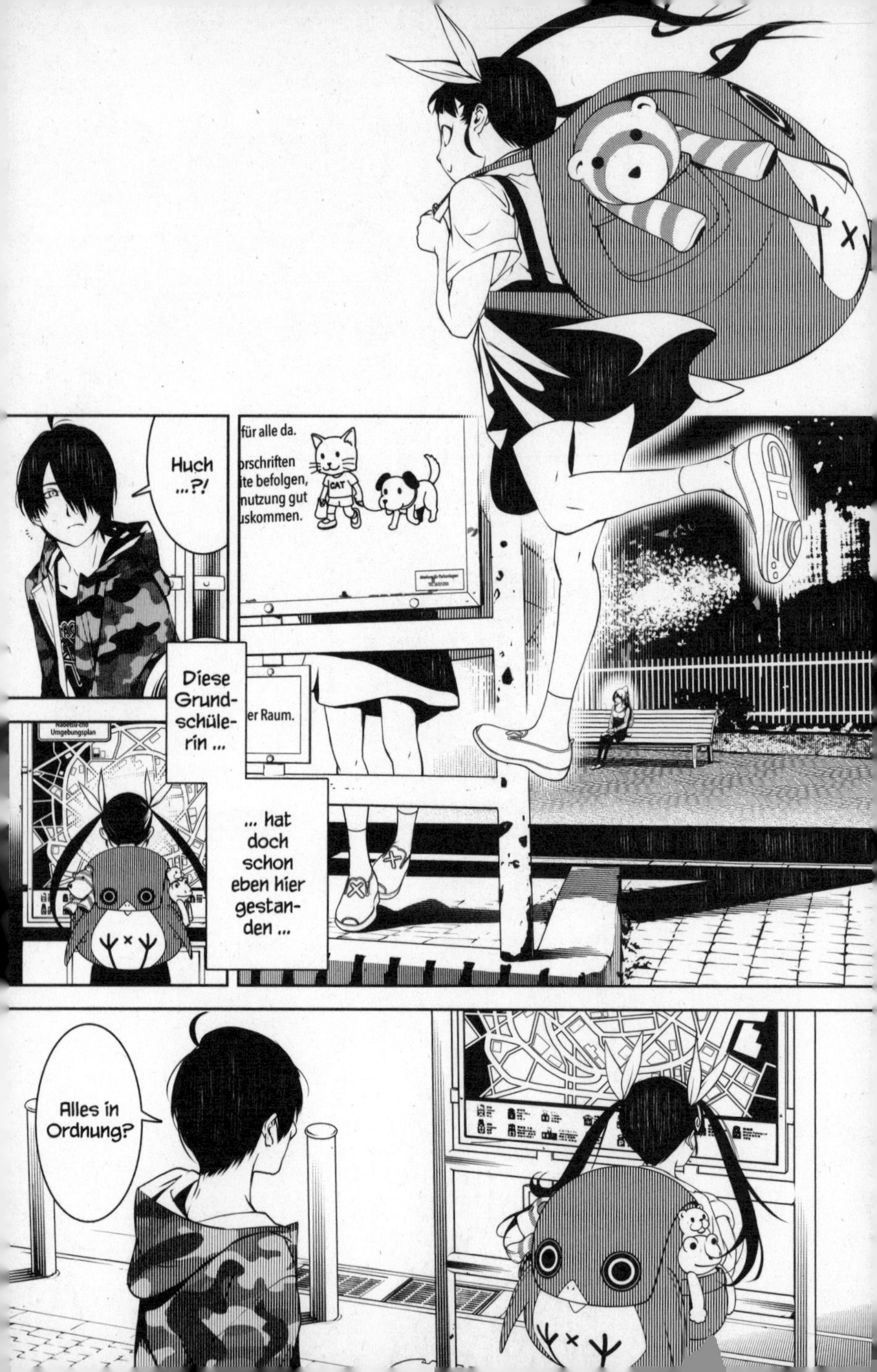
für alle da.
orschriften
ite befolgen,
nutzung gut
uskommen.
Huch ...?!
Diese Grundschülerin ...
... hat doch schon eben hier gestanden ...
er Raum.
Umgebungsplan
Alles in Ordnung?

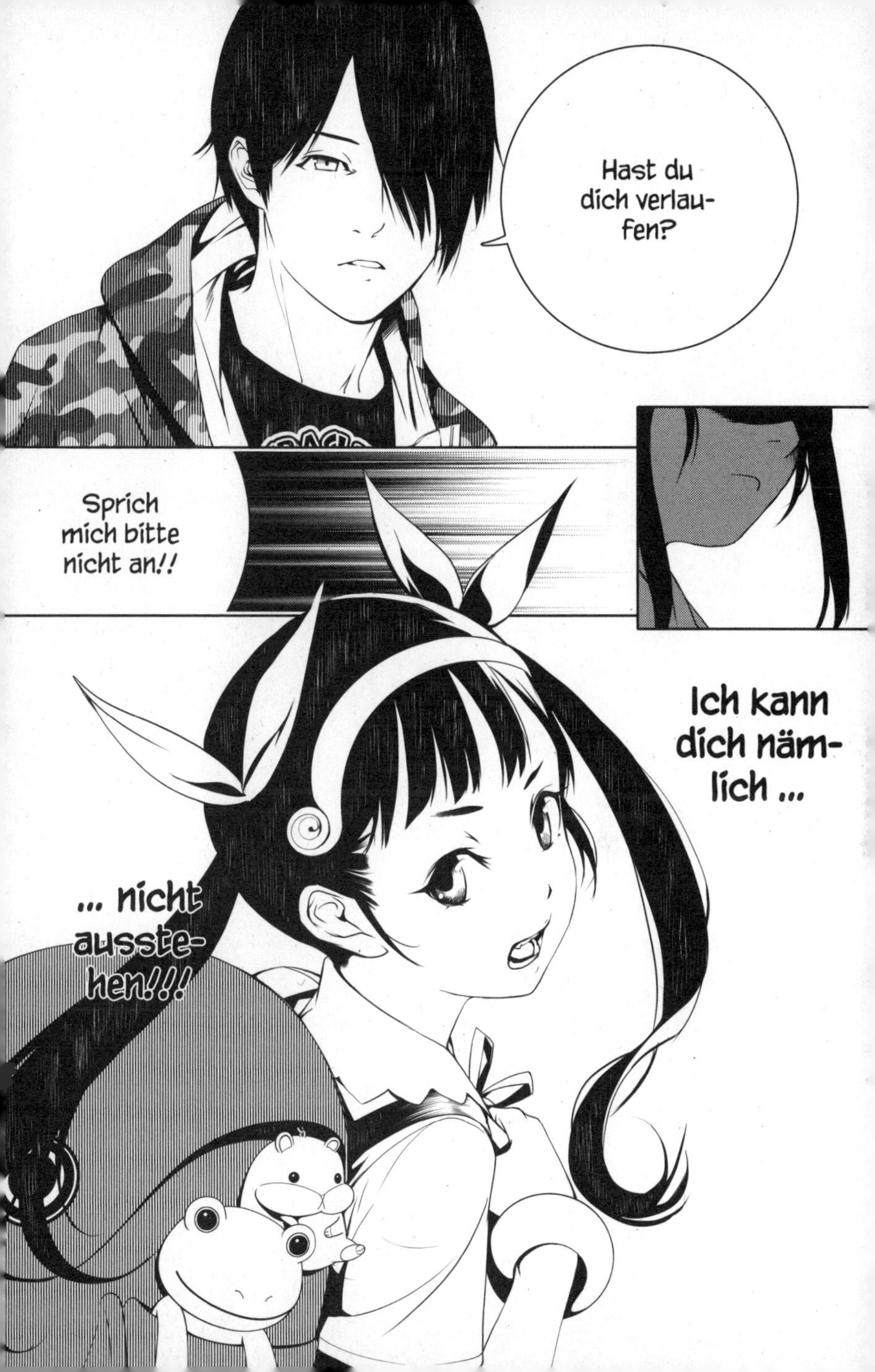
Hast du dich verlaufen?
Sprich mich bitte nicht an!!
Ich kann dich nämlich ...
... nicht ausstehen!!!

BAKEMONOGATARI

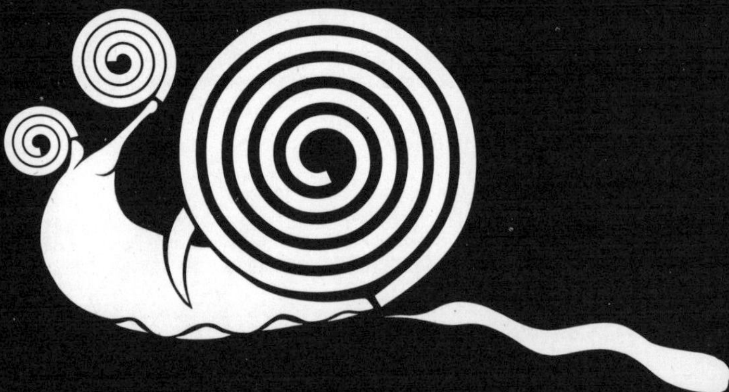

02 MAYOI SNAIL

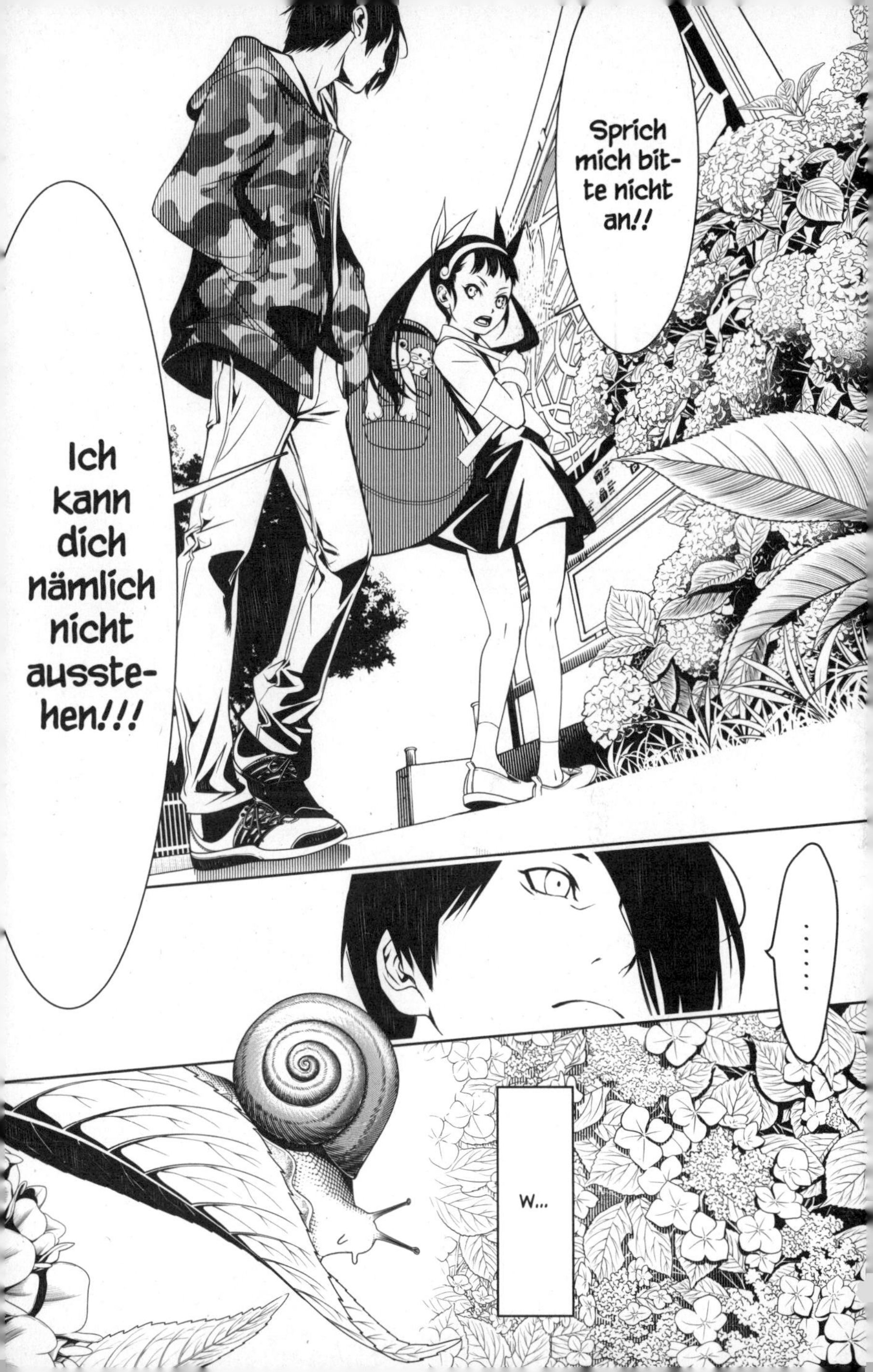
Sprich mich bit-te nicht an!!
Ich kann dich nämlich nicht ausste-hen!!!
......
W...

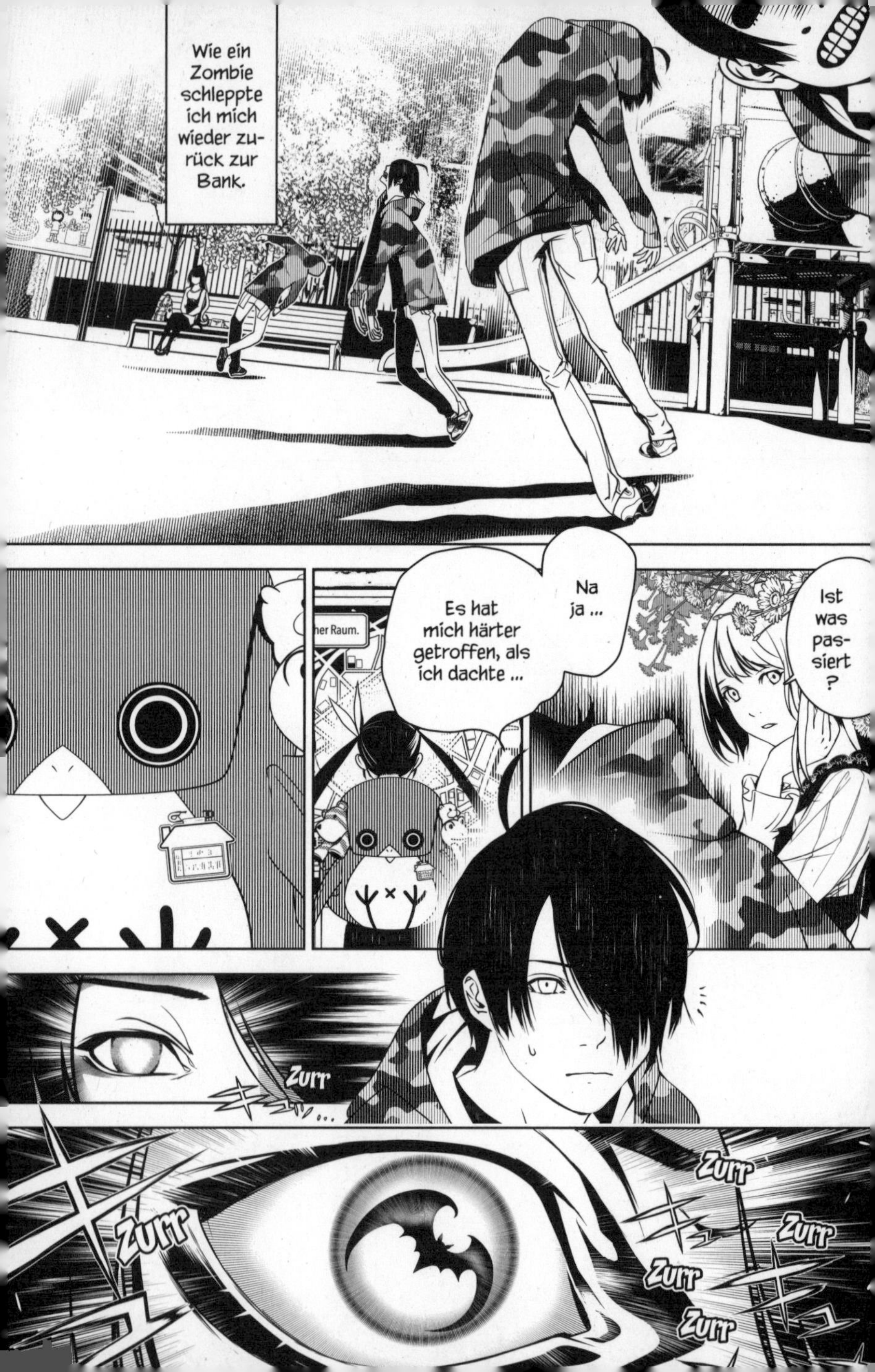

Wie ein Zombie schleppte ich mich wieder zurück zur Bank.
Ist was passiert?
Na ja ...
Es hat mich härter getroffen, als ich dachte ...
her Raum.
Zurr
Zurr
Zurr
Zurr
Zurr
Zurr

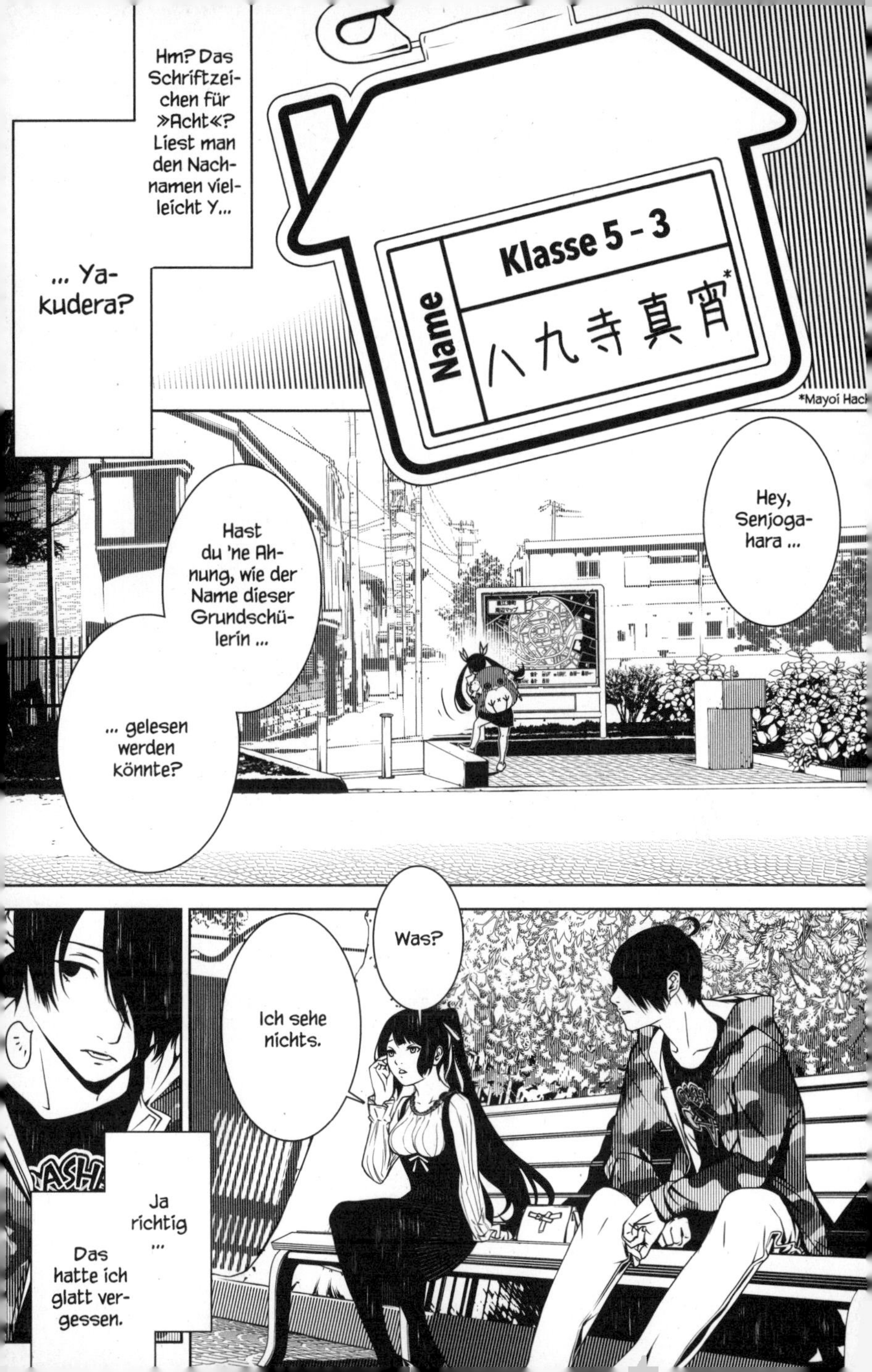

Klasse 5 – 3
Name
八九寺真宵*
*Mayoi Hach
Hm? Das Schriftzeichen für »Acht«? Liest man den Nachnamen vielleicht Y…
… Yakudera?
Hey, Senjogahara …
Hast du 'ne Ahnung, wie der Name dieser Grundschülerin …
… gelesen werden könnte?
Was?
Ich sehe nichts.
Ja richtig …
Das hatte ich glatt vergessen.

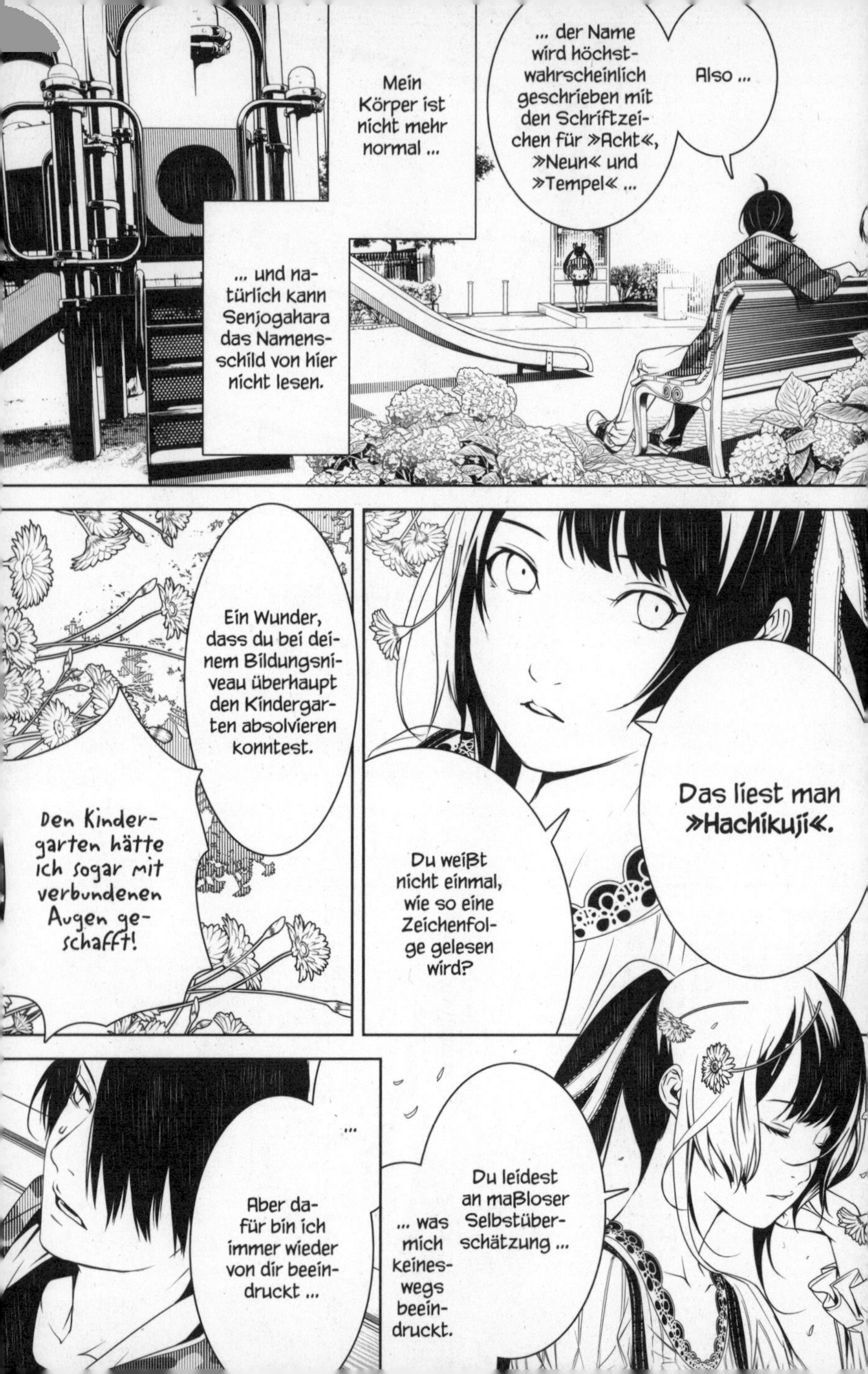
Also ...
... der Name wird höchstwahrscheinlich geschrieben mit den Schriftzeichen für »Acht«, »Neun« und »Tempel« ...
Mein Körper ist nicht mehr normal ...
... und natürlich kann Senjogahara das Namensschild von hier nicht lesen.
Das liest man »Hachikuji«.
Du weißt nicht einmal, wie so eine Zeichenfolge gelesen wird?
Ein Wunder, dass du bei deinem Bildungsniveau überhaupt den Kindergarten absolvieren konntest.
Den Kindergarten hätte ich sogar mit verbundenen Augen geschafft!
Du leidest an maßloser Selbstüberschätzung ...
... was mich keineswegs beeindruckt.
...
Aber dafür bin ich immer wieder von dir beeindruckt ...

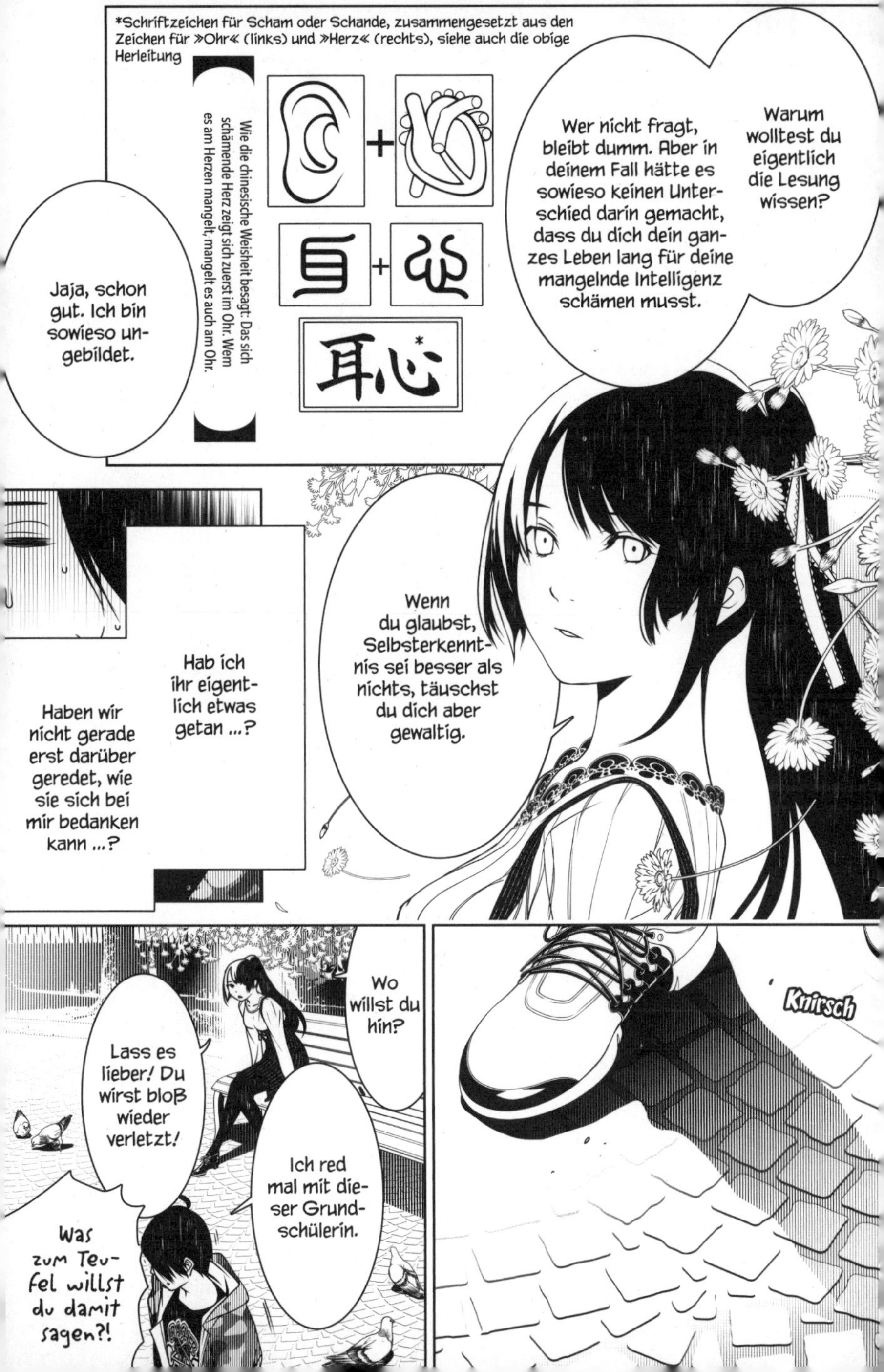
Warum wolltest du eigentlich die Lesung wissen?
Wer nicht fragt, bleibt dumm. Aber in deinem Fall hätte es sowieso keinen Unterschied darin gemacht, dass du dich dein ganzes Leben lang für deine mangelnde Intelligenz schämen musst.
Wie die chinesische Weisheit besagt: Das sich schämende Herz zeigt sich zuerst im Ohr. Wem es am Herzen mangelt, mangelt es auch am Ohr.
耳心*
*Schriftzeichen für Scham oder Schande, zusammengesetzt aus den Zeichen für »Ohr« (links) und »Herz« (rechts), siehe auch die obige Herleitung
Jaja, schon gut. Ich bin sowieso ungebildet.
Wenn du glaubst, Selbsterkenntnis sei besser als nichts, täuschst du dich aber gewaltig.
Hab ich ihr eigentlich etwas getan …?
Haben wir nicht gerade erst darüber geredet, wie sie sich bei mir bedanken kann …?
Knirsch
Wo willst du hin?
Lass es lieber! Du wirst bloß wieder verletzt!
Ich red mal mit dieser Grundschülerin.
Was zum Teufel willst du damit sagen?!

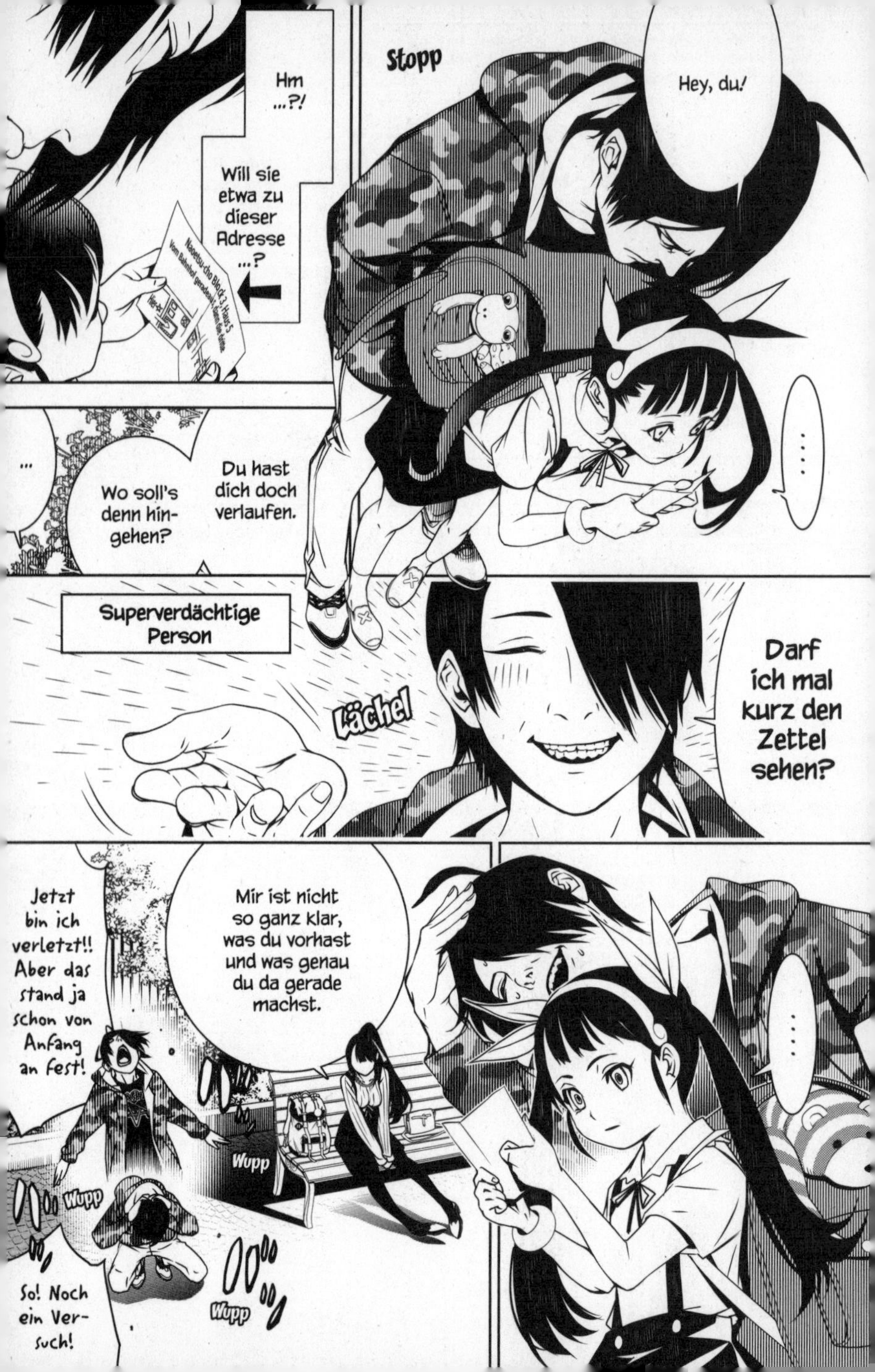

Stopp
Hey, du!
.....
Hm ...?!
Will sie etwa zu dieser Adresse ...?
Du hast dich doch verlaufen.
Wo soll's denn hin-gehen?
...
Darf ich mal kurz den Zettel sehen?
Lächel
Superverdächtige Person
.....
Mir ist nicht so ganz klar, was du vorhast und was genau du da gerade machst.
Jetzt bin ich verletzt!! Aber das stand ja schon von Anfang an fest!
Wupp
Wupp
Wupp
So! Noch ein Ver-such!

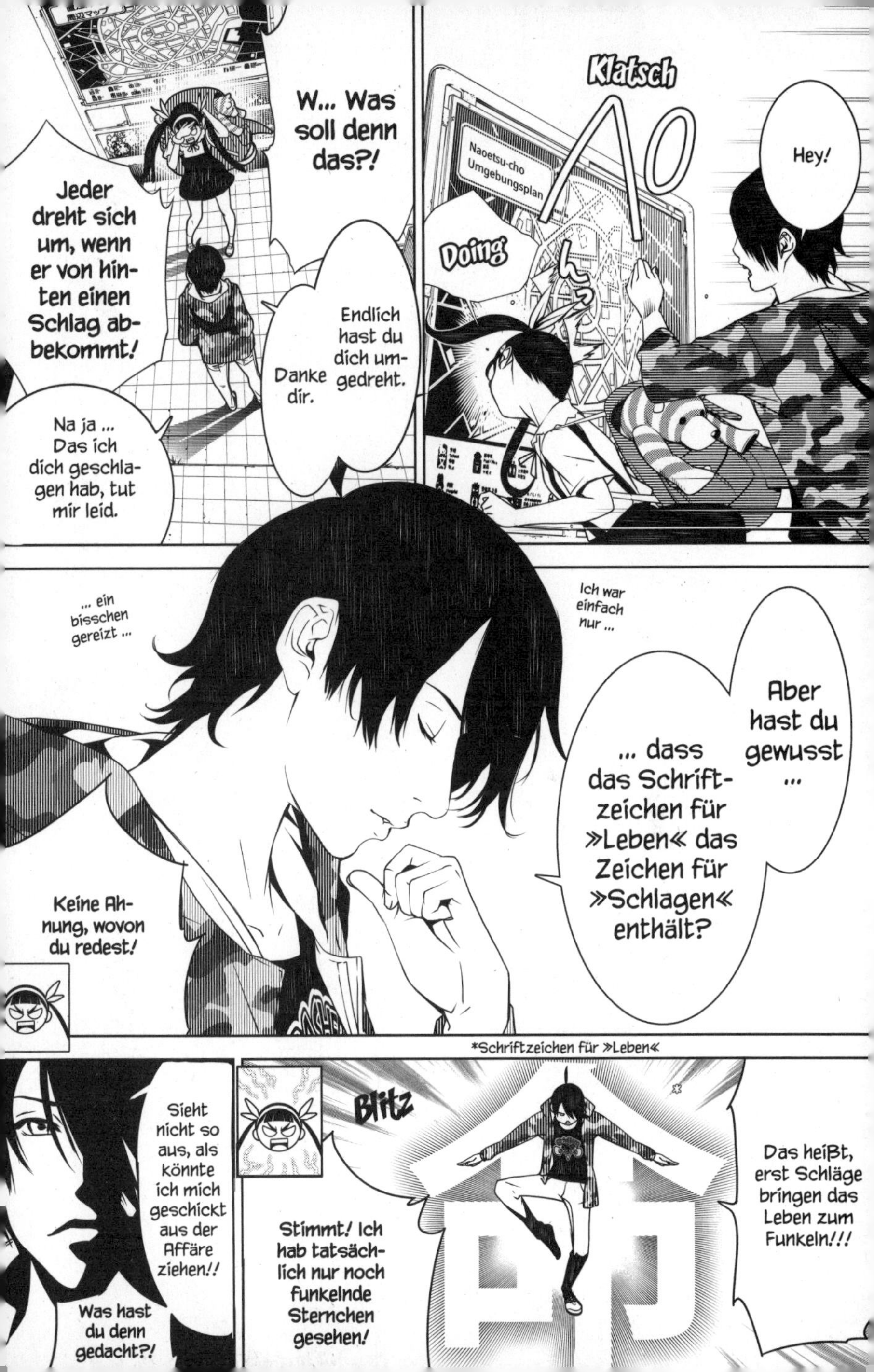
Hey!
Klatsch
Naoetsu-cho Umgebungsplan
Doing
W... Was soll denn das?!
Endlich hast du dich umgedreht.
Danke dir.
Jeder dreht sich um, wenn er von hinten einen Schlag abbekommt!
Na ja ... Das ich dich geschlagen hab, tut mir leid.
Ich war einfach nur ...
... ein bisschen gereizt ...
Aber hast du gewusst ...
... dass das Schriftzeichen für »Leben« das Zeichen für »Schlagen« enthält?
Keine Ahnung, wovon du redest!
*Schriftzeichen für »Leben«
Das heißt, erst Schläge bringen das Leben zum Funkeln!!!
Blitz
Stimmt! Ich hab tatsächlich nur noch funkelnde Sternchen gesehen!
Sieht nicht so aus, als könnte ich mich geschickt aus der Affäre ziehen!!
Was hast du denn gedacht?!

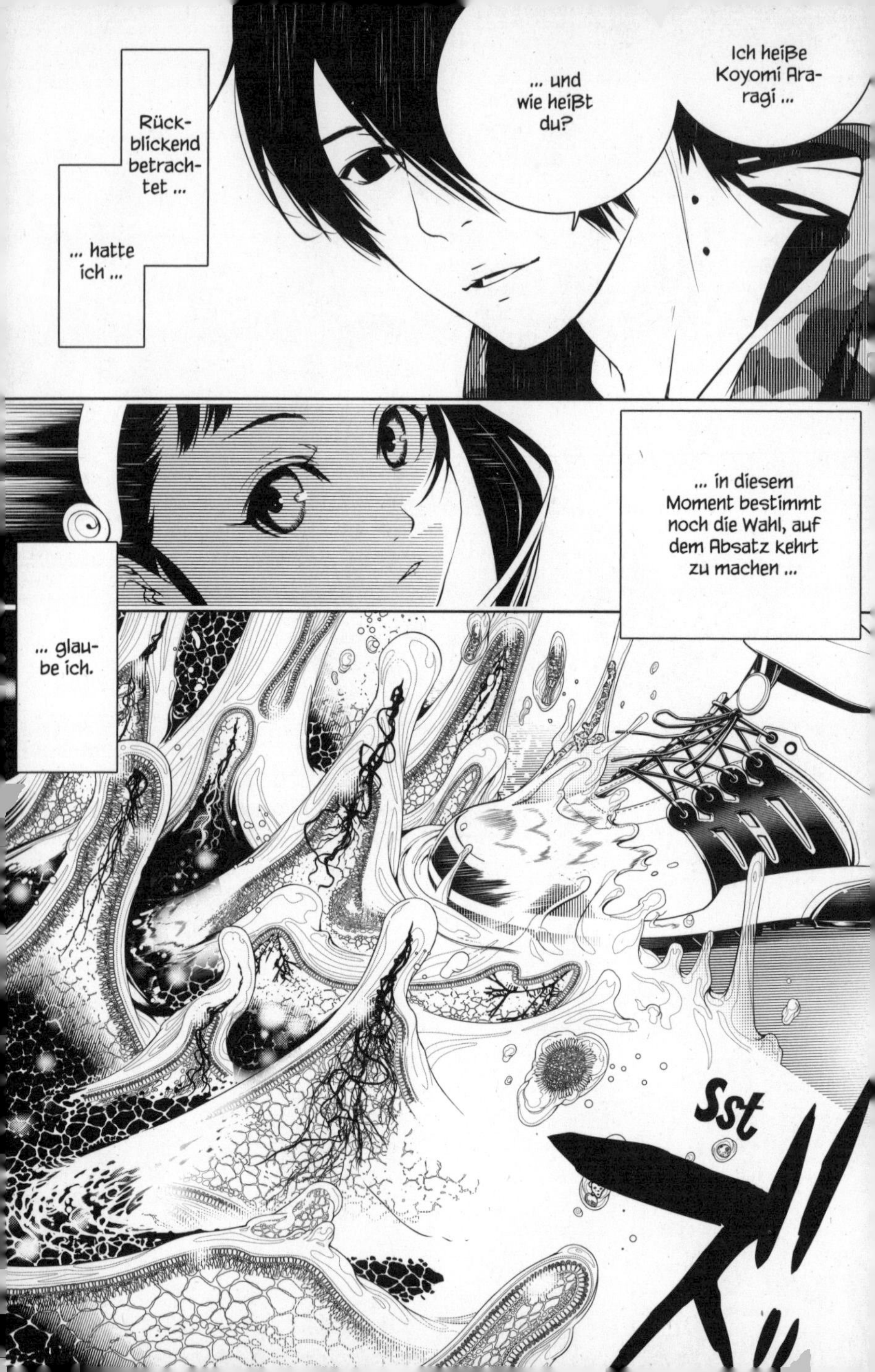

Ich heiße Koyomi Araragi ...
... und wie heißt du?
Rückblickend betrachtet ...
... hatte ich ...
... in diesem Moment bestimmt noch die Wahl, auf dem Absatz kehrt zu machen ...
... glaube ich.
Sst

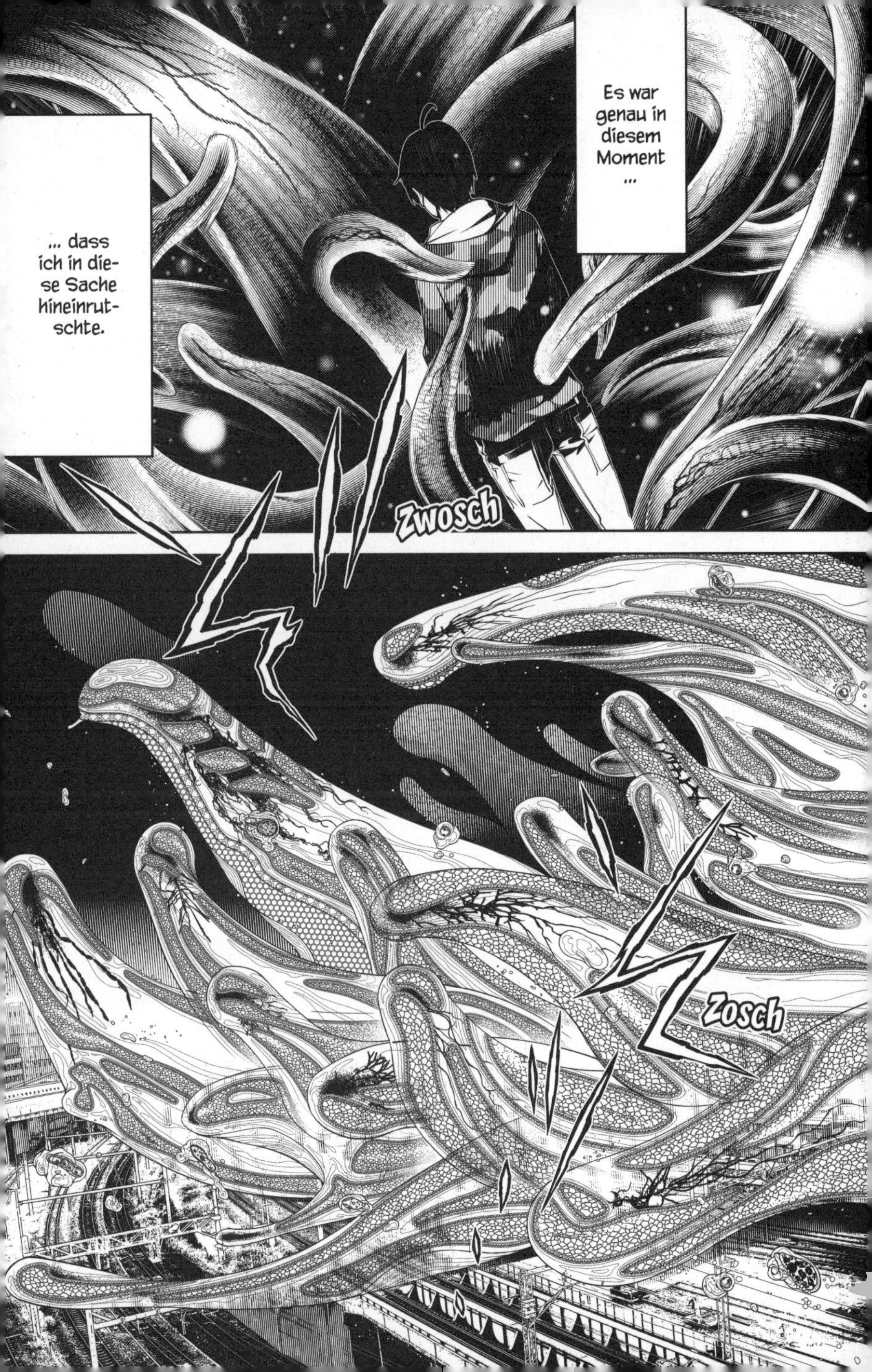

Es war genau in diesem Moment ...
... dass ich in diese Sache hineinrutschte.
Zwosch
Zosch

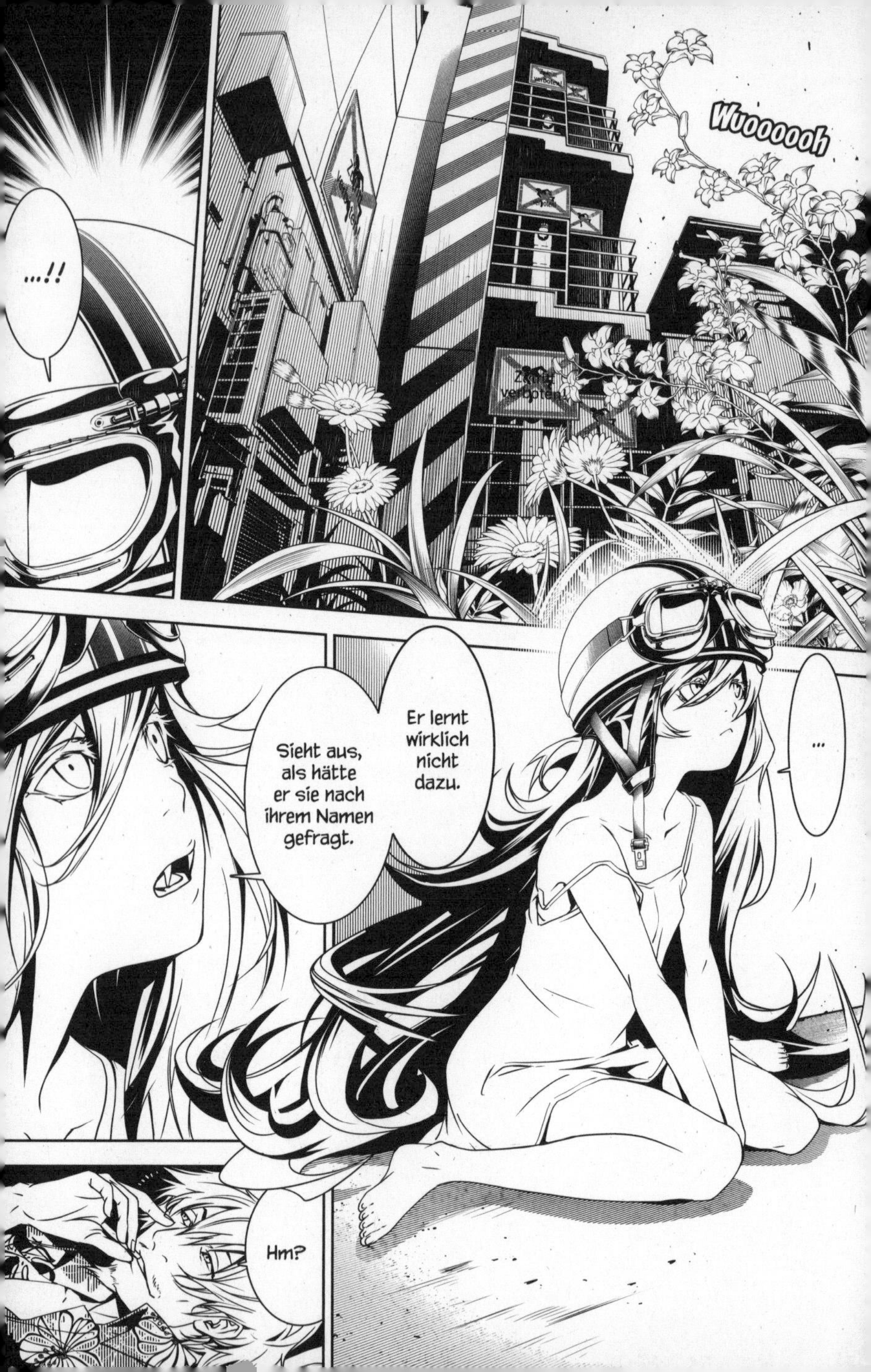

Wuoooooh
...!!
...
Er lernt wirklich nicht dazu.
Sieht aus, als hätte er sie nach ihrem Namen gefragt.
Hm?

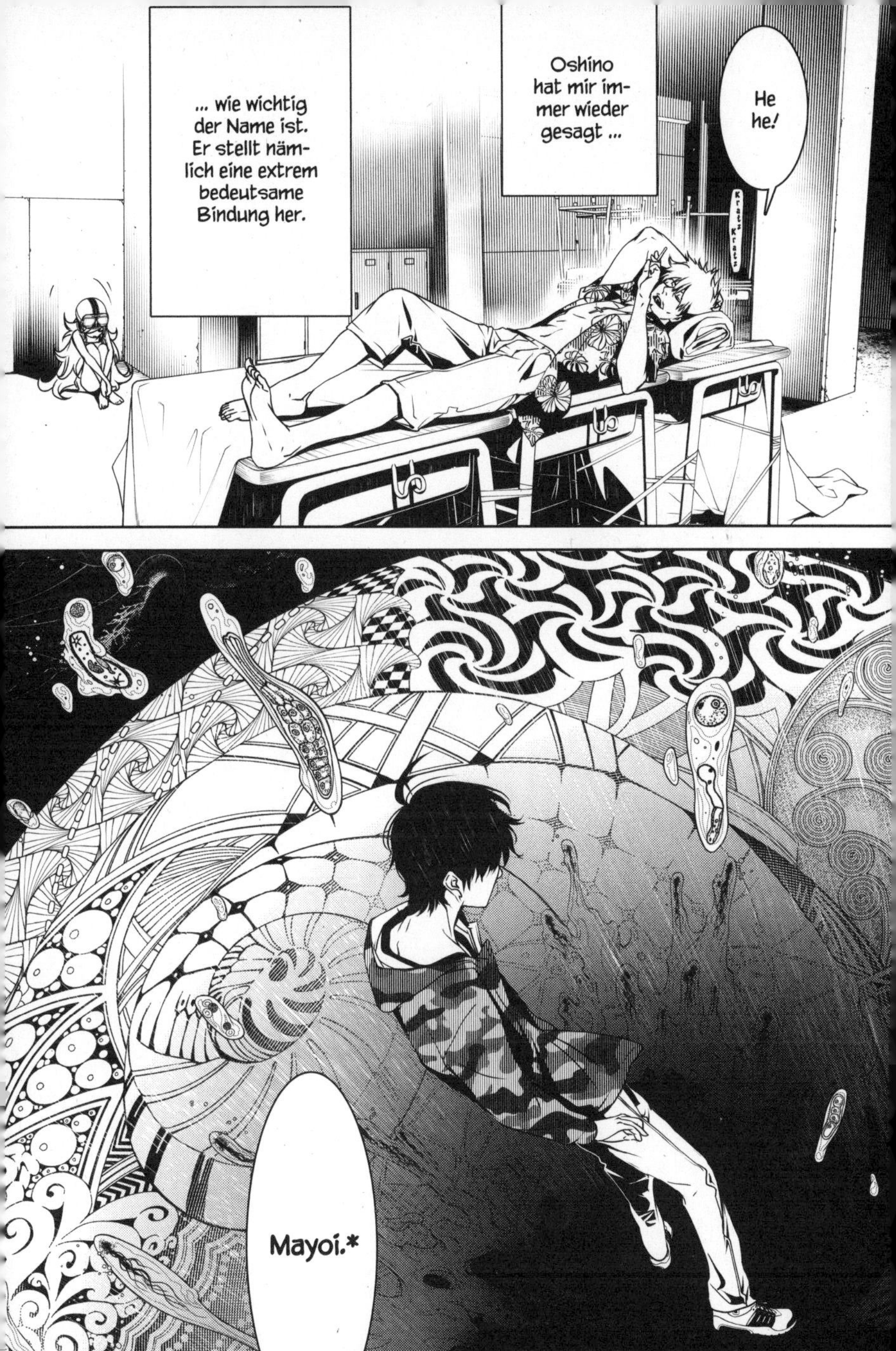

* im Wortlaut »Verirrung«, »Zweifel« oder als Wortanfang »verlaufen«, auch wenn sich der Name hier mit anderen Schriftzeichen schreibt

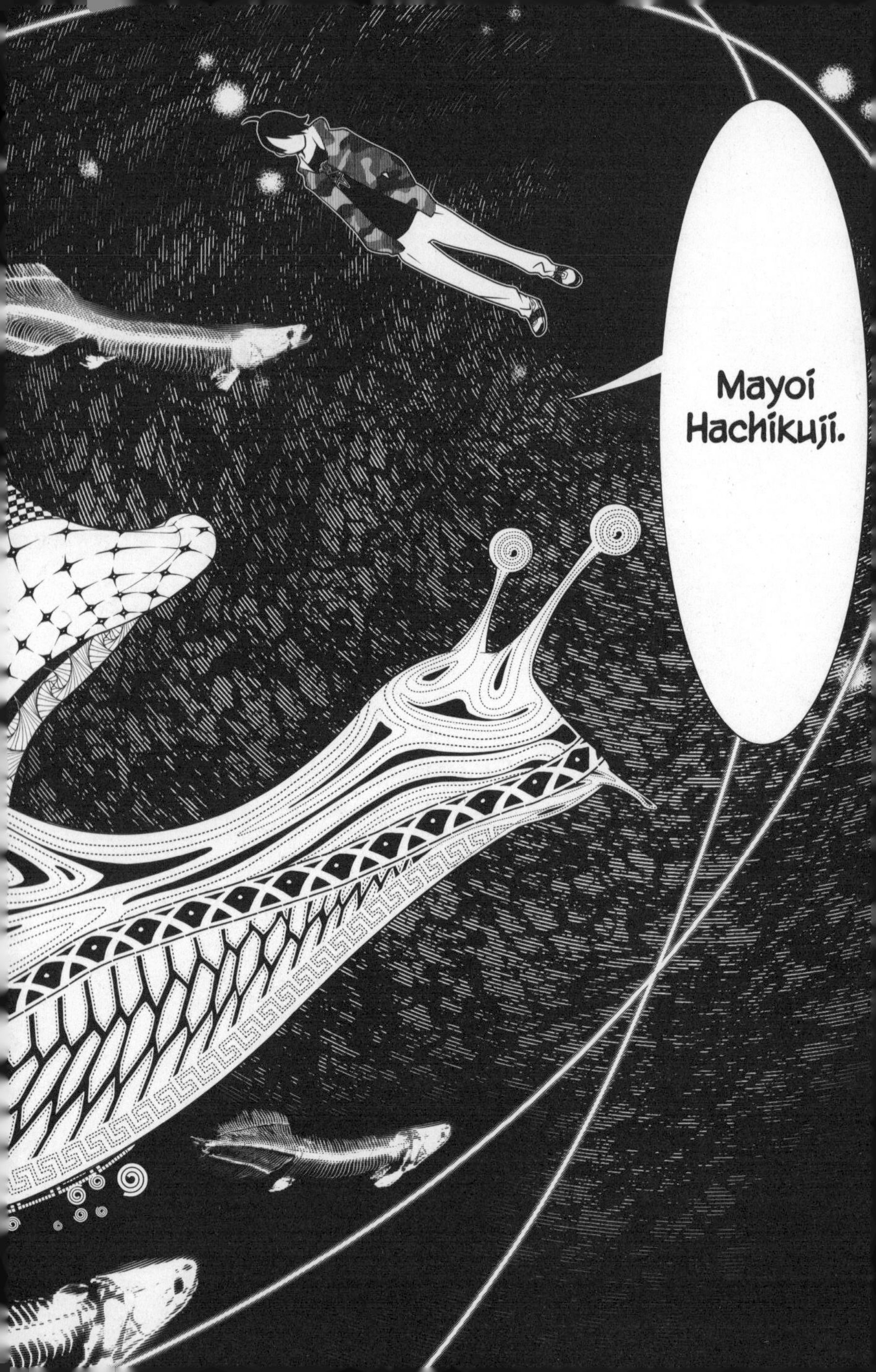
Mayoi Hachikuji.

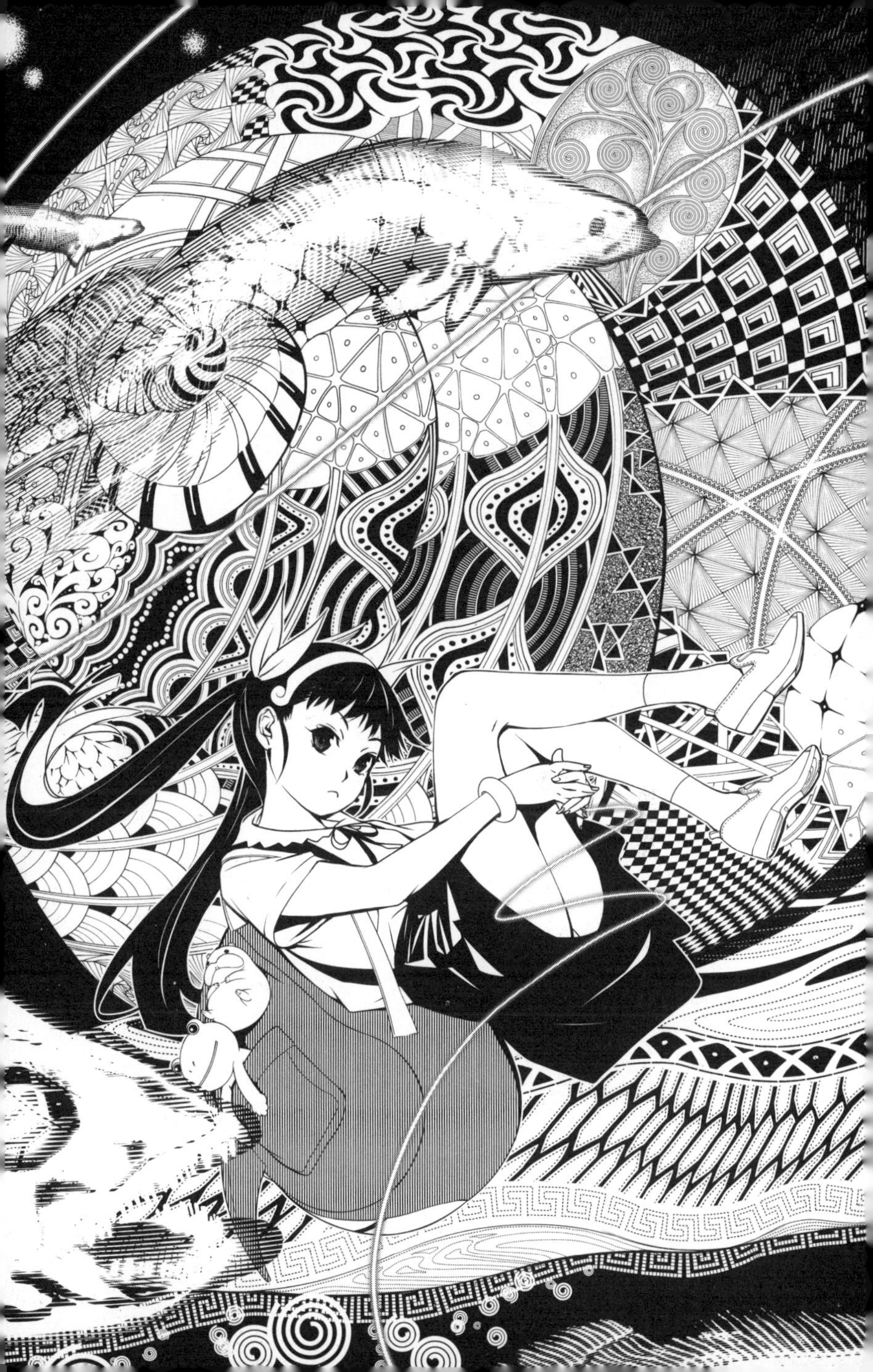

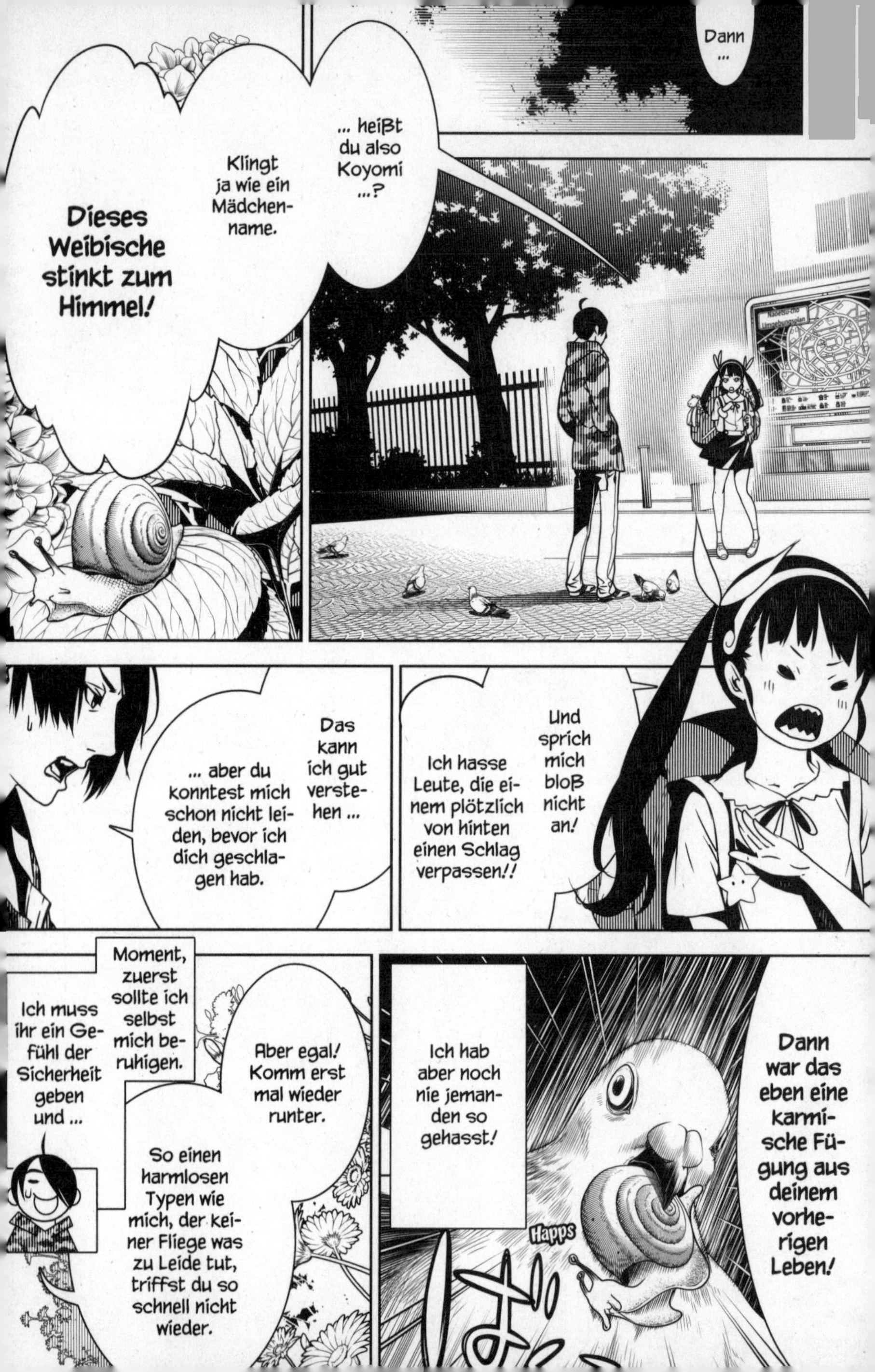
Dann ...
... heißt du also Koyomi ...?
Klingt ja wie ein Mädchenname.
Dieses Weibische stinkt zum Himmel!
Und sprich mich bloß nicht an!
Ich hasse Leute, die einem plötzlich von hinten einen Schlag verpassen!!
Das kann ich gut verstehen ...
... aber du konntest mich schon nicht leiden, bevor ich dich geschlagen hab.
Dann war das eben eine karmische Fügung aus deinem vorherigen Leben!
Ich hab aber noch nie jemanden so gehasst!
Happs
Aber egal! Komm erst mal wieder runter.
Moment, zuerst sollte ich selbst mich beruhigen.
Ich muss ihr ein Gefühl der Sicherheit geben und ...
So einen harmlosen Typen wie mich, der keiner Fliege was zu Leide tut, triffst du so schnell nicht wieder.

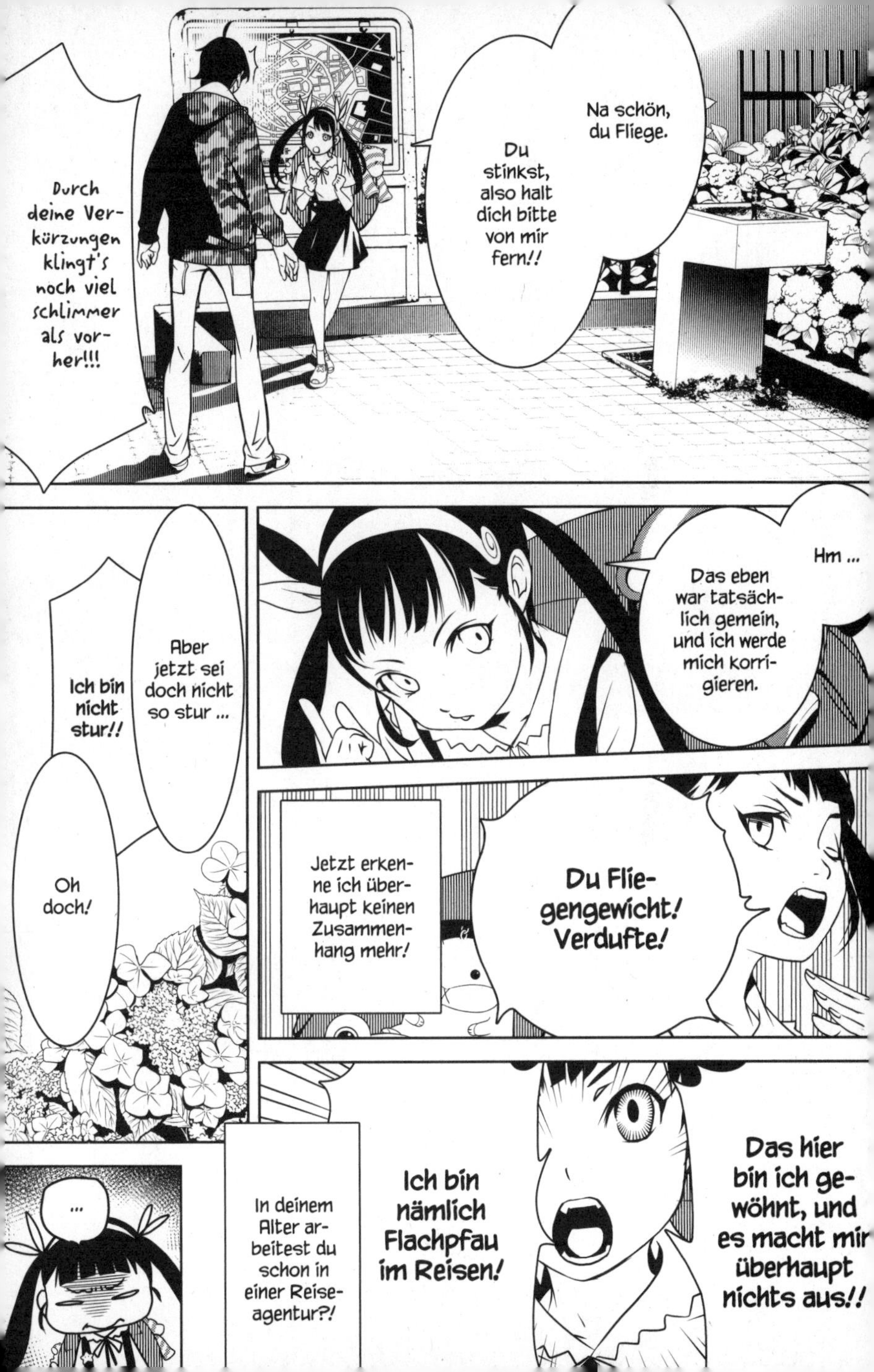
Na schön, du Fliege.
Du stinkst, also halt dich bitte von mir fern!!
Durch deine Verkürzungen klingt's noch viel schlimmer als vorher!!!
Hm ...
Das eben war tatsächlich gemein, und ich werde mich korrigieren.
Aber jetzt sei doch nicht so stur ...
Ich bin nicht stur!!
Du Fliegengewicht! Verdufte!
Jetzt erkenne ich überhaupt keinen Zusammenhang mehr!
Oh doch!
Das hier bin ich gewöhnt, und es macht mir überhaupt nichts aus!!
Ich bin nämlich Flachpfau im Reisen!
In deinem Alter arbeitest du schon in einer Reiseagentur?!
...

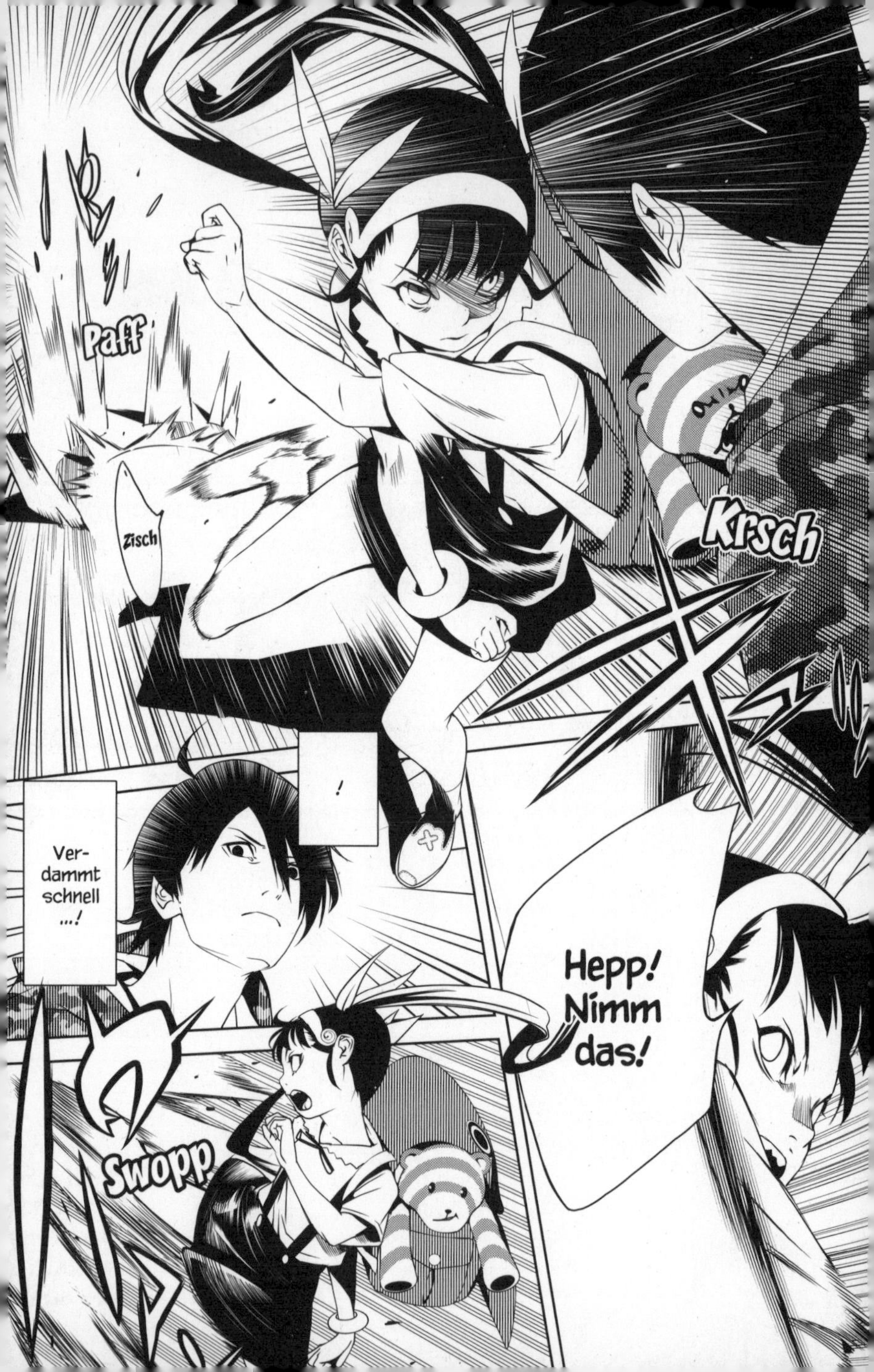

Krsch
Paff
Zisch
!
Ver-
dammt
schnell
...!
Hepp!
Nimm
das!
Swopp

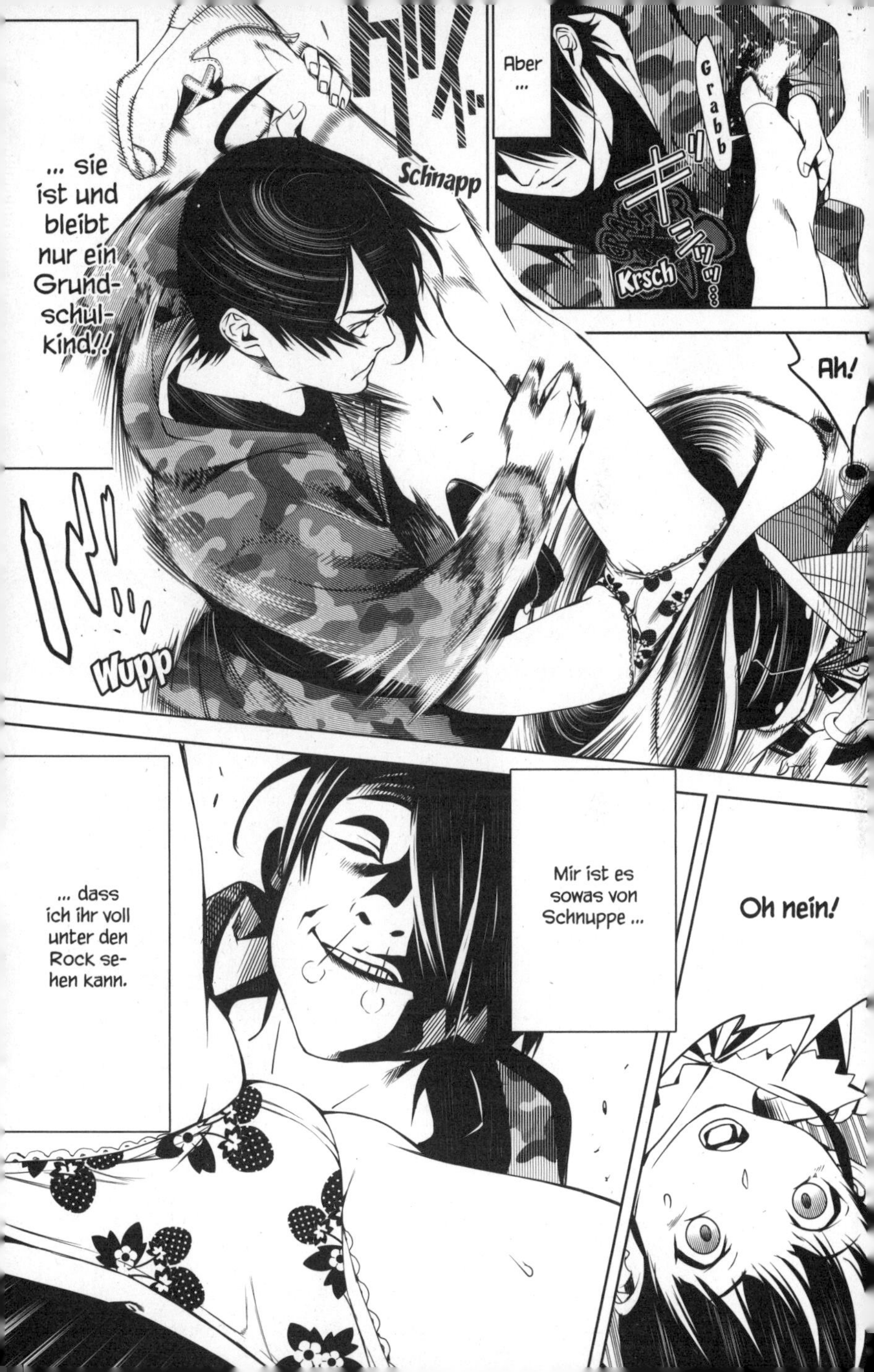

Aber ...
Grabb
Krsch
Schnapp
... sie ist und bleibt nur ein Grundschulkind!!
Ah!
Wupp
Oh nein!
Mir ist es sowas von Schnuppe ...
... dass ich ihr voll unter den Rock sehen kann.

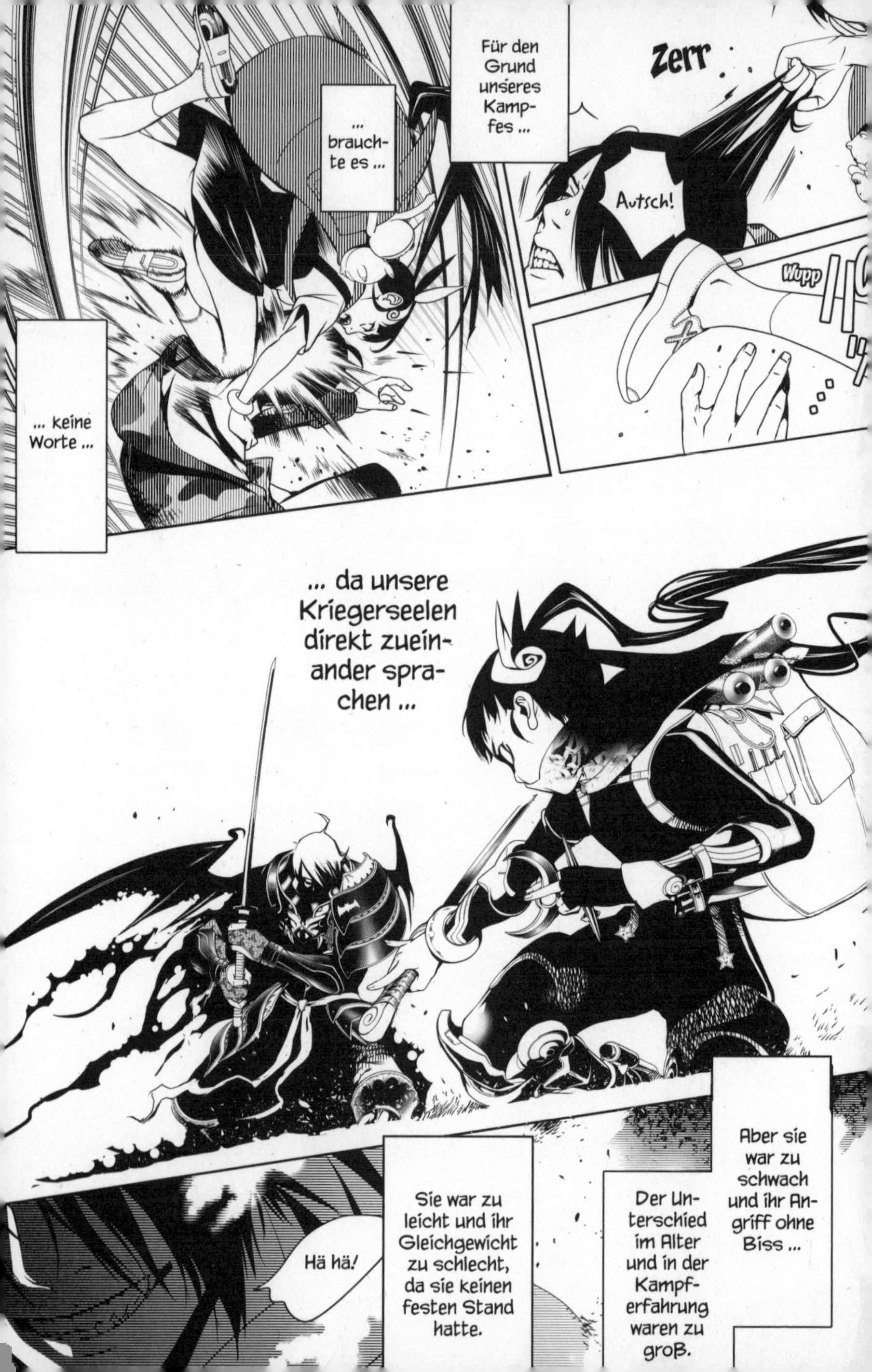
Zerr
Autsch!
Für den Grund unseres Kampfes ...
... brauchte es ...
Wupp
... keine Worte ...
... da unsere Kriegerseelen direkt zueinander sprachen ...
Aber sie war zu schwach und ihr Angriff ohne Biss ...
Der Unterschied im Alter und in der Kampferfahrung waren zu groß.
Sie war zu leicht und ihr Gleichgewicht zu schlecht, da sie keinen festen Stand hatte.
Hä hä!

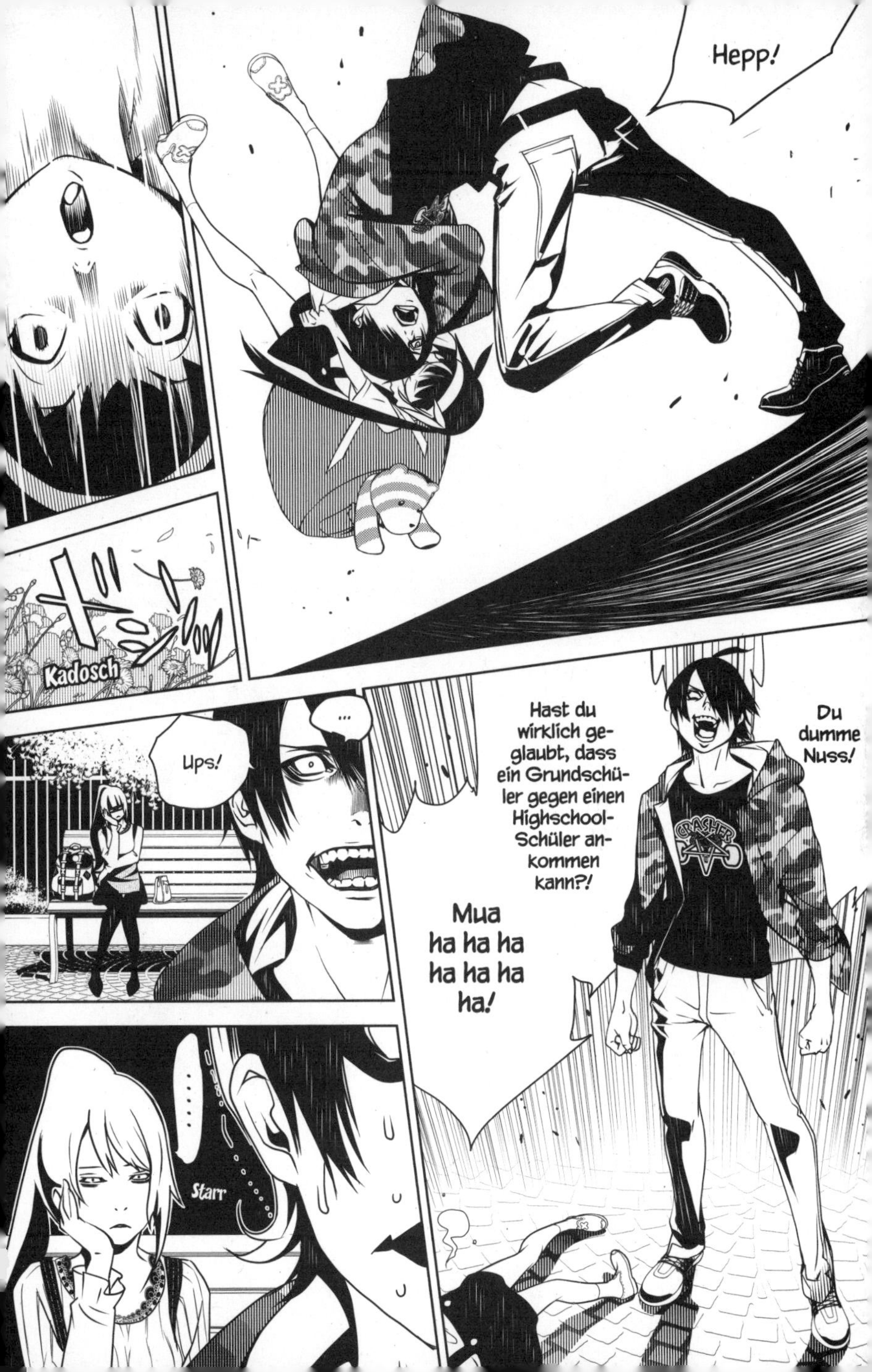
Hepp!
Kadosch
Ups!
...
Hast du wirklich geglaubt, dass ein Grundschüler gegen einen Highschool-Schüler ankommen kann?!
Du dumme Nuss!
Mua ha ha ha ha ha ha ha!
Starr

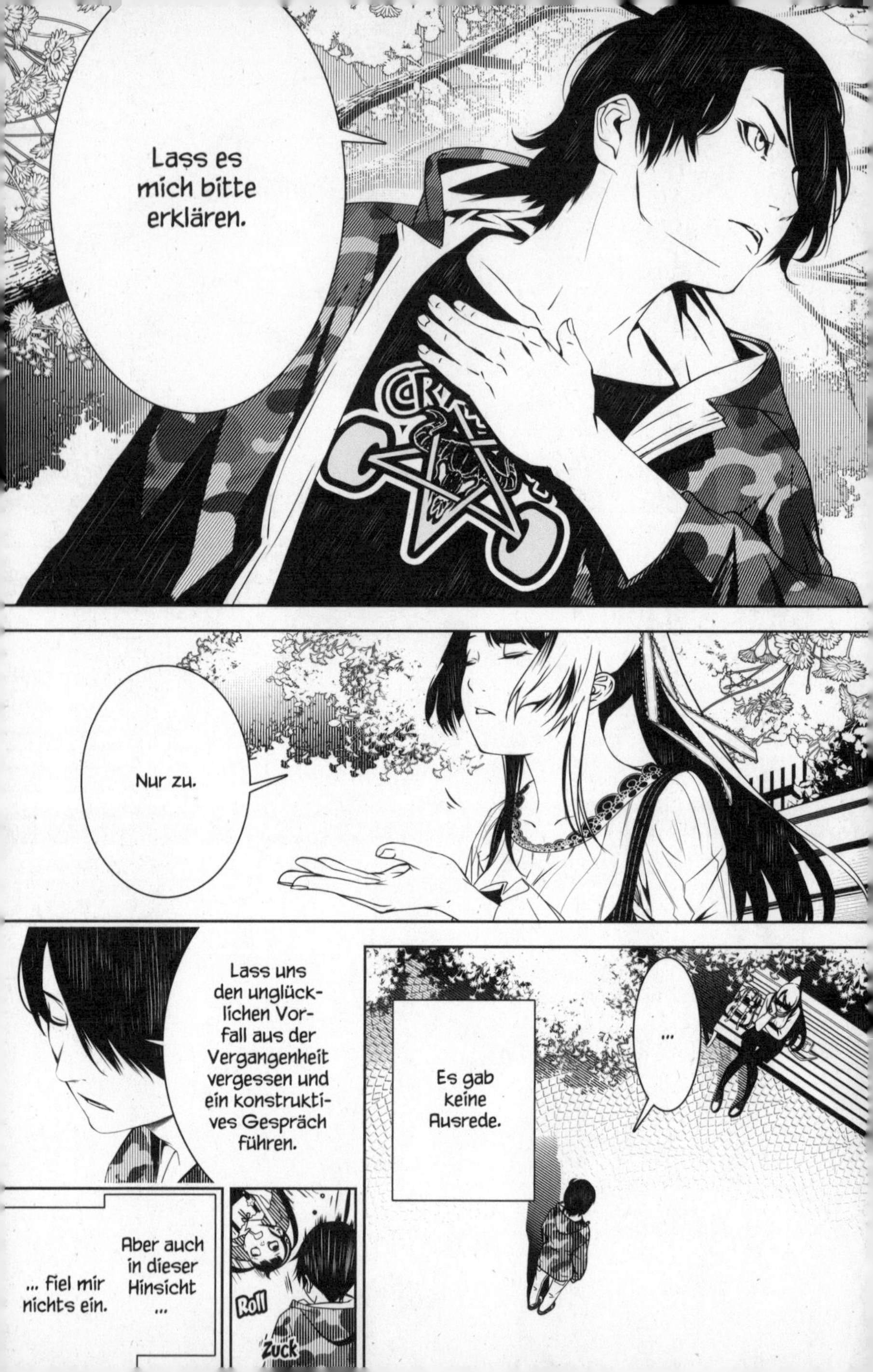

Lass es mich bitte erklären.
Nur zu.
Lass uns den unglücklichen Vorfall aus der Vergangenheit vergessen und ein konstruktives Gespräch führen.
...
Es gab keine Ausrede.
Aber auch in dieser Hinsicht ...
... fiel mir nichts ein.
Roll
Zuck

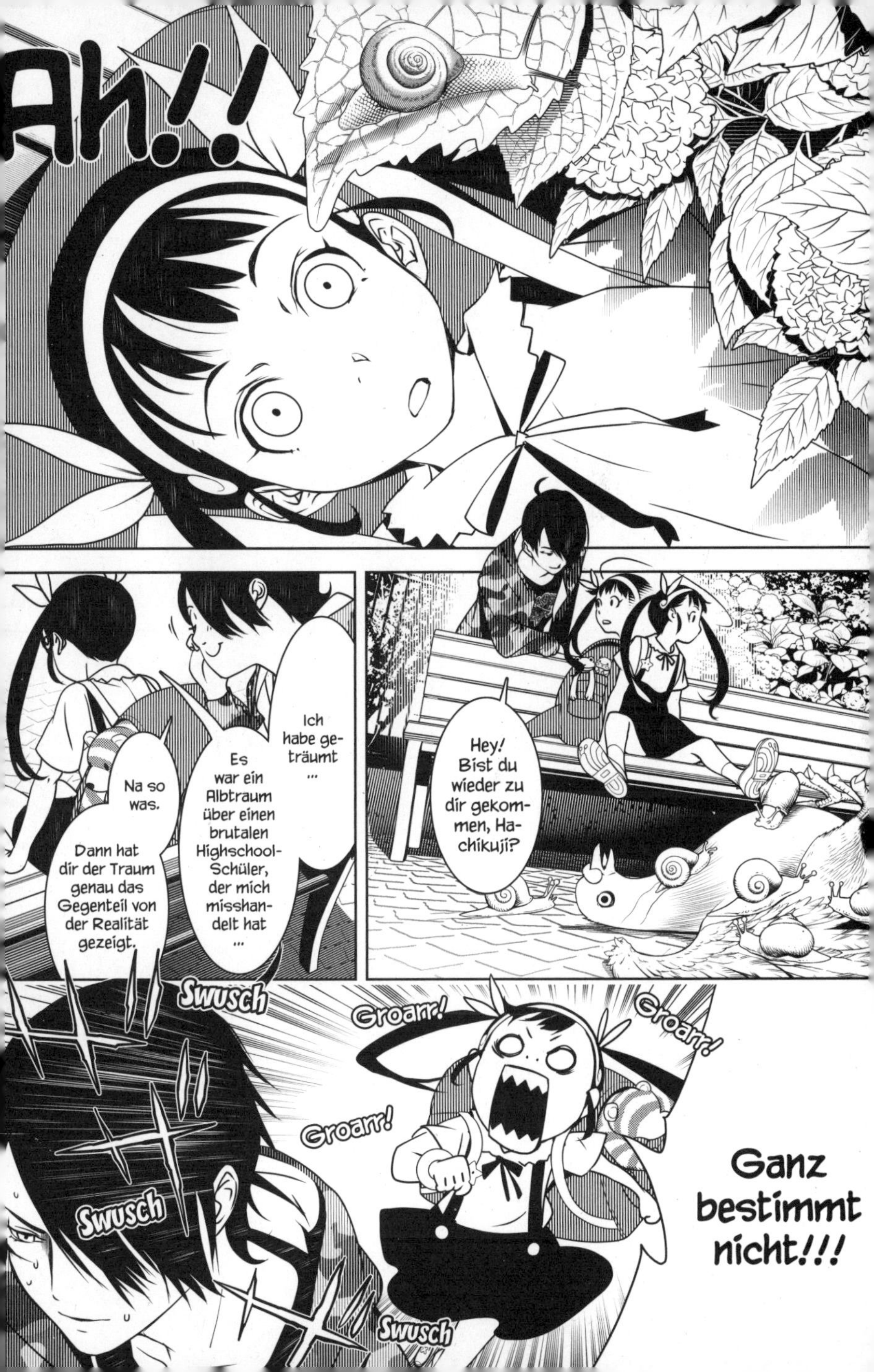
Ah!!
Hey! Bist du wieder zu dir gekommen, Hachikuji?
Ich habe geträumt ...
Es war ein Albtraum über einen brutalen Highschool-Schüler, der mich misshandelt hat ...
Na so was.
Dann hat dir der Traum genau das Gegenteil von der Realität gezeigt.
Groarr!
Groarr!
Groarr!
Swusch
Swusch
Swusch
Ganz bestimmt nicht!!!

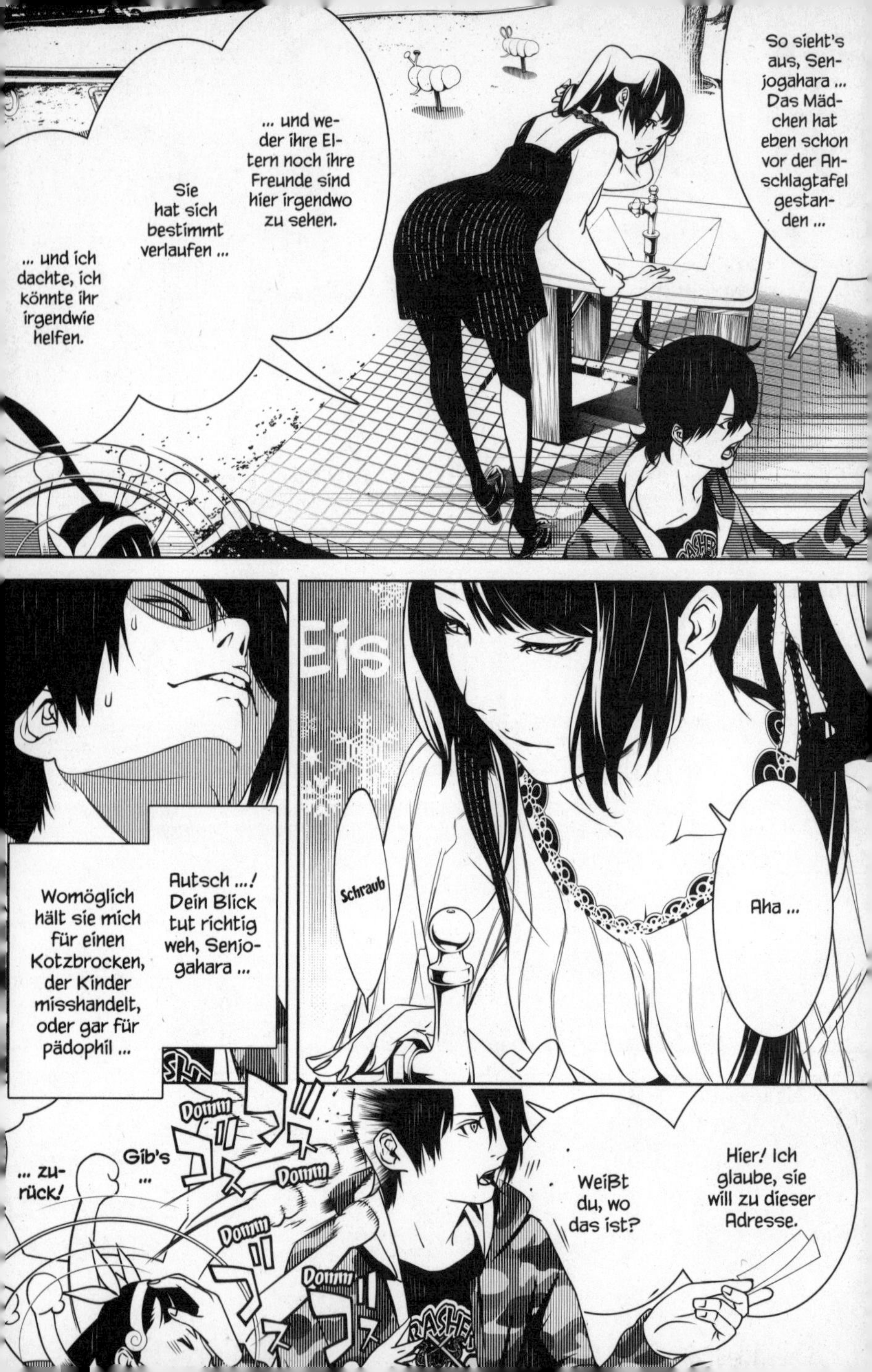

So sieht's aus, Senjogahara ... Das Mädchen hat eben schon vor der Anschlagtafel gestanden ...
... und weder ihre Eltern noch ihre Freunde sind hier irgendwo zu sehen.
Sie hat sich bestimmt verlaufen ...
... und ich dachte, ich könnte ihr irgendwie helfen.
Aha ...
Schraub
Autsch ...! Dein Blick tut richtig weh, Senjogahara ...
Womöglich hält sie mich für einen Kotzbrocken, der Kinder misshandelt, oder gar für pädophil ...
Hier! Ich glaube, sie will zu dieser Adresse.
Weißt du, wo das ist?
Donnn
Donnn
Gib's ...
Donnn
Donnn
... zurück!

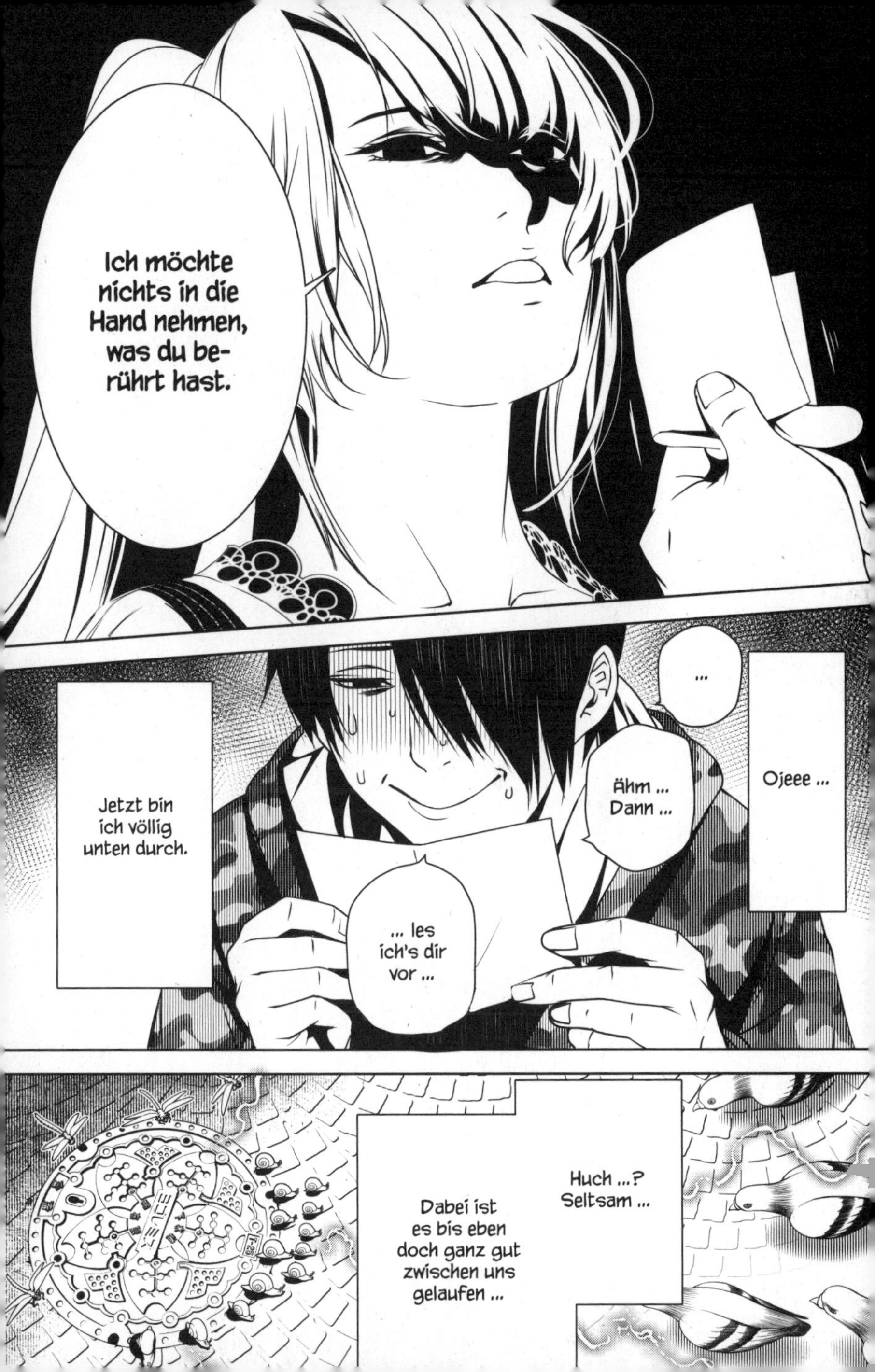
Ich möchte nichts in die Hand nehmen, was du berührt hast.
Ojeee ...
...
Ähm ... Dann ...
... les ich's dir vor ...
Jetzt bin ich völlig unten durch.
Huch ...? Seltsam ...
Dabei ist es bis eben doch ganz gut zwischen uns gelaufen ...

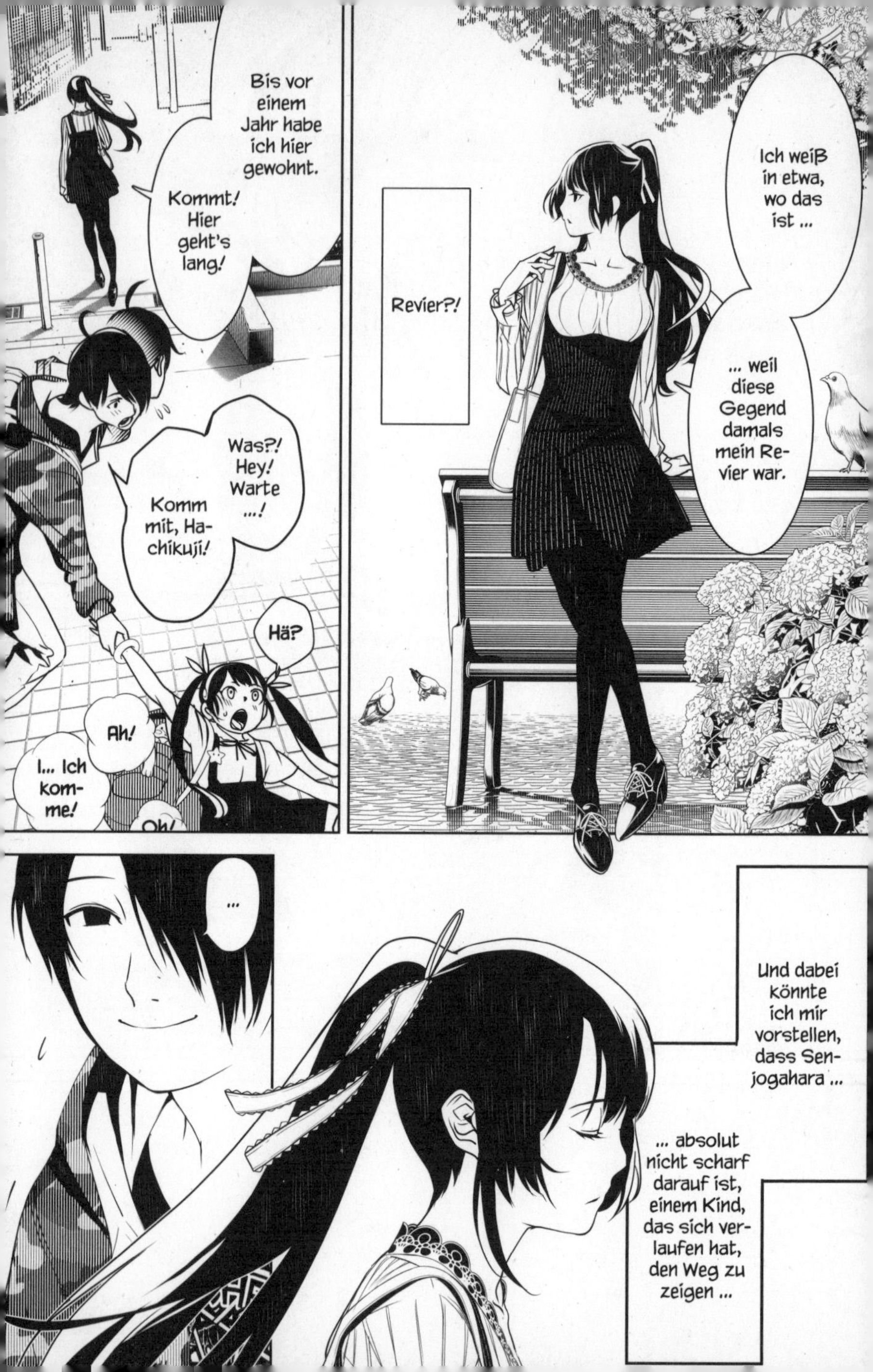

Ich weiß in etwa, wo das ist ...
... weil diese Gegend damals mein Revier war.
Revier?!
Bis vor einem Jahr habe ich hier gewohnt.
Kommt! Hier geht's lang!
Was?! Hey! Warte ...!
Komm mit, Hachikuji!
Hä?
Ah!
I... Ich kom-me!
Und dabei könnte ich mir vorstellen, dass Sen-jogahara ...
... absolut nicht scharf darauf ist, einem Kind, das sich ver-laufen hat, den Weg zu zeigen ...
...

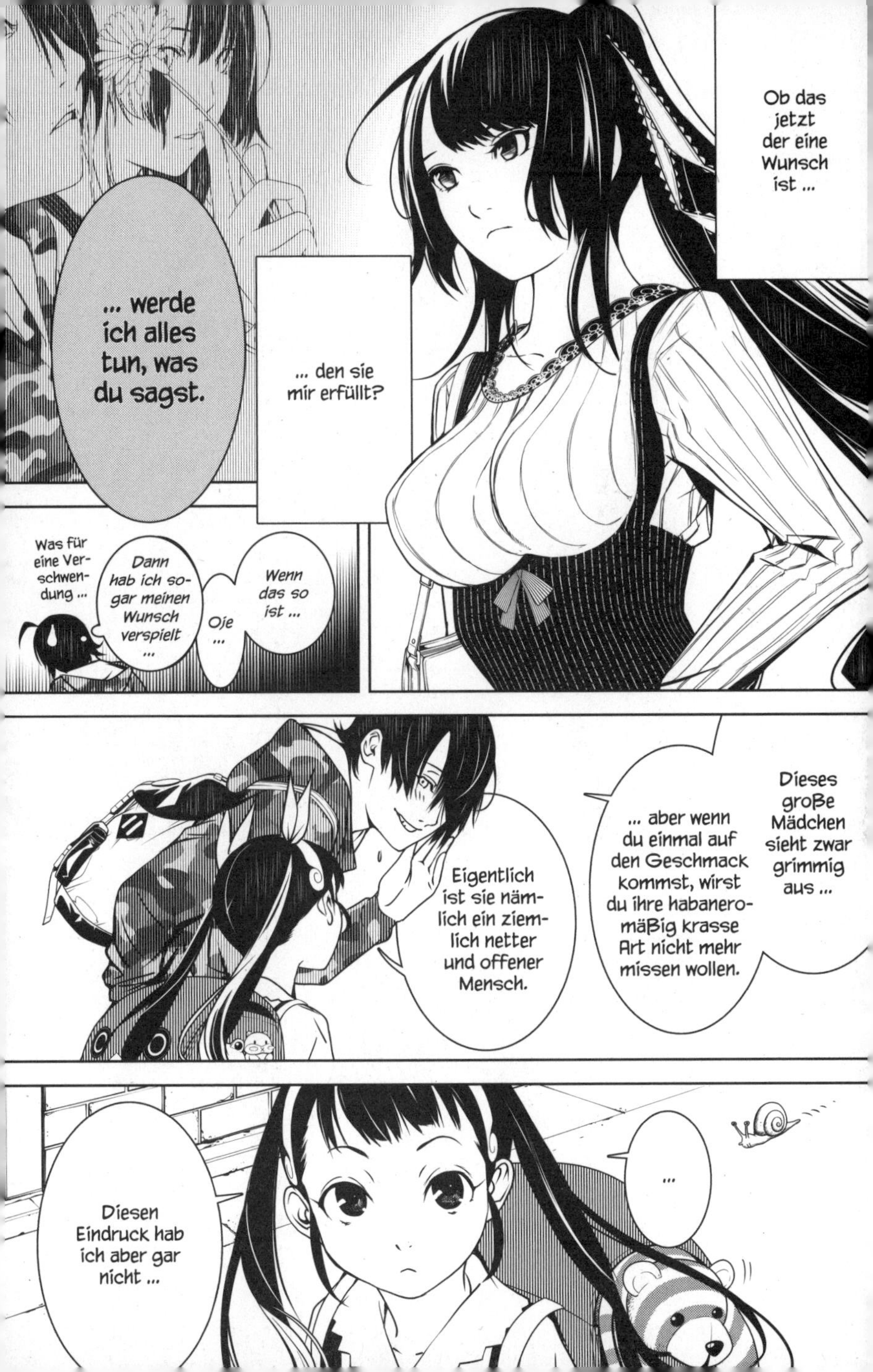
Ob das jetzt der eine Wunsch ist ...
... den sie mir erfüllt?
... werde ich alles tun, was du sagst.
Wenn das so ist ...
Oje ...
Dann hab ich sogar meinen Wunsch verspielt ...
Was für eine Verschwendung ...
Dieses große Mädchen sieht zwar grimmig aus ...
... aber wenn du einmal auf den Geschmack kommst, wirst du ihre habanero-mäßig krasse Art nicht mehr missen wollen.
Eigentlich ist sie nämlich ein ziemlich netter und offener Mensch.
...
Diesen Eindruck hab ich aber gar nicht ...

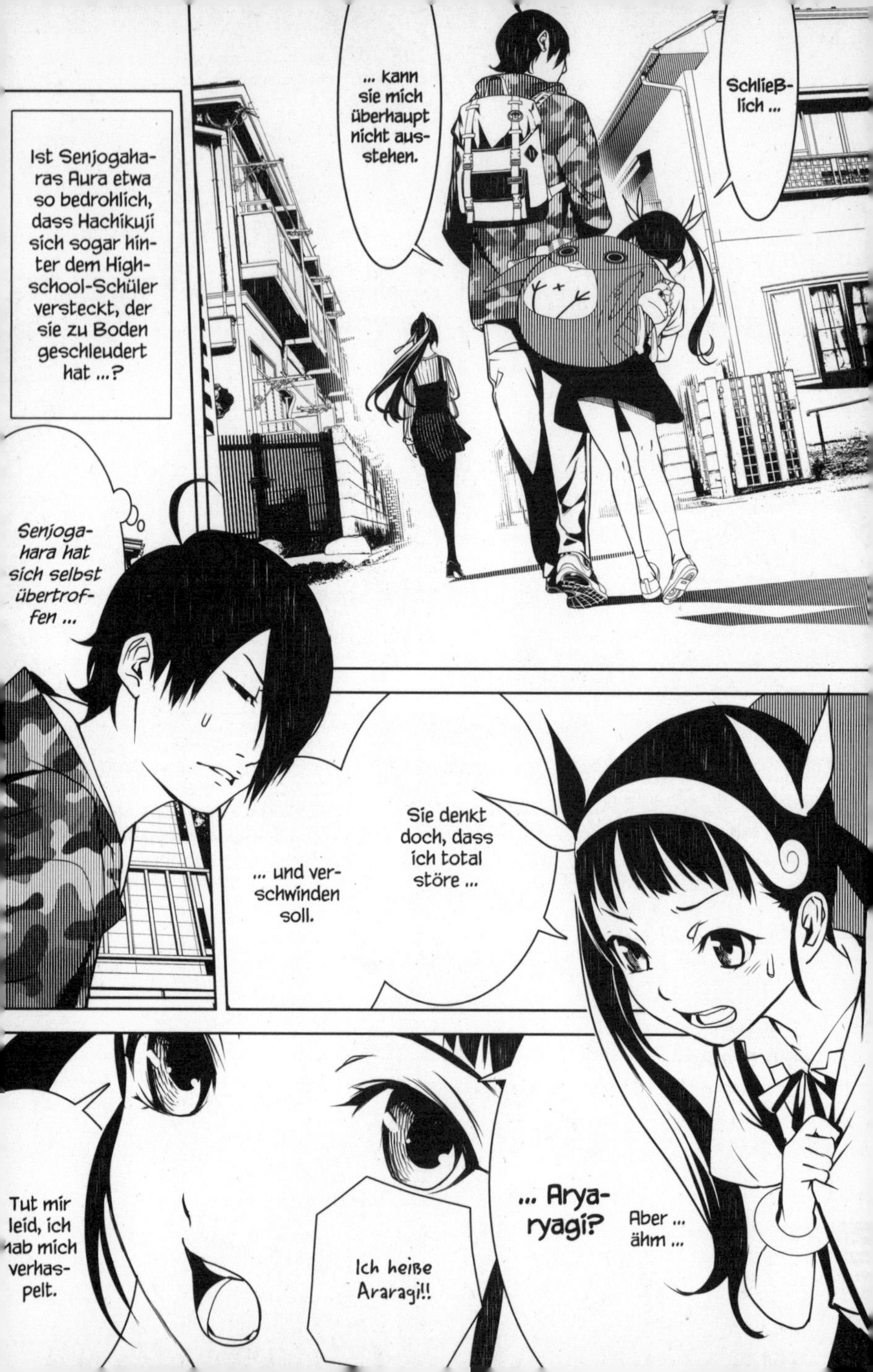
Schließlich ...
... kann sie mich überhaupt nicht ausstehen.
Ist Senjogaharas Aura etwa so bedrohlich, dass Hachikuji sich sogar hinter dem Highschool-Schüler versteckt, der sie zu Boden geschleudert hat ...?
Senjogahara hat sich selbst übertroffen ...
Sie denkt doch, dass ich total störe ...
... und verschwinden soll.
Aber ... ähm ...
... Aryaryagi?
Ich heiße Araragi!!
Tut mir leid, ich ab mich verhaspelt.

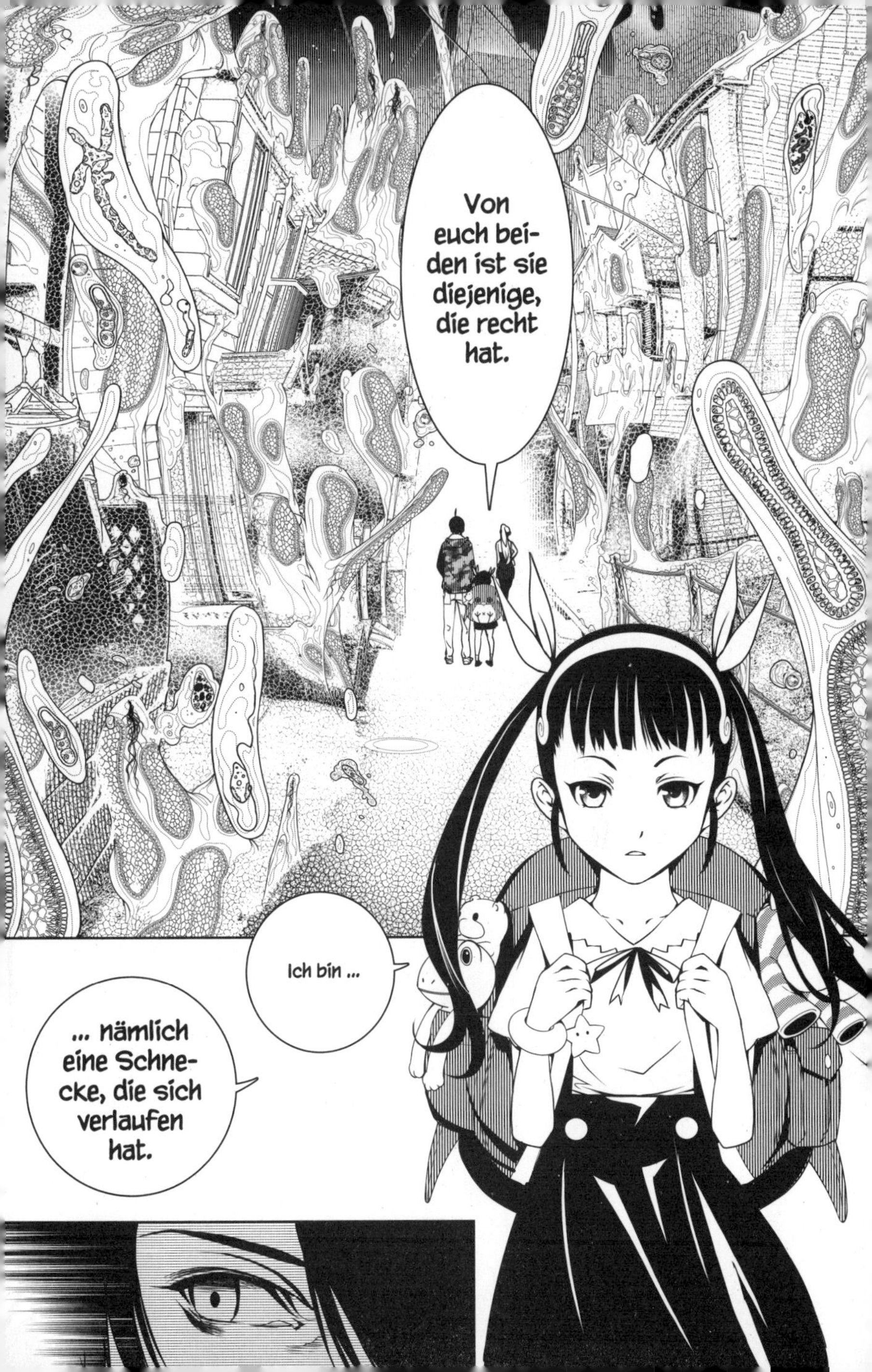
Von euch beiden ist sie diejenige, die recht hat.
Ich bin ...
... nämlich eine Schnecke, die sich verlaufen hat.

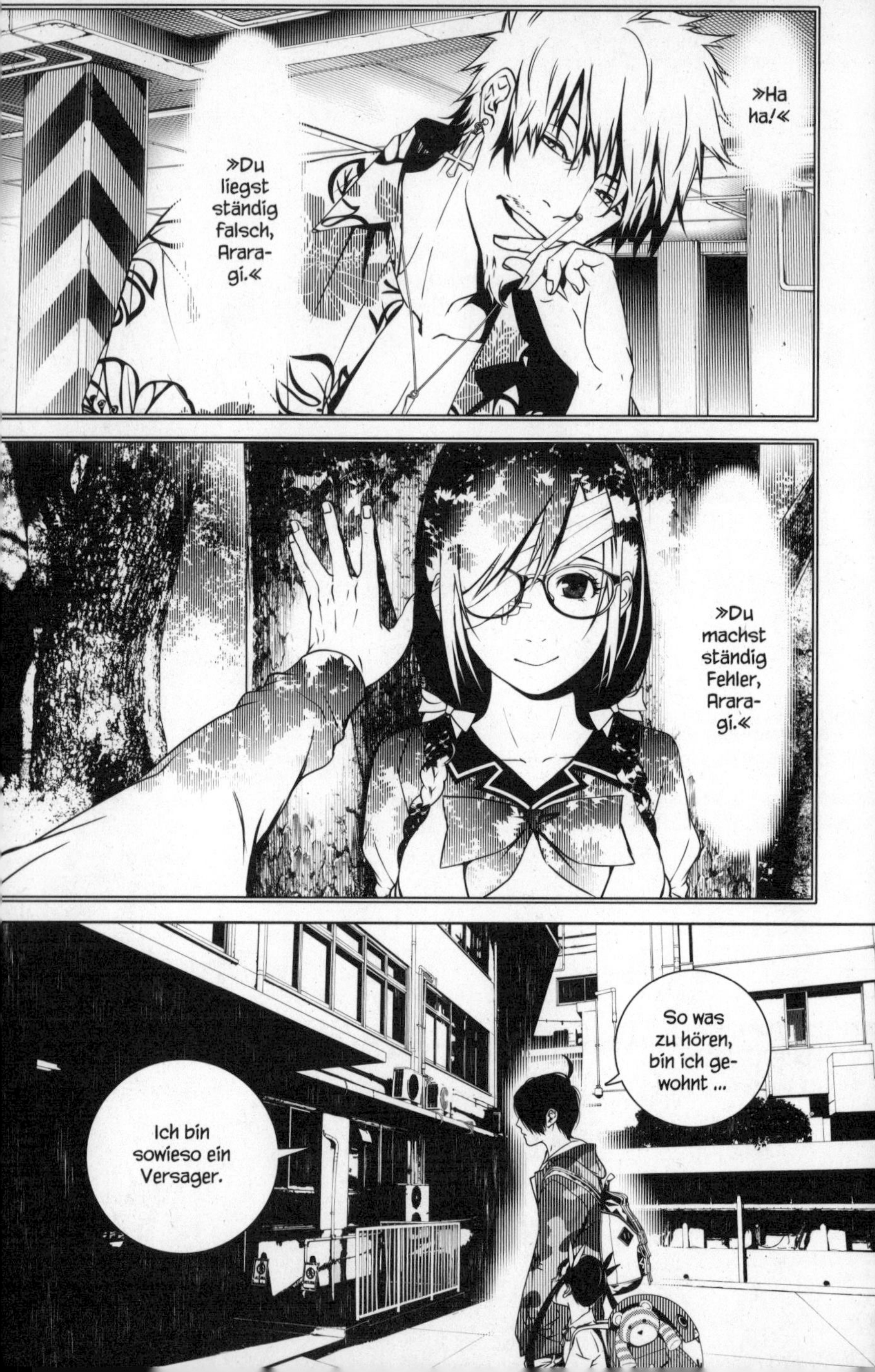
»Ha ha!«
»Du liegst ständig falsch, Arara-gi.«
»Du machst ständig Fehler, Arara-gi.«
So was zu hören, bin ich ge-wohnt ...
Ich bin sowieso ein Versager.

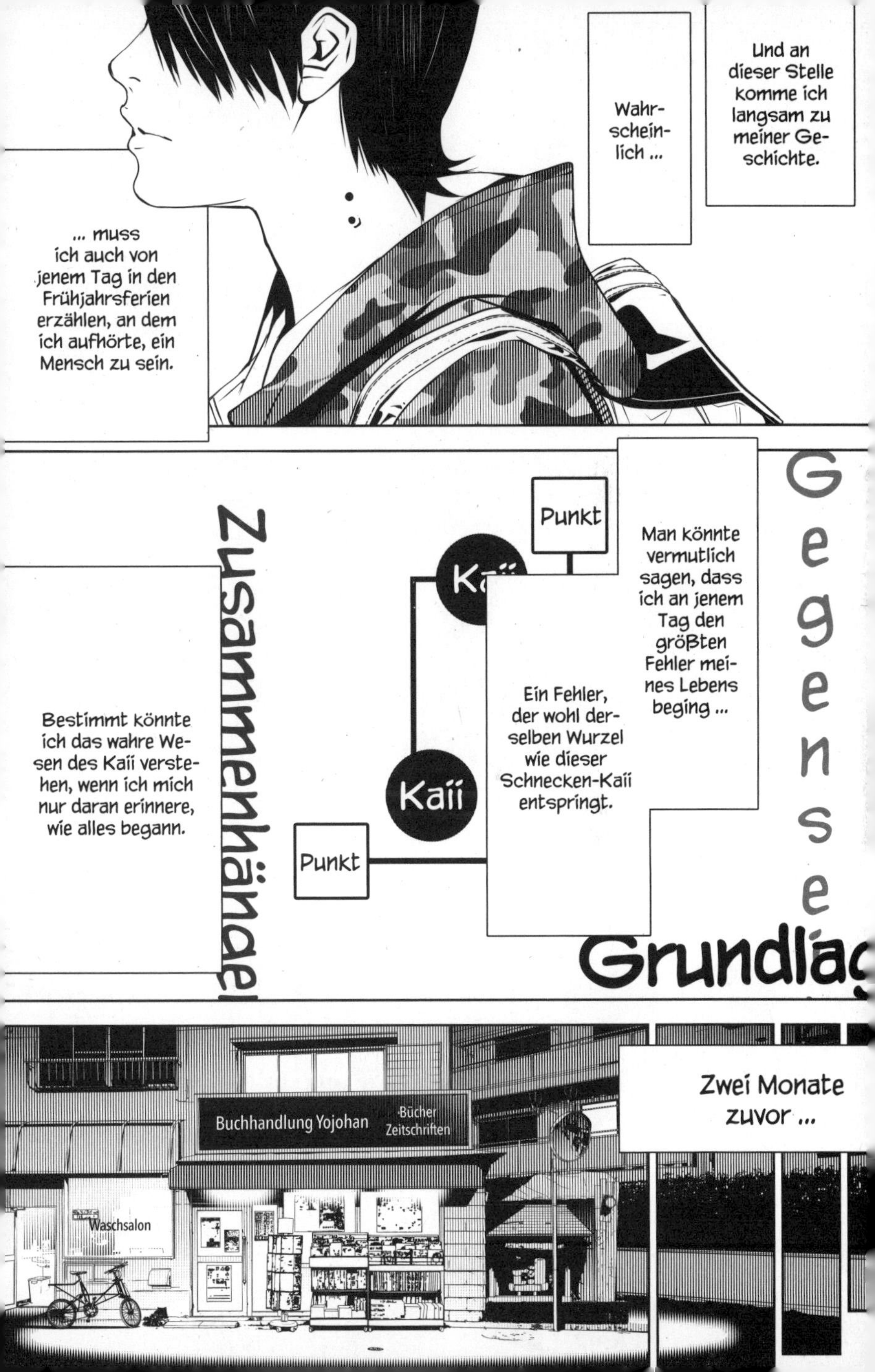
Und an dieser Stelle komme ich langsam zu meiner Geschichte.
Wahrscheinlich ...
... muss ich auch von jenem Tag in den Frühjahrsferien erzählen, an dem ich aufhörte, ein Mensch zu sein.
Gegensei
Man könnte vermutlich sagen, dass ich an jenem Tag den größten Fehler meines Lebens beging ...
Punkt
Kaii
Ein Fehler, der wohl derselben Wurzel wie dieser Schnecken-Kaii entspringt.
Kaii
Punkt
Grundlag
Zusammenhänge
Bestimmt könnte ich das wahre Wesen des Kaii verstehen, wenn ich mich nur daran erinnere, wie alles begann.
Zwei Monate zuvor ...
Buchhandlung Yojohan
Bücher
Zeitschriften
Waschsalon

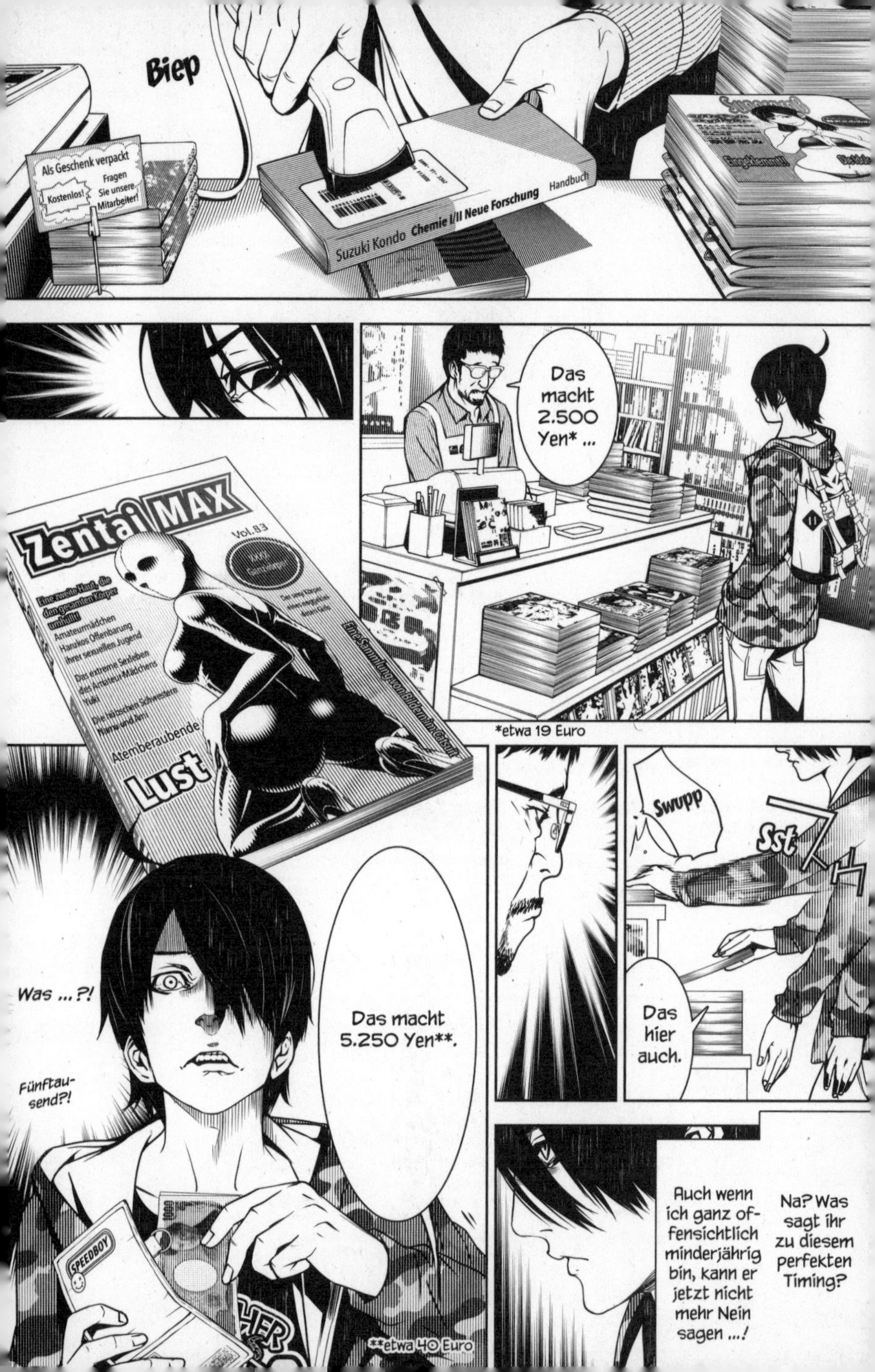

*etwa 19 Euro

**etwa 40 Euro

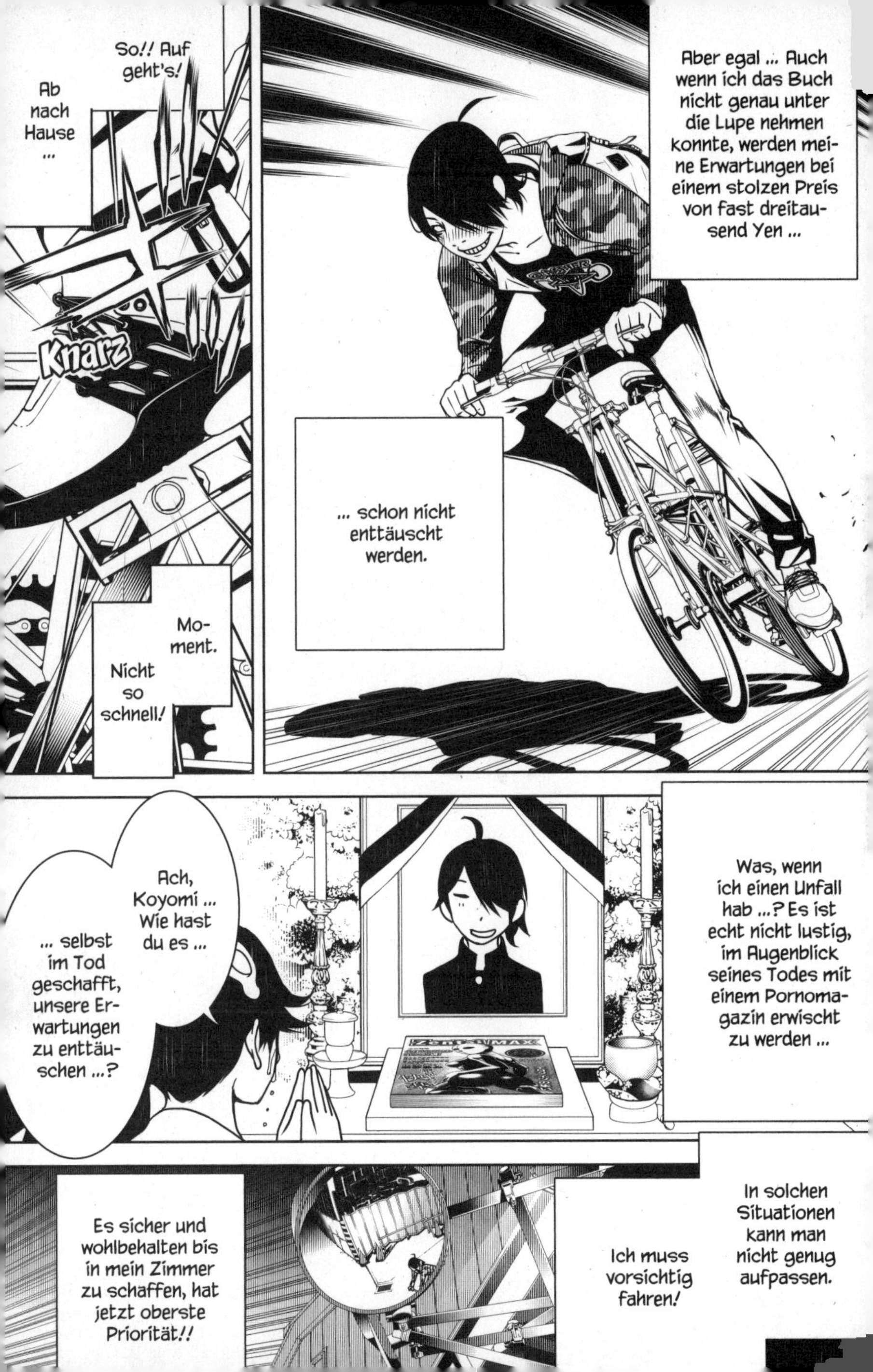
Aber egal ... Auch wenn ich das Buch nicht genau unter die Lupe nehmen konnte, werden meine Erwartungen bei einem stolzen Preis von fast dreitausend Yen ...
... schon nicht enttäuscht werden.
So!! Auf geht's!
Ab nach Hause ...
Knarz
Moment.
Nicht so schnell!
Was, wenn ich einen Unfall hab ...? Es ist echt nicht lustig, im Augenblick seines Todes mit einem Pornomagazin erwischt zu werden ...
Ach, Koyomi ... Wie hast du es ...
... selbst im Tod geschafft, unsere Erwartungen zu enttäuschen ...?
In solchen Situationen kann man nicht genug aufpassen.
Ich muss vorsichtig fahren!
Es sicher und wohlbehalten bis in mein Zimmer zu schaffen, hat jetzt oberste Priorität!!

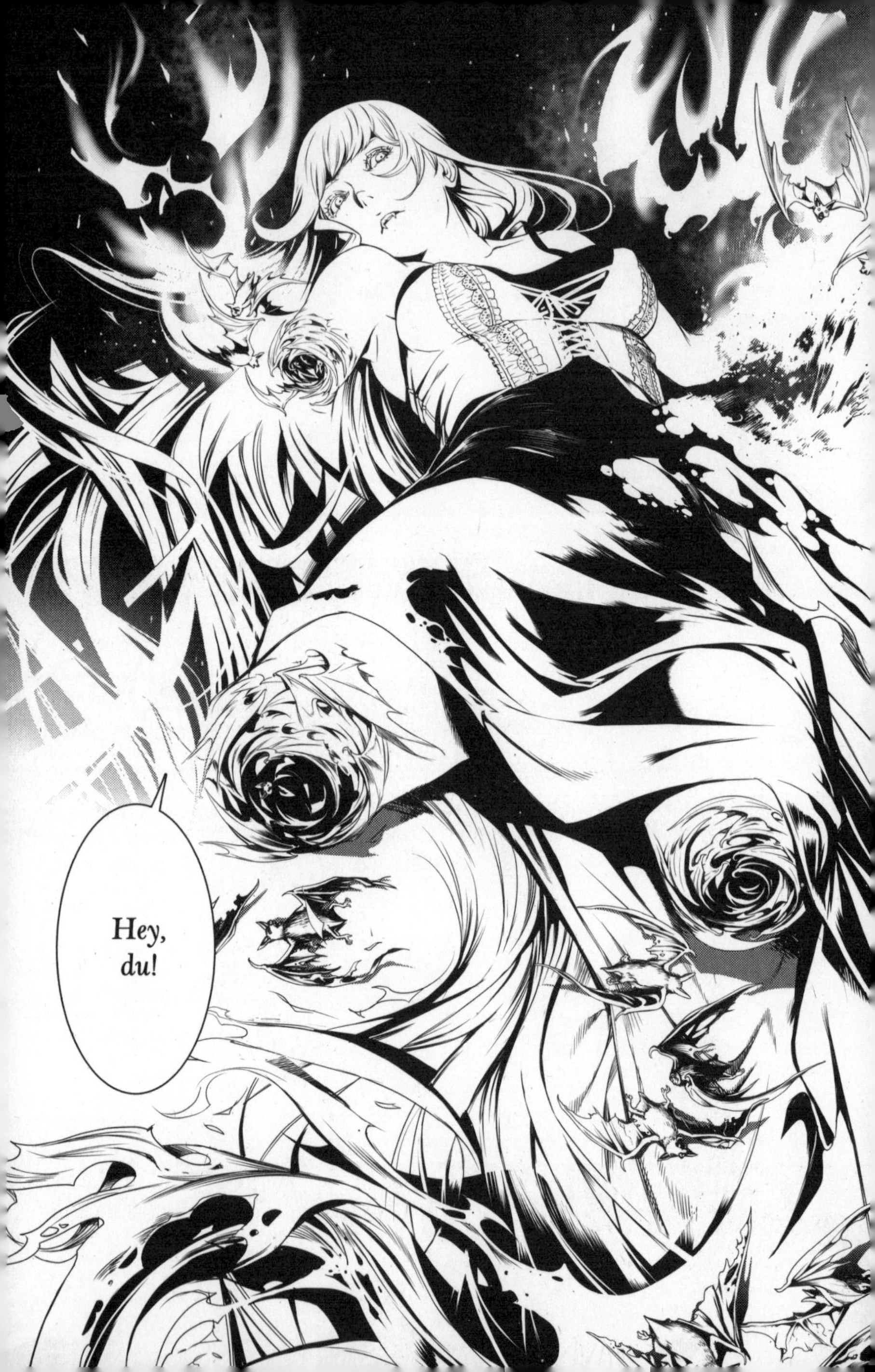
Hey,
du!

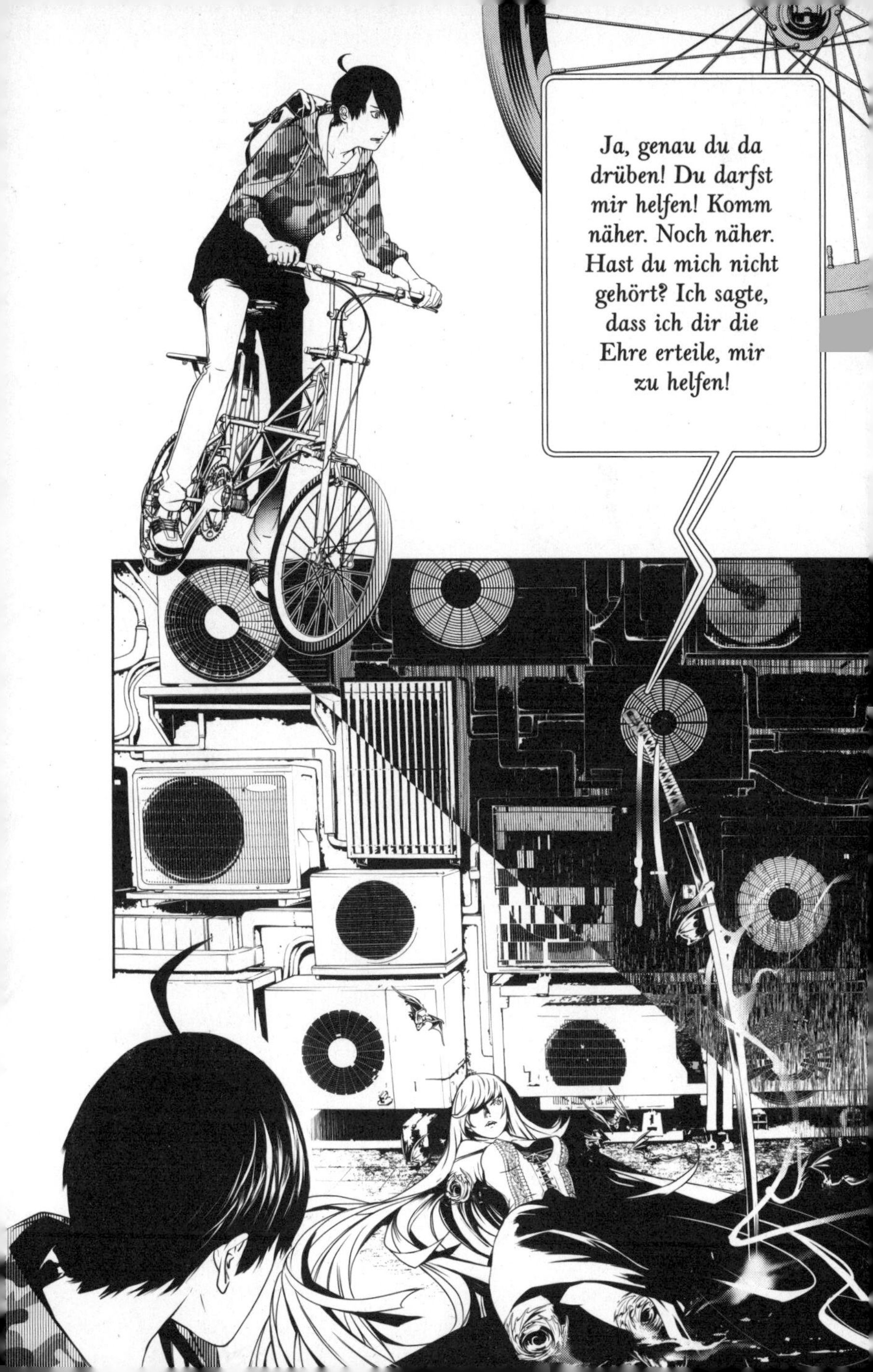
Ja, genau du da drüben! Du darfst mir helfen! Komm näher. Noch näher. Hast du mich nicht gehört? Ich sagte, dass ich dir die Ehre erteile, mir zu helfen!

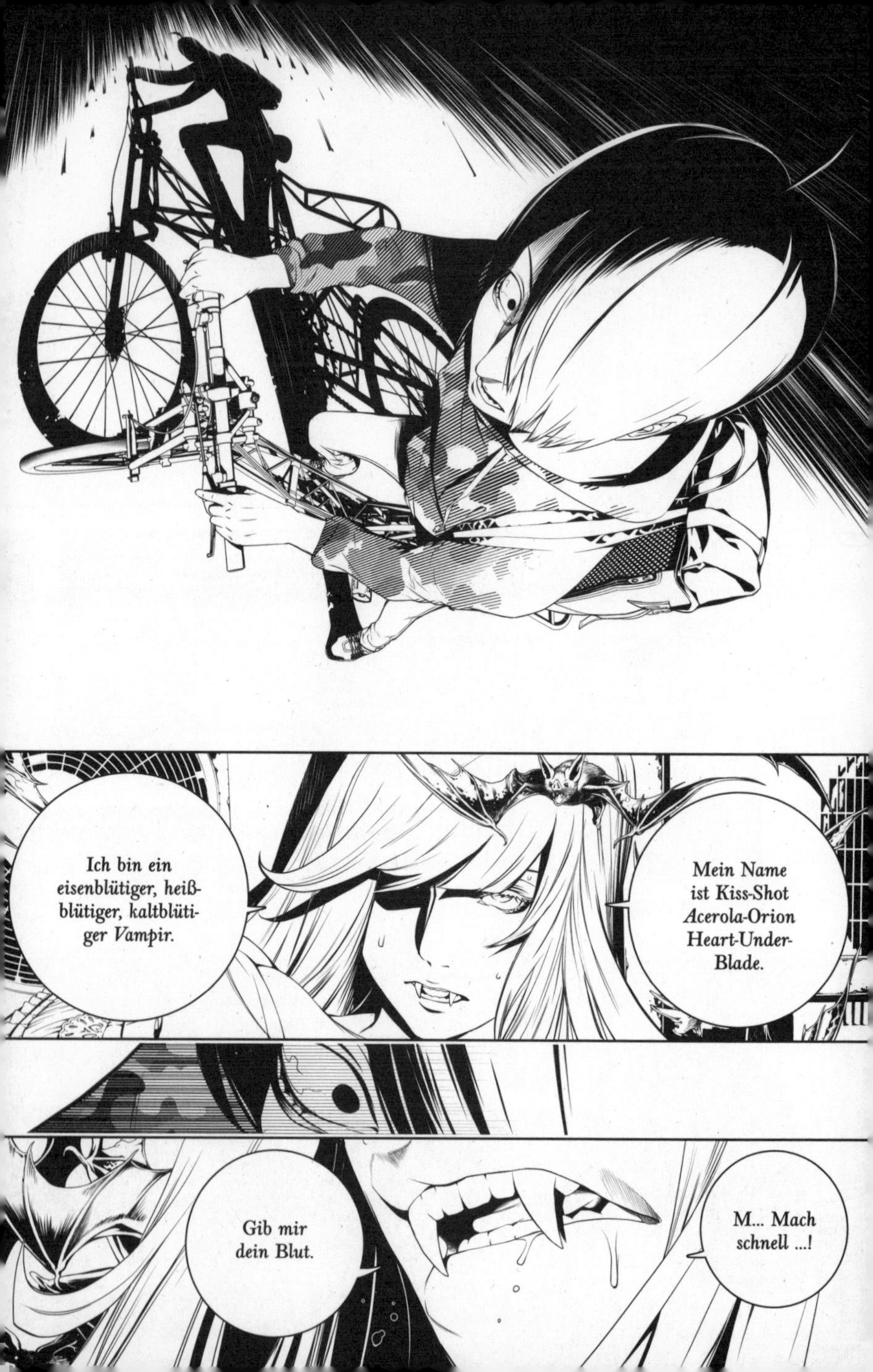
Mein Name ist Kiss-Shot *Acerola*-Orion Heart-Under-Blade.
Ich bin ein eisenblütiger, heißblütiger, kaltblütiger *Vampir*.
M... Mach schnell ...!
Gib mir dein Blut.

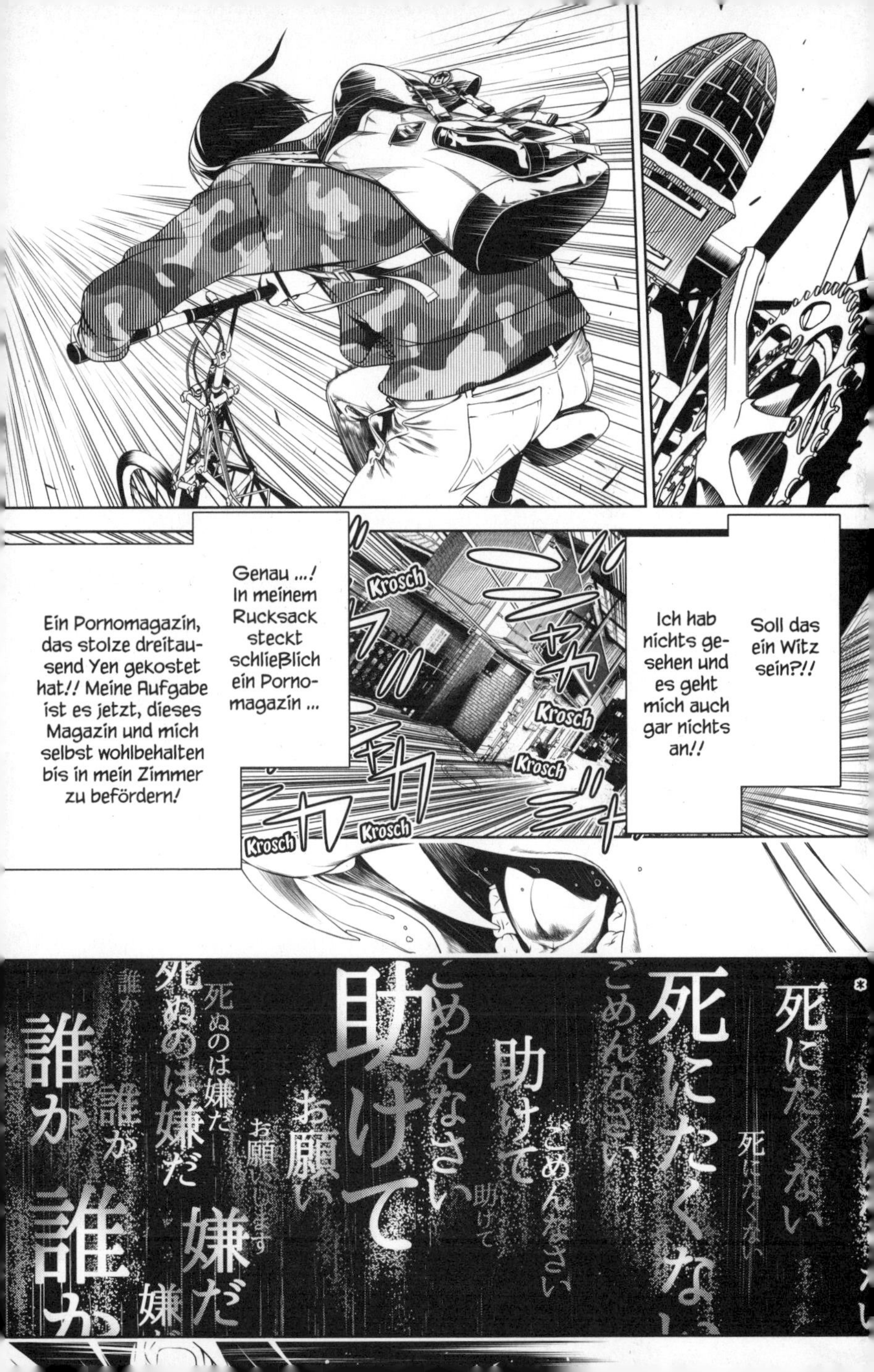

Soll das ein Witz sein?!!
Ich hab nichts gesehen und es geht mich auch gar nichts an!!
Krosch
Krosch
Krosch
Krosch
Krosch
Krosch
Genau ...! In meinem Rucksack steckt schließlich ein Pornomagazin ...
Ein Pornomagazin, das stolze dreitausend Yen gekostet hat!! Meine Aufgabe ist es jetzt, dieses Magazin und mich selbst wohlbehalten bis in mein Zimmer zu befördern!
死にたくない
死にたくない
ごめんなさい
助けて
ごめんなさい
助けて
ごめんなさい
助けて
お願い
お願いします
嫌だ
死ぬのは嫌だ
死ぬのは嫌だ
誰か
誰か
誰か

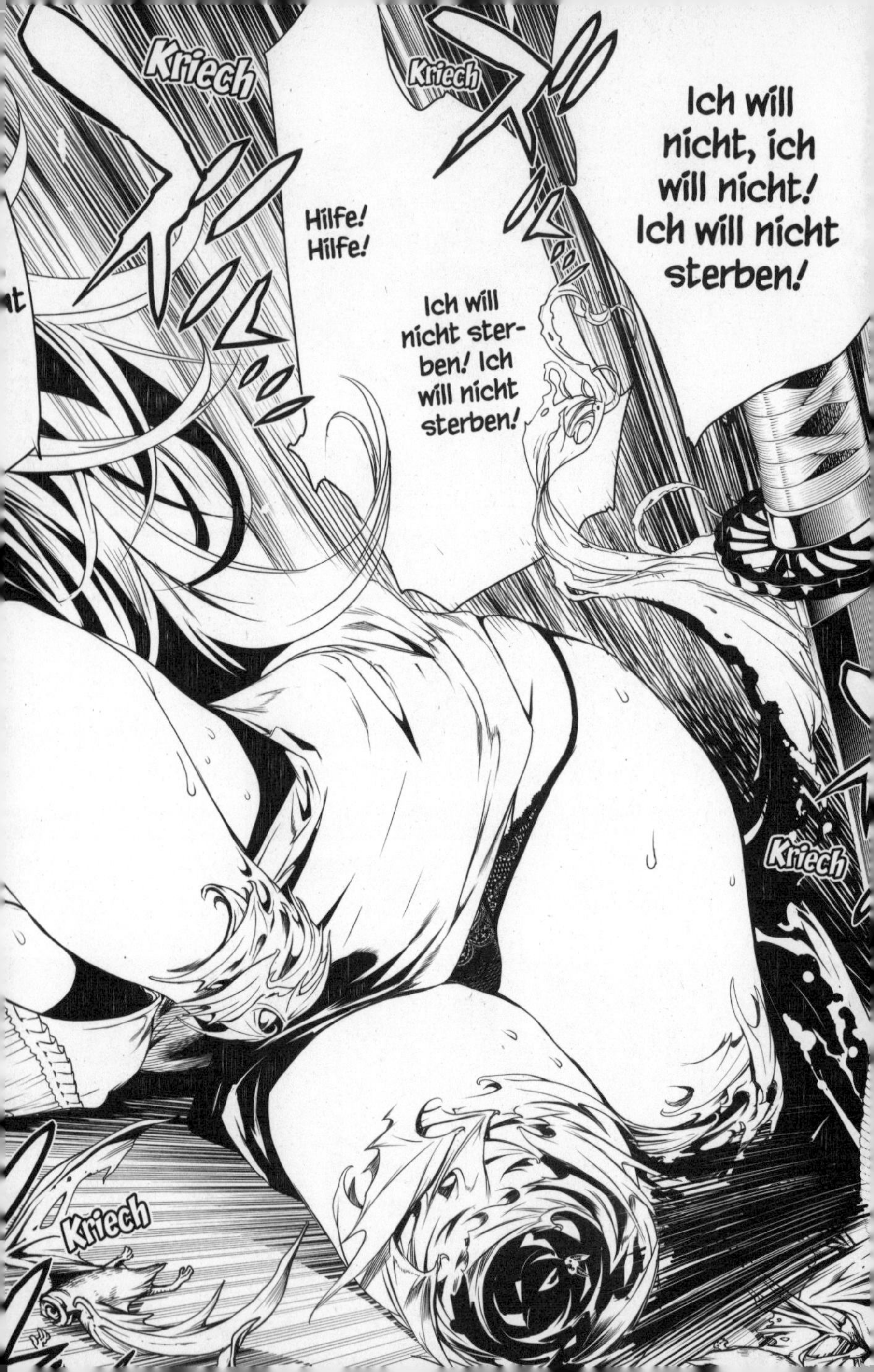
Ich will nicht, ich will nicht! Ich will nicht sterben!
Kriech
Ich will nicht sterben! Ich will nicht sterben!
Hilfe! Hilfe!
Kriech
Kriech
Kriech

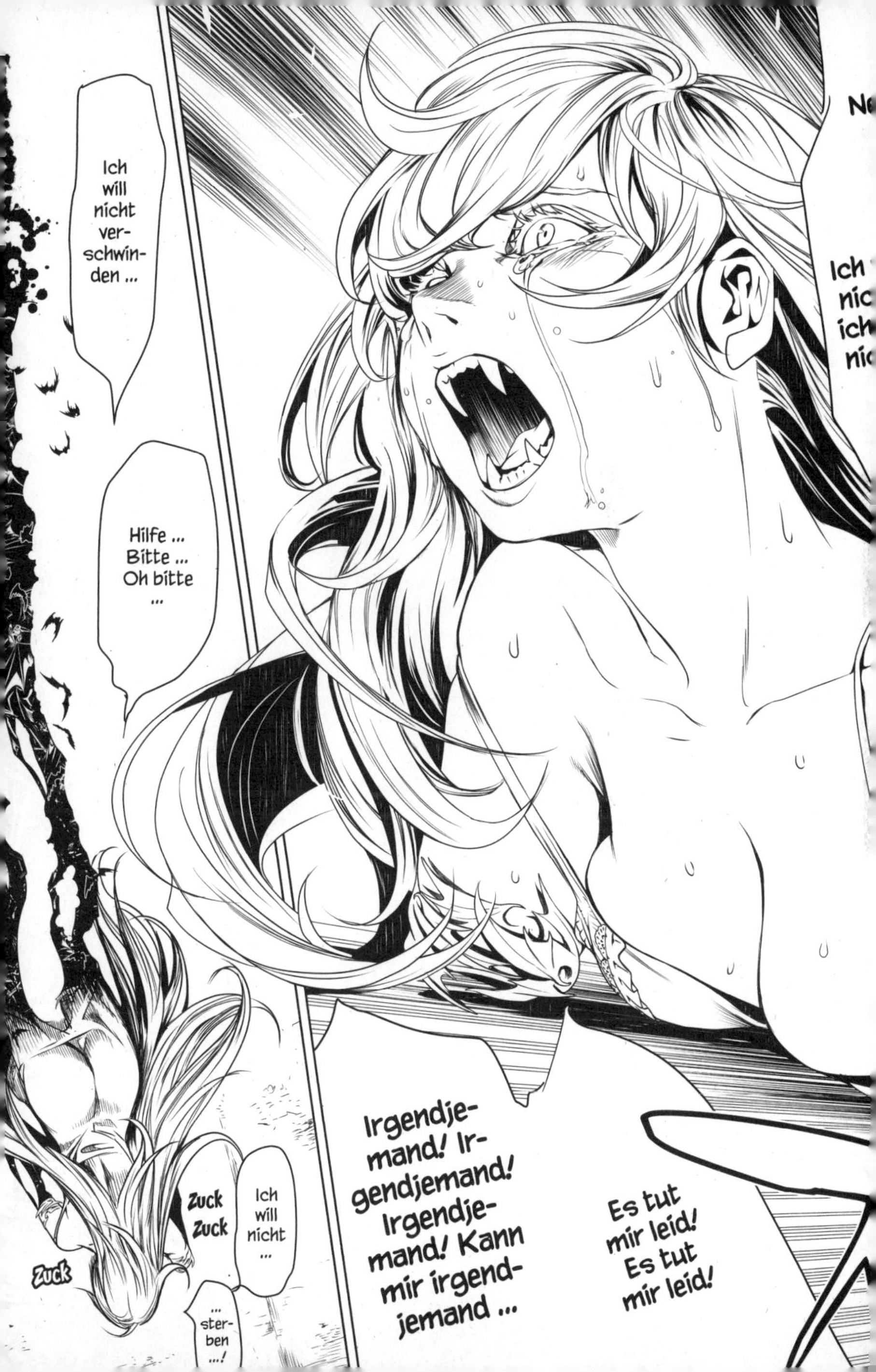
Ich will nicht verschwinden ...
Hilfe ... Bitte ... Oh bitte ...
Es tut mir leid! Es tut mir leid!
Irgendjemand! Irgendjemand! Irgendjemand! Kann mir irgendjemand ...
Ich will nicht ...
... sterben ...!
Zuck Zuck
Zuck

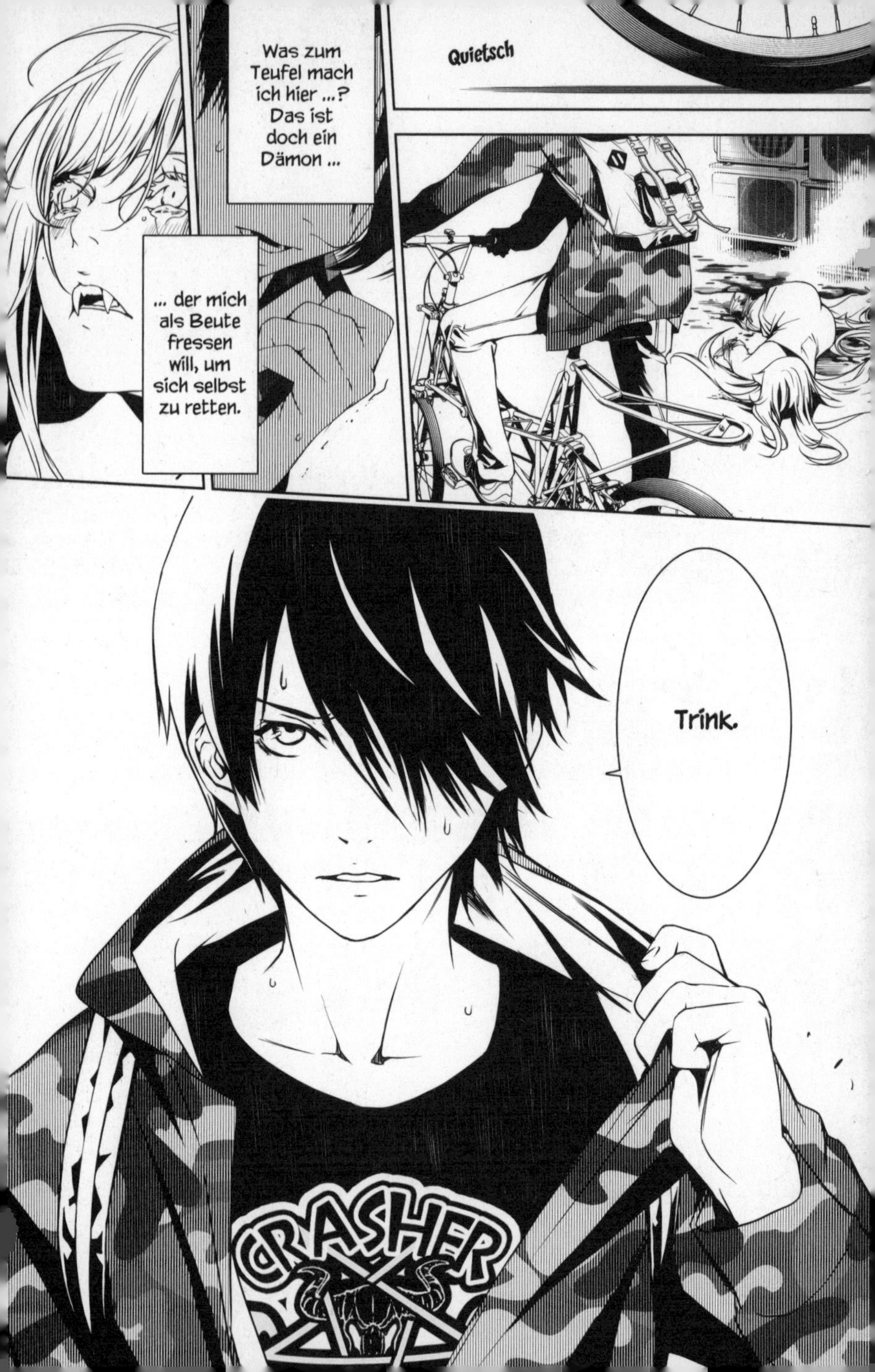
Quietsch
Was zum Teufel mach ich hier ...? Das ist doch ein Dämon ...
... der mich als Beute fressen will, um sich selbst zu retten.
Trink.
CRASHER

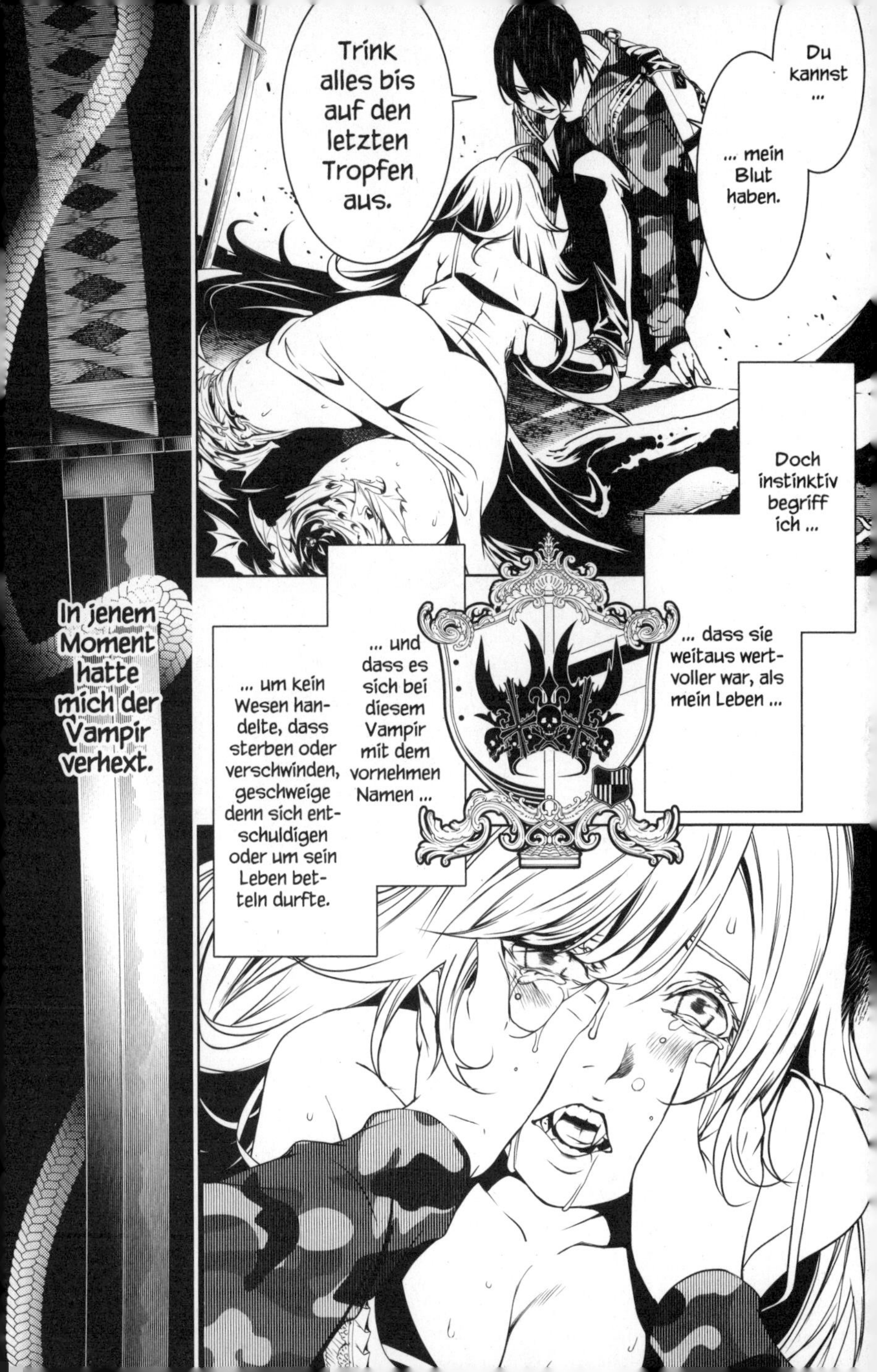
Du kannst ...
... mein Blut haben.
Trink alles bis auf den letzten Tropfen aus.
Doch instinktiv begriff ich ...
... dass sie weitaus wert-voller war, als mein Leben ...
... und dass es sich bei diesem Vampir mit dem vornehmen Namen ...
... um kein Wesen han-delte, dass sterben oder verschwinden, geschweige denn sich ent-schuldigen oder um sein Leben bet-teln durfte.
In jenem Moment hatte mich der Vampir verhext.

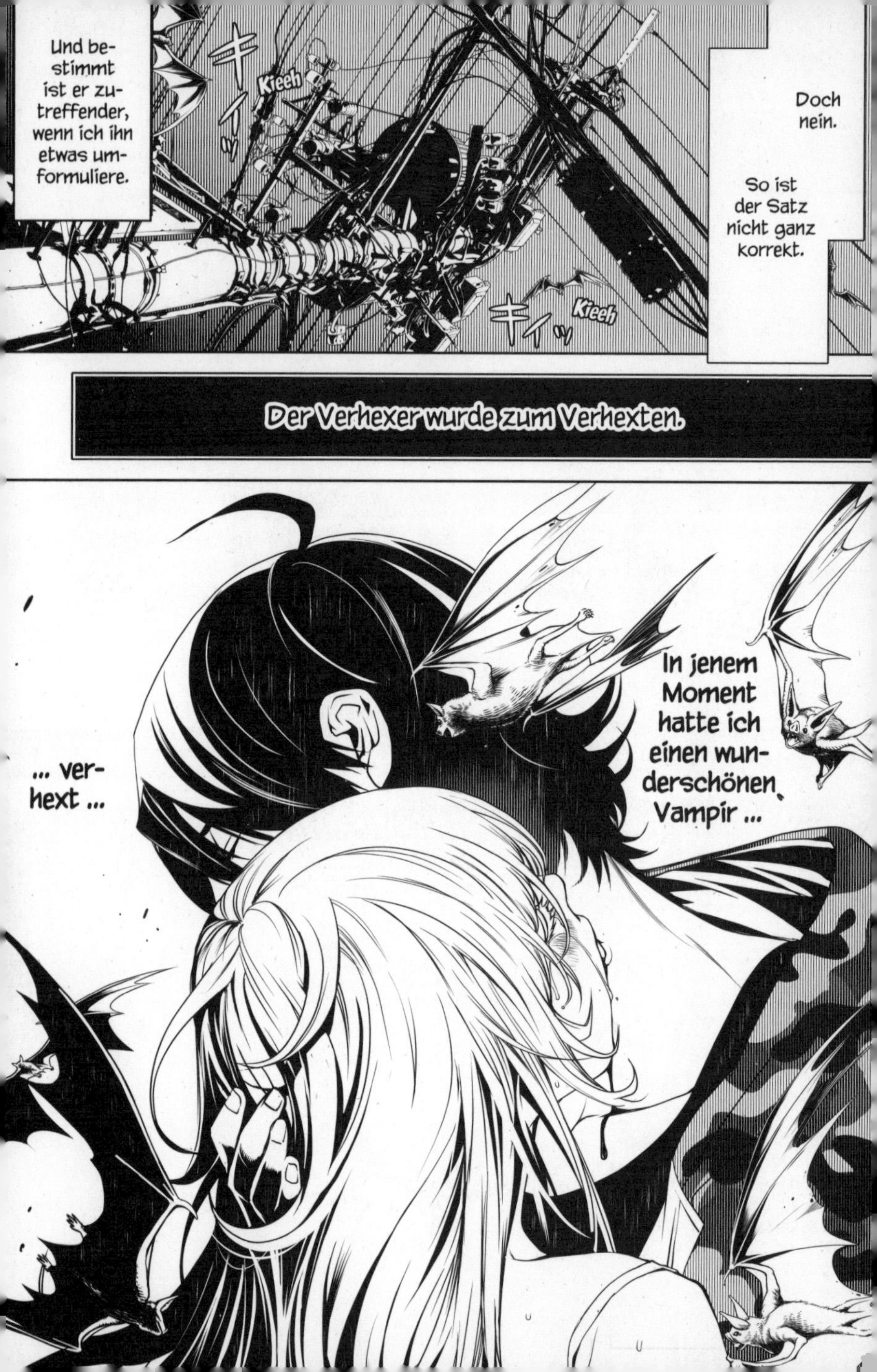
Doch nein.
So ist der Satz nicht ganz korrekt.
Kieeh
Kieeh
Und bestimmt ist er zutreffender, wenn ich ihn etwas umformuliere.
Der Verhexer wurde zum Verhexten.
In jenem Moment hatte ich einen wunderschönen Vampir ...
... verhext ...

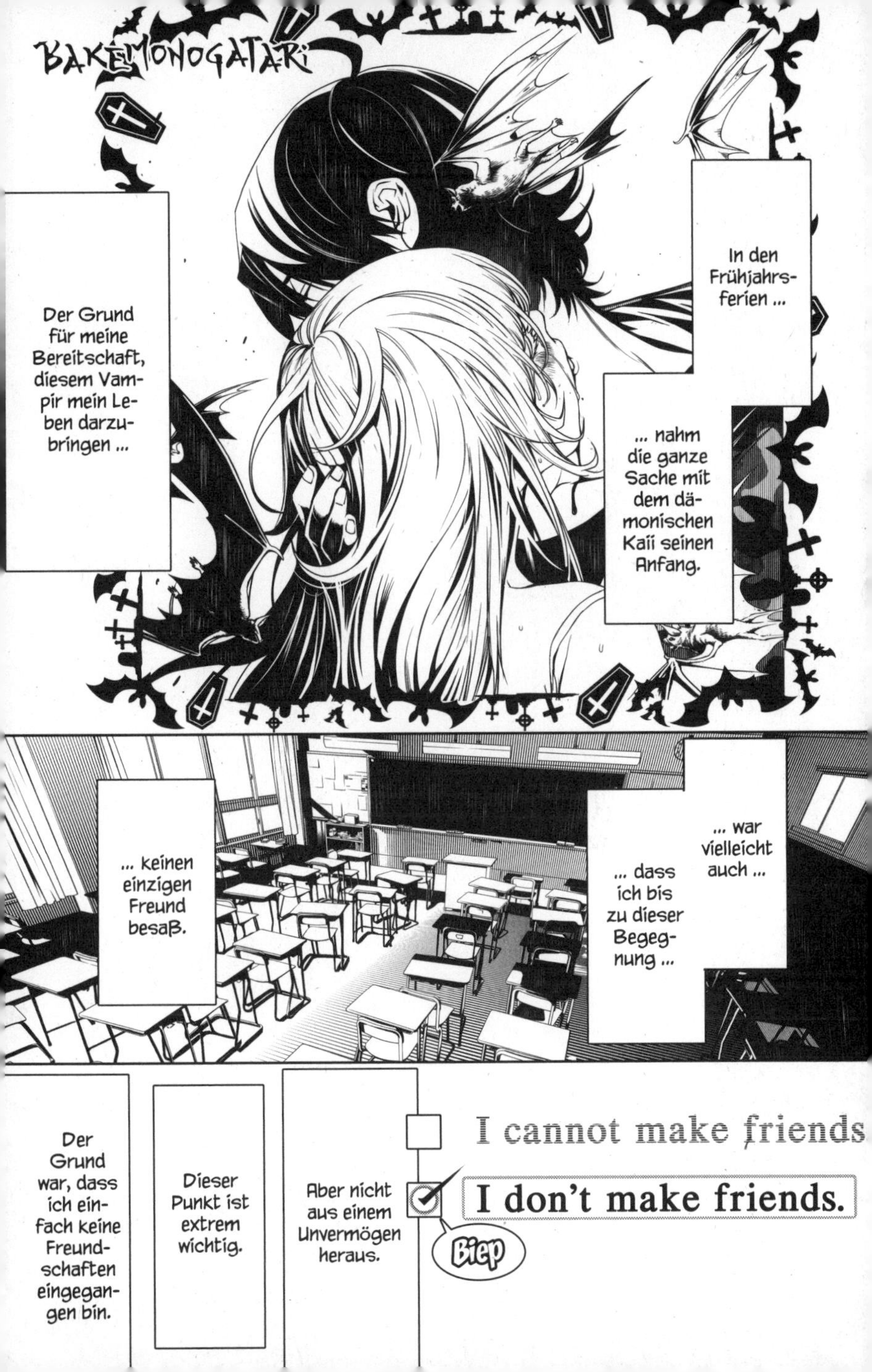
BAKEMONOGATARI
In den Frühjahrsferien ...
... nahm die ganze Sache mit dem dämonischen Kaii seinen Anfang.
Der Grund für meine Bereitschaft, diesem Vampir mein Leben darzubringen ...
... war vielleicht auch ...
... dass ich bis zu dieser Begegnung ...
... keinen einzigen Freund besaß.
I cannot make friends
I don't make friends.
Biep
Aber nicht aus einem Unvermögen heraus.
Dieser Punkt ist extrem wichtig.
Der Grund war, dass ich einfach keine Freundschaften eingegangen bin.

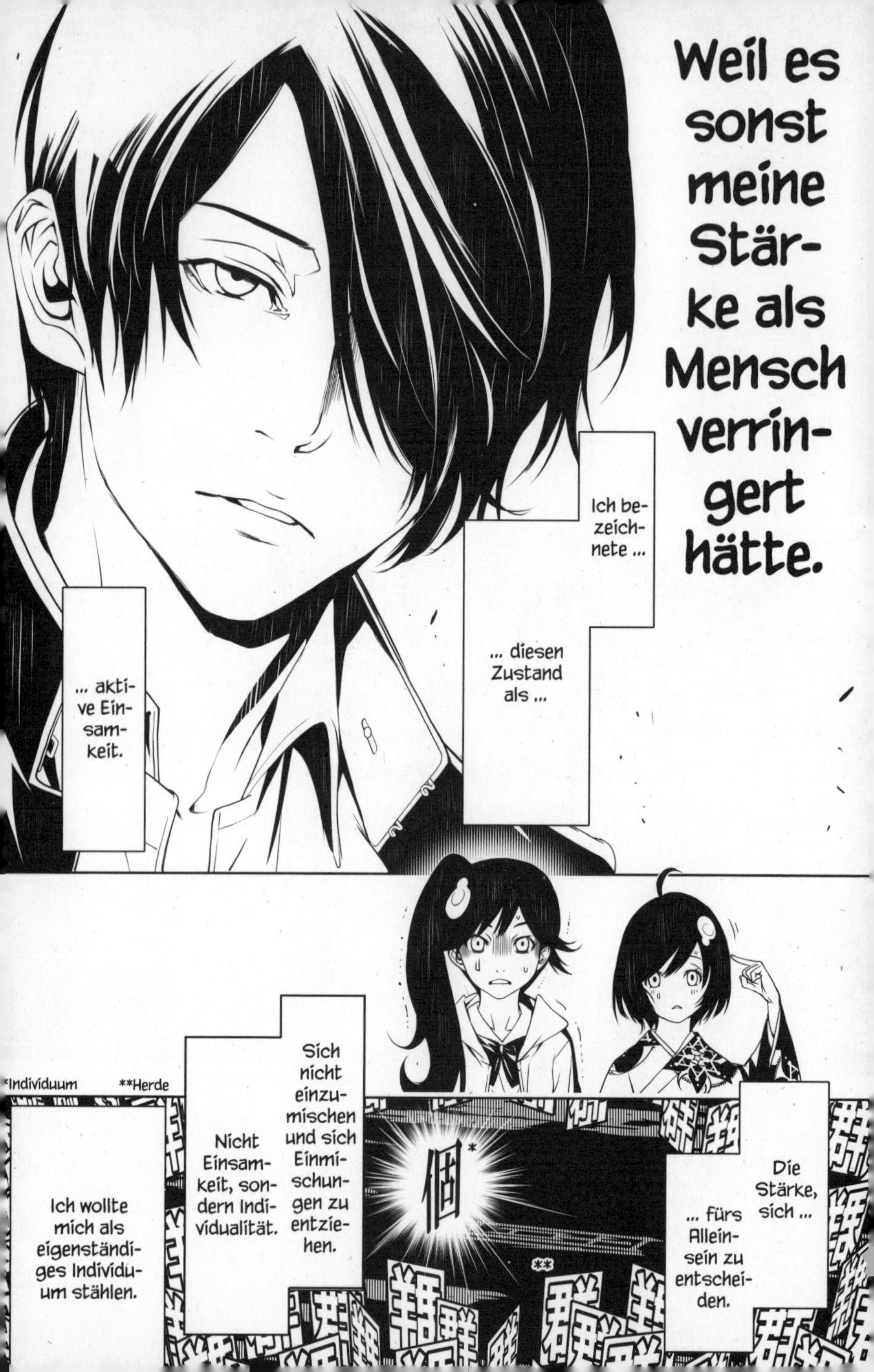
Weil es sonst meine Stärke als Mensch verringert hätte.
Ich bezeichnete ...
... diesen Zustand als ...
... aktive Einsamkeit.
Die Stärke, sich ...
... fürs Alleinsein zu entscheiden.
個*
**
Sich nicht einzumischen und sich Einmischungen zu entziehen.
Nicht Einsamkeit, sondern Individualität.
Ich wollte mich als eigenständiges Individuum stählen.
*Individuum **Herde

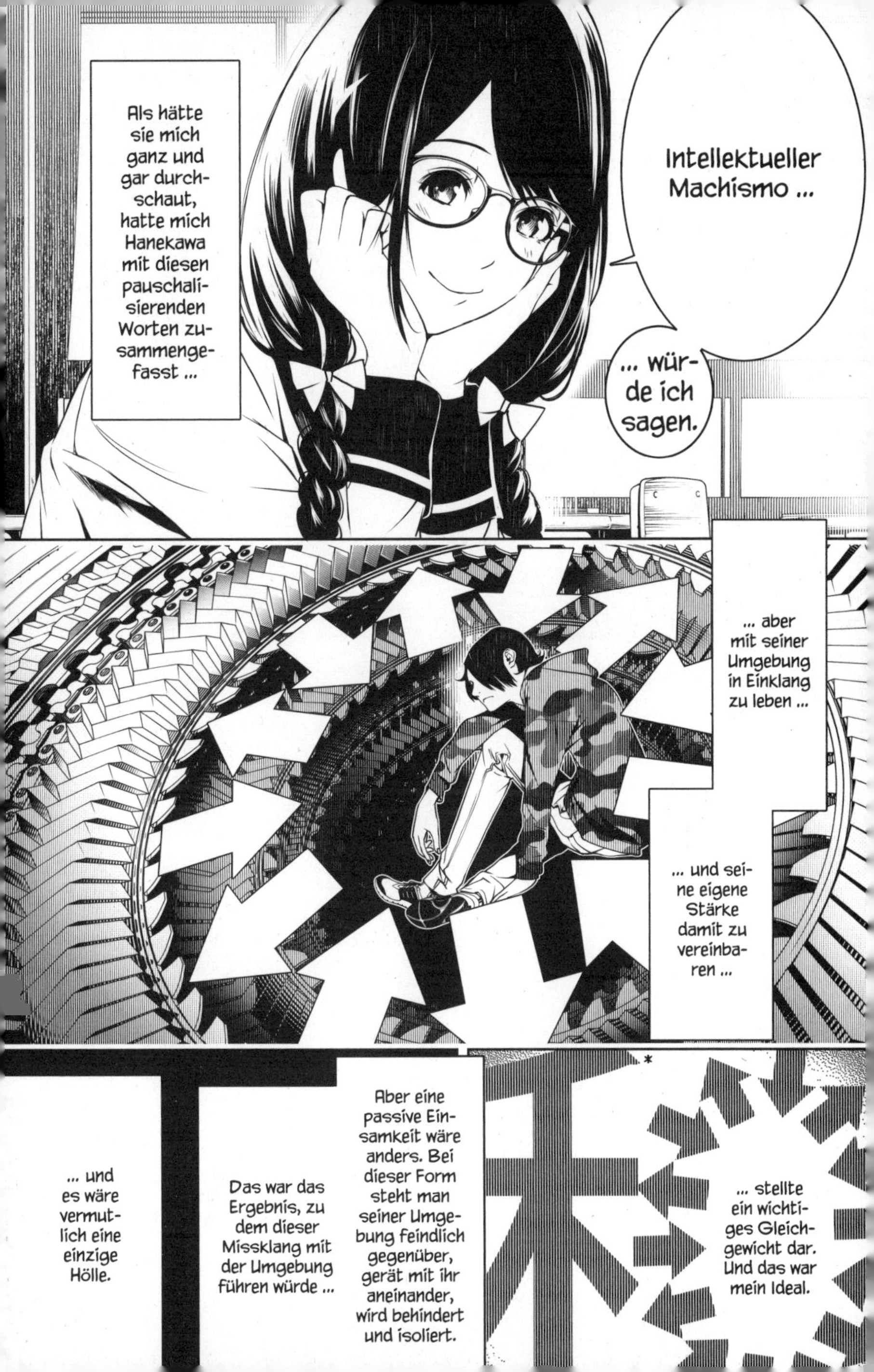
Intellektueller Machismo ...
... würde ich sagen.
Als hätte sie mich ganz und gar durchschaut, hatte mich Hanekawa mit diesen pauschalisierenden Worten zusammengefasst ...
... aber mit seiner Umgebung in Einklang zu leben ...
... und seine eigene Stärke damit zu vereinbaren ...
... stellte ein wichtiges Gleichgewicht dar. Und das war mein Ideal.
Aber eine passive Einsamkeit wäre anders. Bei dieser Form steht man seiner Umgebung feindlich gegenüber, gerät mit ihr aneinander, wird behindert und isoliert.
Das war das Ergebnis, zu dem dieser Missklang mit der Umgebung führen würde ...
... und es wäre vermutlich eine einzige Hölle.

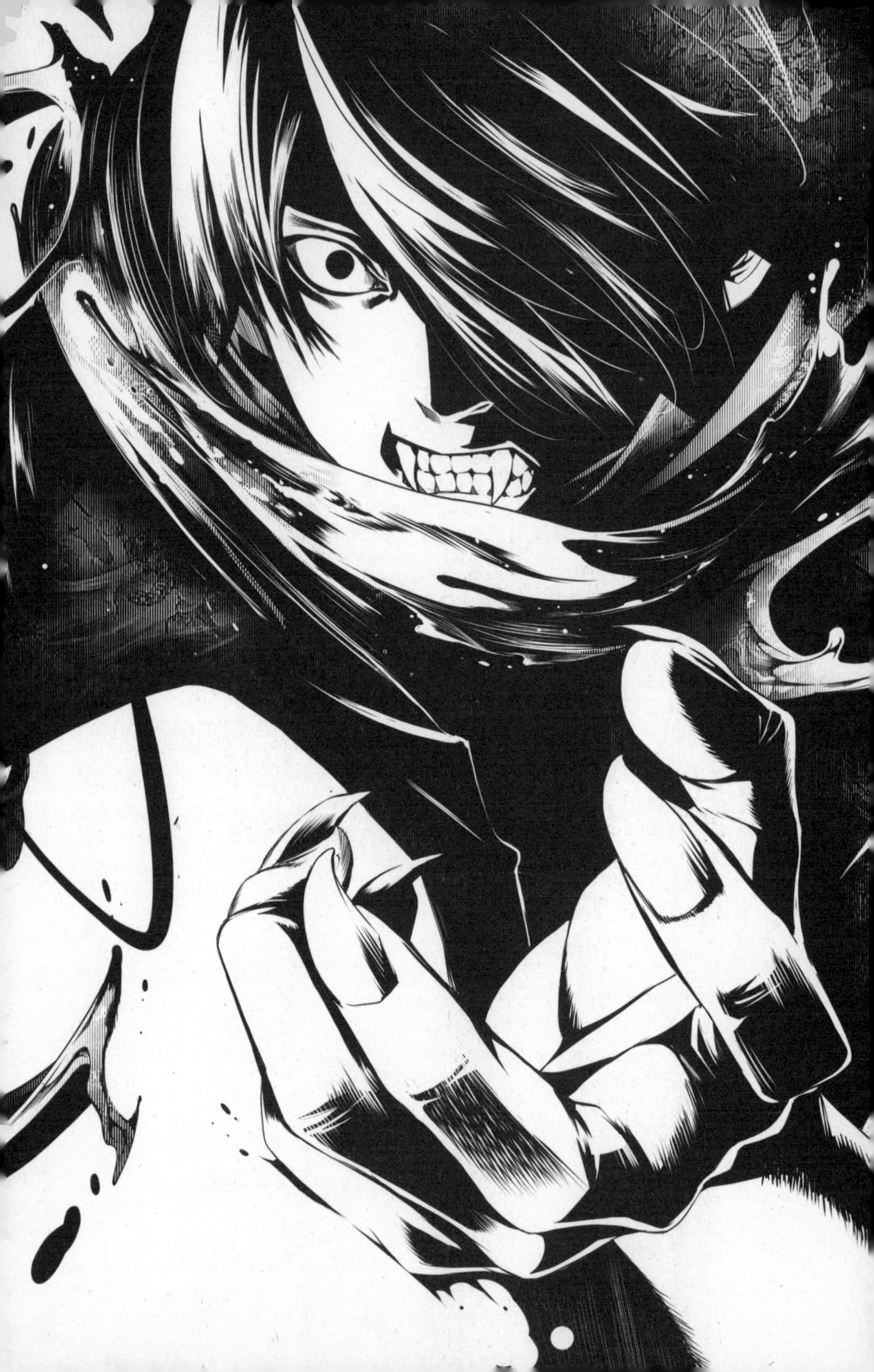

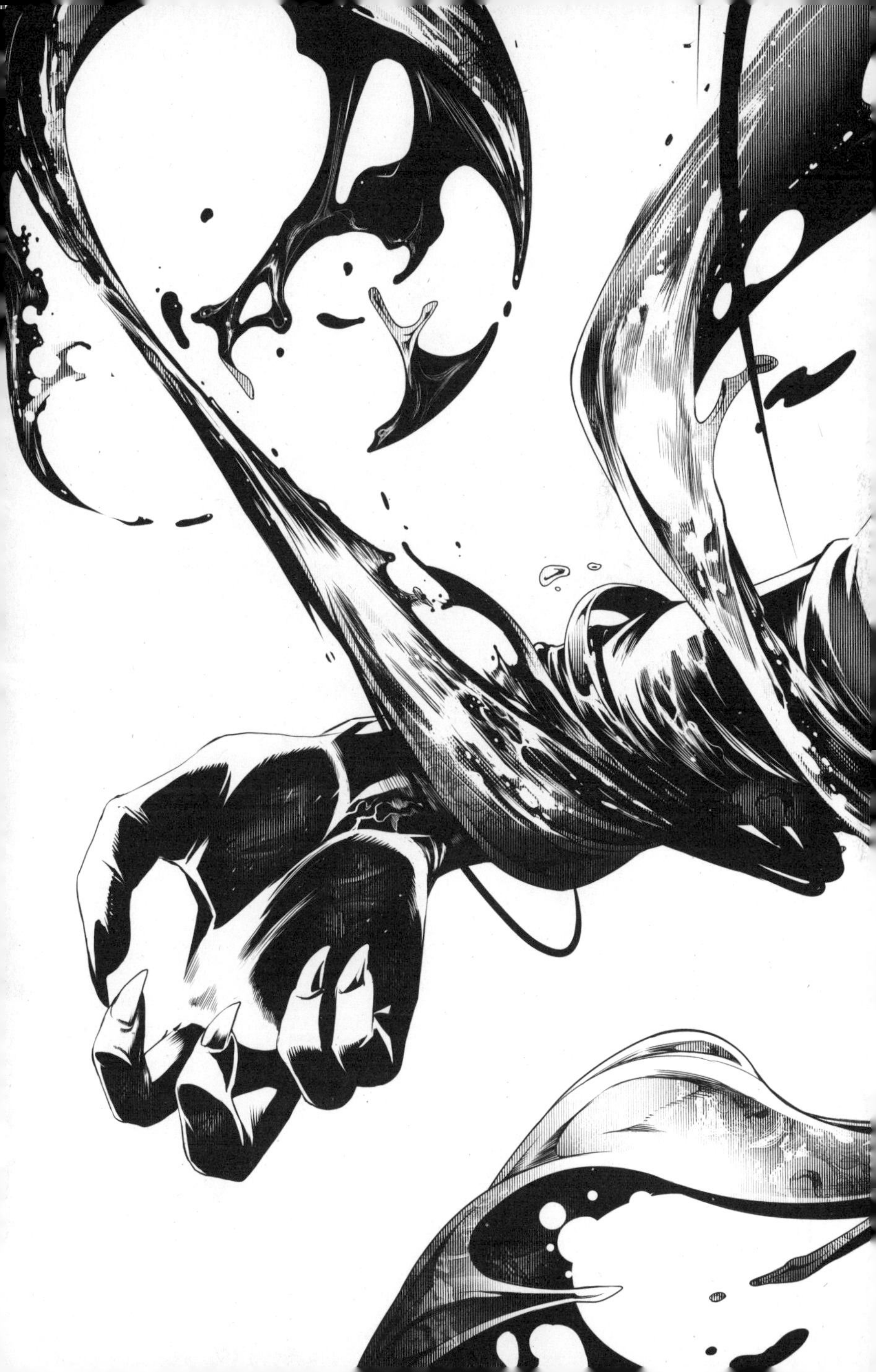

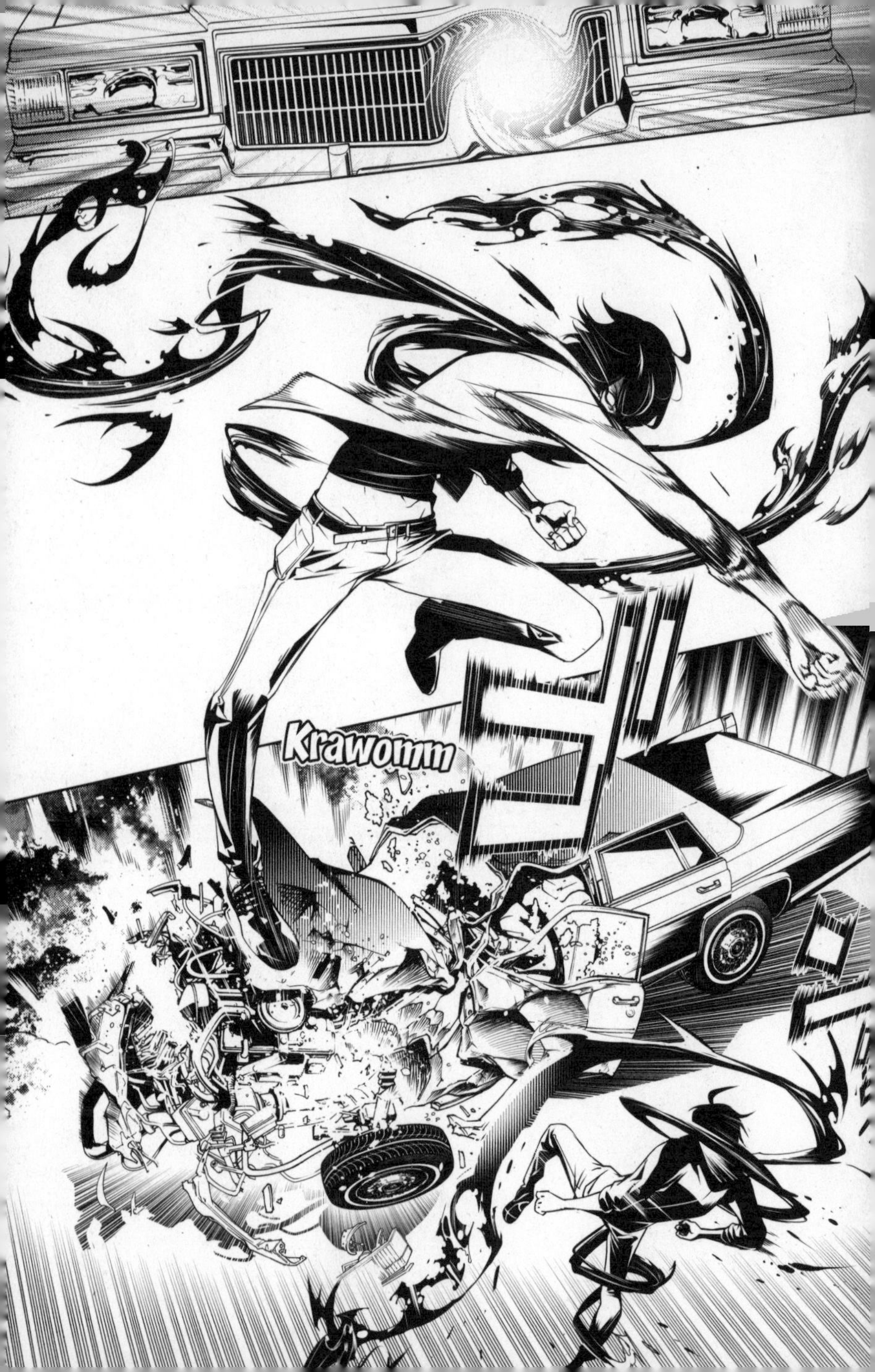
Krawomm

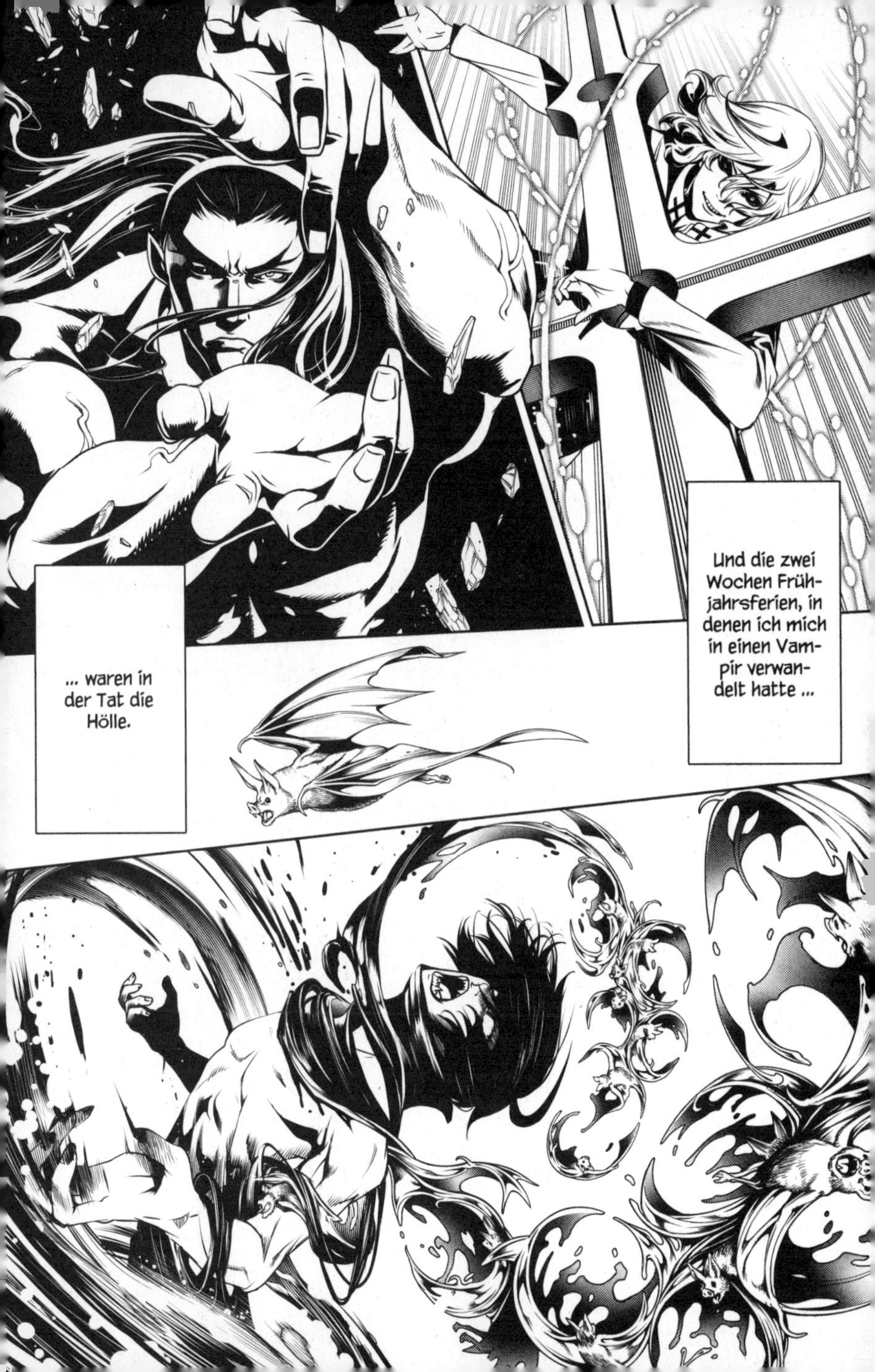
Und die zwei Wochen Frühjahrsferien, in denen ich mich in einen Vampir verwandelt hatte ...
... waren in der Tat die Hölle.

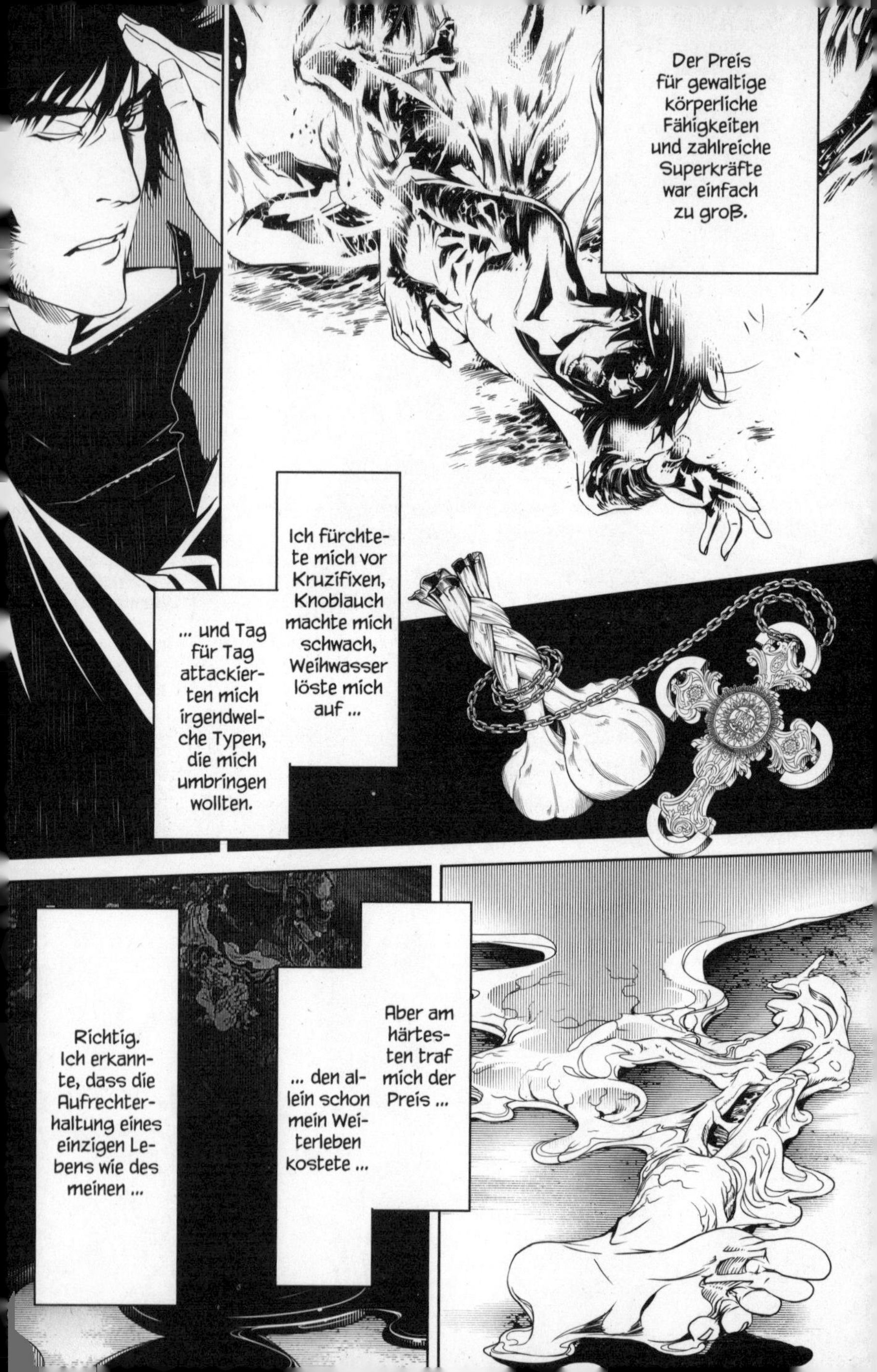

Der Preis für gewaltige körperliche Fähigkeiten und zahlreiche Superkräfte war einfach zu groß.
Ich fürchtete mich vor Kruzifixen, Knoblauch machte mich schwach, Weihwasser löste mich auf ...
... und Tag für Tag attackierten mich irgendwelche Typen, die mich umbringen wollten.
Aber am härtesten traf mich der Preis ...
... den allein schon mein Weiterleben kostete ...
Richtig. Ich erkannte, dass die Aufrechterhaltung eines einzigen Lebens wie des meinen ...

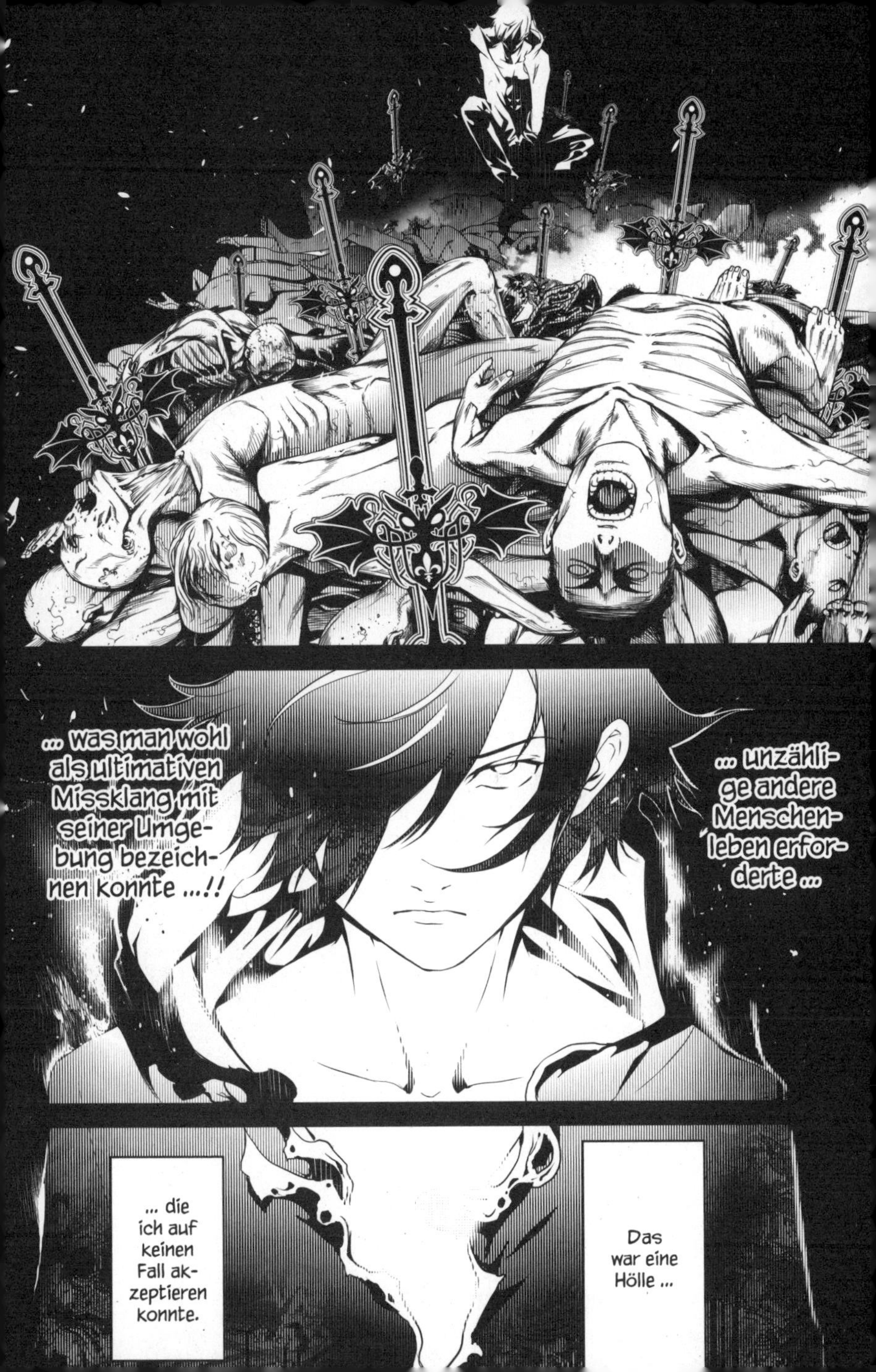
... unzählige andere Menschenleben erforderte ...
... was man wohl als ultimativen Missklang mit seiner Umgebung bezeichnen konnte ...!!
Das war eine Hölle ...
... die ich auf keinen Fall akzeptieren konnte.

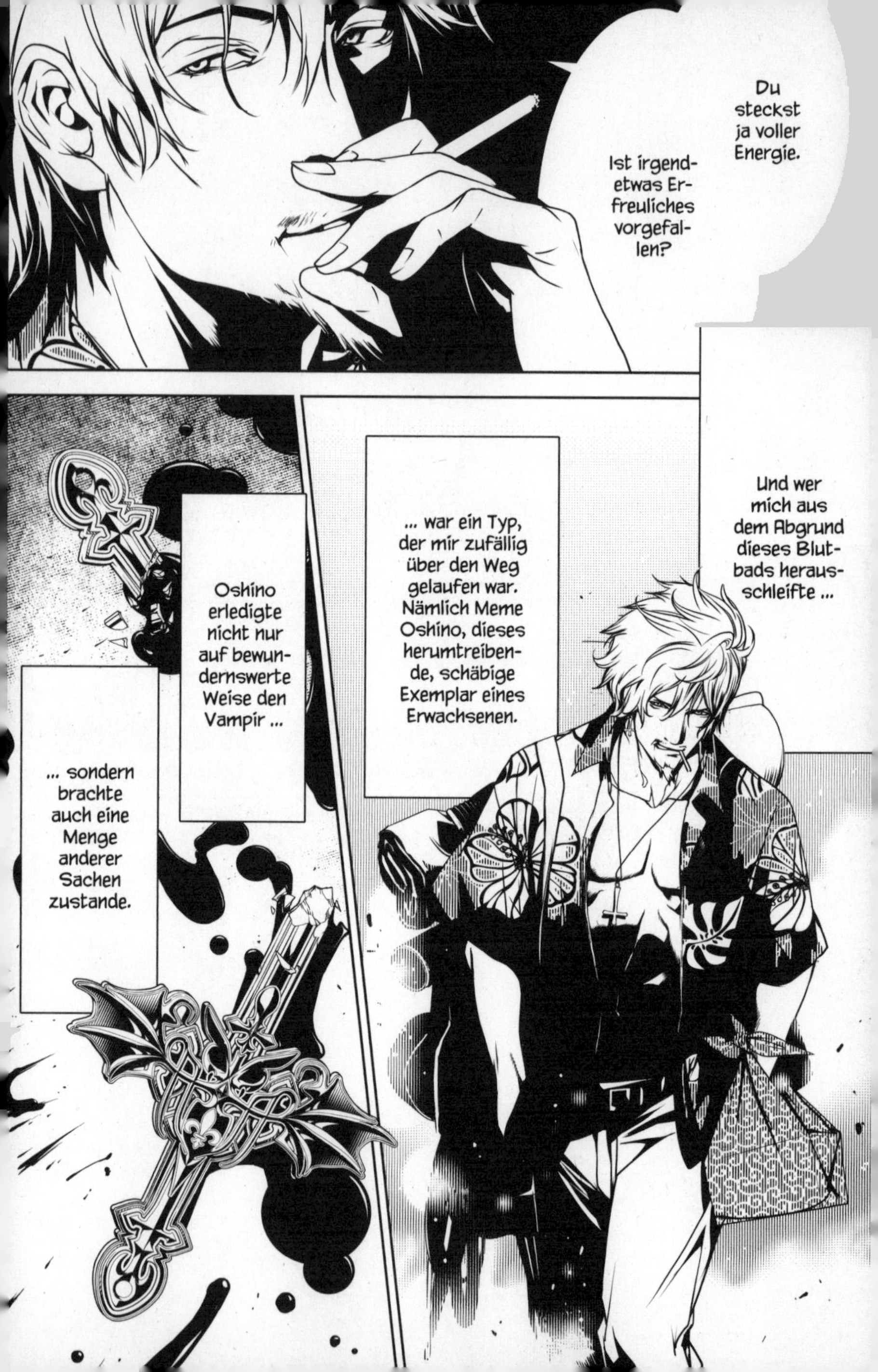

Du steckst ja voller Energie.
Ist irgendetwas Erfreuliches vorgefallen?
Und wer mich aus dem Abgrund dieses Blutbads herausschleifte ...
... war ein Typ, der mir zufällig über den Weg gelaufen war. Nämlich Meme Oshino, dieses herumtreibende, schäbige Exemplar eines Erwachsenen.
Oshino erledigte nicht nur auf bewundernswerte Weise den Vampir ...
... sondern brachte auch eine Menge anderer Sachen zustande.

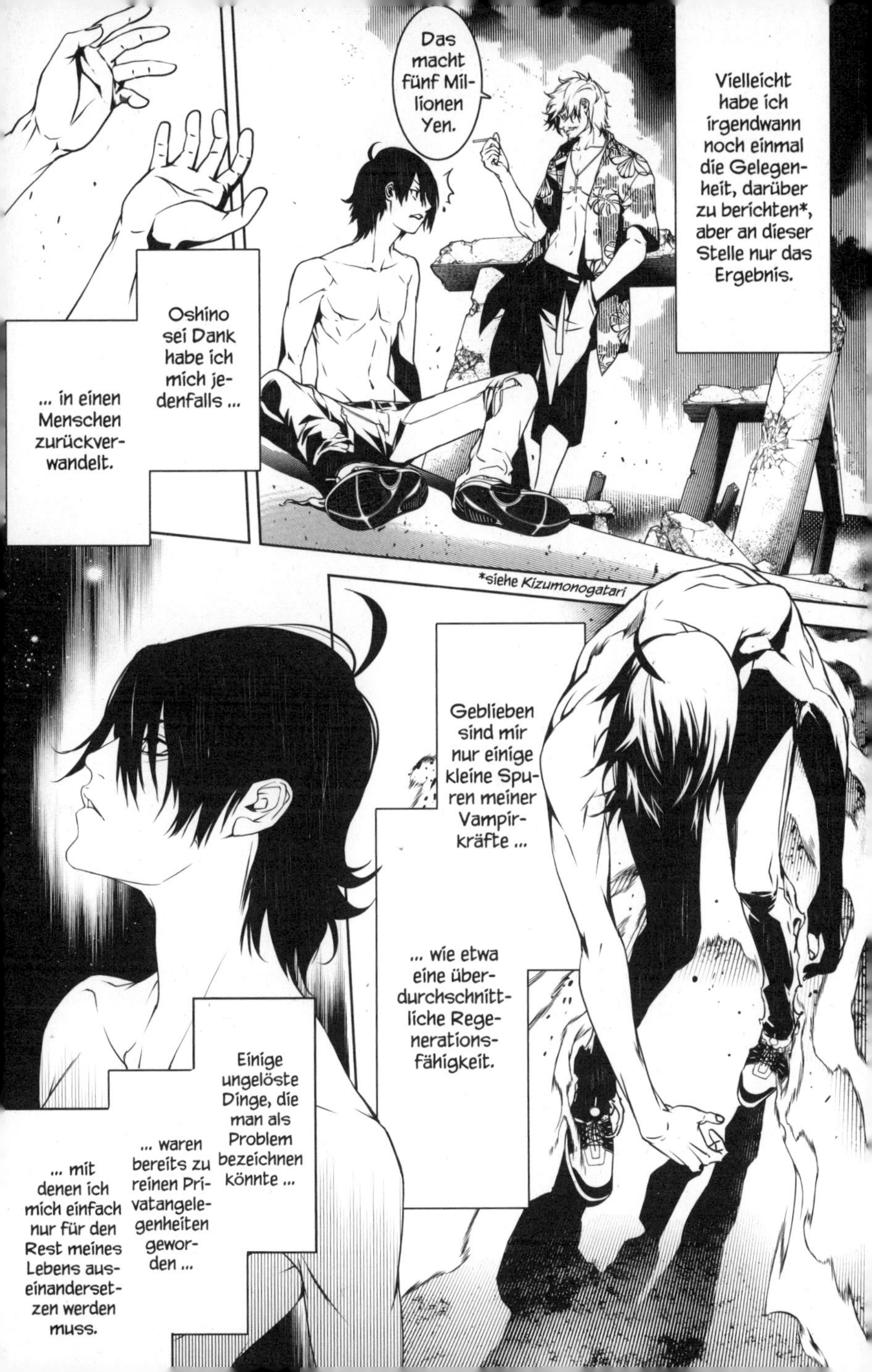
Vielleicht habe ich irgendwann noch einmal die Gelegenheit, darüber zu berichten*, aber an dieser Stelle nur das Ergebnis.
Das macht fünf Millionen Yen.
Oshino sei Dank habe ich mich jedenfalls ...
... in einen Menschen zurückverwandelt.
*siehe Kizumonogatari
Geblieben sind mir nur einige kleine Spuren meiner Vampirkräfte ...
... wie etwa eine überdurchschnittliche Regenerationsfähigkeit.
Einige ungelöste Dinge, die man als Problem bezeichnen könnte ...
... waren bereits zu reinen Privatangelegenheiten geworden ...
... mit denen ich mich einfach nur für den Rest meines Lebens auseinandersetzen werden muss.

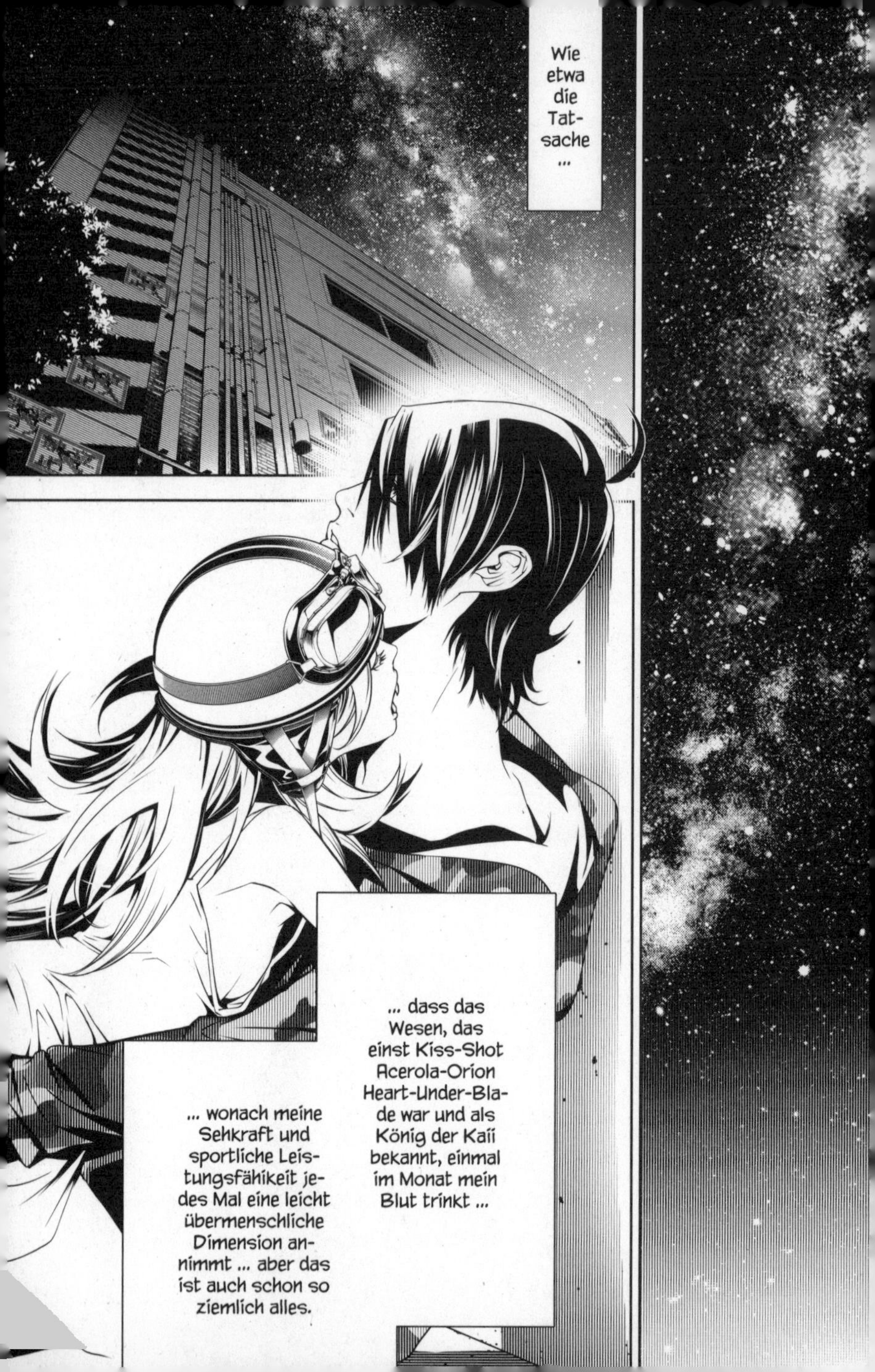
Wie etwa die Tatsache ...
... dass das Wesen, das einst Kiss-Shot Acerola-Orion Heart-Under-Blade war und als König der Kaii bekannt, einmal im Monat mein Blut trinkt ...
... wonach meine Sehkraft und sportliche Leistungsfähikeit jedes Mal eine leicht übermenschliche Dimension annimmt ... aber das ist auch schon so ziemlich alles.

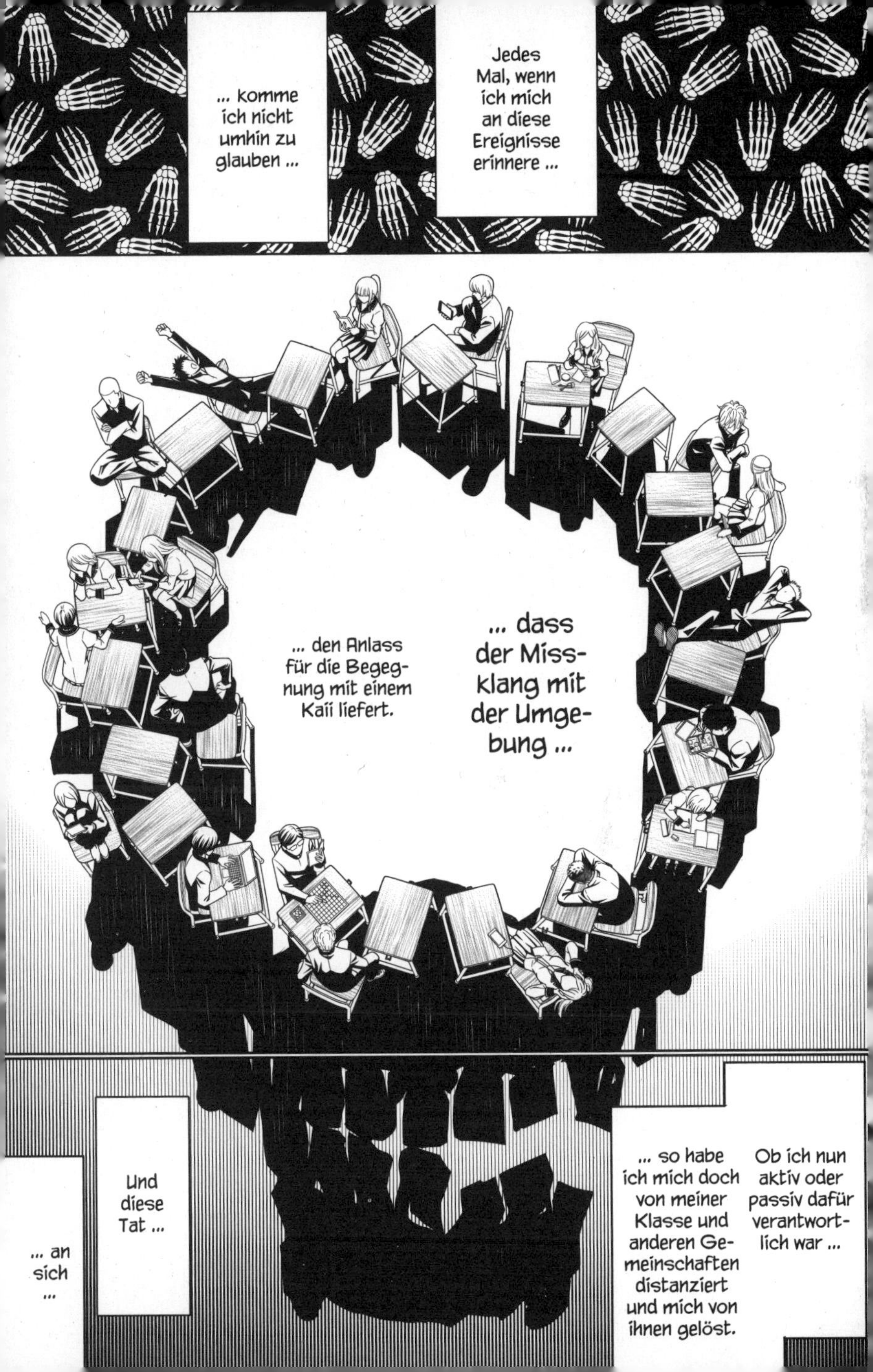

Jedes Mal, wenn ich mich an diese Ereignisse erinnere ...
... komme ich nicht umhin zu glauben ...
... dass der Missklang mit der Umgebung ...
... den Anlass für die Begegnung mit einem Kaii liefert.
Ob ich nun aktiv oder passiv dafür verantwortlich war ...
... so habe ich mich doch von meiner Klasse und anderen Gemeinschaften distanziert und mich von ihnen gelöst.
Und diese Tat ...
... an sich ...

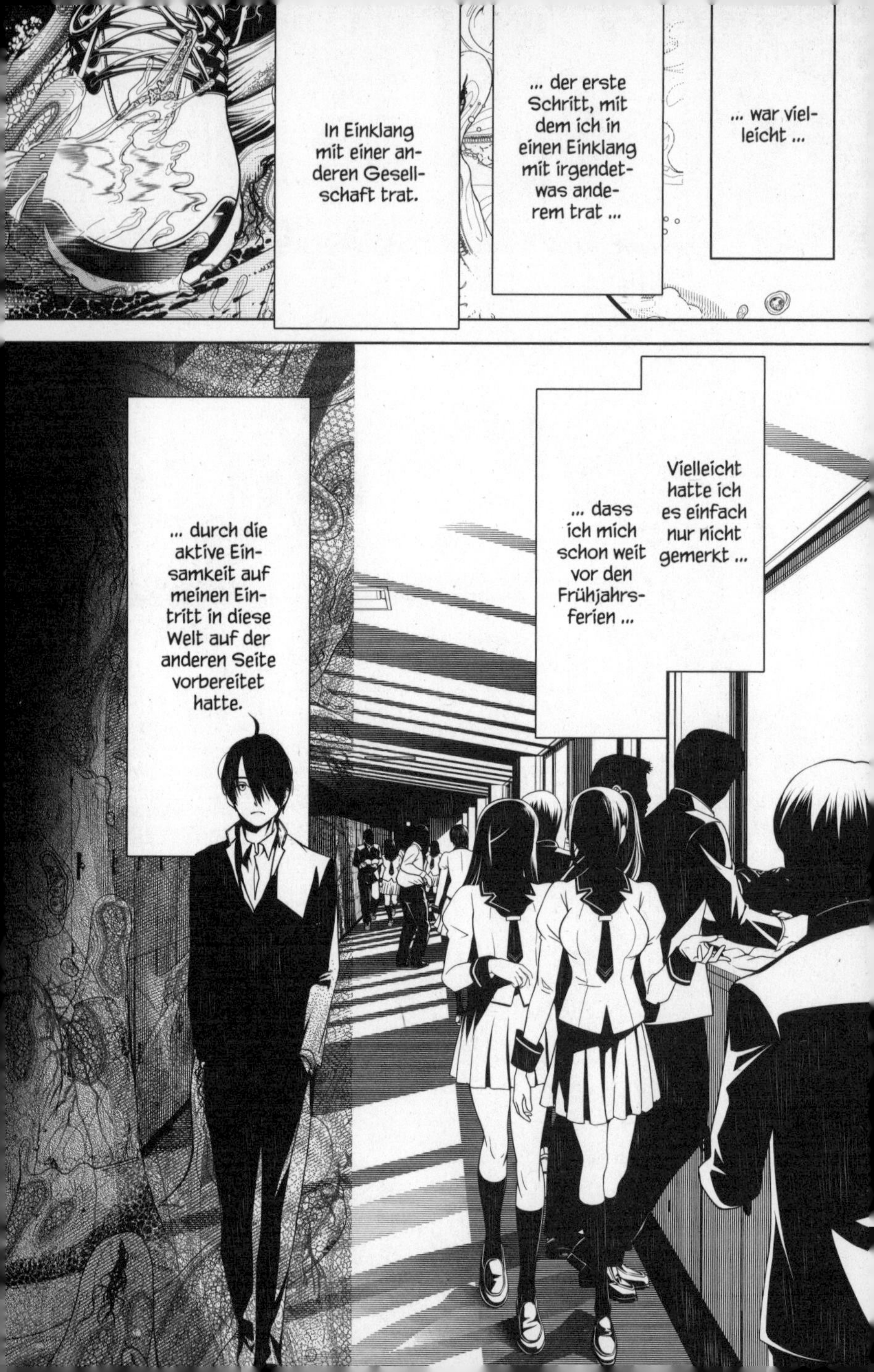
... war vielleicht ...
... der erste Schritt, mit dem ich in einen Einklang mit irgendetwas anderem trat ...
In Einklang mit einer anderen Gesellschaft trat.
Vielleicht hatte ich es einfach nur nicht gemerkt ...
... dass ich mich schon weit vor den Frühjahrsferien ...
... durch die aktive Einsamkeit auf meinen Eintritt in diese Welt auf der anderen Seite vorbereitet hatte.

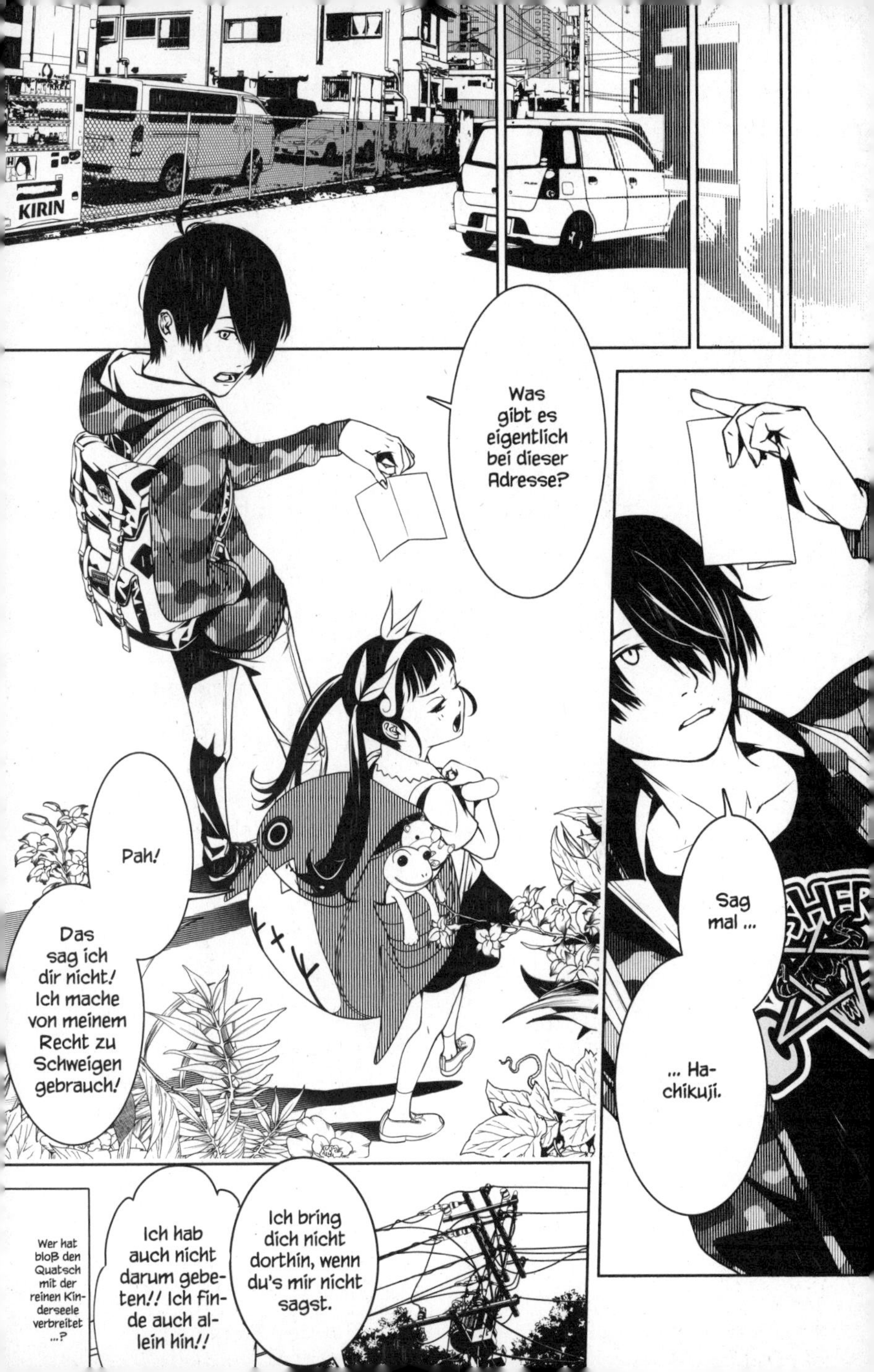
KIRIN
Sag mal ...
... Ha-chikuji.
Was gibt es eigentlich bei dieser Adresse?
Pah!
Das sag ich dir nicht! Ich mache von meinem Recht zu Schweigen gebrauch!
Ich bring dich nicht dorthin, wenn du's mir nicht sagst.
Ich hab auch nicht darum gebe-ten!! Ich fin-de auch al-lein hin!!
Wer hat bloß den Quatsch mit der reinen Kin-derseele verbreitet ...?

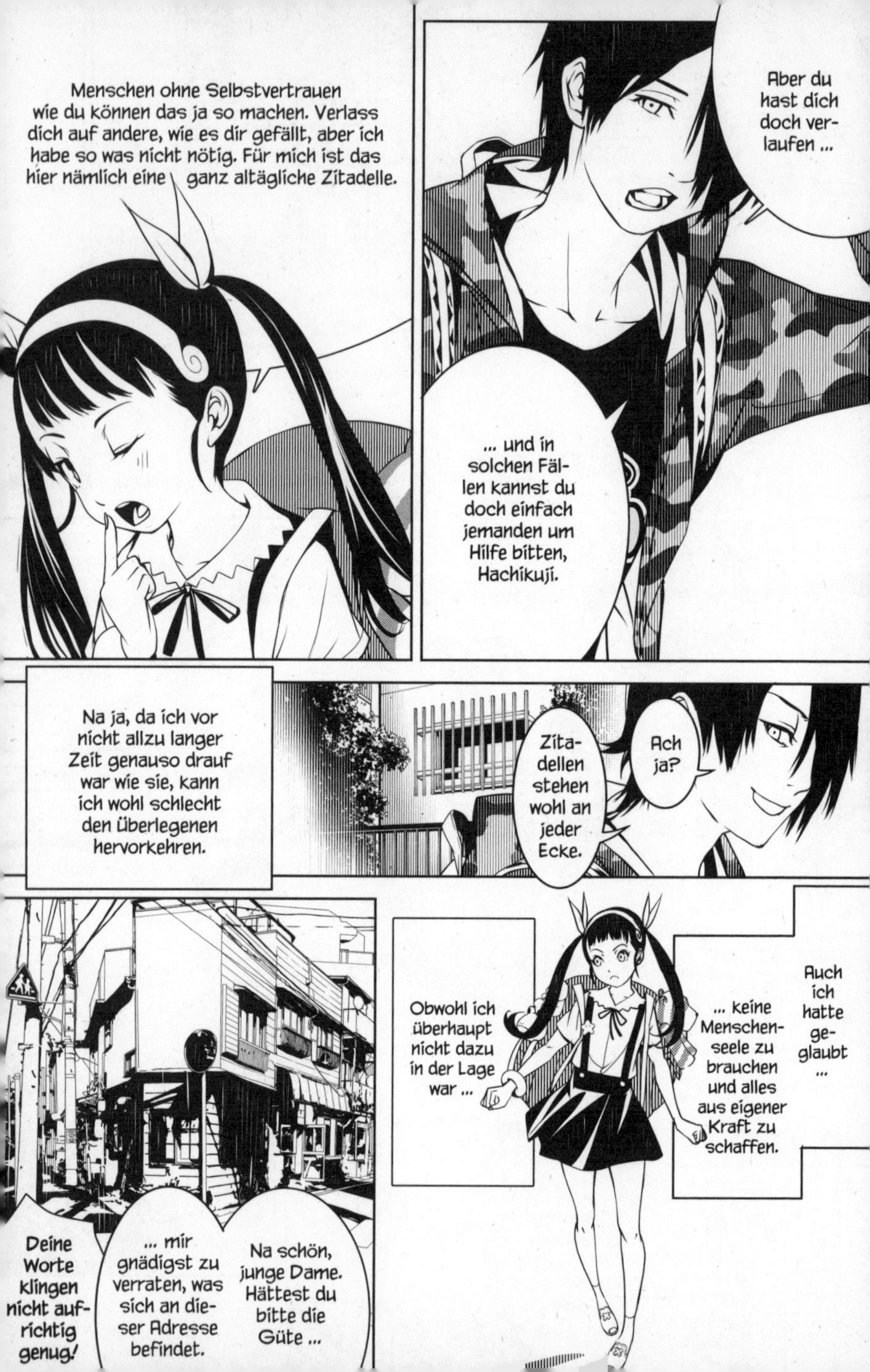

Aber du hast dich doch verlaufen ...
... und in solchen Fällen kannst du doch einfach jemanden um Hilfe bitten, Hachikuji.
Menschen ohne Selbstvertrauen wie du können das ja so machen. Verlass dich auf andere, wie es dir gefällt, aber ich habe so was nicht nötig. Für mich ist das hier nämlich eine ganz altägliche Zitadelle.
Ach ja?
Zitadellen stehen wohl an jeder Ecke.
Na ja, da ich vor nicht allzu langer Zeit genauso drauf war wie sie, kann ich wohl schlecht den überlegenen hervorkehren.
Auch ich hatte geglaubt ...
... keine Menschenseele zu brauchen und alles aus eigener Kraft zu schaffen.
Obwohl ich überhaupt nicht dazu in der Lage war ...
Na schön, junge Dame. Hättest du bitte die Güte ...
... mir gnädigst zu verraten, was sich an dieser Adresse befindet.
Deine Worte klingen nicht aufrichtig genug!

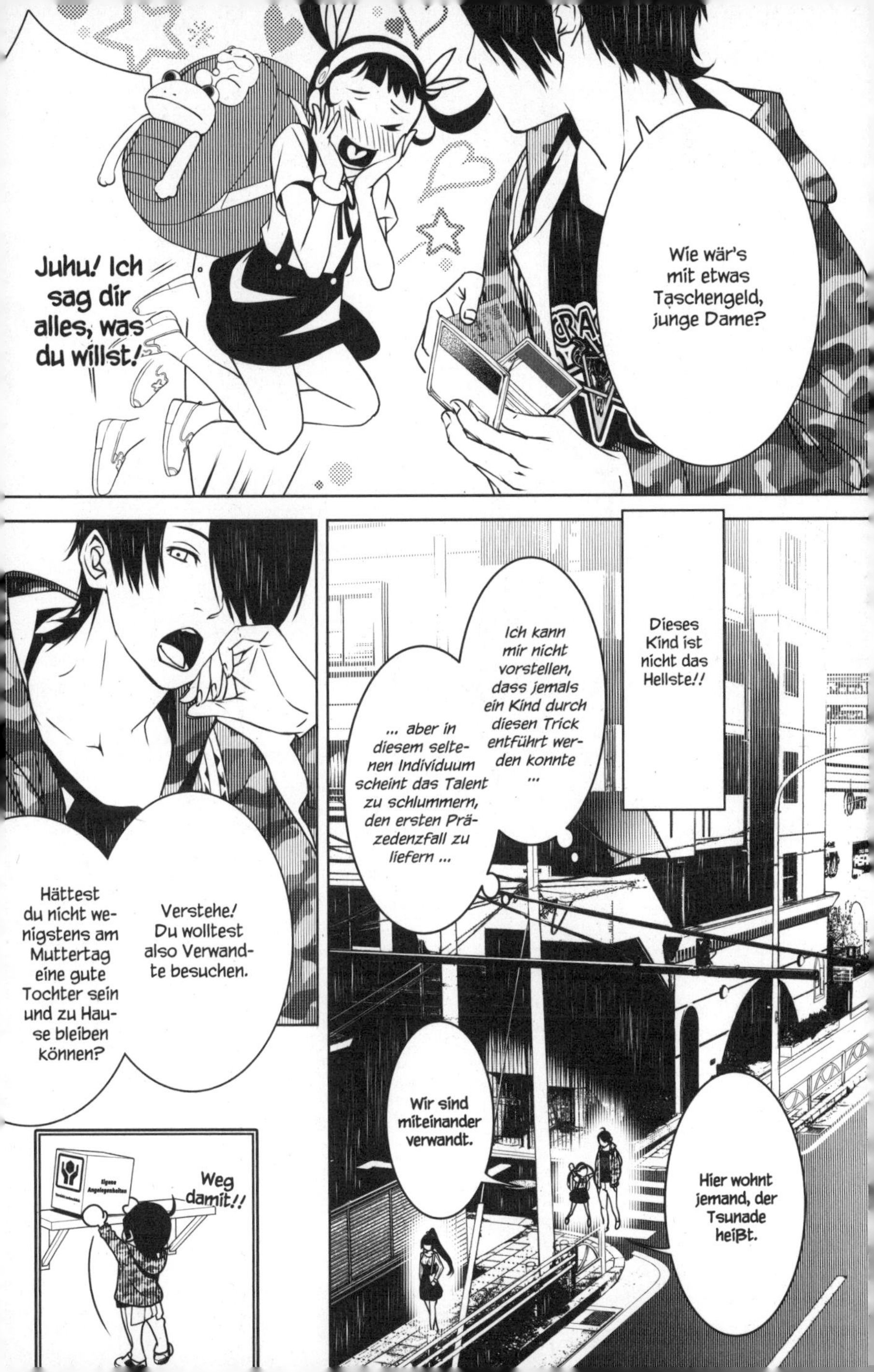

Wie wär's mit etwas Taschengeld, junge Dame?
Juhu! Ich sag dir alles, was du willst!
Dieses Kind ist nicht das Hellste!!
Ich kann mir nicht vorstellen, dass jemals ein Kind durch diesen Trick entführt werden konnte ...
... aber in diesem seltenen Individuum scheint das Talent zu schlummern, den ersten Präzedenzfall zu liefern ...
Verstehe! Du wolltest also Verwandte besuchen.
Hättest du nicht wenigstens am Muttertag eine gute Tochter sein und zu Hause bleiben können?
Hier wohnt jemand, der Tsunade heißt.
Wir sind miteinander verwandt.
Eigene Angelegenheiten
Weg damit!!

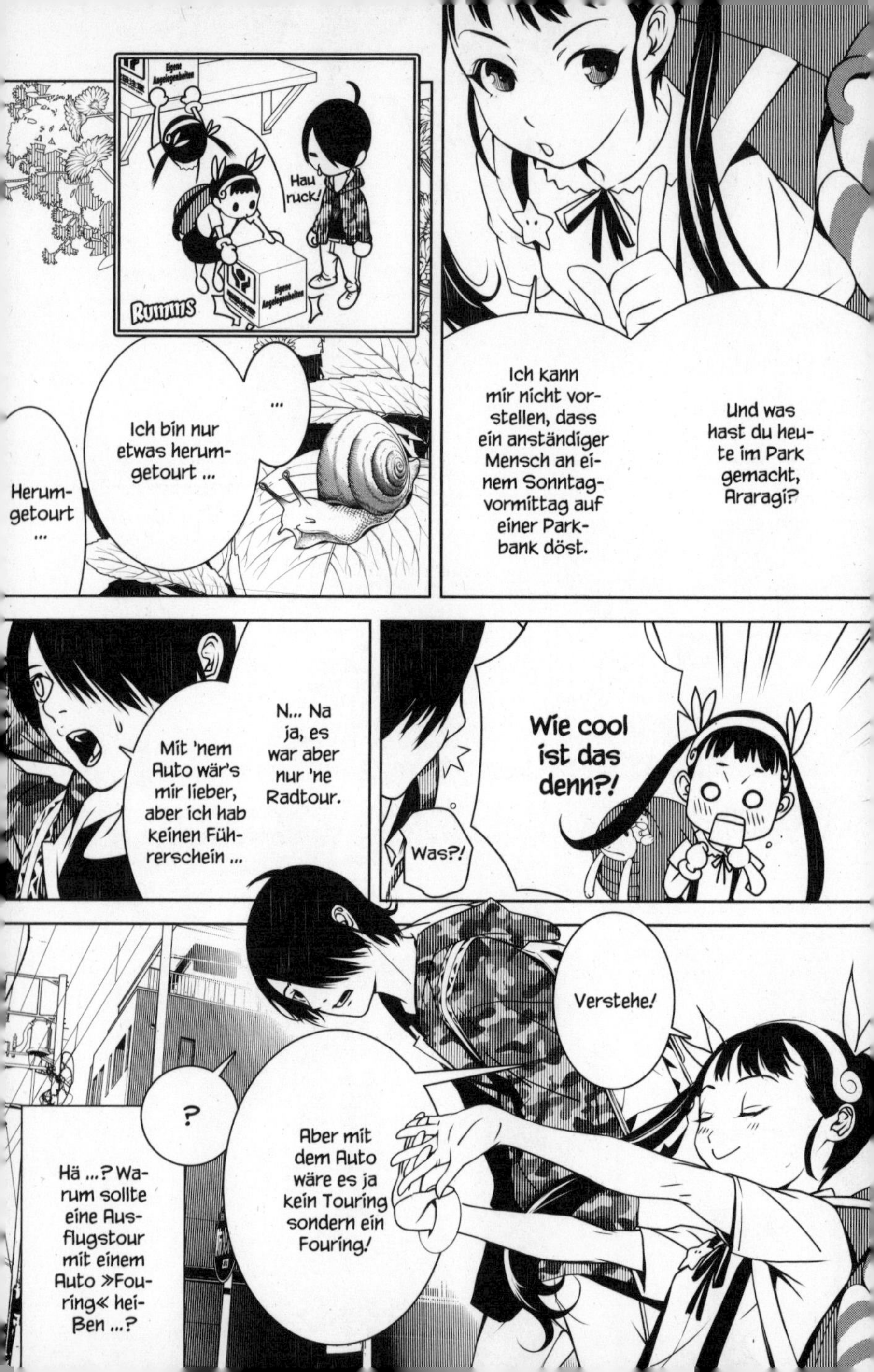

Und was hast du heute im Park gemacht, Araragi?
Ich kann mir nicht vorstellen, dass ein anständiger Mensch an einem Sonntagvormittag auf einer Parkbank döst.
Eigene Angelegenheiten
Hau ruck!
Eigene Angelegenheiten
Rumms
...
Ich bin nur etwas herumgetourt ...
Herumgetourt ...
Wie cool ist das denn?!
Was?!
N... Na ja, es war aber nur 'ne Radtour.
Mit 'nem Auto wär's mir lieber, aber ich hab keinen Führerschein ...
Verstehe!
Aber mit dem Auto wäre es ja kein Touring sondern ein Fouring!
?
Hä ...? Warum sollte eine Ausflugstour mit einem Auto »Fouring« heißen ...?

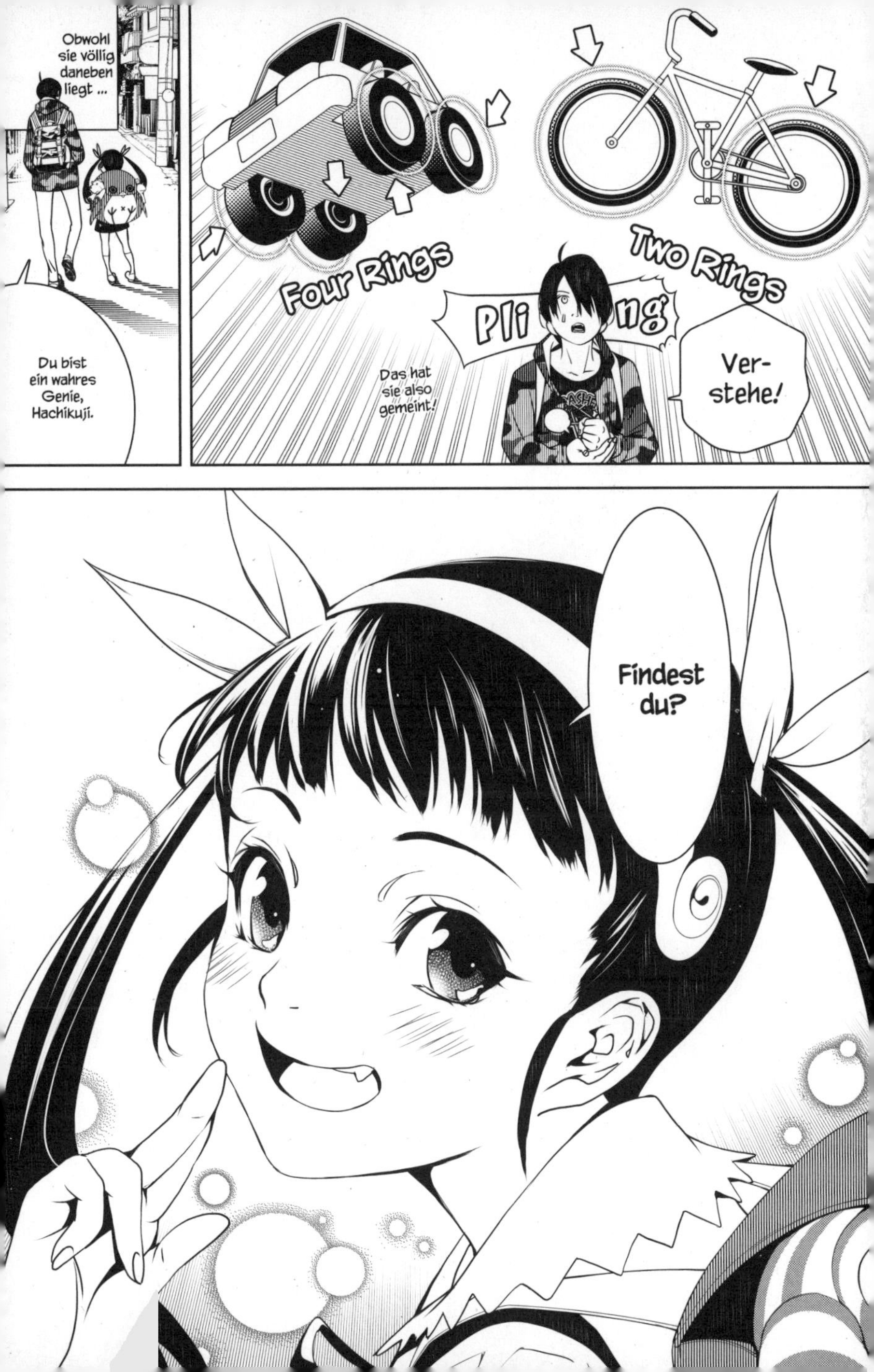
Two Rings
Four Rings
Pli ng
Ver-
stehe!
Das hat
sie also
gemeint!
Obwohl
sie völlig
daneben
liegt ...
Du bist
ein wahres
Genie,
Hachikuji.
Findest
du?

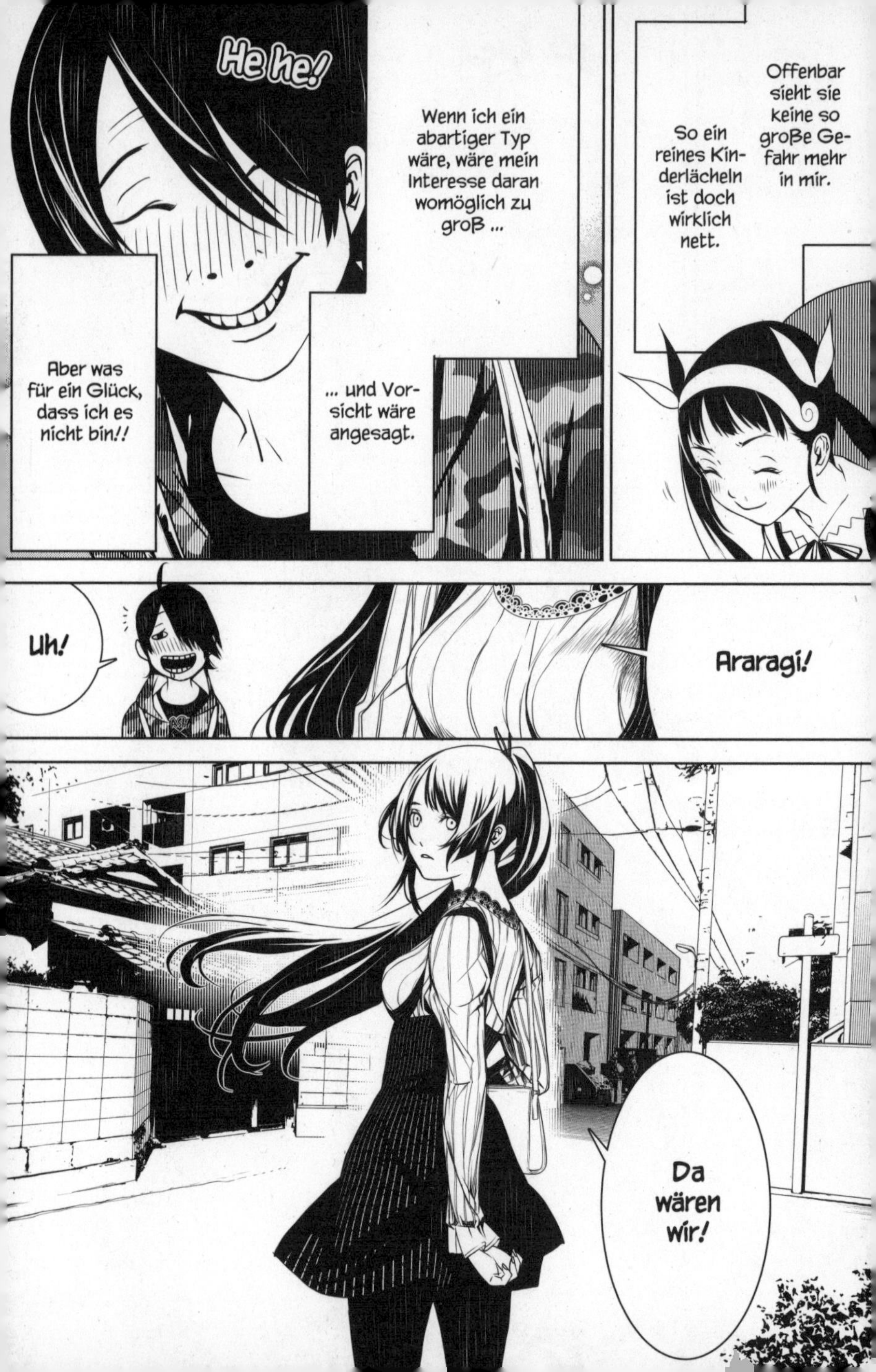
Offenbar sieht sie keine so große Gefahr mehr in mir.
So ein reines Kinderlächeln ist doch wirklich nett.
He he!
Wenn ich ein abartiger Typ wäre, wäre mein Interesse daran womöglich zu groß ...
... und Vorsicht wäre angesagt.
Aber was für ein Glück, dass ich es nicht bin!!
Araragi!
Uh!
Da wären wir!

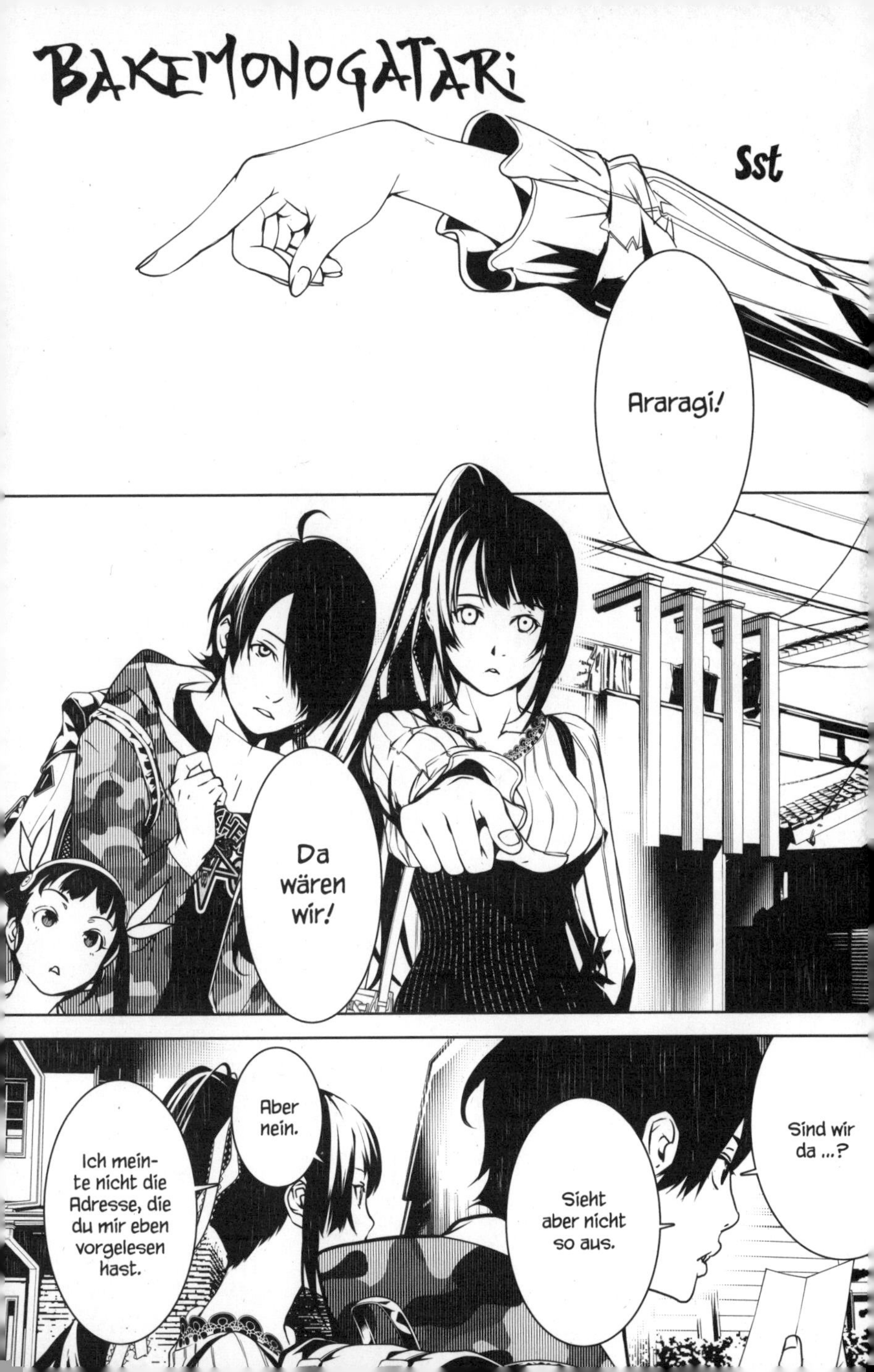
BAKEMONOGATARI
Sst
Araragi!
Da wären wir!
Sind wir da ...?
Sieht aber nicht so aus.
Aber nein.
Ich meinte nicht die Adresse, die du mir eben vorgelesen hast.

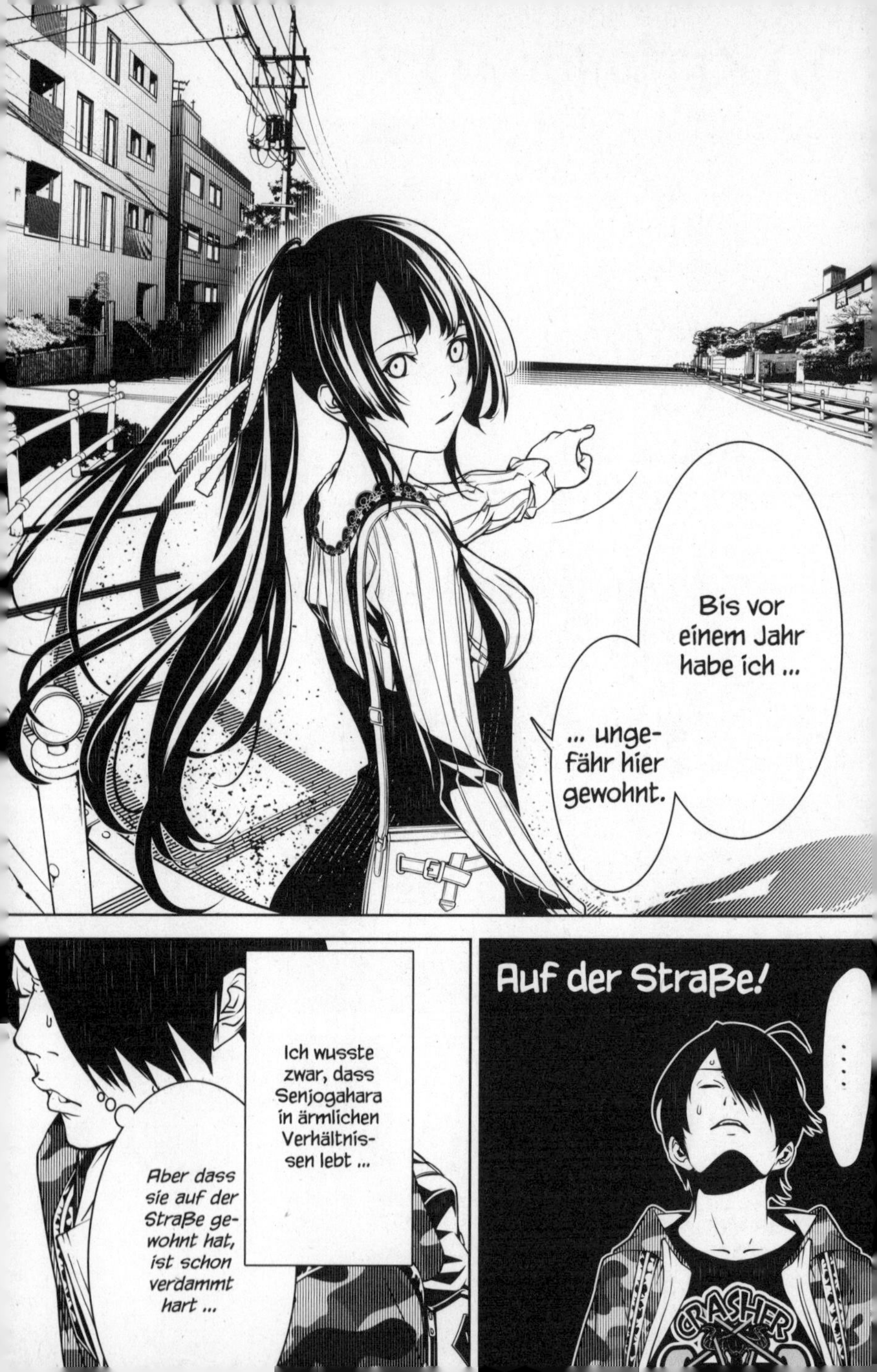
Bis vor einem Jahr habe ich ...
... ungefähr hier gewohnt.
Auf der Straße!
...
Ich wusste zwar, dass Senjogahara in ärmlichen Verhältnissen lebt ...
Aber dass sie auf der Straße gewohnt hat, ist schon verdammt hart ...
CRASHER

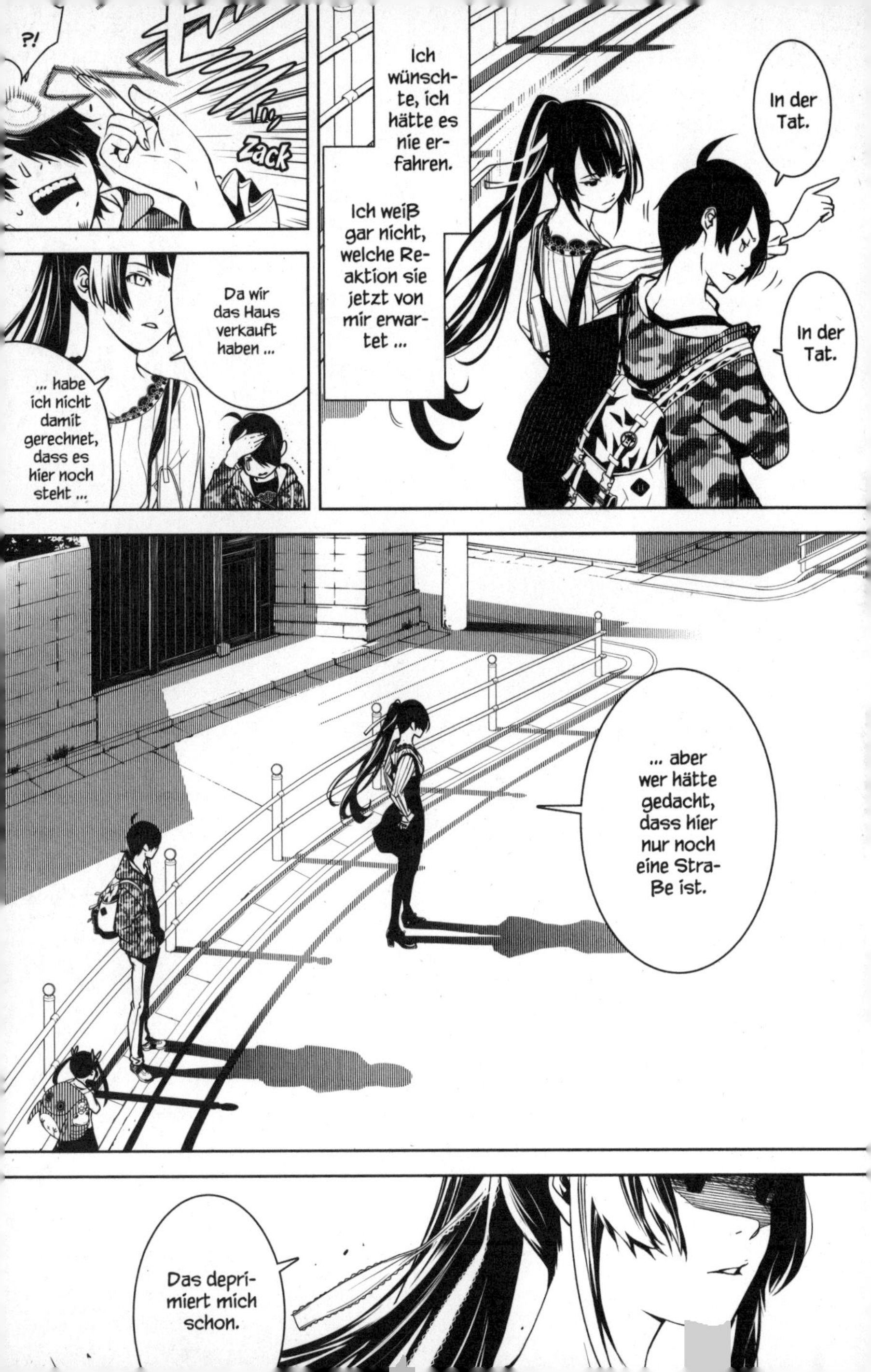
In der Tat.
In der Tat.
Ich wünschte, ich hätte es nie erfahren.
Ich weiß gar nicht, welche Reaktion sie jetzt von mir erwartet ...
?!
Zack
Da wir das Haus verkauft haben ...
... habe ich nicht damit gerechnet, dass es hier noch steht ...
... aber wer hätte gedacht, dass hier nur noch eine Straße ist.
Das deprimiert mich schon.

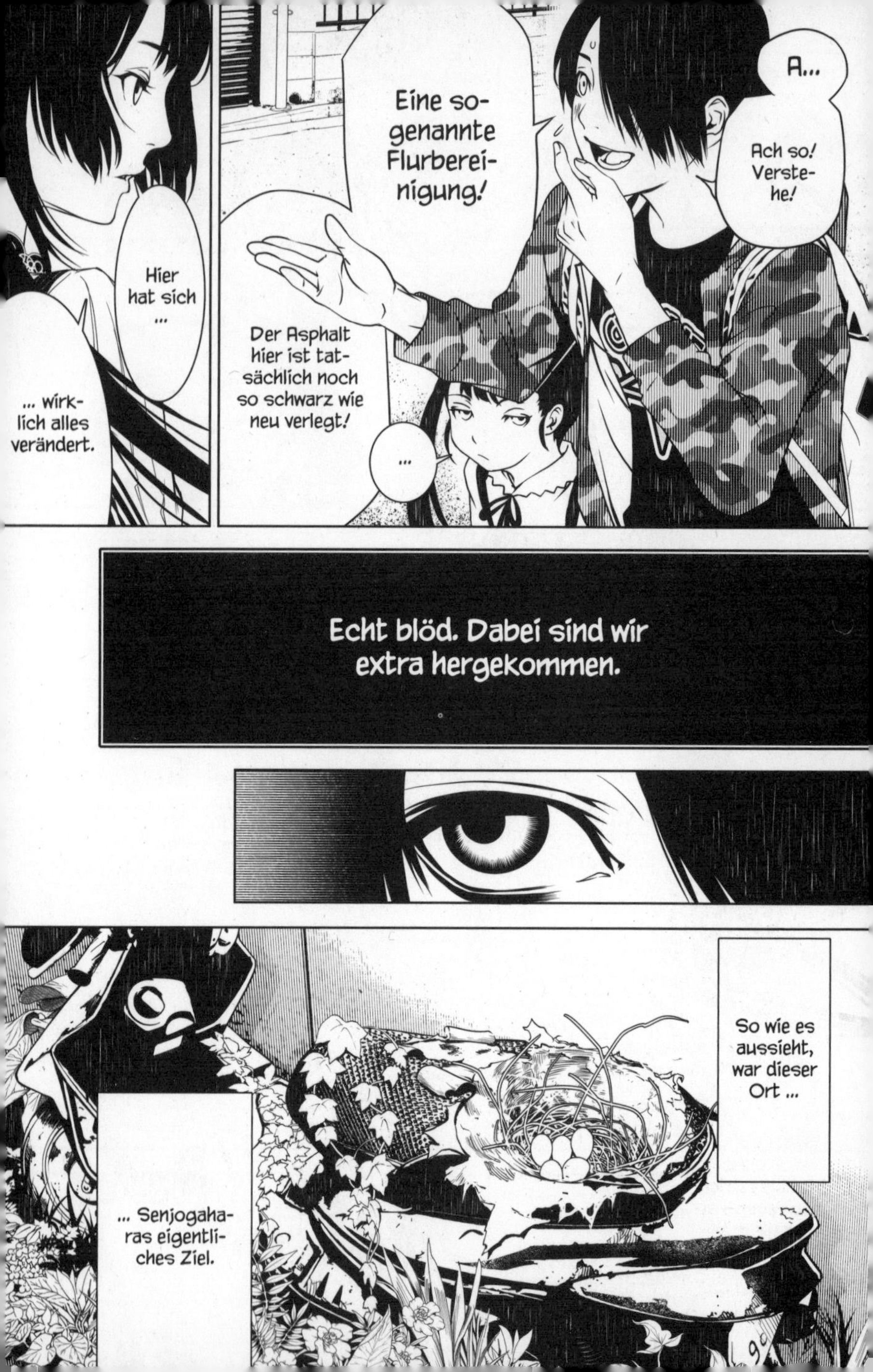
A...
Ach so! Verstehe!
Eine sogenannte Flurbereinigung!
Der Asphalt hier ist tatsächlich noch so schwarz wie neu verlegt!
...
Hier hat sich ...
... wirklich alles verändert.
Echt blöd. Dabei sind wir extra hergekommen.
So wie es aussieht, war dieser Ort ...
... Senjogaharas eigentliches Ziel.

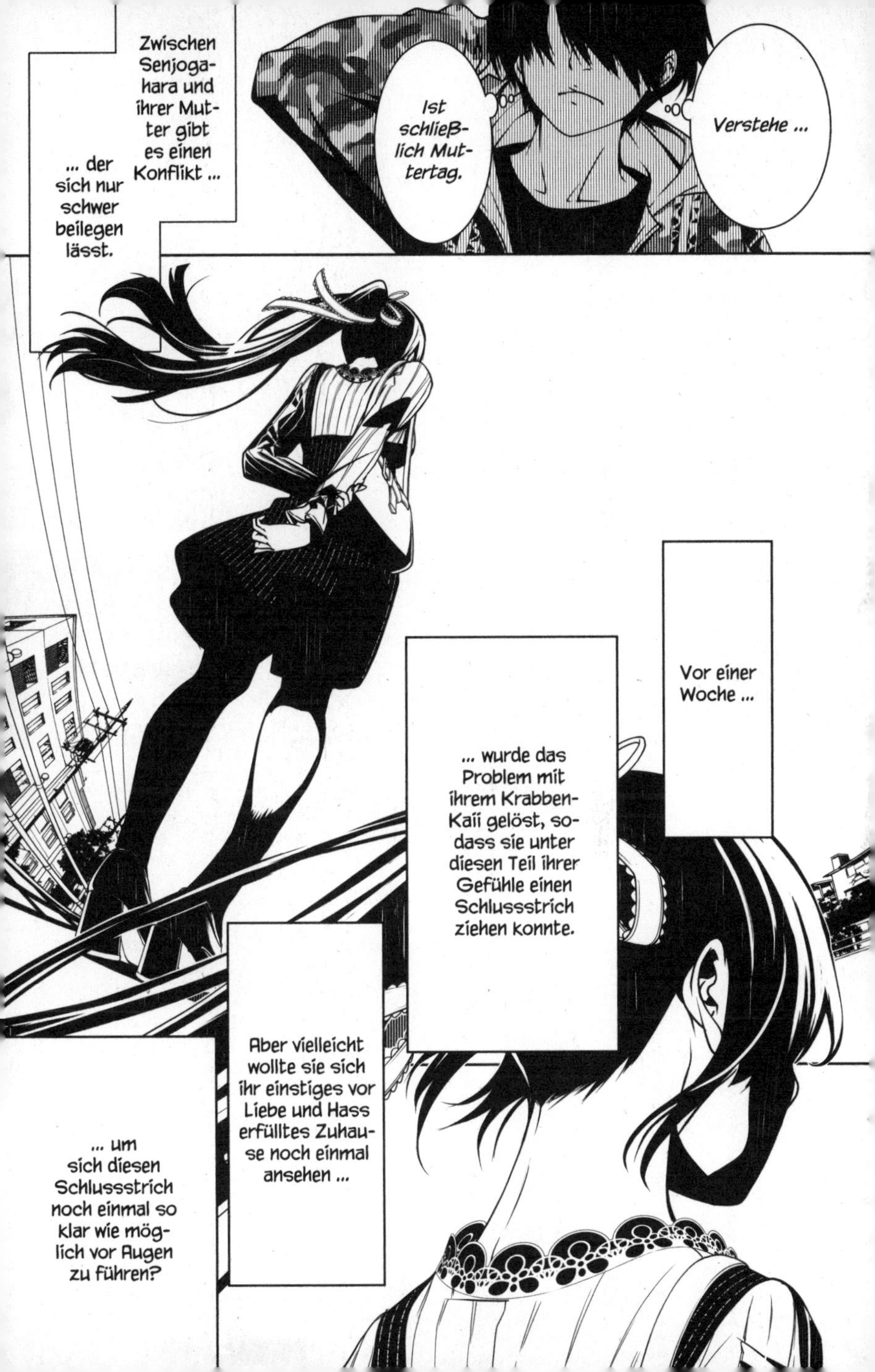
Verstehe ...
Ist schließlich Muttertag.
Zwischen Senjogahara und ihrer Mutter gibt es einen Konflikt ...
... der sich nur schwer beilegen lässt.
Vor einer Woche ...
... wurde das Problem mit ihrem Krabben-Kaii gelöst, sodass sie unter diesen Teil ihrer Gefühle einen Schlussstrich ziehen konnte.
Aber vielleicht wollte sie sich ihr einstiges vor Liebe und Hass erfülltes Zuhause noch einmal ansehen ...
... um sich diesen Schlussstrich noch einmal so klar wie möglich vor Augen zu führen?

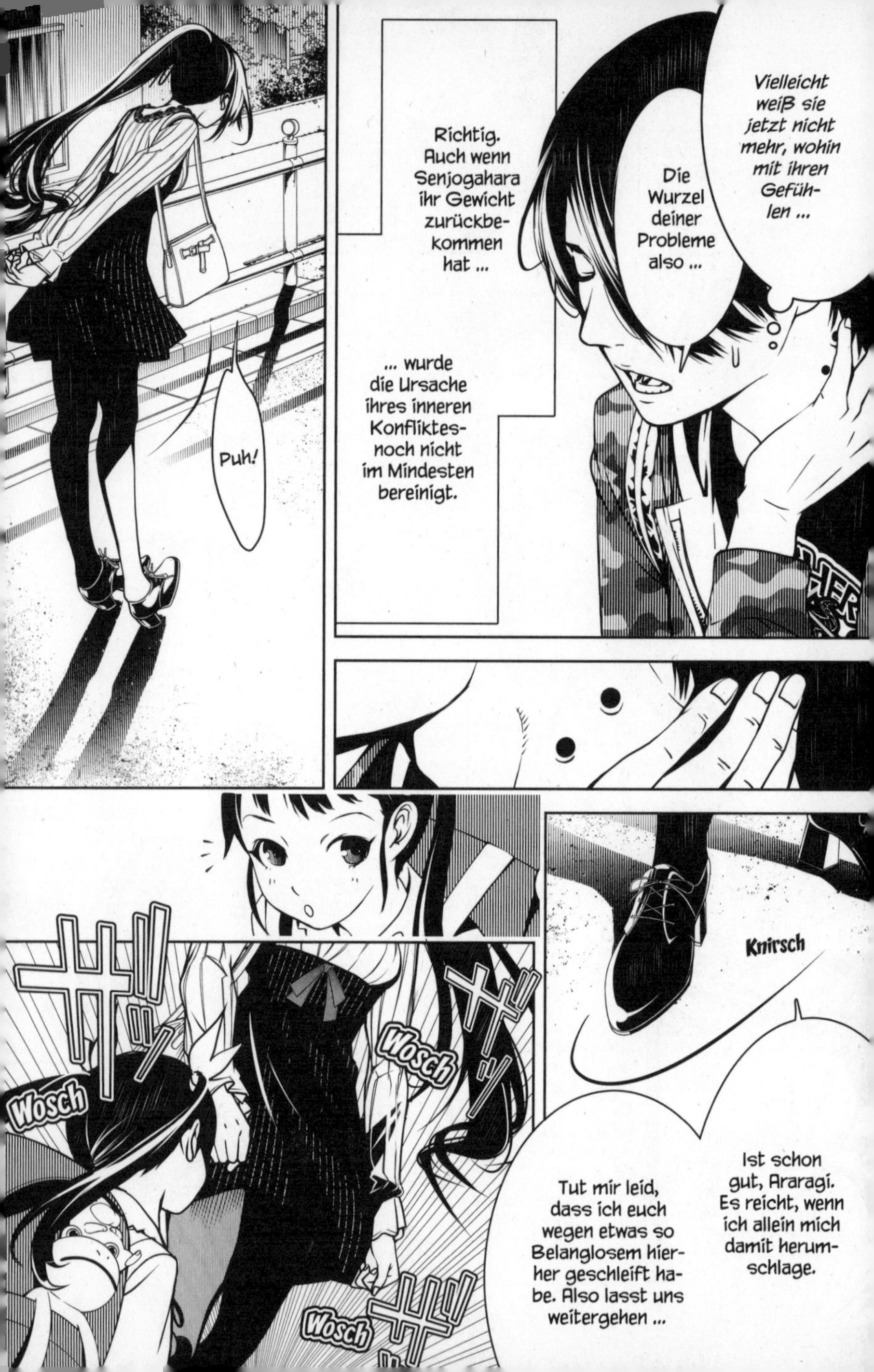

Vielleicht weiß sie jetzt nicht mehr, wohin mit ihren Gefüh-len ...
Die Wurzel deiner Probleme also ...
Richtig. Auch wenn Senjogahara ihr Gewicht zurückbe-kommen hat ...
... wurde die Ursache ihres inneren Konfliktes-noch nicht im Mindesten bereinigt.
Puh!
Knirsch
Ist schon gut, Araragi. Es reicht, wenn ich allein mich damit herum-schlage.
Tut mir leid, dass ich euch wegen etwas so Belanglosem hier-her geschleift ha-be. Also lasst uns weitergehen ...
Wosch
Wosch
Wosch

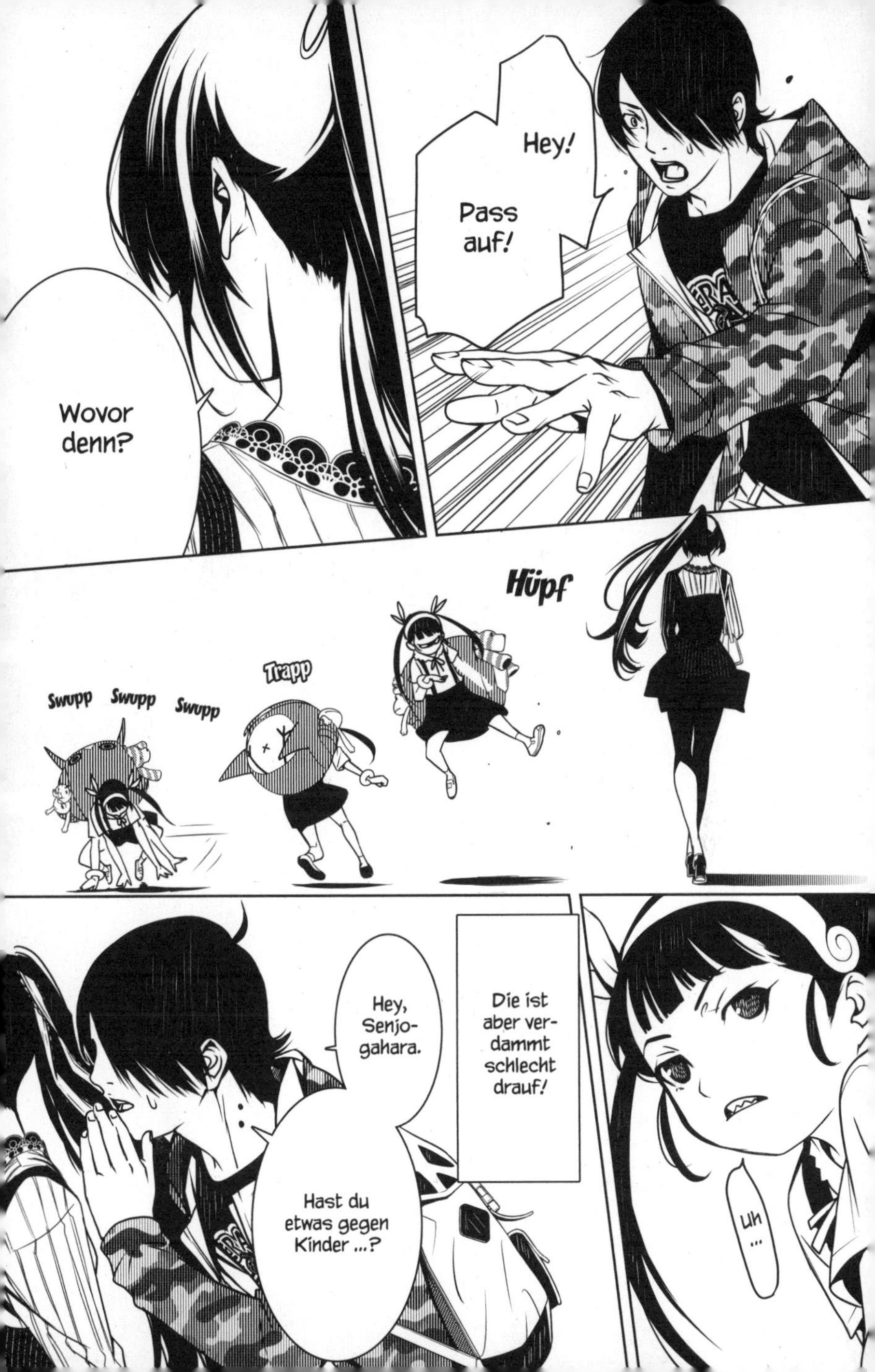
Hey!
Pass auf!
Wovor denn?
Hüpf
Trapp
Swupp Swupp Swupp
Uh ...
Die ist aber verdammt schlecht drauf!
Hey, Senjogahara.
Hast du etwas gegen Kinder ...?

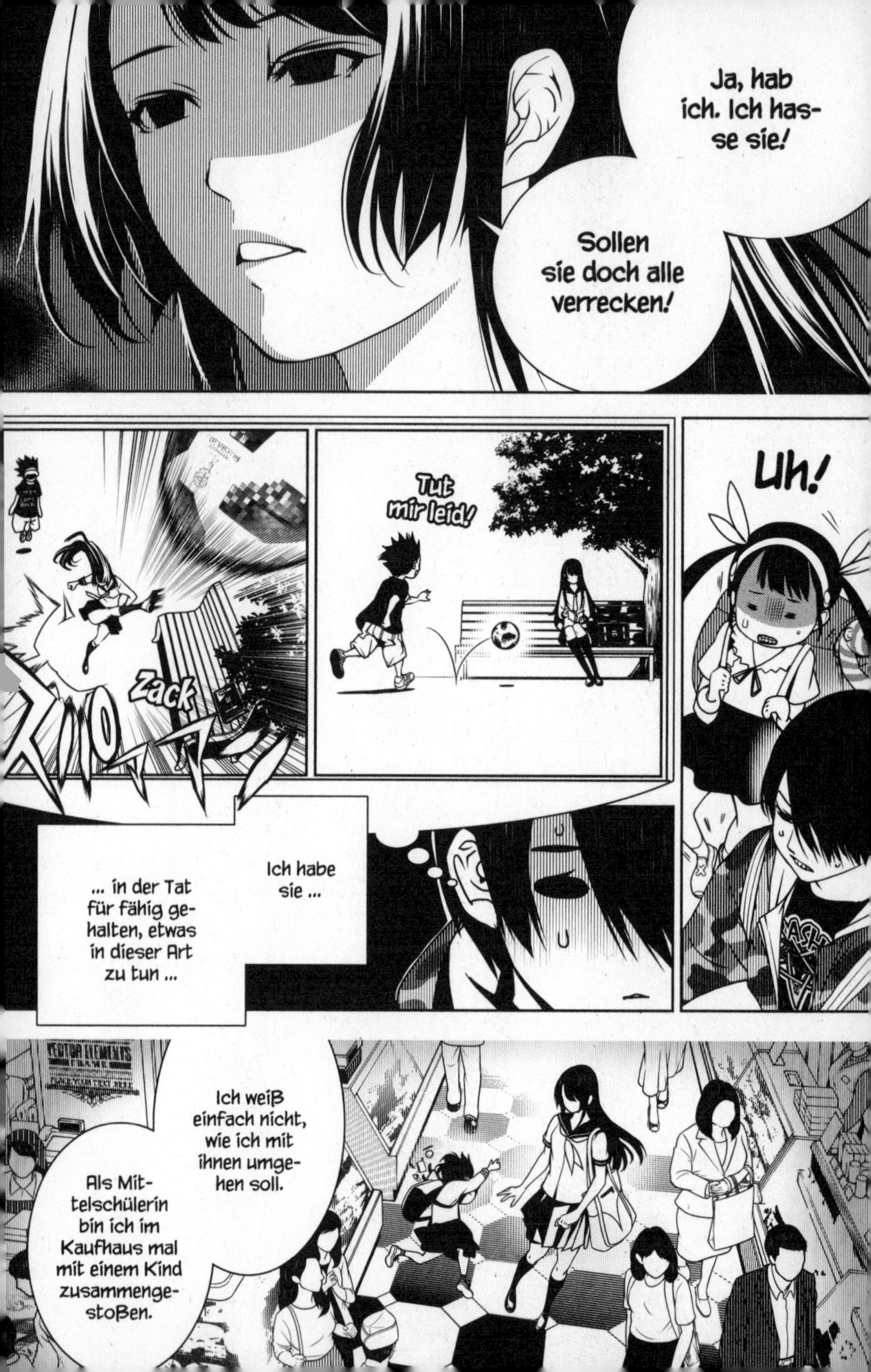

Ja, hab ich. Ich hasse sie!
Sollen sie doch alle verrecken!
Uh!
Tut mir leid!
Zack
Ich habe sie ...
... in der Tat für fähig gehalten, etwas in dieser Art zu tun ...
Ich weiß einfach nicht, wie ich mit ihnen umgehen soll.
Als Mittelschülerin bin ich im Kaufhaus mal mit einem Kind zusammengestoßen.

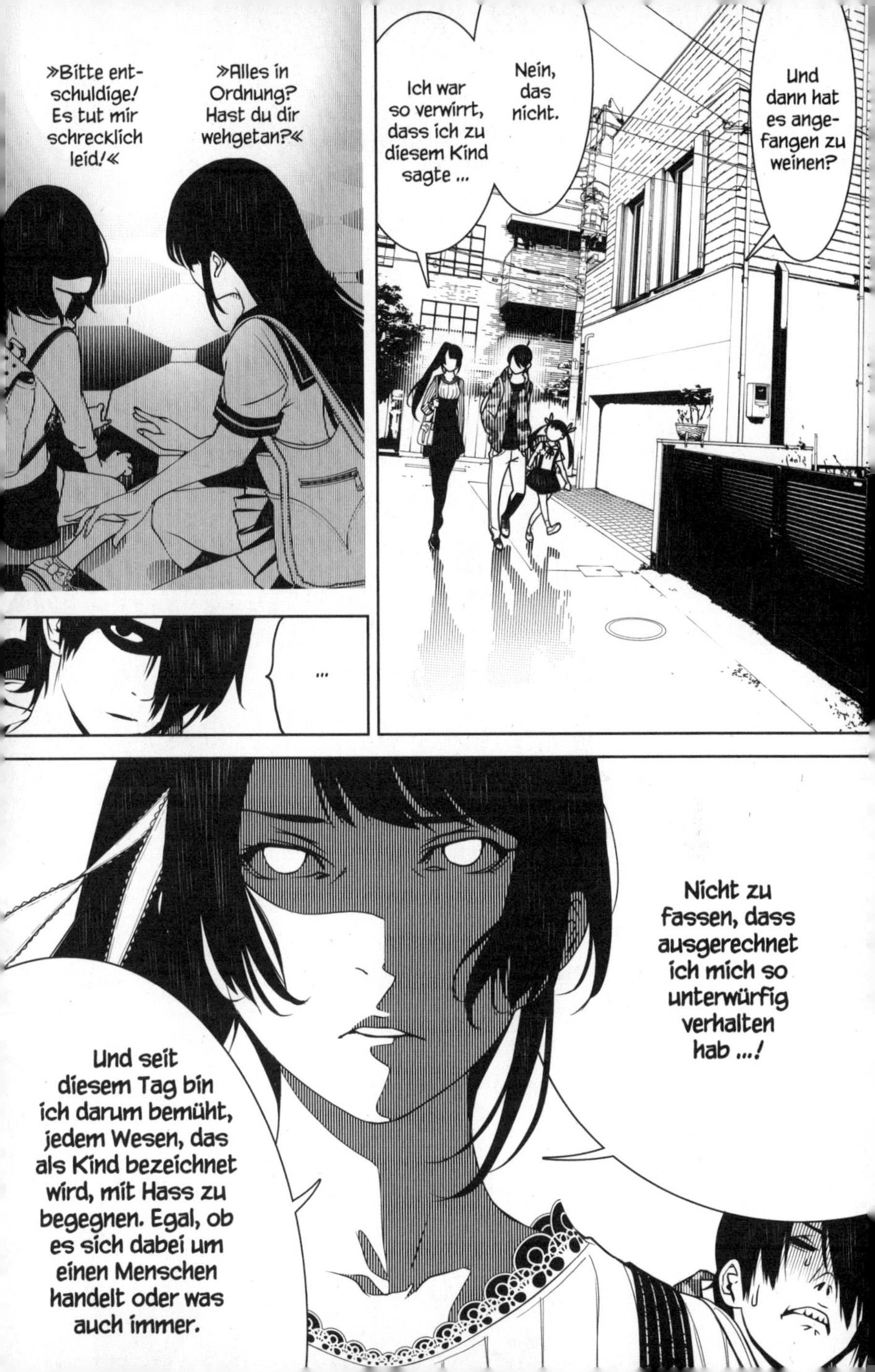
Und dann hat es angefangen zu weinen?
Nein, das nicht.
Ich war so verwirrt, dass ich zu diesem Kind sagte ...
»Alles in Ordnung? Hast du dir wehgetan?«
»Bitte entschuldige! Es tut mir schrecklich leid!«
...
Nicht zu fassen, dass ausgerechnet ich mich so unterwürfig verhalten hab ...!
Und seit diesem Tag bin ich darum bemüht, jedem Wesen, das als Kind bezeichnet wird, mit Hass zu begegnen. Egal, ob es sich dabei um einen Menschen handelt oder was auch immer.

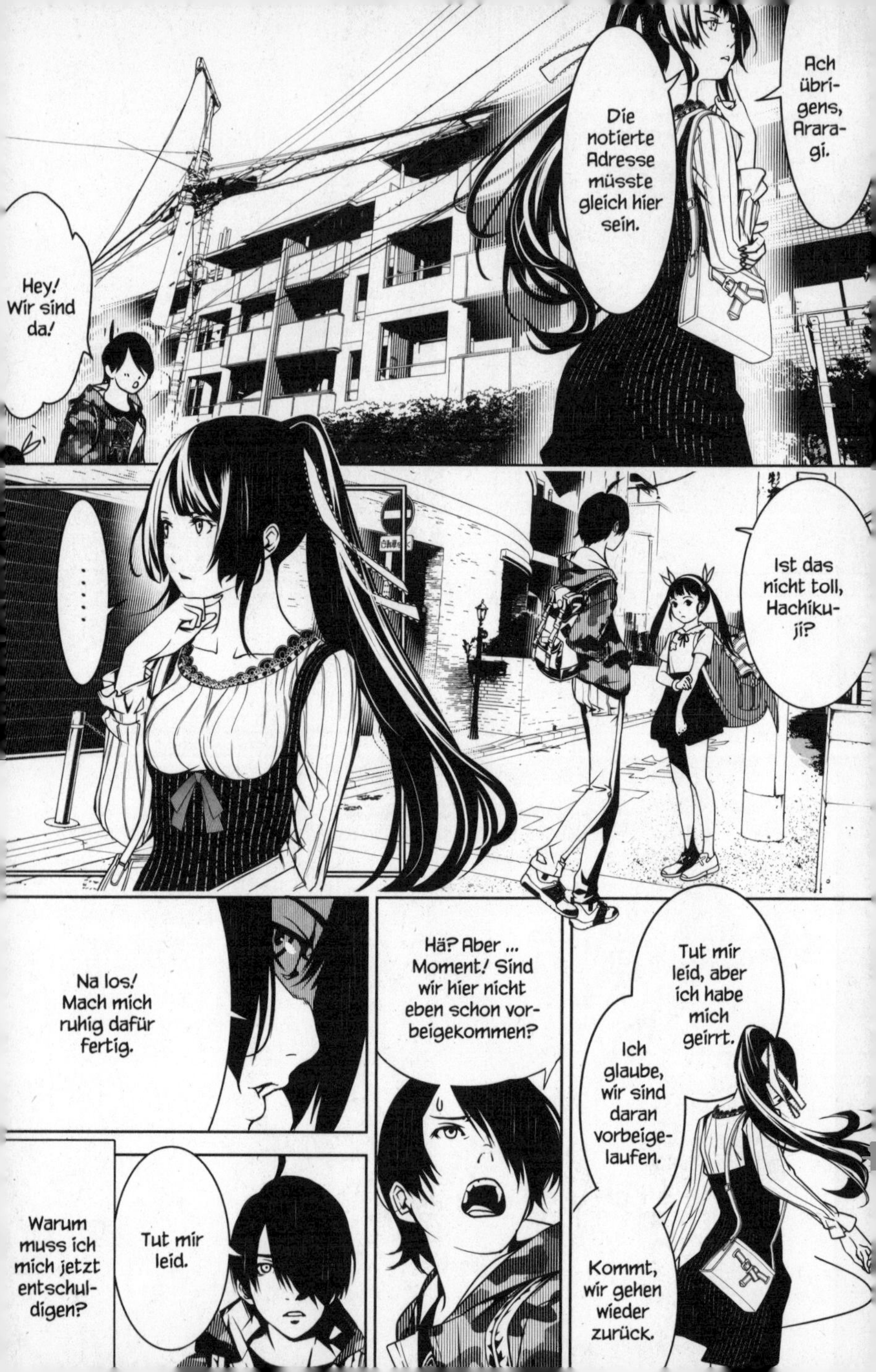
Ach übrigens, Araragi.
Die notierte Adresse müsste gleich hier sein.
Hey! Wir sind da!
Ist das nicht toll, Hachikuji?
……
Tut mir leid, aber ich habe mich geirrt.
Ich glaube, wir sind daran vorbeigelaufen.
Kommt, wir gehen wieder zurück.
Hä? Aber … Moment! Sind wir hier nicht eben schon vorbeigekommen?
Na los! Mach mich ruhig dafür fertig.
Tut mir leid.
Warum muss ich mich jetzt entschuldigen?

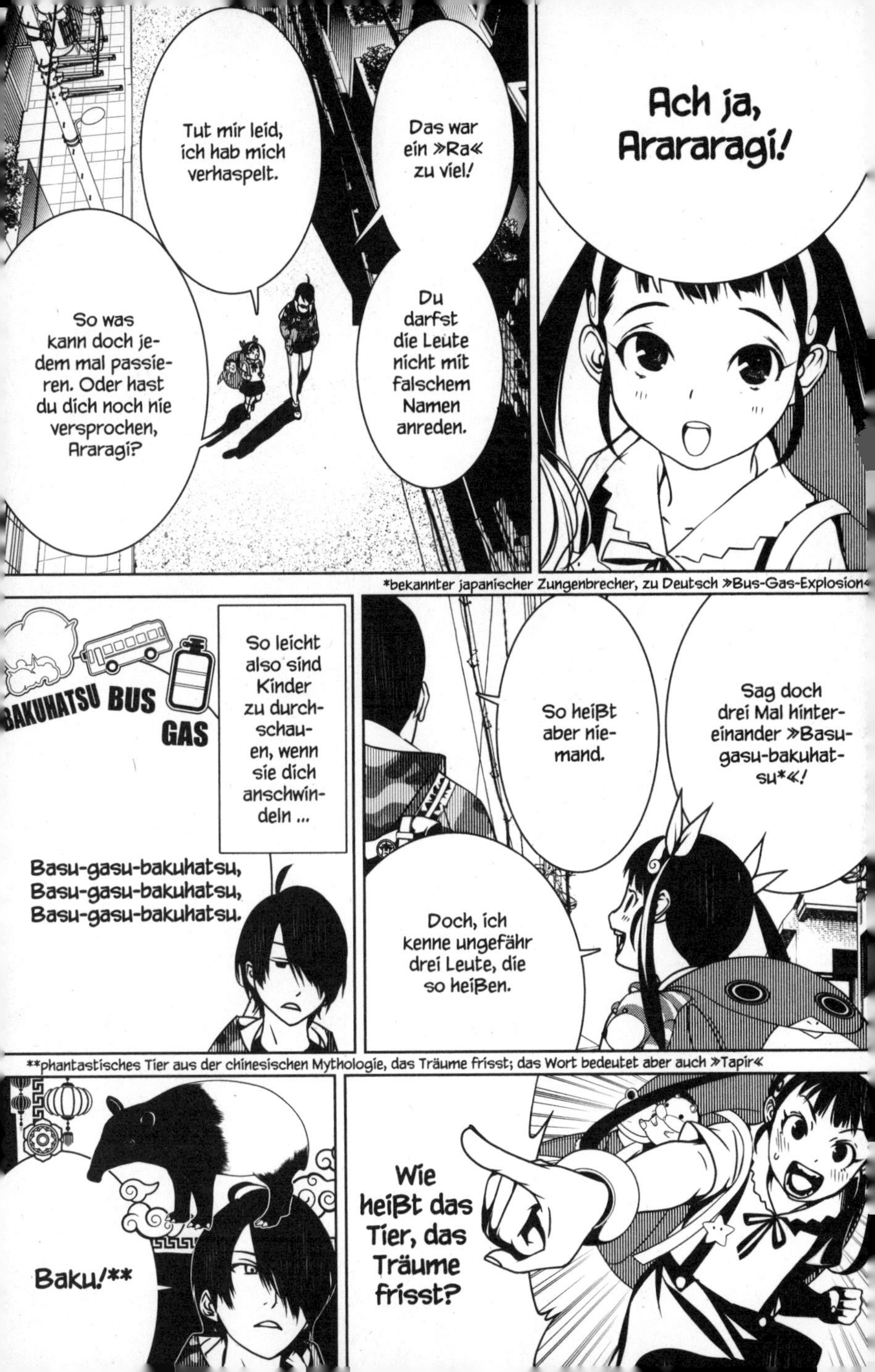
Ach ja, Arararagi!
Das war ein »Ra« zu viel!
Tut mir leid, ich hab mich verhaspelt.
Du darfst die Leute nicht mit falschem Namen anreden.
So was kann doch jedem mal passieren. Oder hast du dich noch nie versprochen, Araragi?
*bekannter japanischer Zungenbrecher, zu Deutsch »Bus-Gas-Explosion«
Sag doch drei Mal hintereinander »Basu-gasu-bakuhatsu*«!
So heißt aber niemand.
Doch, ich kenne ungefähr drei Leute, die so heißen.
So leicht also sind Kinder zu durchschauen, wenn sie dich anschwindeln ...
BAKUHATSU BUS GAS
Basu-gasu-bakuhatsu, Basu-gasu-bakuhatsu, Basu-gasu-bakuhatsu.
**phantastisches Tier aus der chinesischen Mythologie, das Träume frisst; das Wort bedeutet aber auch »Tapir«
Wie heißt das Tier, das Träume frisst?
Baku!**

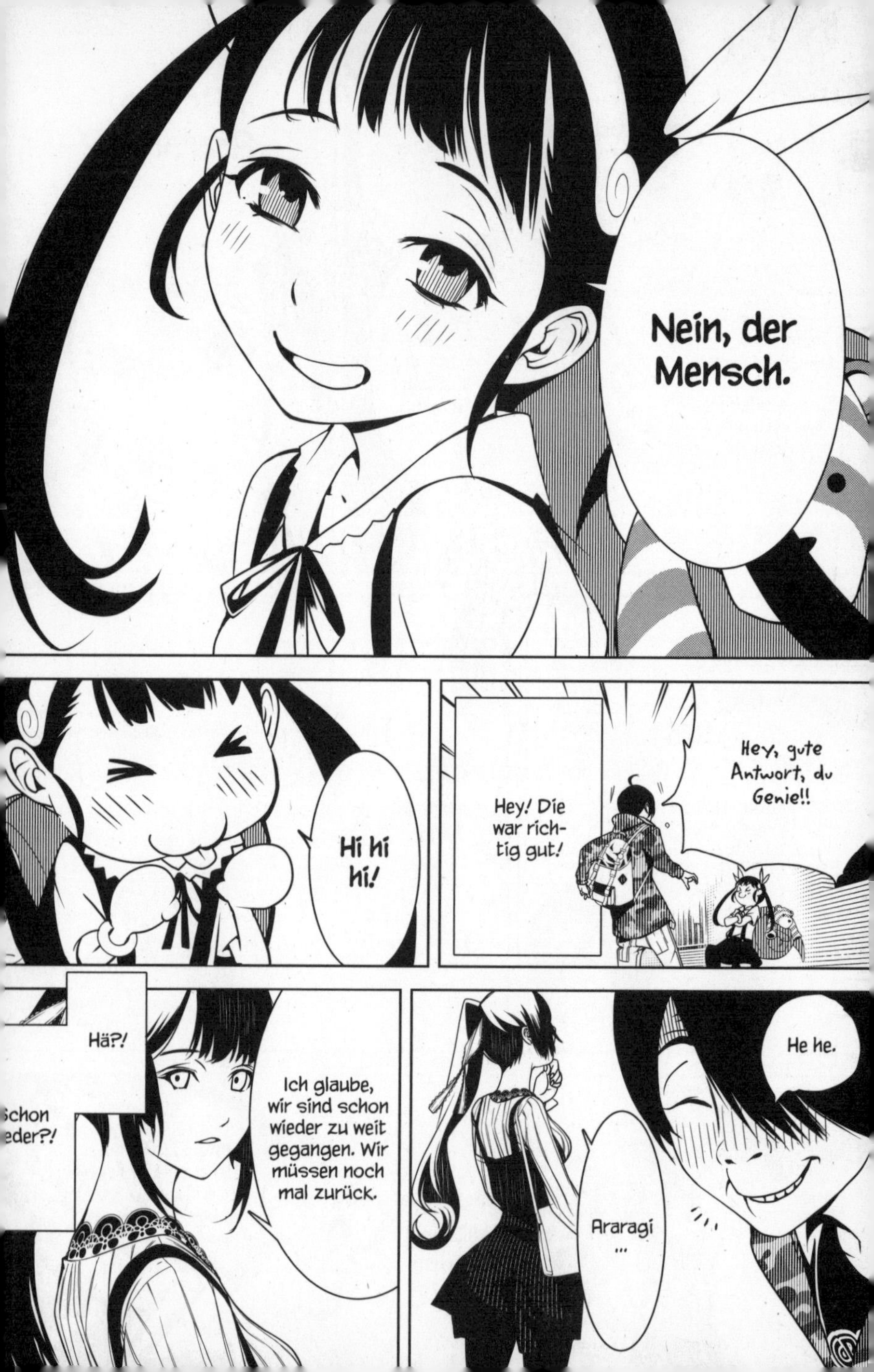
Nein, der Mensch.
Hey, gute Antwort, du Genie!!
Hey! Die war richtig gut!
Hi hi hi!
He he.
Araragi ...
Ich glaube, wir sind schon wieder zu weit gegangen. Wir müssen noch mal zurück.
Hä?!
Schon
eder?!

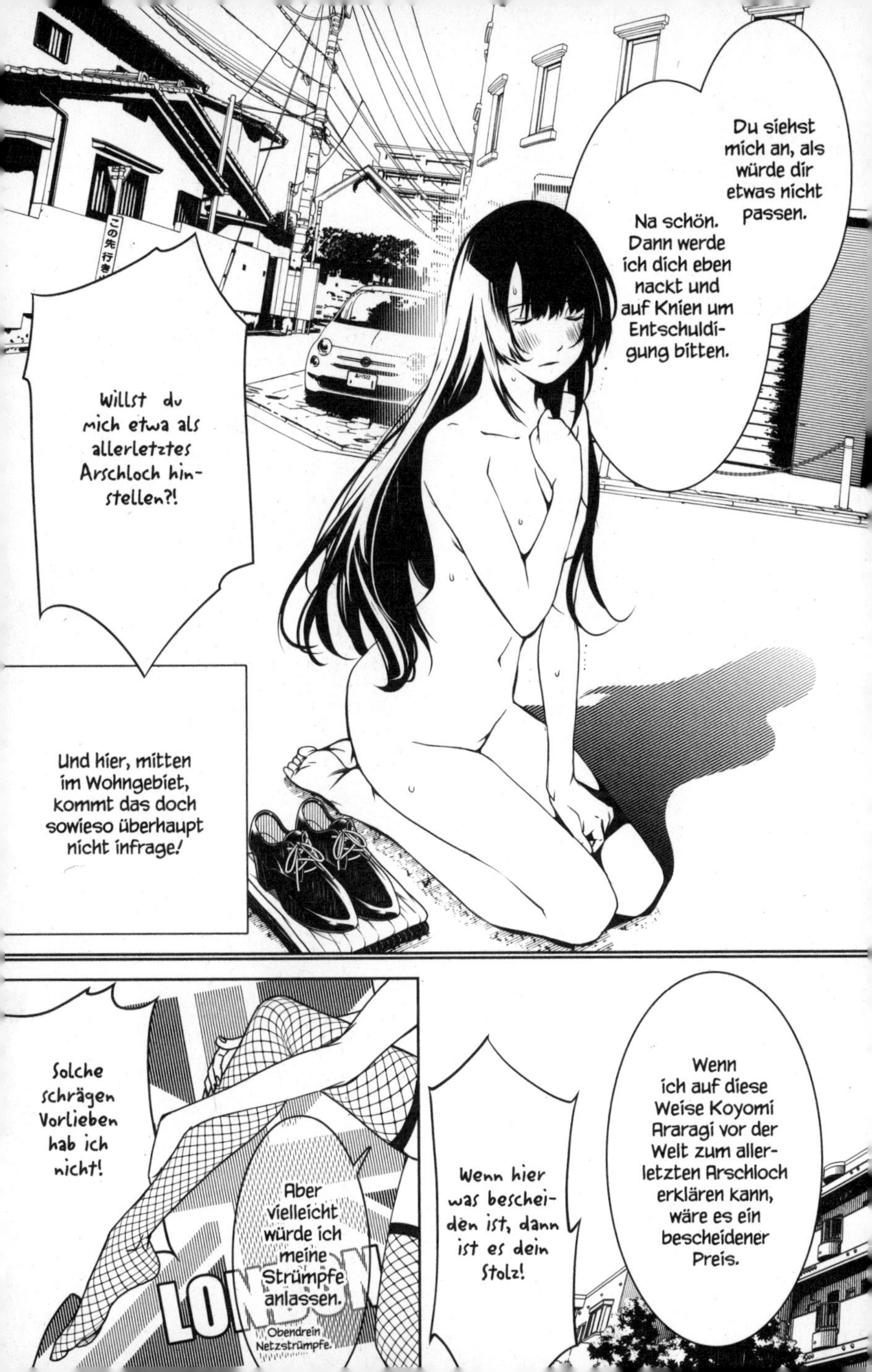
Du siehst mich an, als würde dir etwas nicht passen.
Na schön. Dann werde ich dich eben nackt und auf Knien um Entschuldigung bitten.
Willst du mich etwa als allerletztes Arschloch hinstellen?!
Und hier, mitten im Wohngebiet, kommt das doch sowieso überhaupt nicht infrage!
Wenn ich auf diese Weise Koyomi Araragi vor der Welt zum allerletzten Arschloch erklären kann, wäre es ein bescheidener Preis.
Wenn hier was bescheiden ist, dann ist es dein Stolz!
Aber vielleicht würde ich meine Strümpfe anlassen.
Obendrein Netzstrümpfe.
Solche schrägen Vorlieben hab ich nicht!

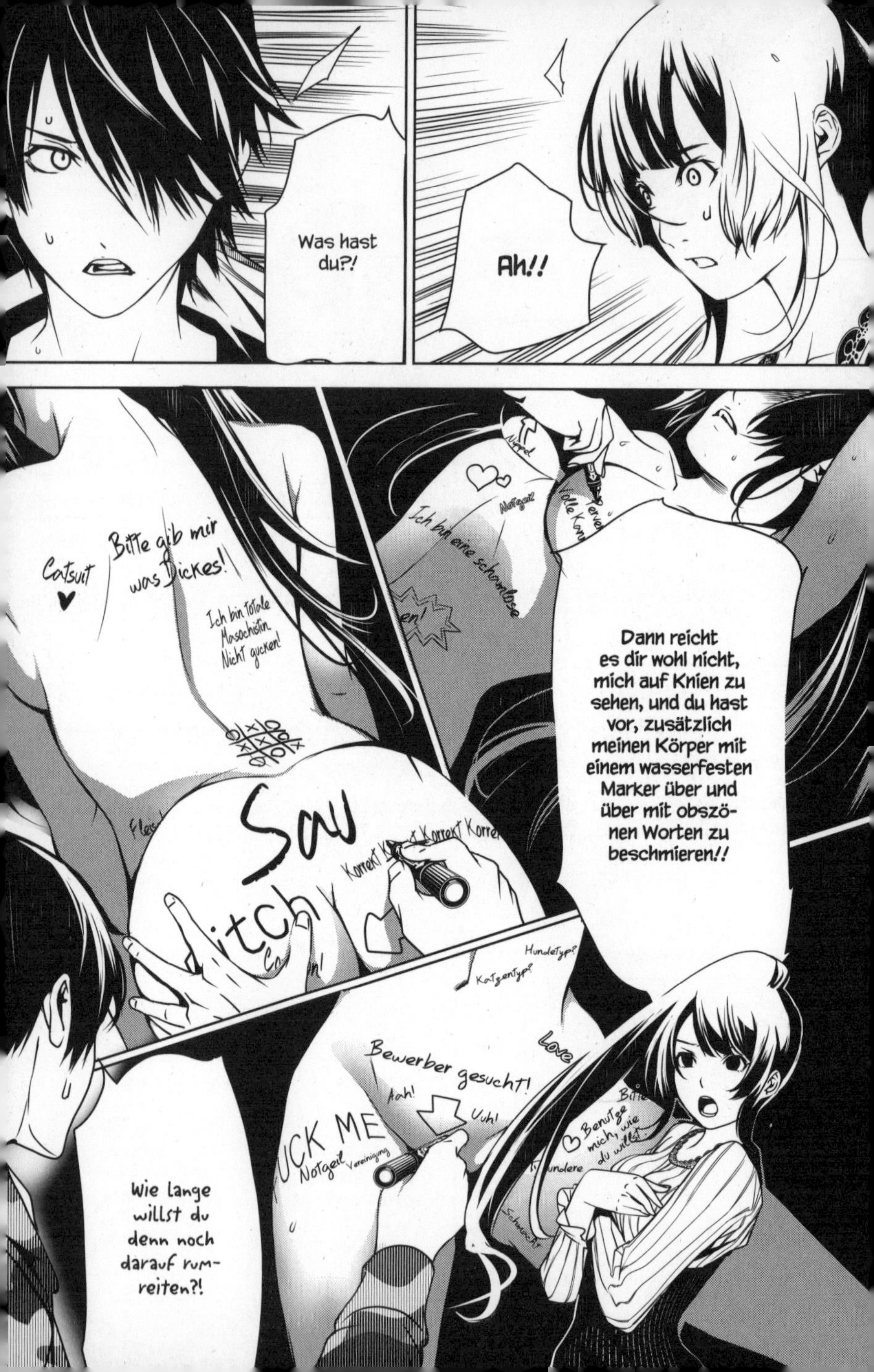

Ah!!
Was hast du?!
Dann reicht es dir wohl nicht, mich auf Knien zu sehen, und du hast vor, zusätzlich meinen Körper mit einem wasserfesten Marker über und über mit obszönen Worten zu beschmieren!!
Wie lange willst du denn noch darauf rumreiten?!

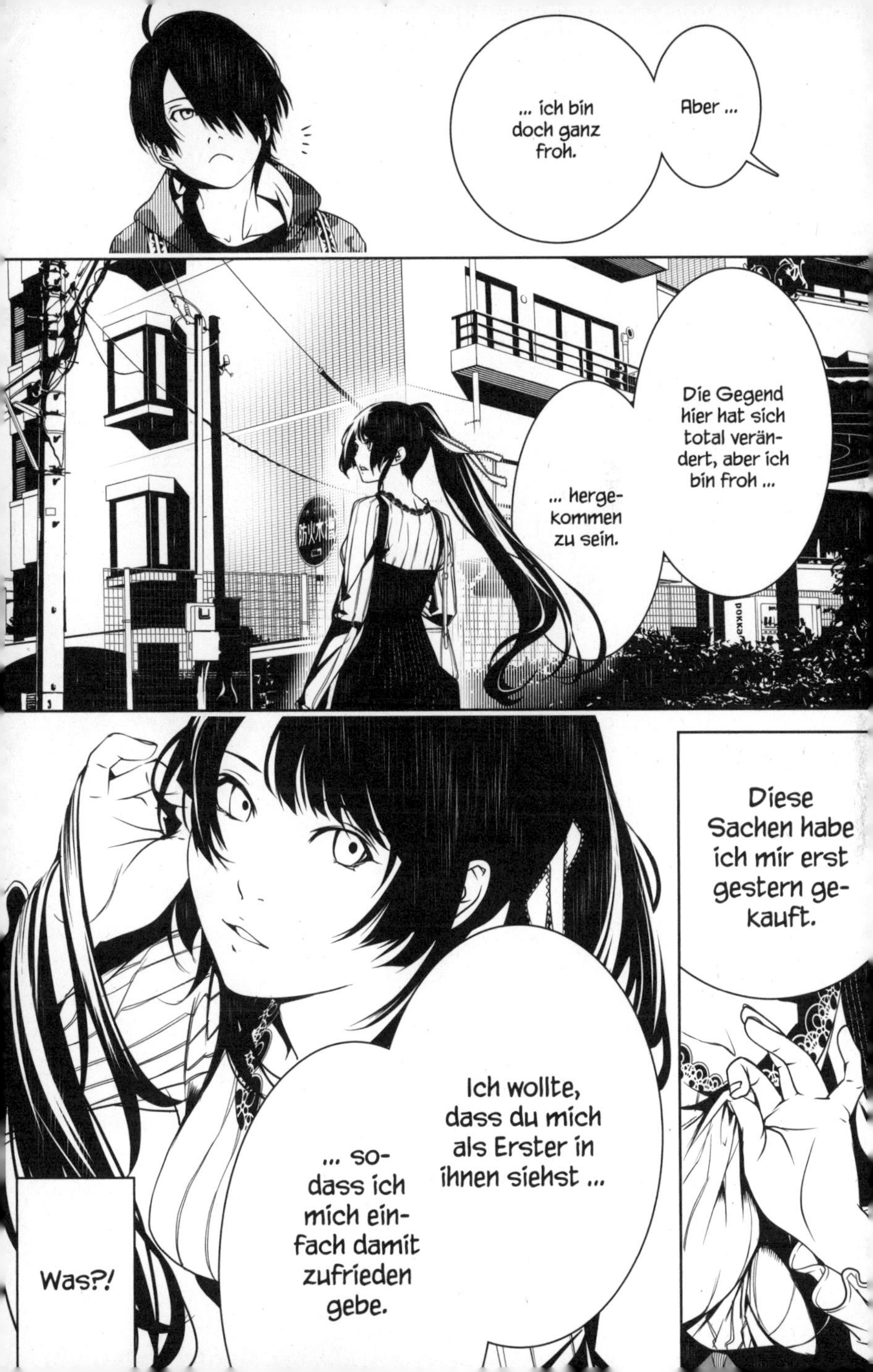

Aber ...
... ich bin doch ganz froh.
Die Gegend hier hat sich total verändert, aber ich bin froh ...
... hergekommen zu sein.
Diese Sachen habe ich mir erst gestern gekauft.
Ich wollte, dass du mich als Erster in ihnen siehst ...
... sodass ich mich einfach damit zufrieden gebe.
Was?!

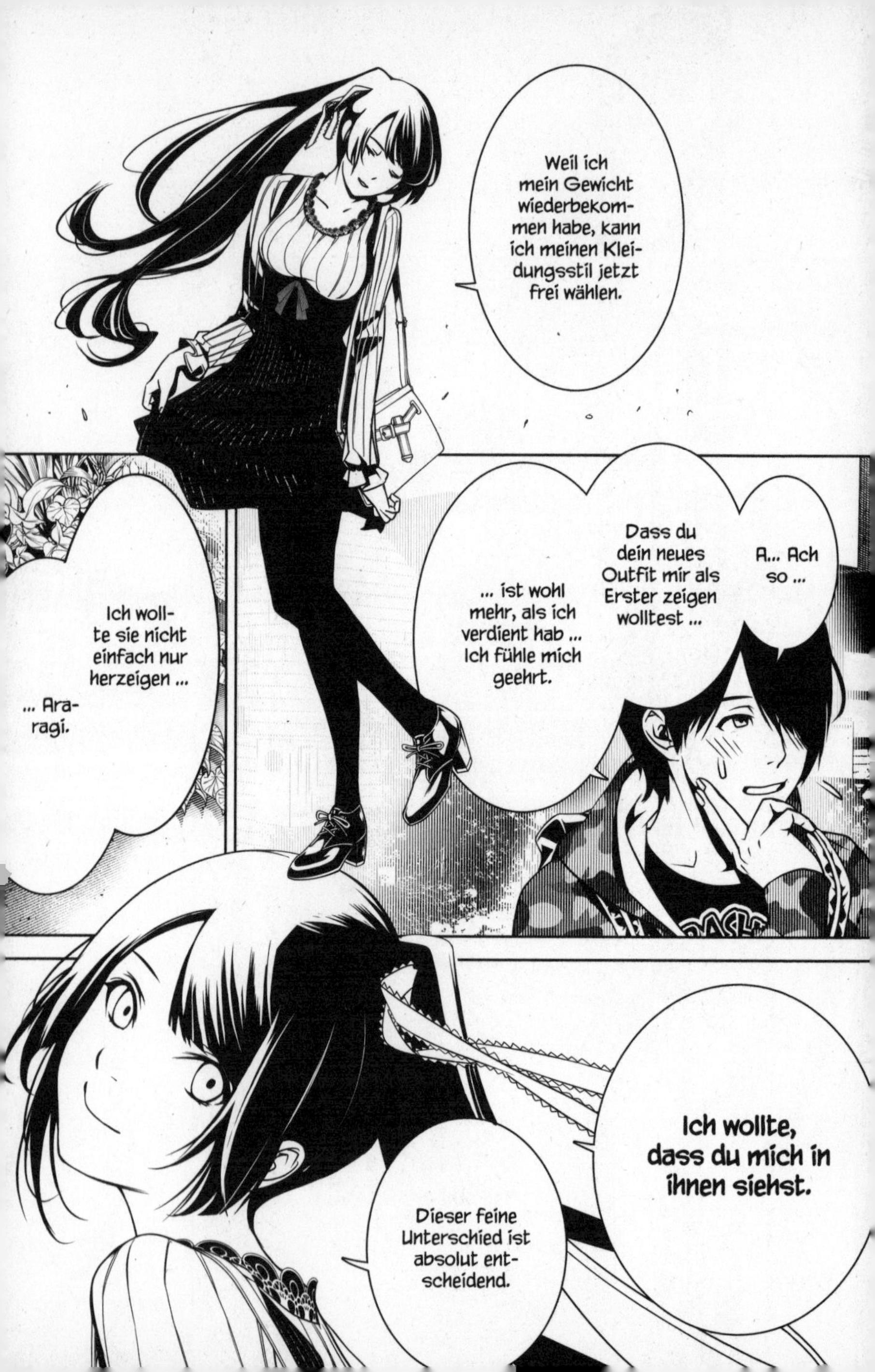

Weil ich mein Gewicht wiederbekommen habe, kann ich meinen Kleidungsstil jetzt frei wählen.
A... Ach so ...
Dass du dein neues Outfit mir als Erster zeigen wolltest ...
... ist wohl mehr, als ich verdient hab ... Ich fühle mich geehrt.
Ich wollte sie nicht einfach nur herzeigen ...
... Araragi.
Ich wollte, dass du mich in ihnen siehst.
Dieser feine Unterschied ist absolut entscheidend.

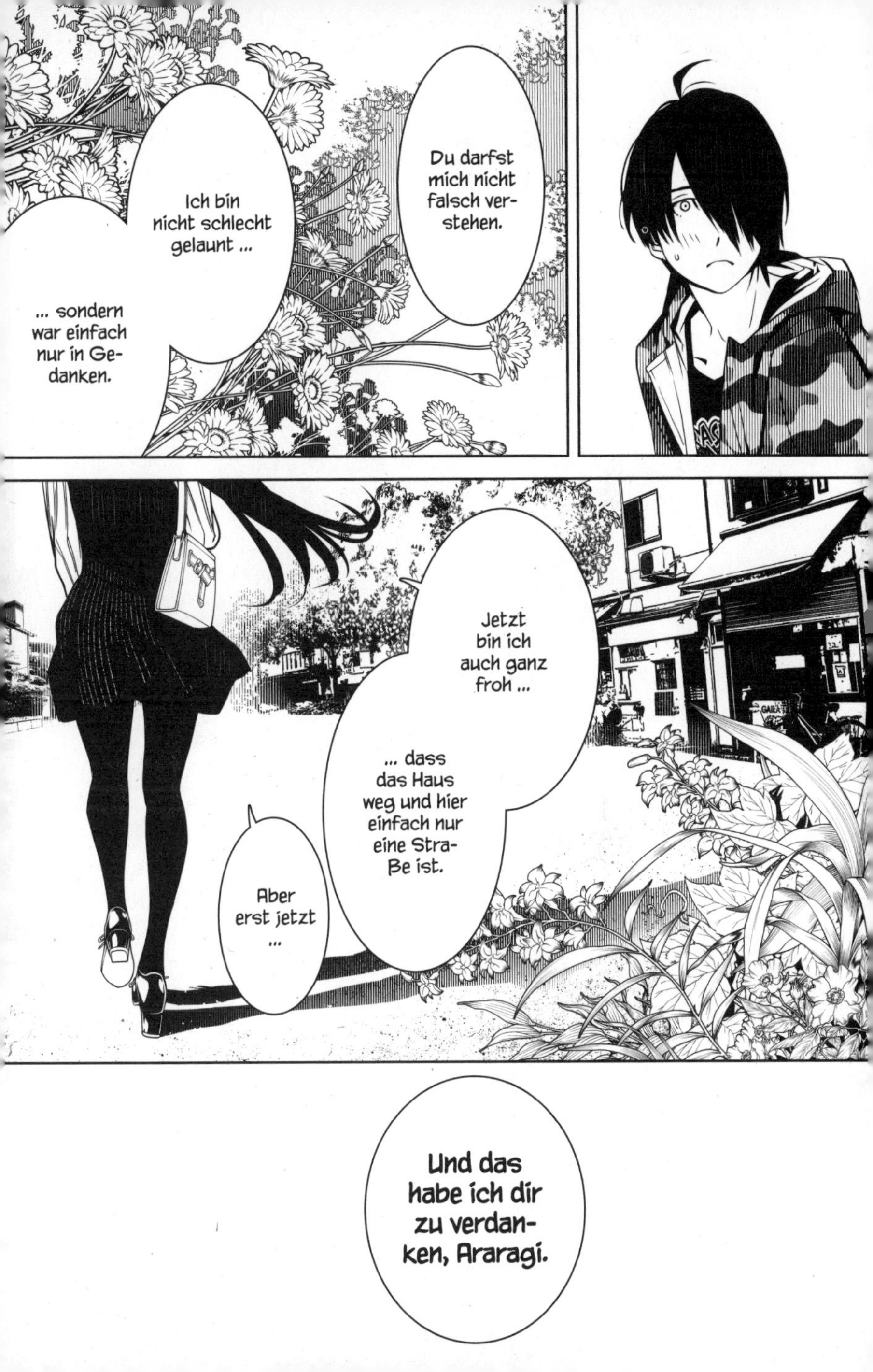

Du darfst mich nicht falsch verstehen.
Ich bin nicht schlecht gelaunt ...
... sondern war einfach nur in Gedanken.
Jetzt bin ich auch ganz froh ...
... dass das Haus weg und hier einfach nur eine Straße ist.
Aber erst jetzt ...
Und das habe ich dir zu verdanken, Araragi.

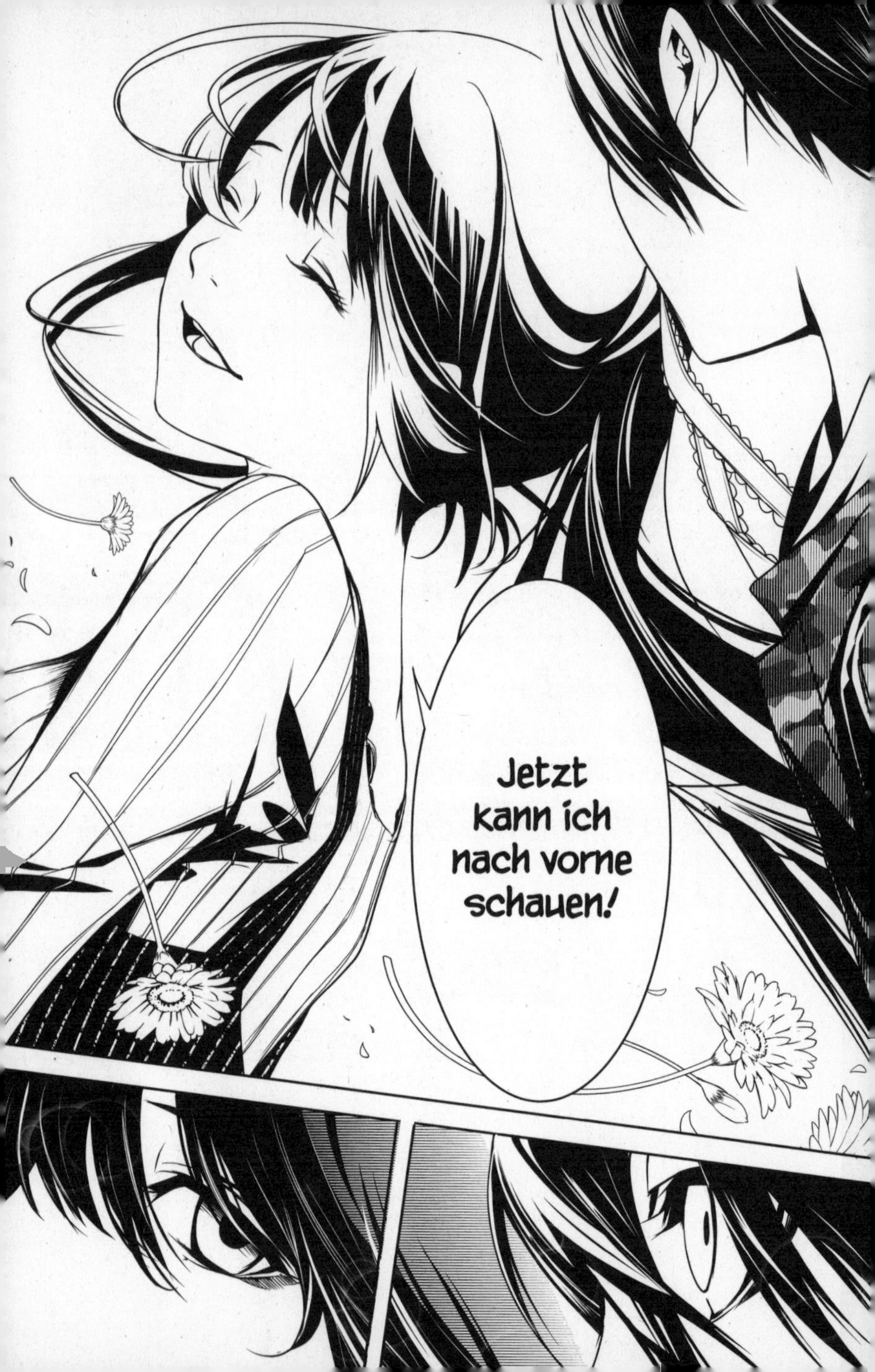
Jetzt kann ich nach vorne schauen!

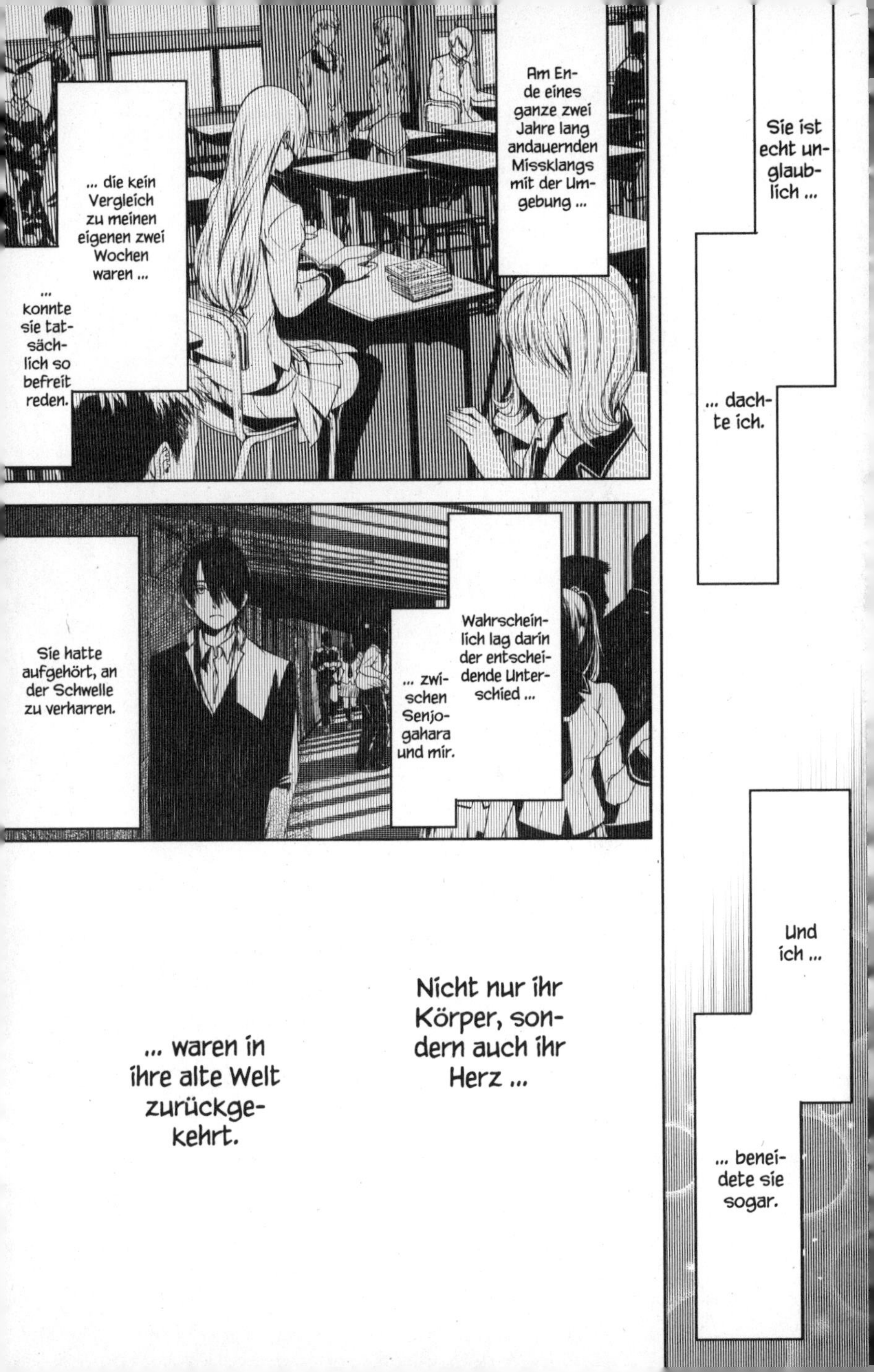
Sie ist echt unglaublich ...
... dachte ich.
Am Ende eines ganze zwei Jahre lang andauernden Missklangs mit der Umgebung ...
... die kein Vergleich zu meinen eigenen zwei Wochen waren ...
... konnte sie tatsächlich so befreit reden.
Wahrscheinlich lag darin der entscheidende Unterschied ...
... zwischen Senjogahara und mir.
Sie hatte aufgehört, an der Schwelle zu verharren.
Und ich ...
... beneidete sie sogar.
Nicht nur ihr Körper, sondern auch ihr Herz ...
... waren in ihre alte Welt zurückgekehrt.

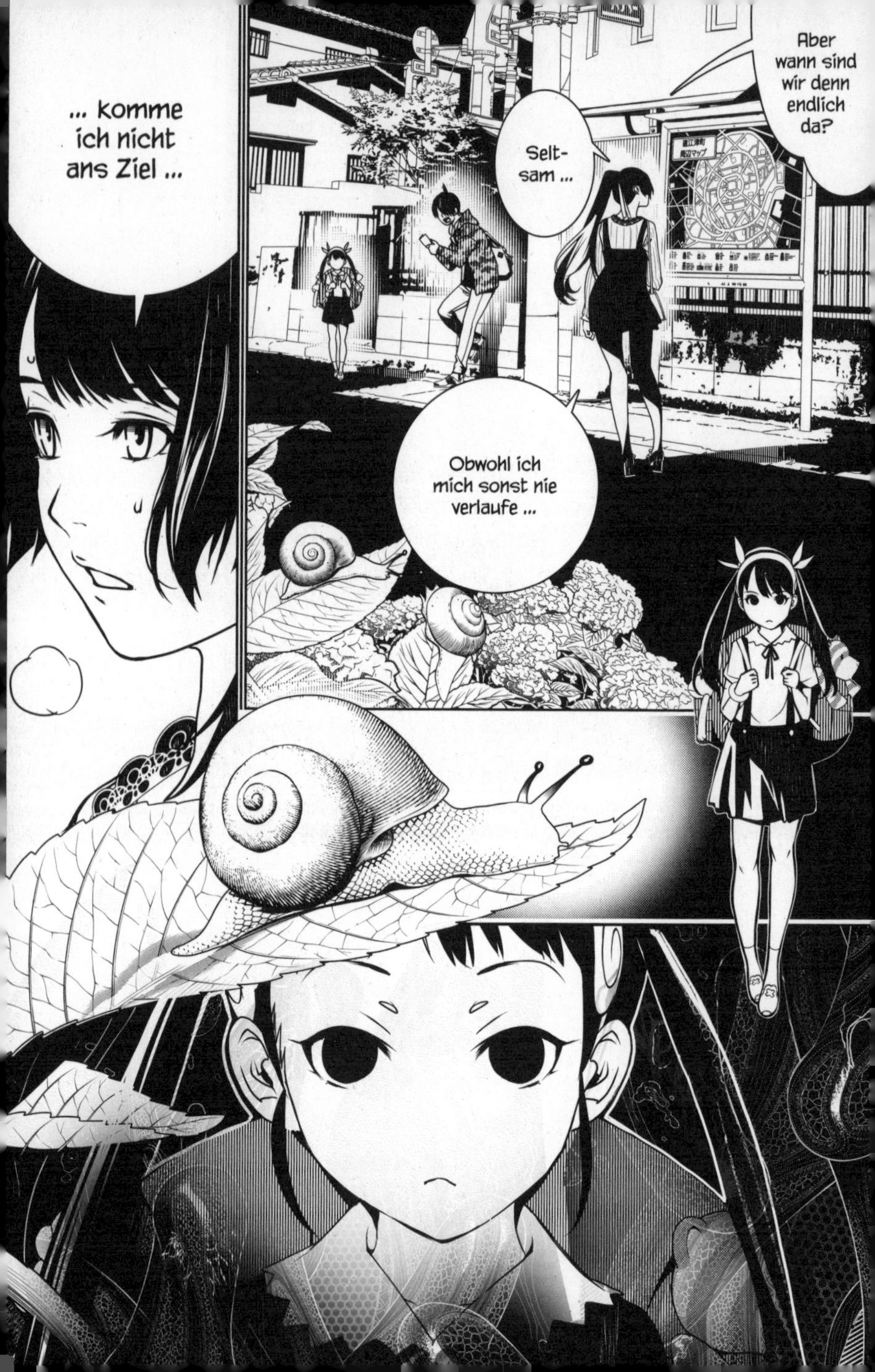
Aber wann sind wir denn endlich da?
Selt-sam ...
... komme ich nicht ans Ziel ...
Obwohl ich mich sonst nie verlaufe ...

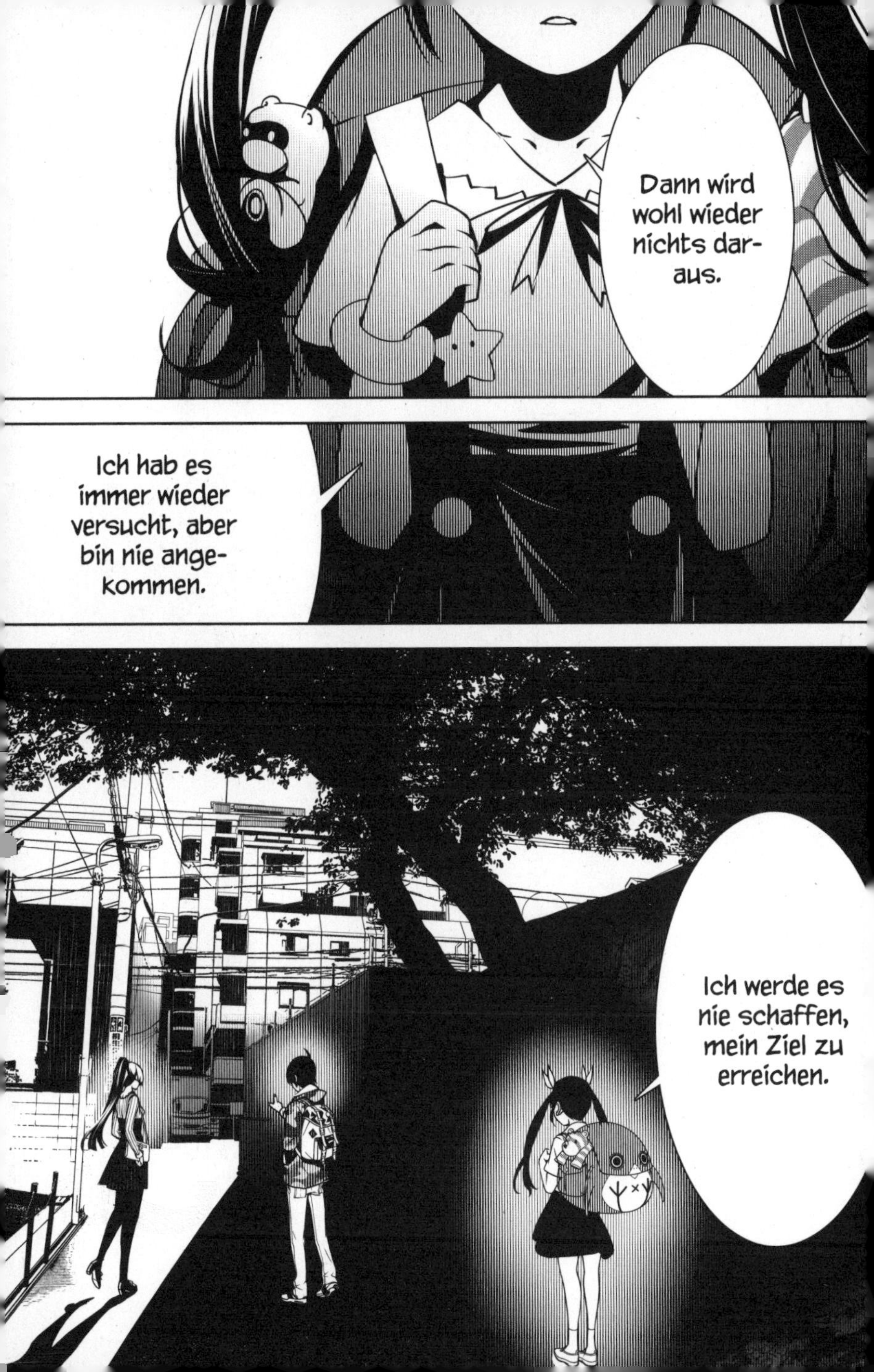
Dann wird wohl wieder nichts dar-aus.
Ich hab es immer wieder versucht, aber bin nie ange-kommen.
Ich werde es nie schaffen, mein Ziel zu erreichen.

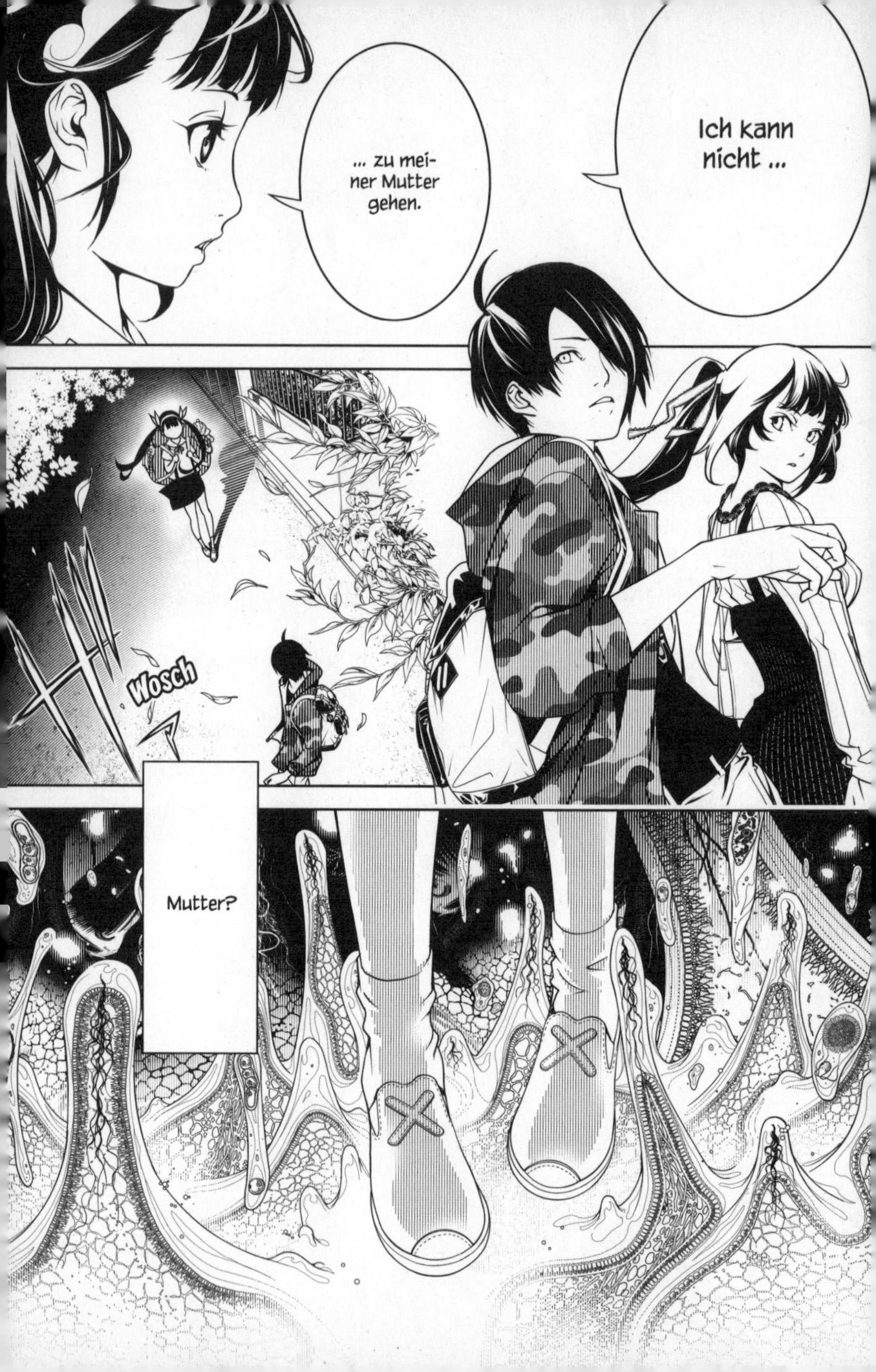
Ich kann nicht ...
... zu meiner Mutter gehen.
Wosch
Mutter?

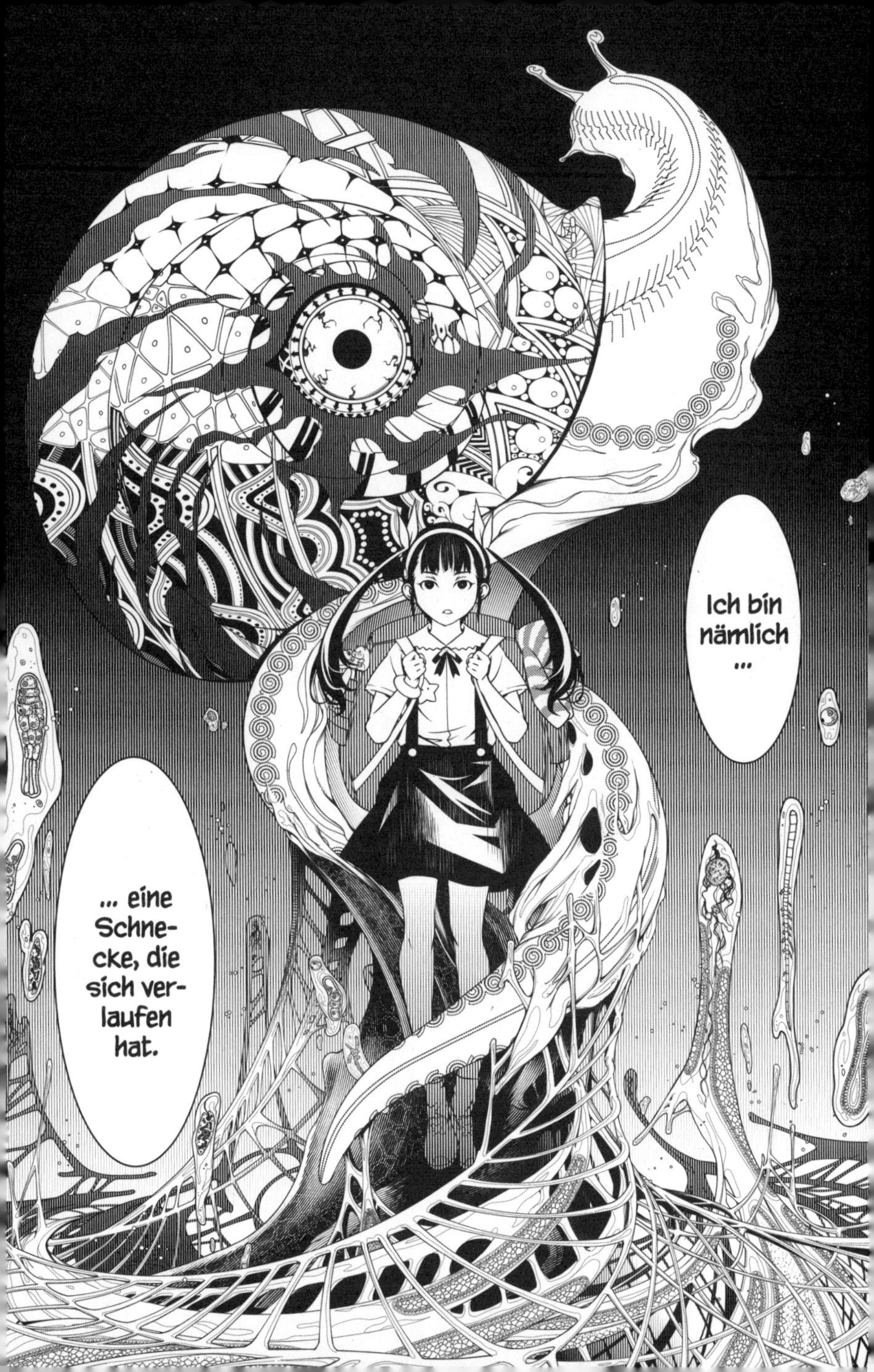
Ich bin nämlich ...
... eine Schne-cke, die sich ver-laufen hat.

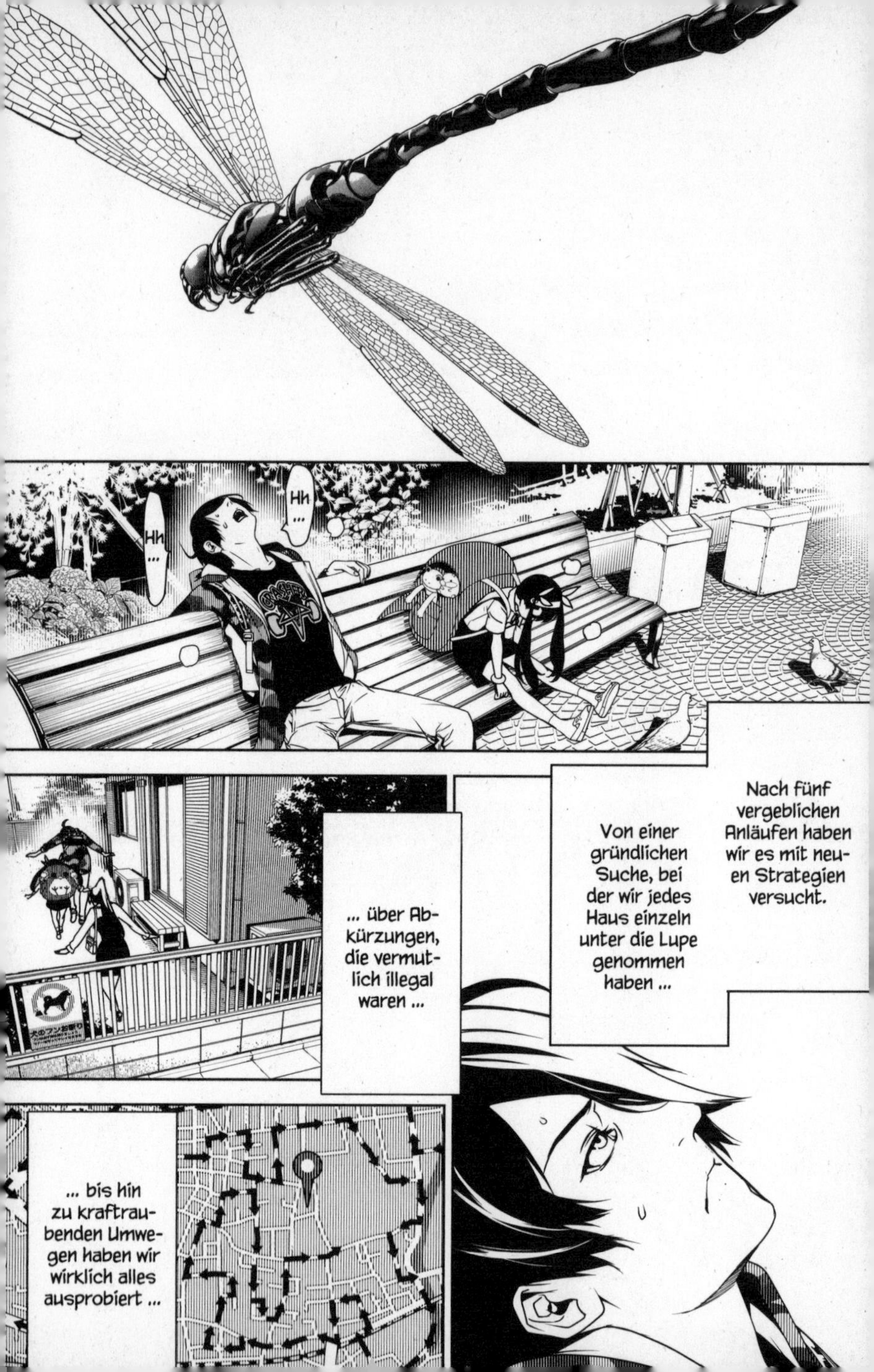

Hh ...
Hh ...
Nach fünf vergeblichen Anläufen haben wir es mit neuen Strategien versucht.
Von einer gründlichen Suche, bei der wir jedes Haus einzeln unter die Lupe genommen haben ...
... über Abkürzungen, die vermutlich illegal waren ...
... bis hin zu kraftraubenden Umwegen haben wir wirklich alles ausprobiert ...

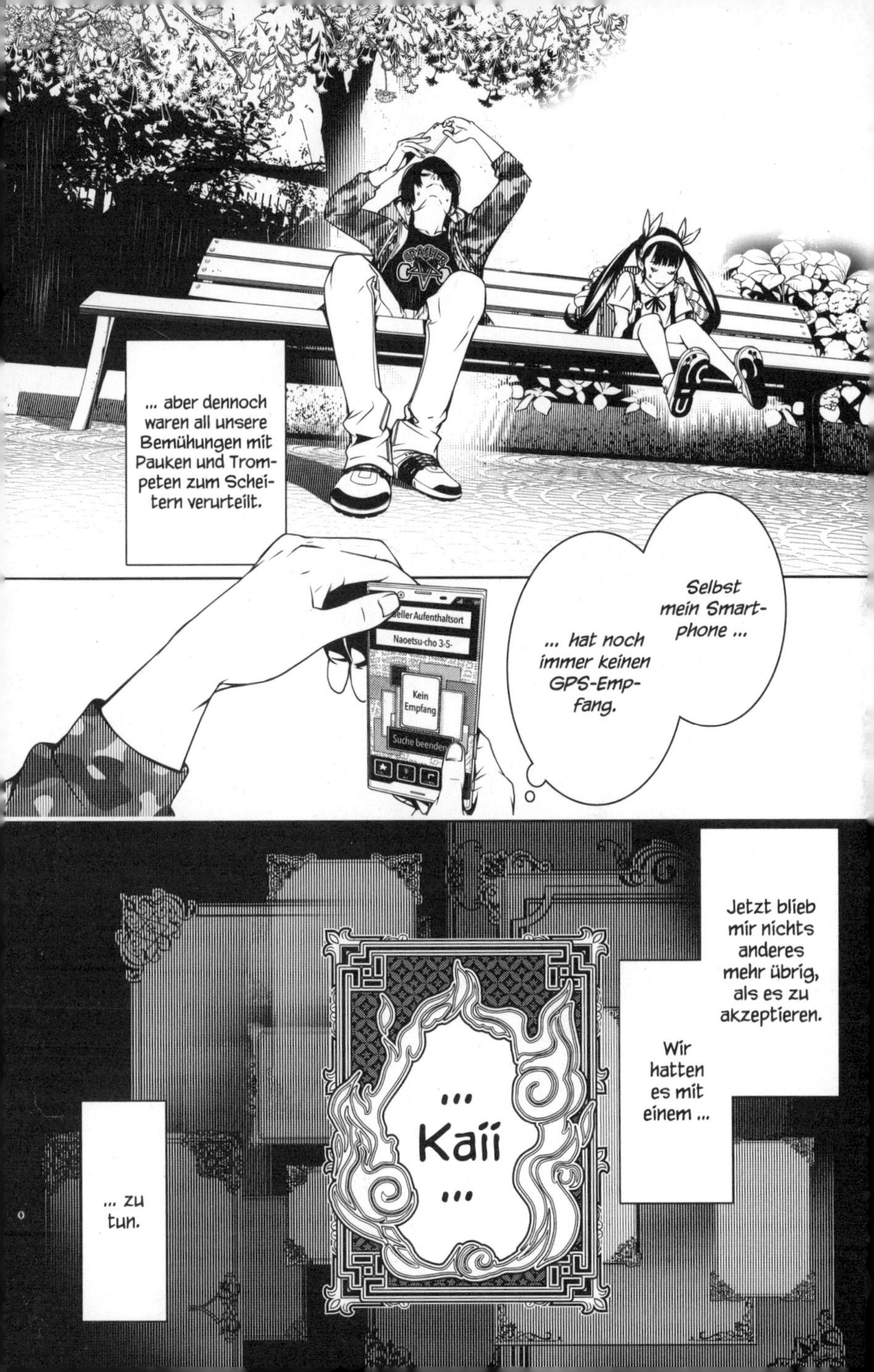
... aber dennoch waren all unsere Bemühungen mit Pauken und Trompeten zum Scheitern verurteilt.
Selbst mein Smartphone ...
... hat noch immer keinen GPS-Empfang.
Naoetsu-cho 3-5-
Kein Empfang
Suche beenden
Jetzt blieb mir nichts anderes mehr übrig, als es zu akzeptieren.
Wir hatten es mit einem ...
... Kaii ...
... zu tun.

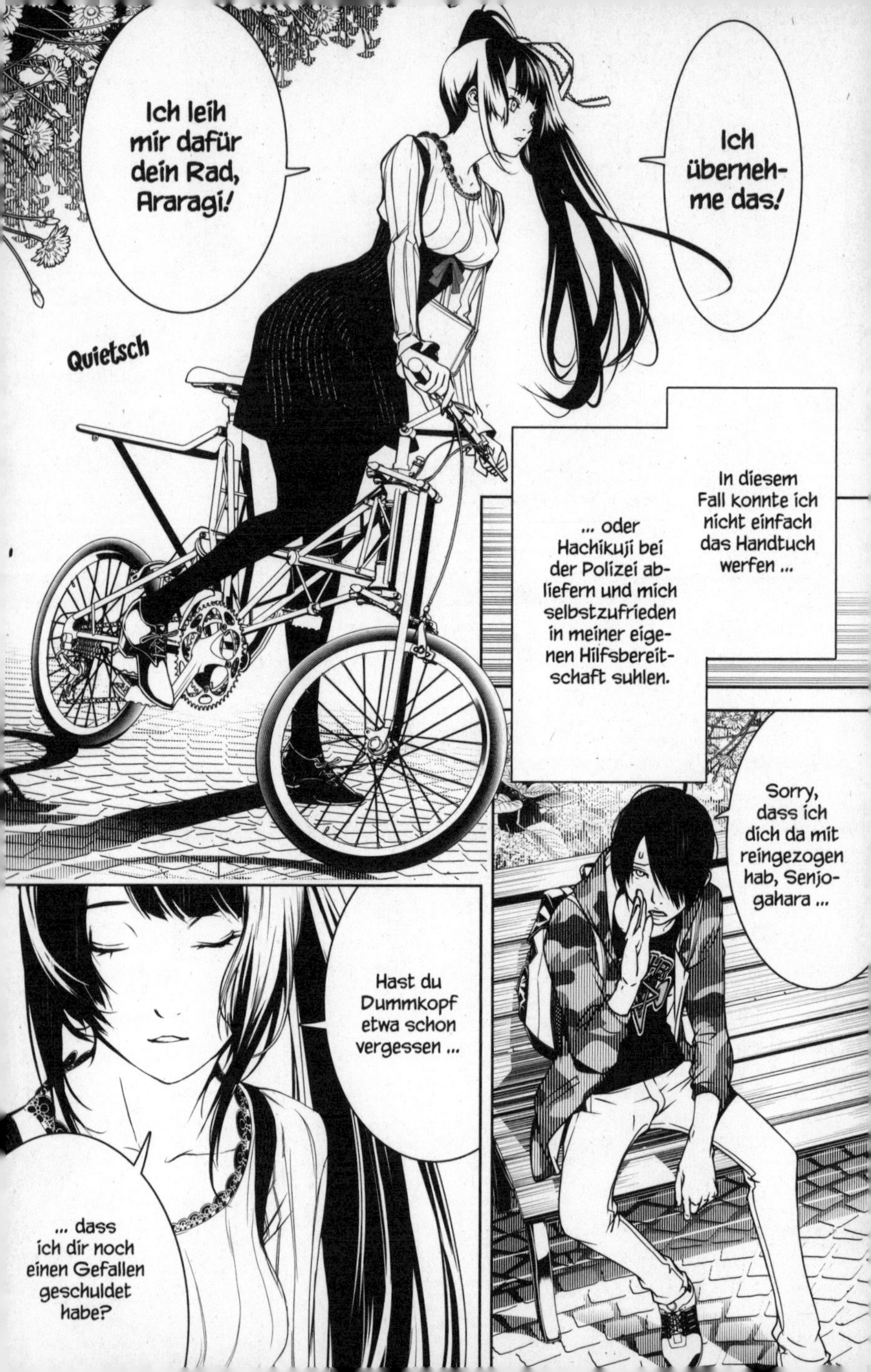
Ich überneh-me das!
Ich leih mir dafür dein Rad, Araragi!
Quietsch
In diesem Fall konnte ich nicht einfach das Handtuch werfen ...
... oder Hachikuji bei der Polizei ab-liefern und mich selbstzufrieden in meiner eige-nen Hilfsbereit-schaft suhlen.
Sorry, dass ich dich da mit reingezogen hab, Senjo-gahara ...
Hast du Dummkopf etwa schon vergessen ...
... dass ich dir noch einen Gefallen geschuldet habe?

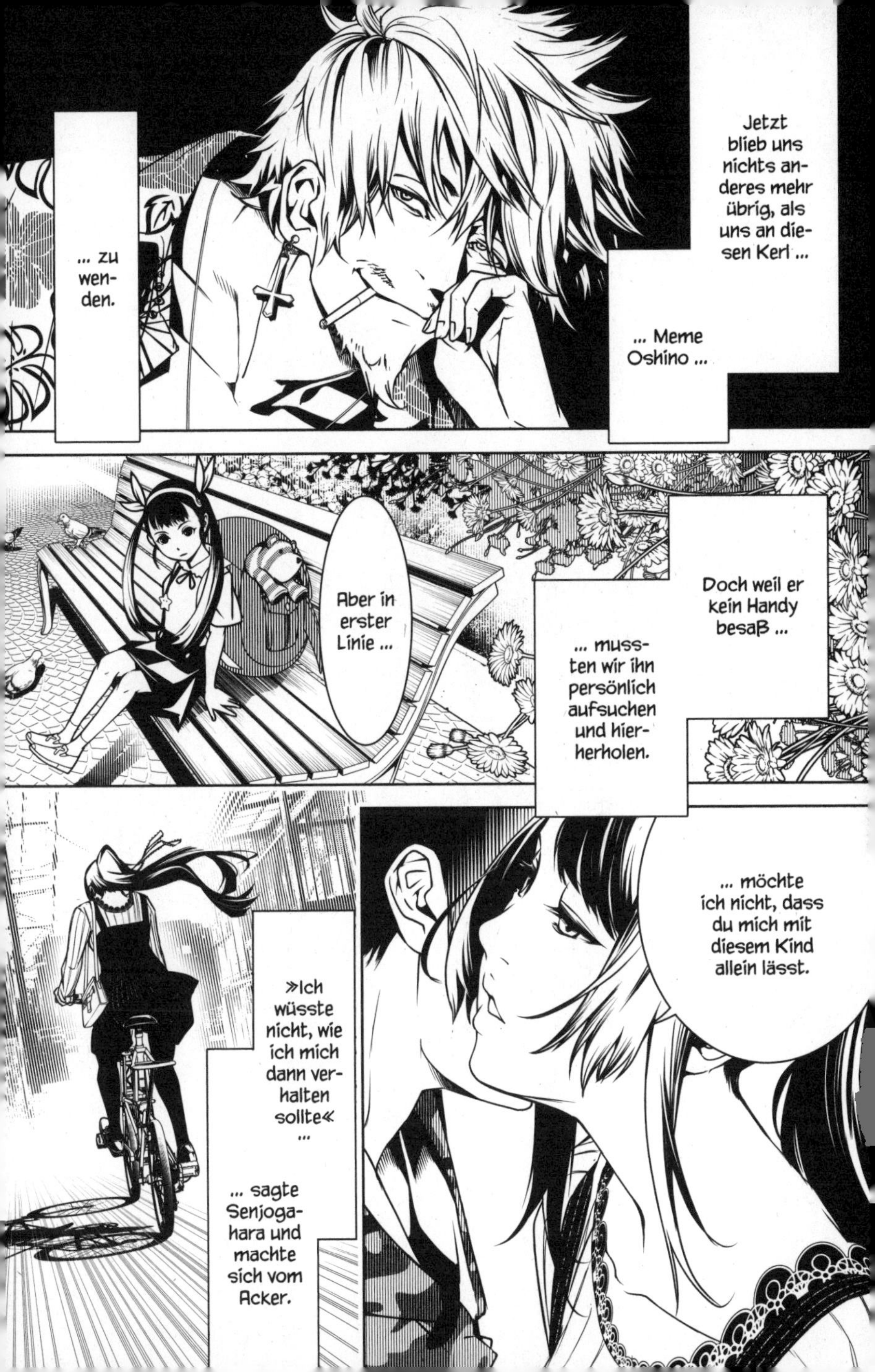
Jetzt blieb uns nichts anderes mehr übrig, als uns an diesen Kerl ...
... Meme Oshino ...
... zu wenden.
Doch weil er kein Handy besaß ...
... mussten wir ihn persönlich aufsuchen und hierherholen.
Aber in erster Linie ...
... möchte ich nicht, dass du mich mit diesem Kind allein lässt.
»Ich wüsste nicht, wie ich mich dann verhalten sollte« ...
... sagte Senjogahara und machte sich vom Acker.

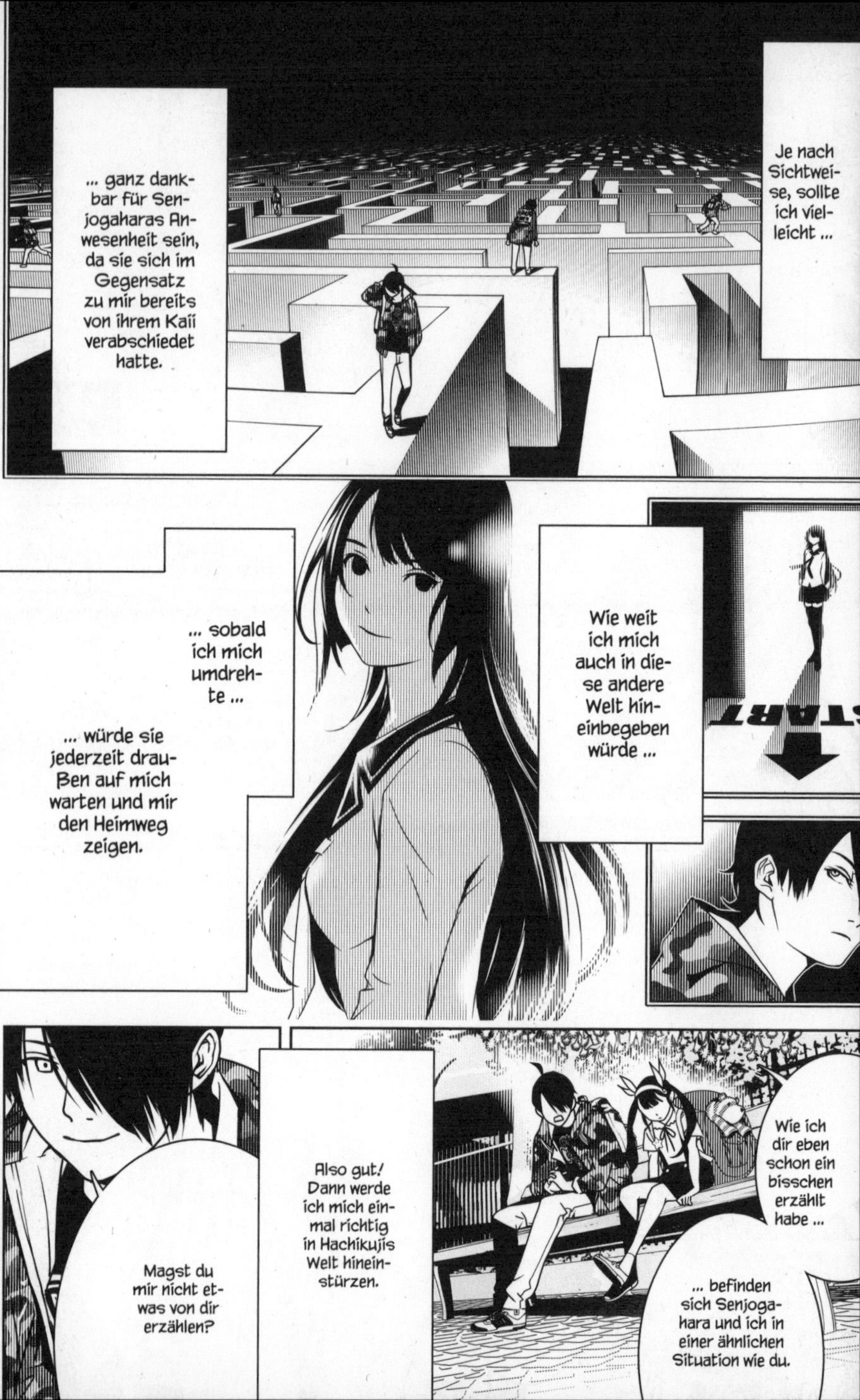
Je nach Sichtweise, sollte ich vielleicht ...
... ganz dankbar für Senjogaharas Anwesenheit sein, da sie sich im Gegensatz zu mir bereits von ihrem Kaii verabschiedet hatte.
Wie weit ich mich auch in diese andere Welt hineinbegeben würde ...
... sobald ich mich umdrehte ...
... würde sie jederzeit draußen auf mich warten und mir den Heimweg zeigen.
Wie ich dir eben schon ein bisschen erzählt habe ...
... befinden sich Senjogahara und ich in einer ähnlichen Situation wie du.
Also gut! Dann werde ich mich einmal richtig in Hachikujis Welt hineinstürzen.
Magst du mir nicht etwas von dir erzählen?

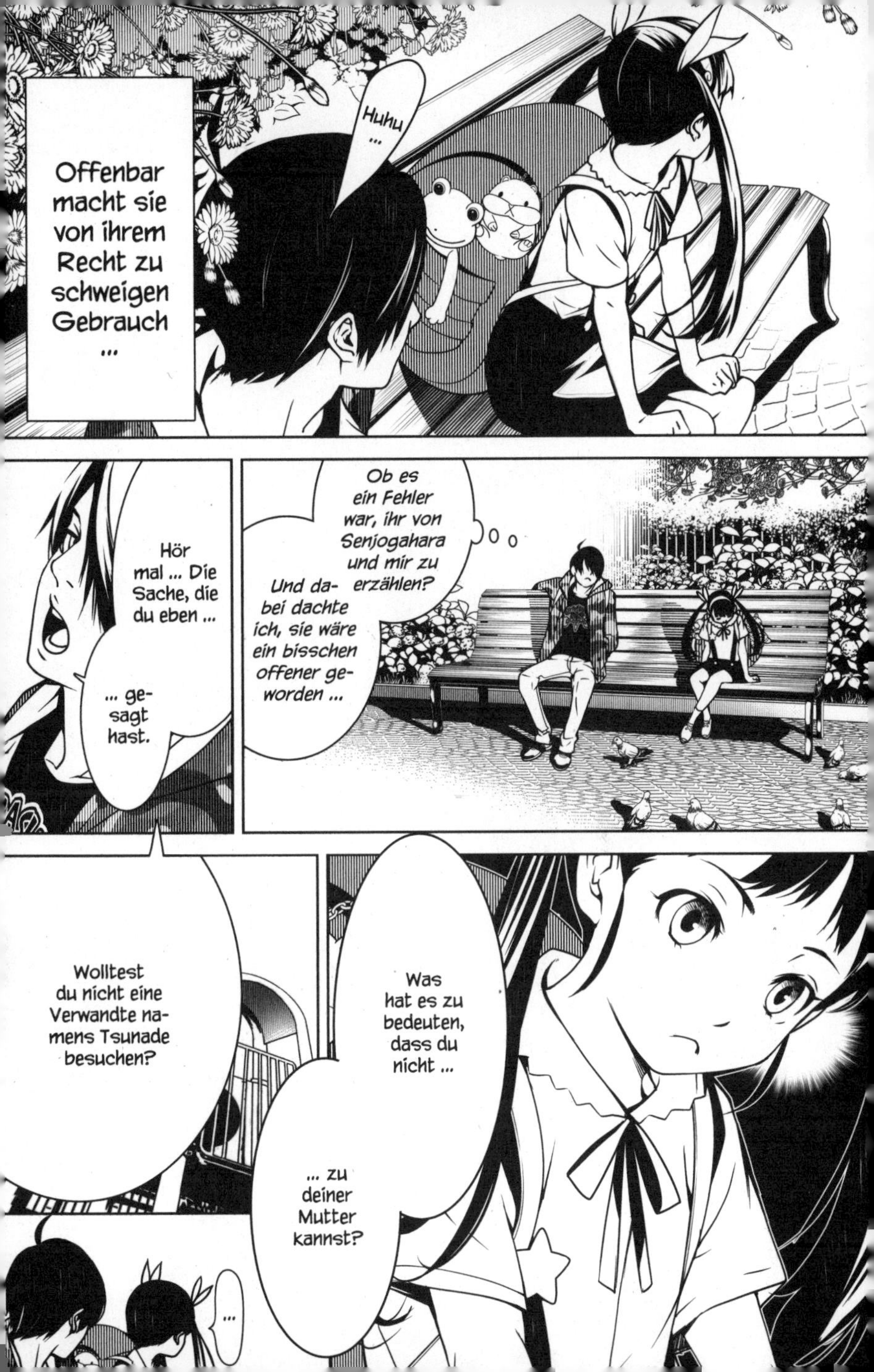
Huhu ...
Offenbar macht sie von ihrem Recht zu schweigen Gebrauch ...
Ob es ein Fehler war, ihr von Senjogahara und mir zu erzählen?
Und dabei dachte ich, sie wäre ein bisschen offener geworden ...
Hör mal ... Die Sache, die du eben ...
... gesagt hast.
Was hat es zu bedeuten, dass du nicht ...
... zu deiner Mutter kannst?
Wolltest du nicht eine Verwandte namens Tsunade besuchen?
...

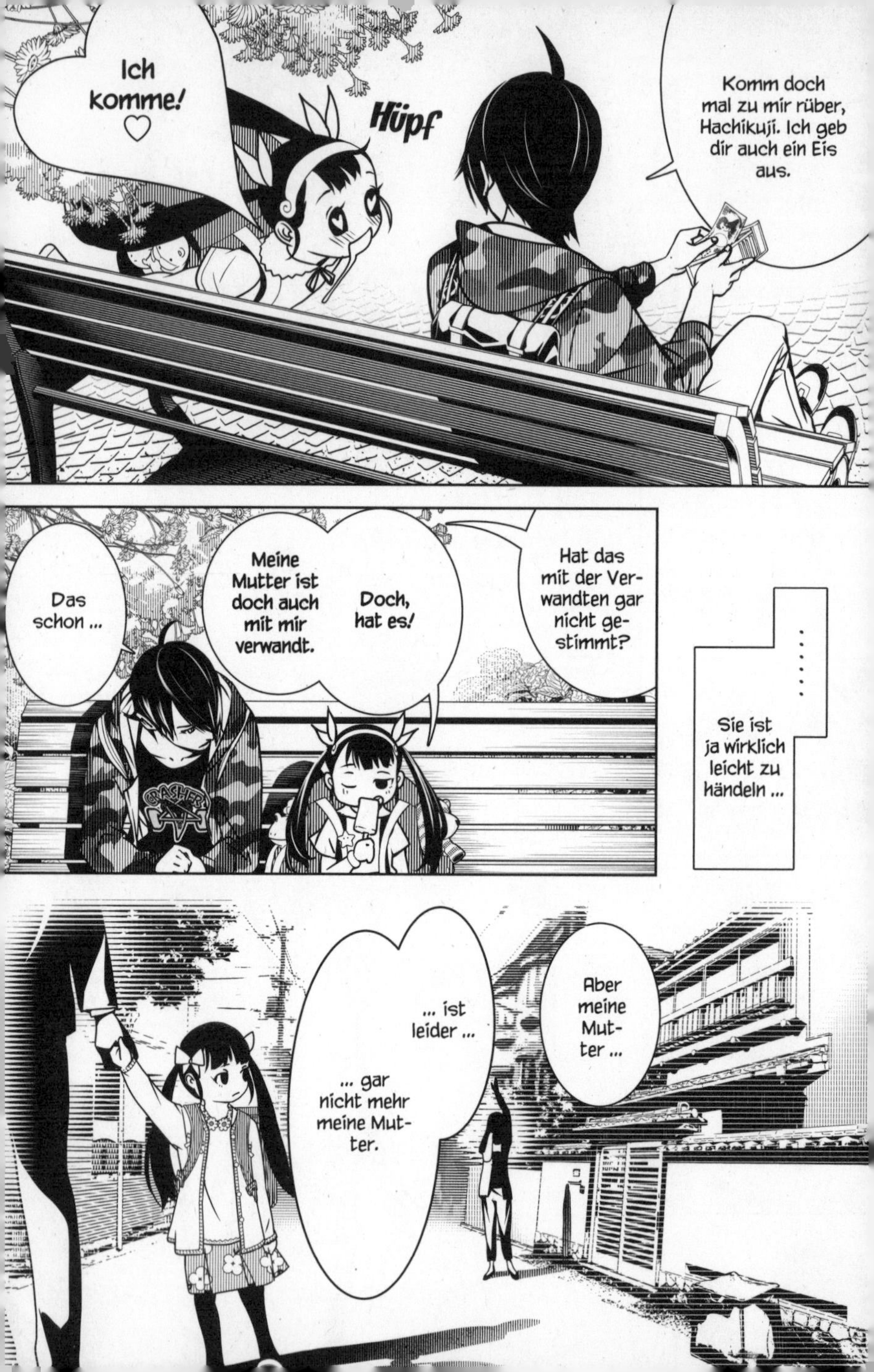
Komm doch mal zu mir rüber, Hachikuji. Ich geb dir auch ein Eis aus.
Hüpf
Ich komme! ♡
Sie ist ja wirklich leicht zu händeln ...
......
Hat das mit der Verwandten gar nicht gestimmt?
Doch, hat es!
Meine Mutter ist doch auch mit mir verwandt.
Das schon ...
Aber meine Mutter ...
... ist leider ...
... gar nicht mehr meine Mutter.

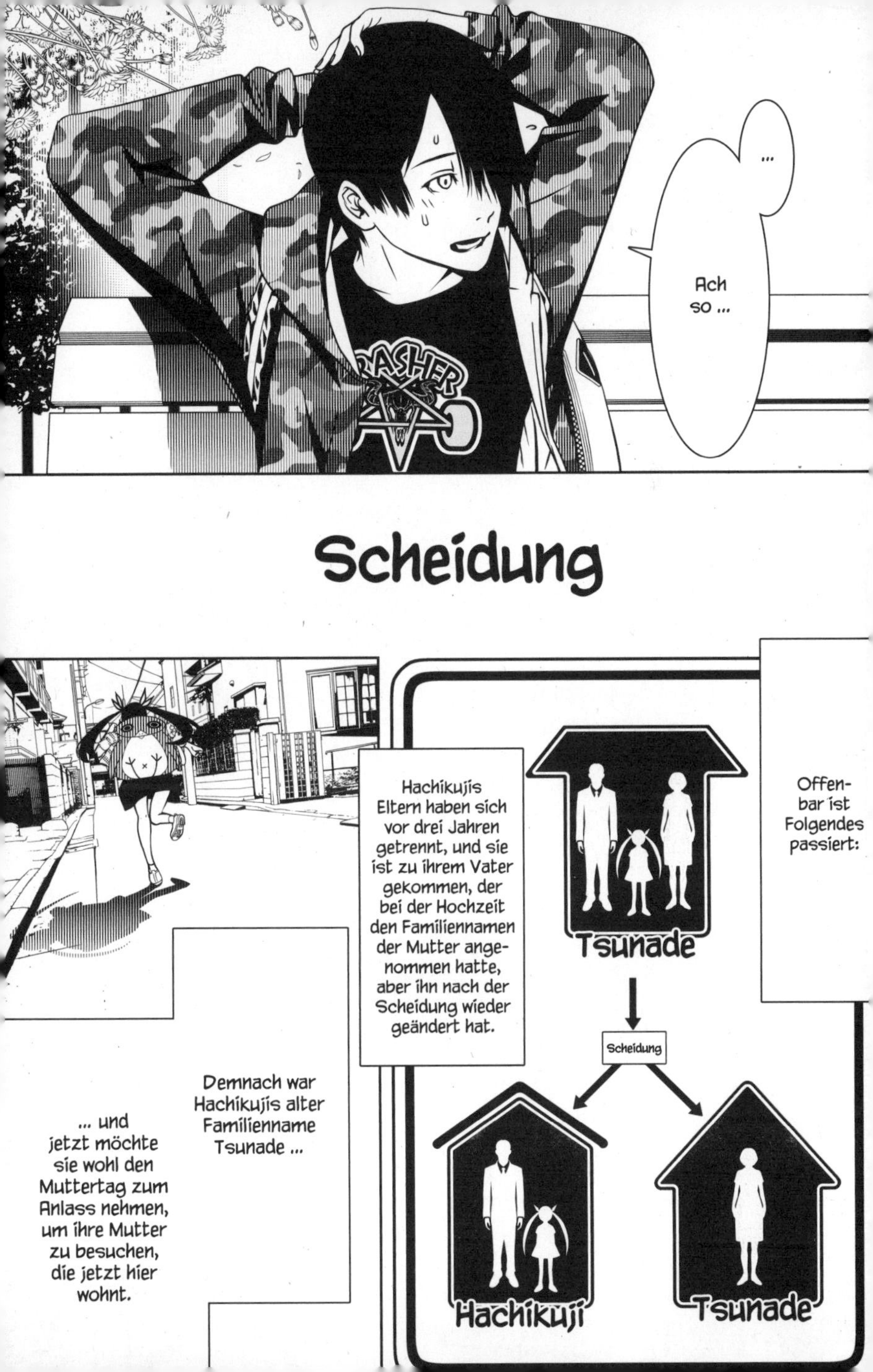
...
Ach so ...
Scheidung
Offenbar ist Folgendes passiert:
Tsunade
Scheidung
Hachikuji
Tsunade
Hachikujis Eltern haben sich vor drei Jahren getrennt, und sie ist zu ihrem Vater gekommen, der bei der Hochzeit den Familiennamen der Mutter angenommen hatte, aber ihn nach der Scheidung wieder geändert hat.
Demnach war Hachikujis alter Familienname Tsunade ...
... und jetzt möchte sie wohl den Muttertag zum Anlass nehmen, um ihre Mutter zu besuchen, die jetzt hier wohnt.

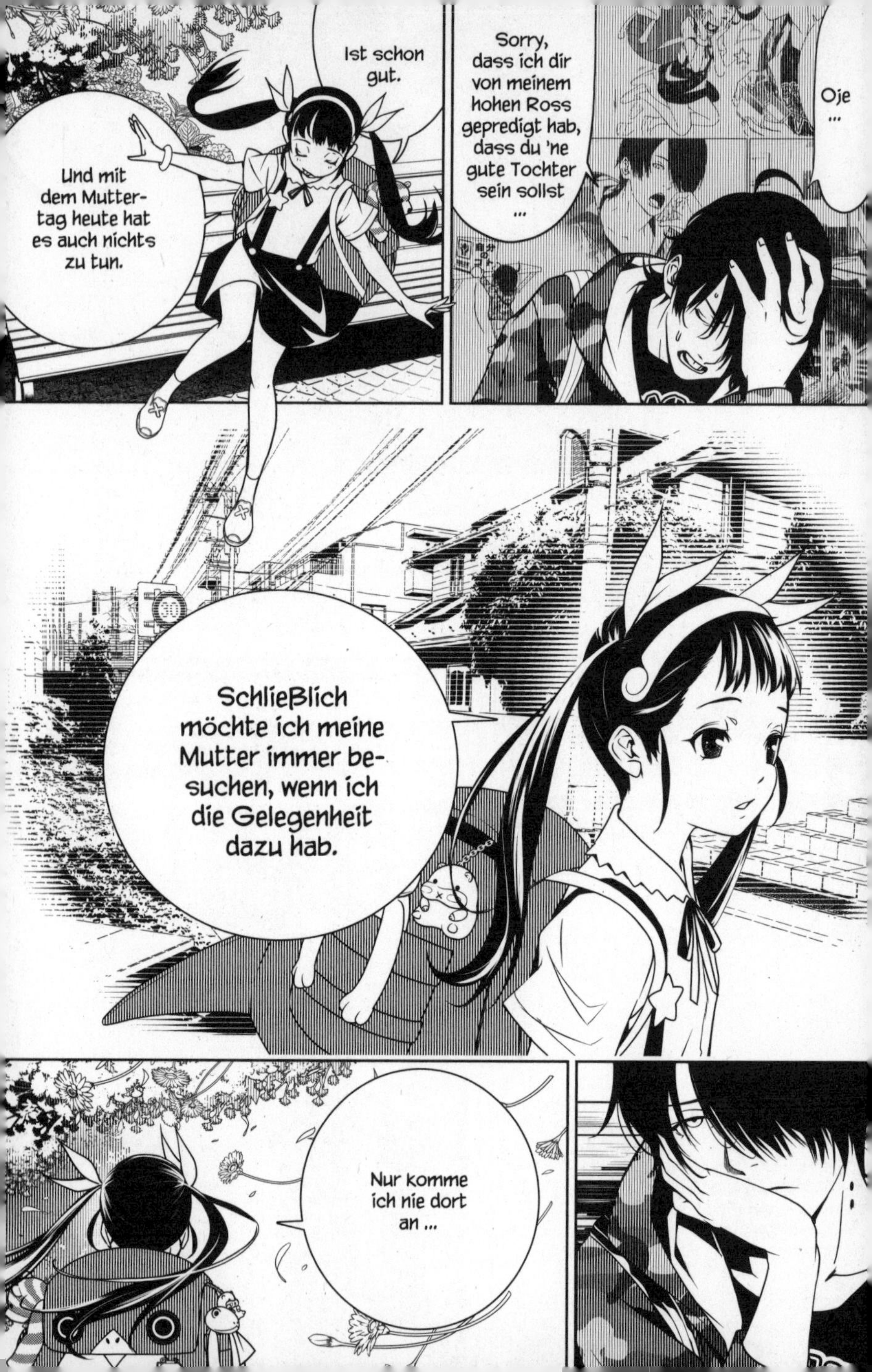
Oje ...
Sorry, dass ich dir von meinem hohen Ross gepredigt hab, dass du 'ne gute Tochter sein sollst ...
Ist schon gut.
Und mit dem Muttertag heute hat es auch nichts zu tun.
Schließlich möchte ich meine Mutter immer besuchen, wenn ich die Gelegenheit dazu hab.
Nur komme ich nie dort an ...

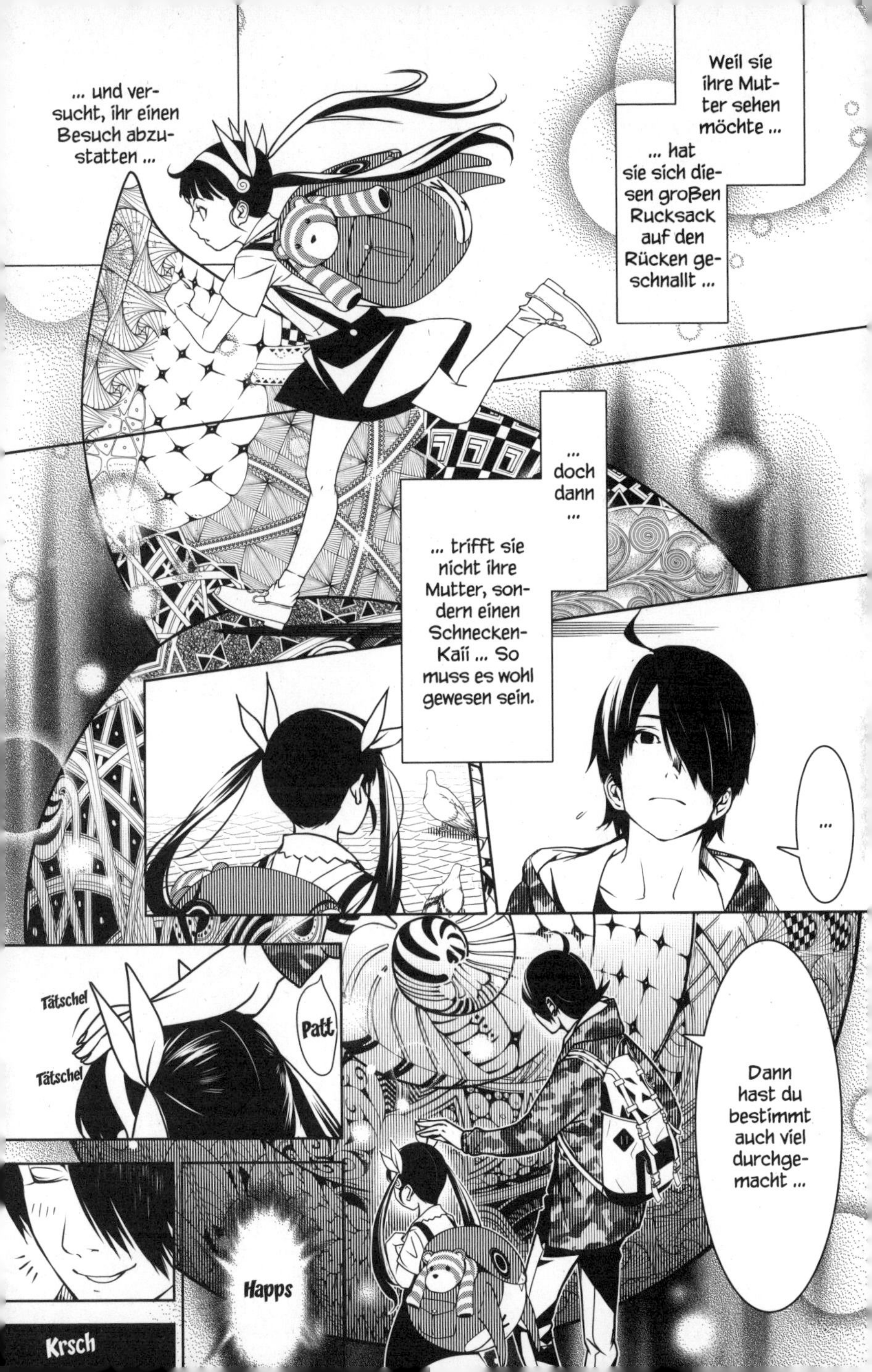

Weil sie ihre Mutter sehen möchte ...
... hat sie sich diesen großen Rucksack auf den Rücken geschnallt ...
... und versucht, ihr einen Besuch abzustatten ...
... doch dann ...
... trifft sie nicht ihre Mutter, sondern einen Schnecken-Kaii ... So muss es wohl gewesen sein.
...
Dann hast du bestimmt auch viel durchgemacht ...
Patt
Tätschel
Tätschel
Happs
Krsch

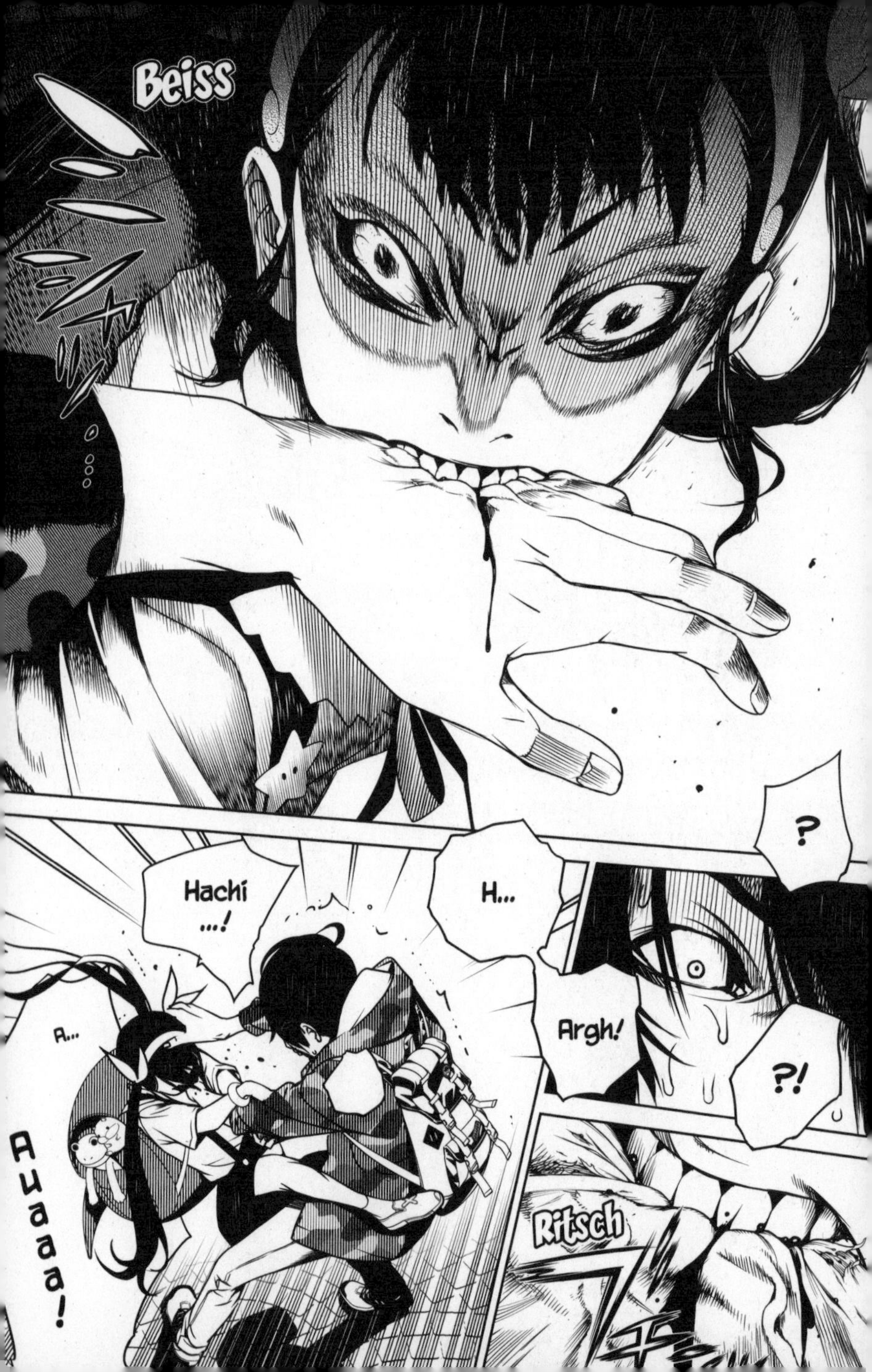
Beiss
?
H...
Hachi ...!
A...
Auaaa!
Argh!
?!
Ritsch

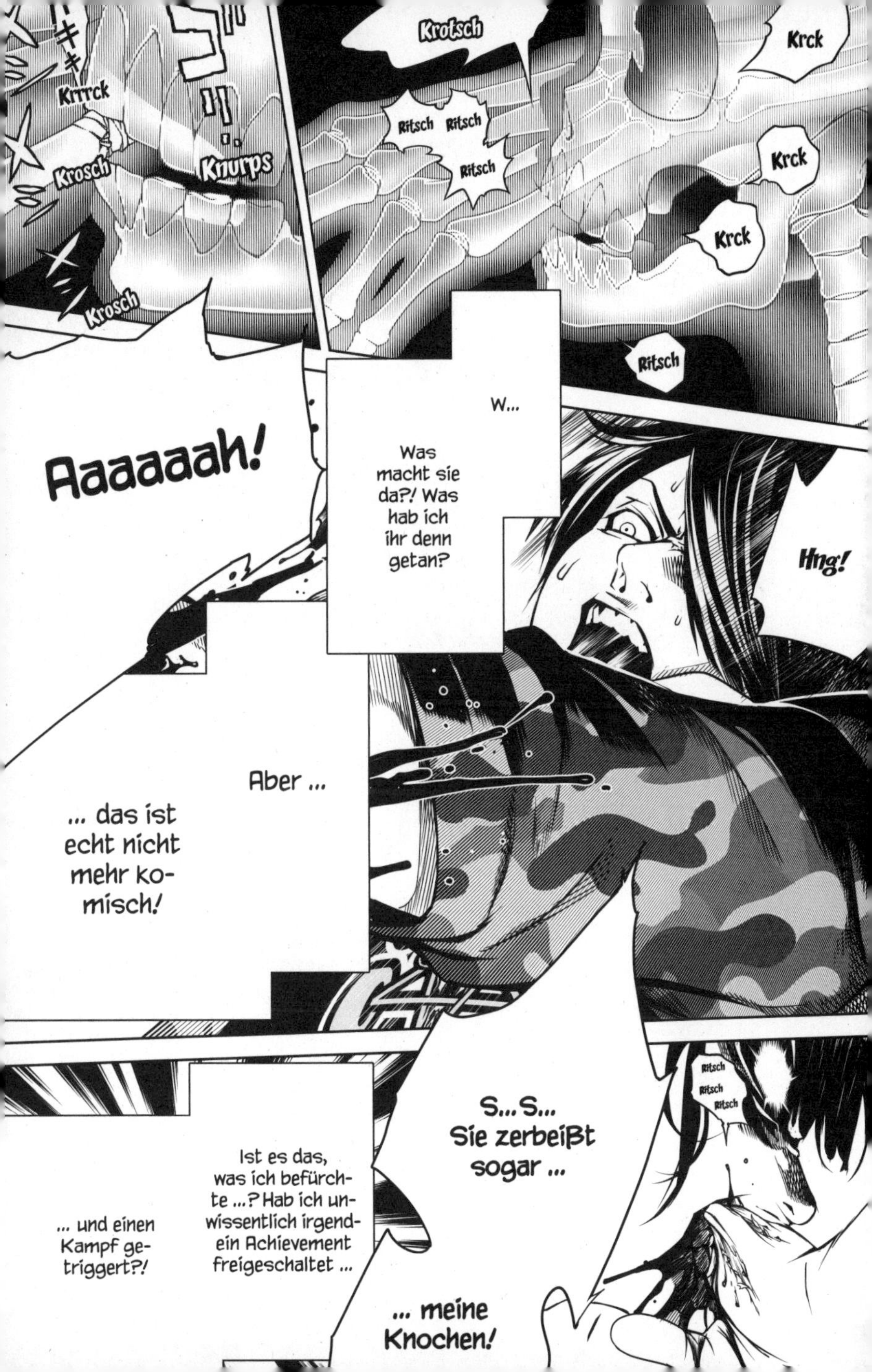
Krotsch
Krck
Ritsch Ritsch
Ritsch
Krck
Krck
Ritsch
Krrrck
Knurps
Krosch
Krosch
W...
Was macht sie da?! Was hab ich ihr denn getan?
Hng!
Aaaaaah!
Aber ...
... das ist echt nicht mehr komisch!
Ritsch
Ritsch
Ritsch
S... S... Sie zerbeißt sogar ...
... meine Knochen!
Ist es das, was ich befürchte ...? Hab ich unwissentlich irgendein Achievement freigeschaltet ...
... und einen Kampf getriggert?!

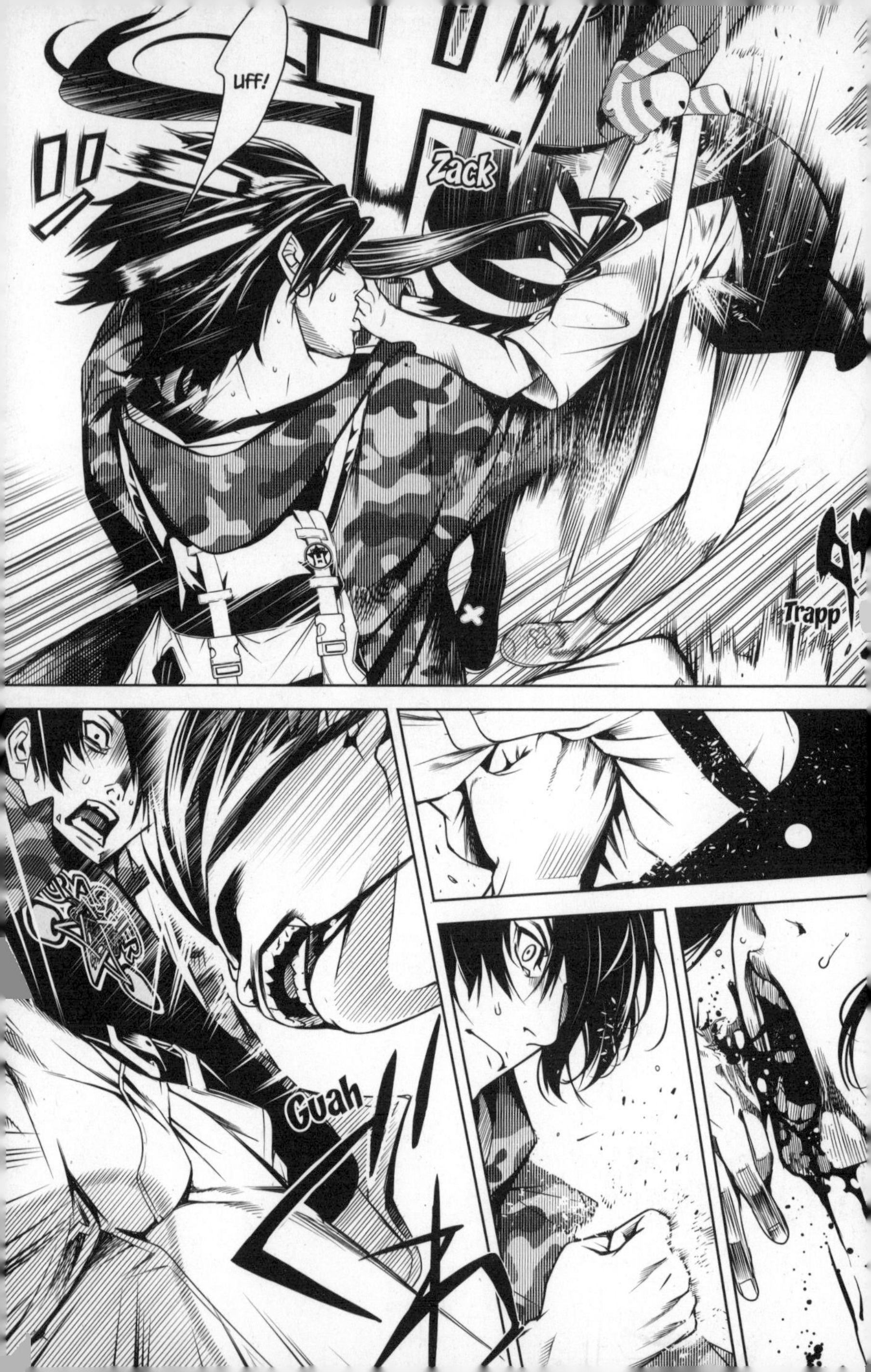

uff!
Zack
Trapp
Guah

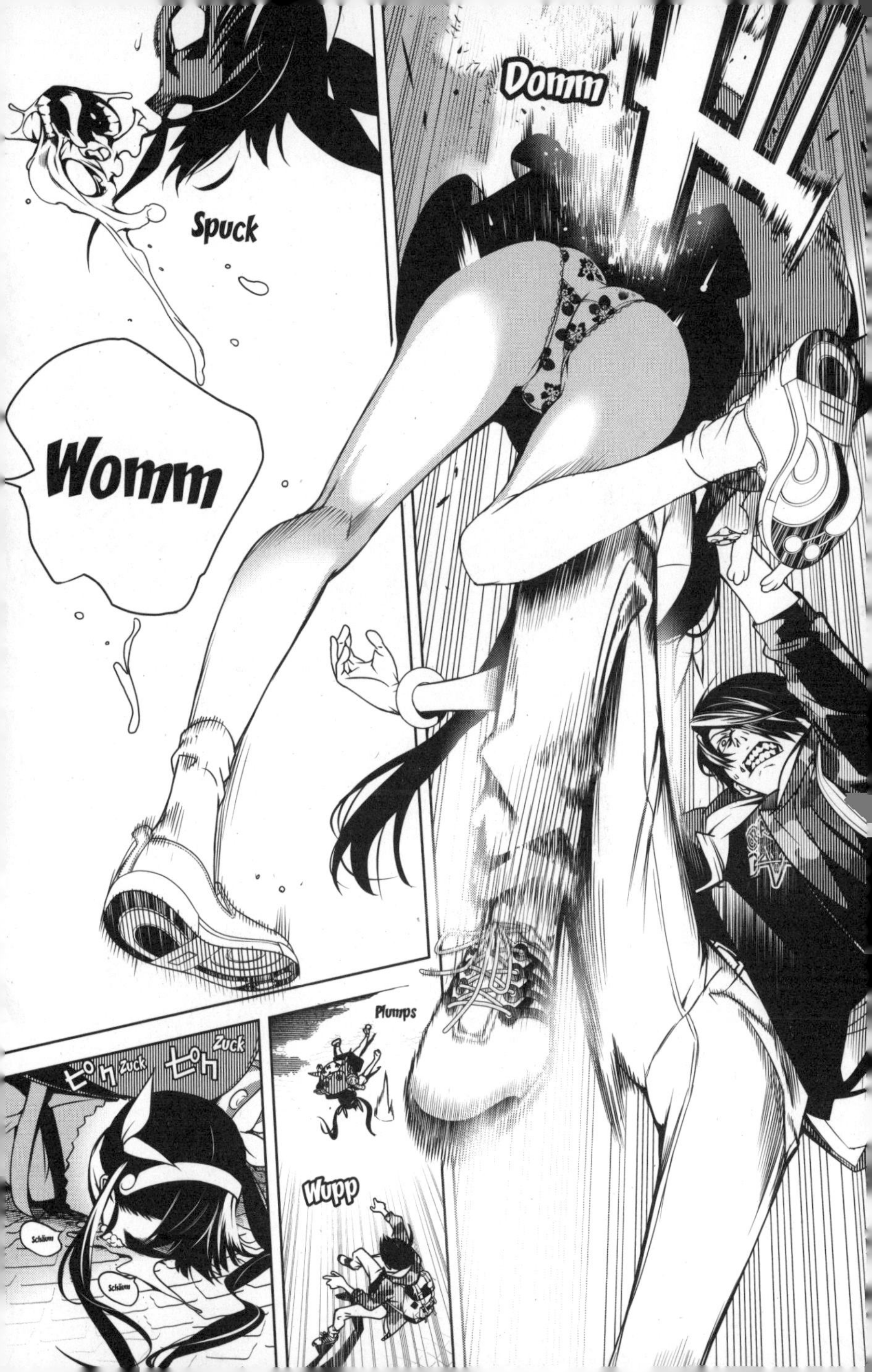
Domm
Spuck
Womm
Plumps
Wupp
Zuck
Zuck
Schäum
Schäum

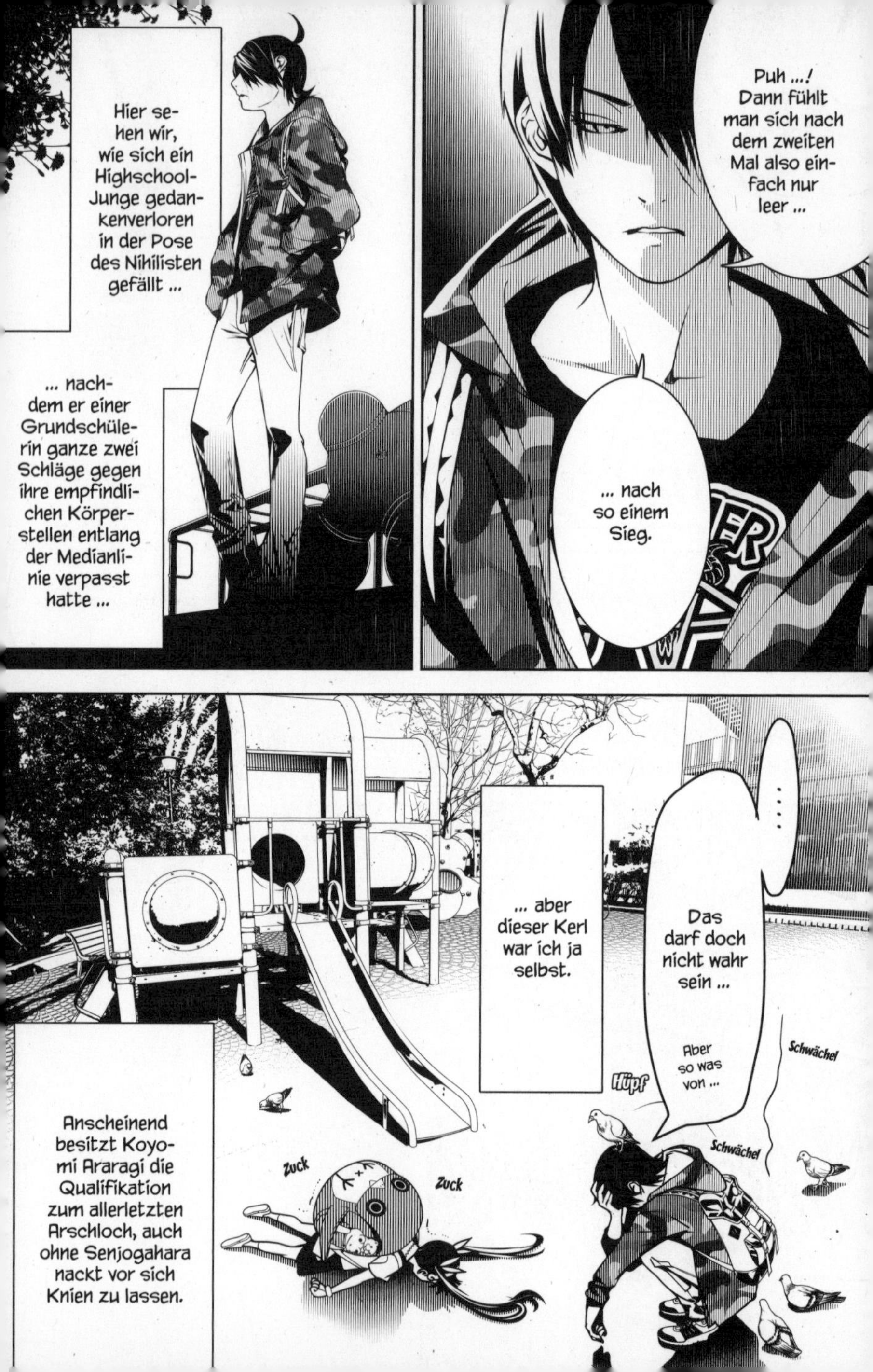

Puh ...! Dann fühlt man sich nach dem zweiten Mal also einfach nur leer ...
... nach so einem Sieg.
Hier sehen wir, wie sich ein Highschool-Junge gedankenverloren in der Pose des Nihilisten gefällt ...
... nachdem er einer Grundschülerin ganze zwei Schläge gegen ihre empfindlichen Körperstellen entlang der Medianlinie verpasst hatte ...
...
Das darf doch nicht wahr sein ...
... aber dieser Kerl war ich ja selbst.
Schwächel
Aber so was von ...
Schwächel
Hüpf
Zuck
Zuck
Anscheinend besitzt Koyomi Araragi die Qualifikation zum allerletzten Arschloch, auch ohne Senjogahara nackt vor sich Knien zu lassen.

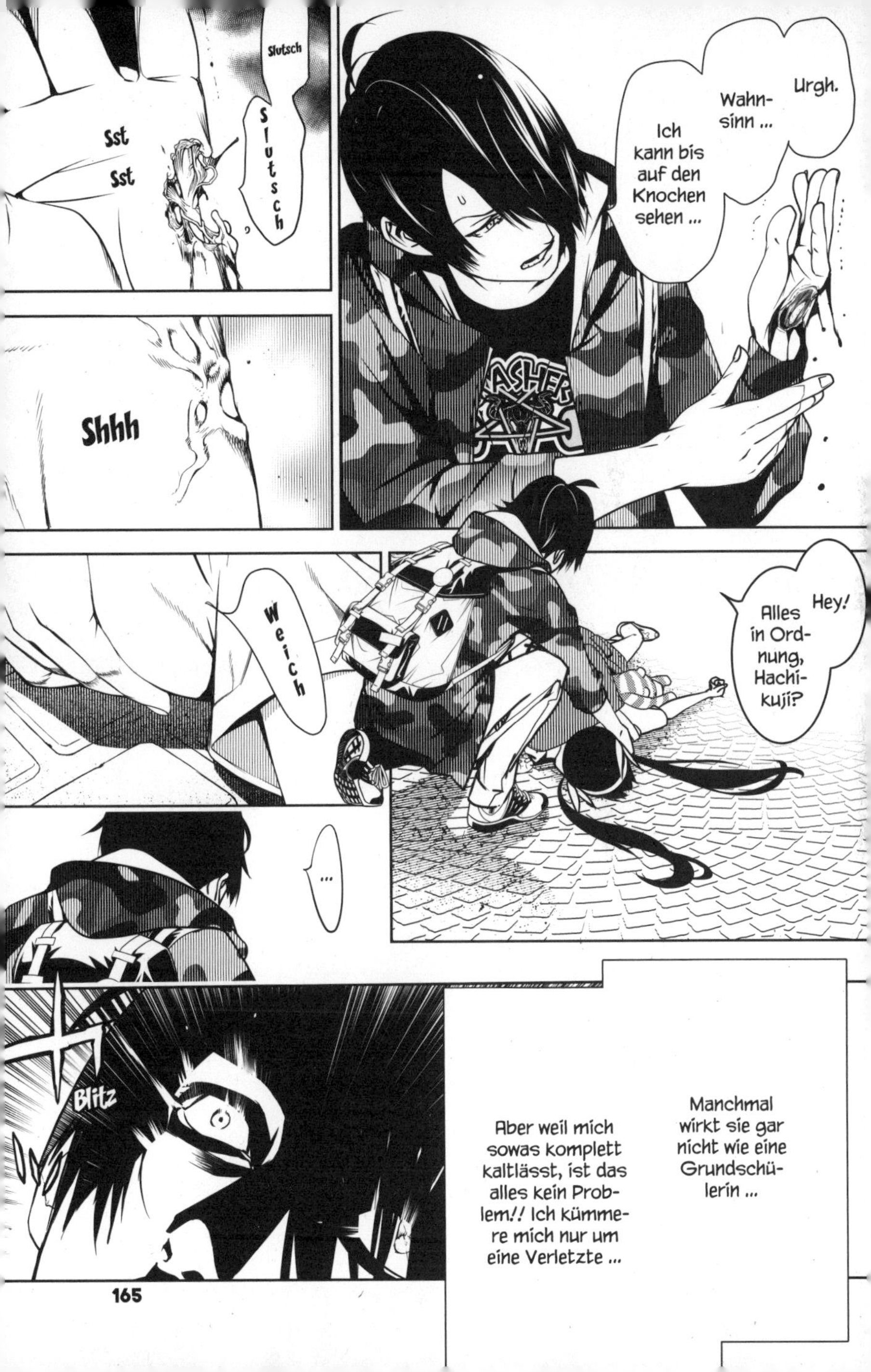
Urgh.
Wahnsinn ...
Ich kann bis auf den Knochen sehen ...
Slutsch
Slutsch
Sst
Sst
Shhh
Hey!
Alles in Ordnung, Hachikuji?
Weich
...
Manchmal wirkt sie gar nicht wie eine Grundschülerin ...
Aber weil mich sowas komplett kaltlässt, ist das alles kein Problem!! Ich kümmere mich nur um eine Verletzte ...
Blitz

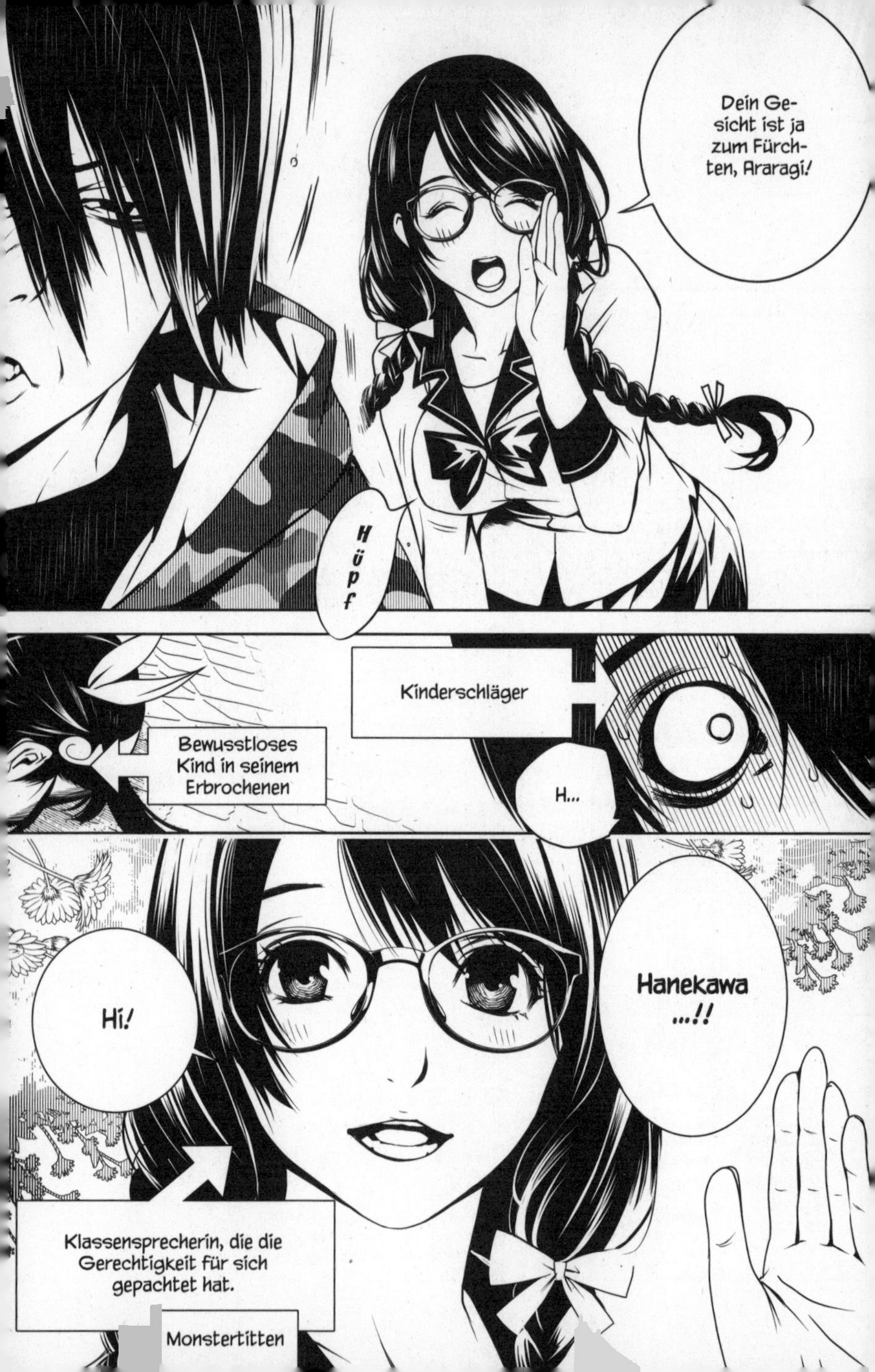

Dein Gesicht ist ja zum Fürchten, Araragi!
Hüpf
Kinderschläger
H...
Bewusstloses Kind in seinem Erbrochenen
Hanekawa ...!!
Hi!
Klassensprecherin, die die Gerechtigkeit für sich gepachtet hat.
Monstertitten

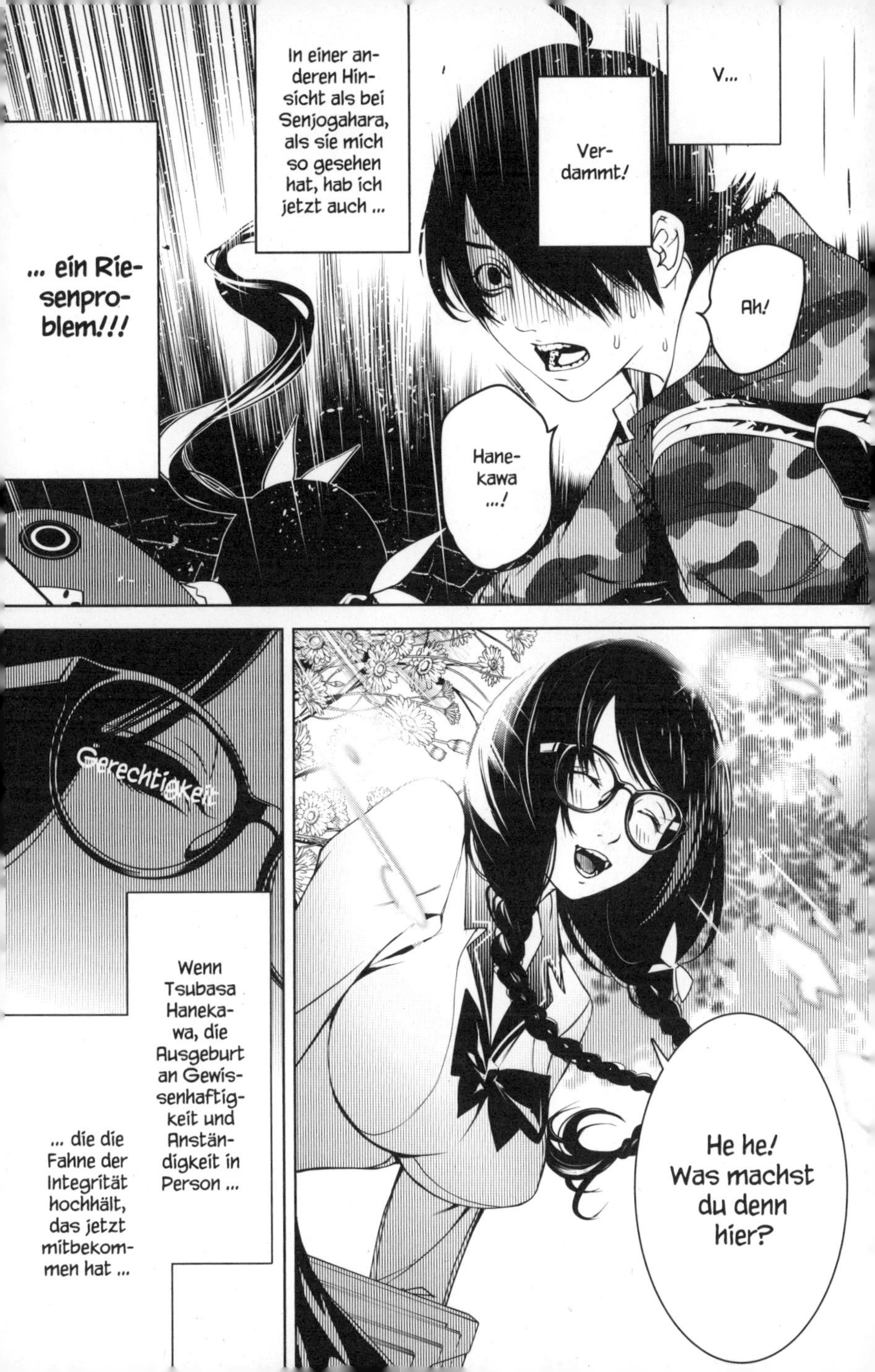
V...
Verdammt!
In einer anderen Hinsicht als bei Senjogahara, als sie mich so gesehen hat, hab ich jetzt auch ...
... ein Riesenproblem!!!
Ah!
Hanekawa ...!
Gerechtigkeit
He he! Was machst du denn hier?
Wenn Tsubasa Hanekawa, die Ausgeburt an Gewissenhaftigkeit und Anständigkeit in Person ...
... die die Fahne der Integrität hochhält, das jetzt mitbekommen hat ...

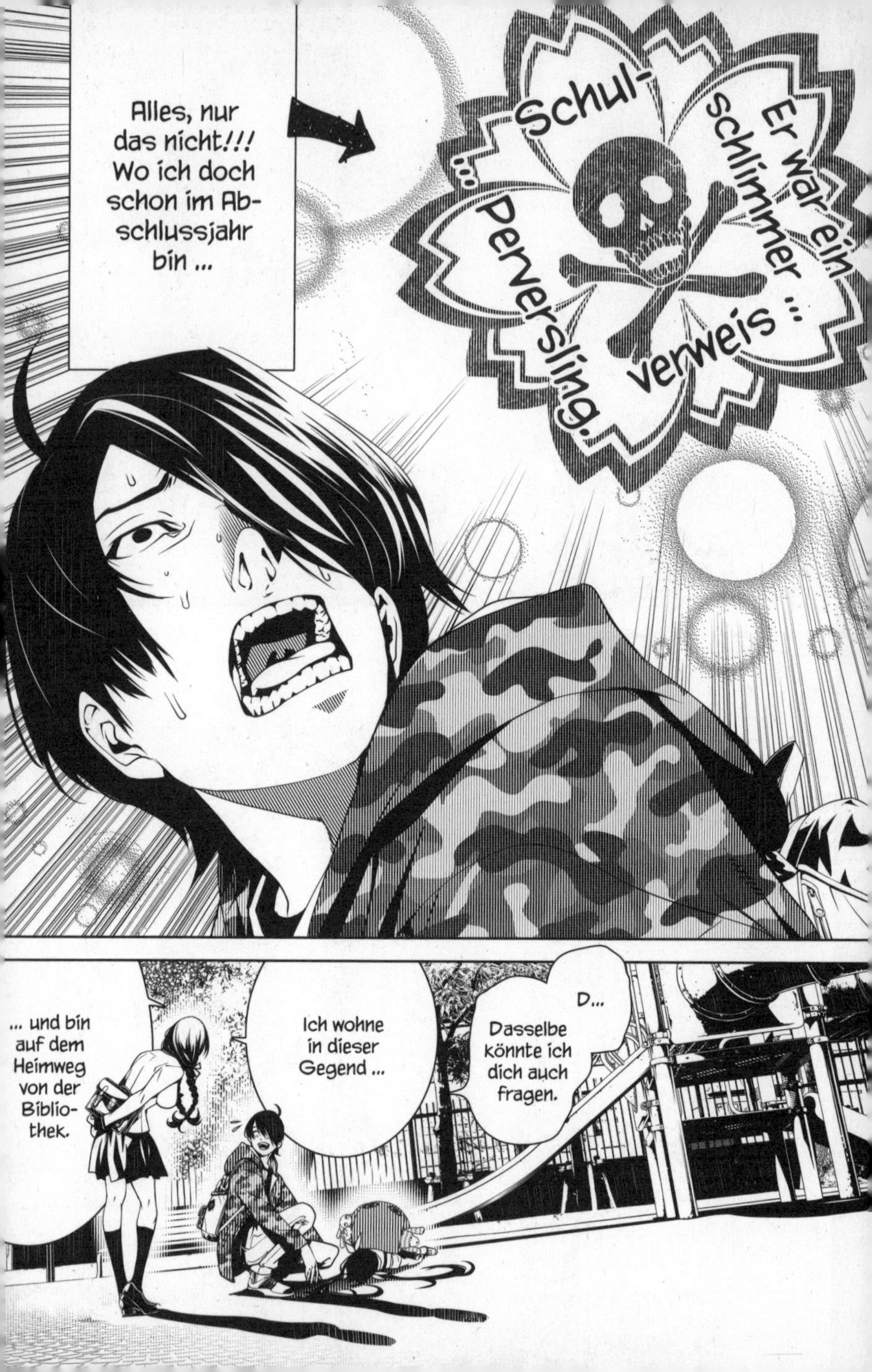
Er war ein schlimmer ...
Schul-verweis
... Perversling.
Alles, nur das nicht!!! Wo ich doch schon im Abschlussjahr bin ...
D...
Dasselbe könnte ich dich auch fragen.
Ich wohne in dieser Gegend ...
... und bin auf dem Heimweg von der Bibliothek.

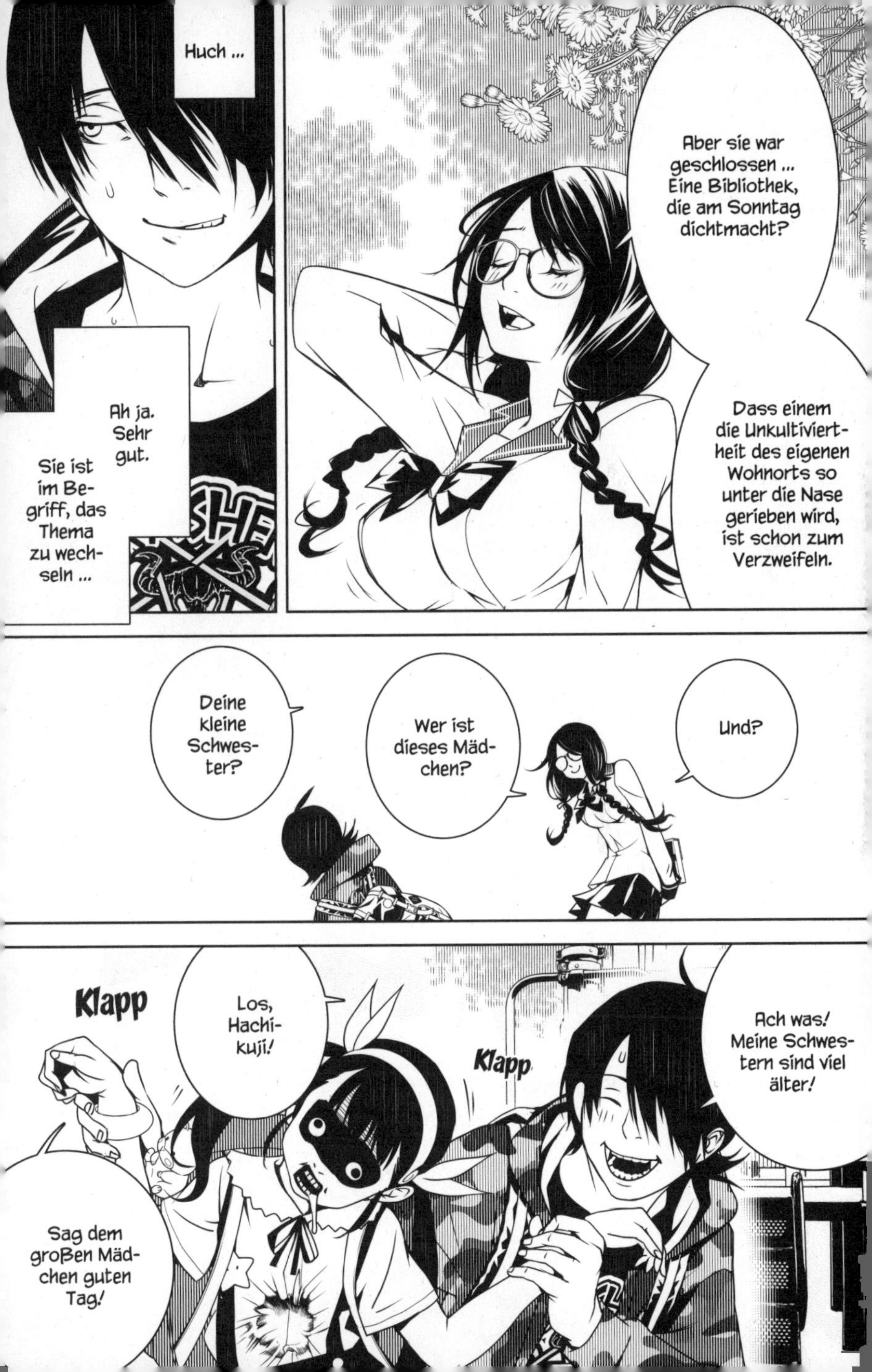
Aber sie war geschlossen ... Eine Bibliothek, die am Sonntag dichtmacht?
Dass einem die Unkultiviert-heit des eigenen Wohnorts so unter die Nase gerieben wird, ist schon zum Verzweifeln.
Huch ...
Ah ja. Sehr gut.
Sie ist im Be-griff, das Thema zu wech-seln ...
Und?
Wer ist dieses Mäd-chen?
Deine kleine Schwes-ter?
Ach was! Meine Schwes-tern sind viel älter!
Klapp
Los, Hachi-kuji!
Klapp
Sag dem großen Mäd-chen guten Tag!

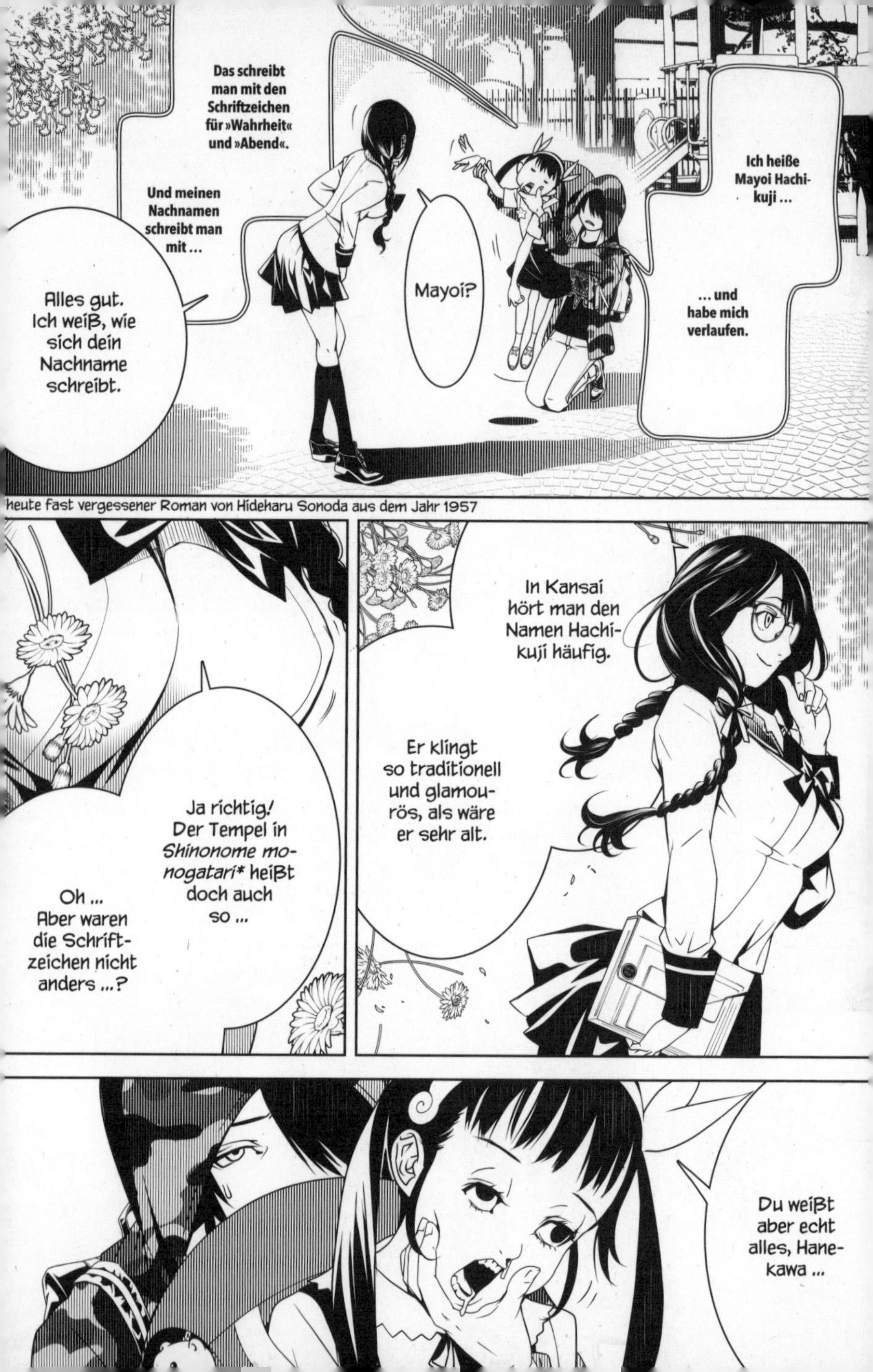

heute fast vergessener Roman von Hideharu Sonoda aus dem Jahr 1957

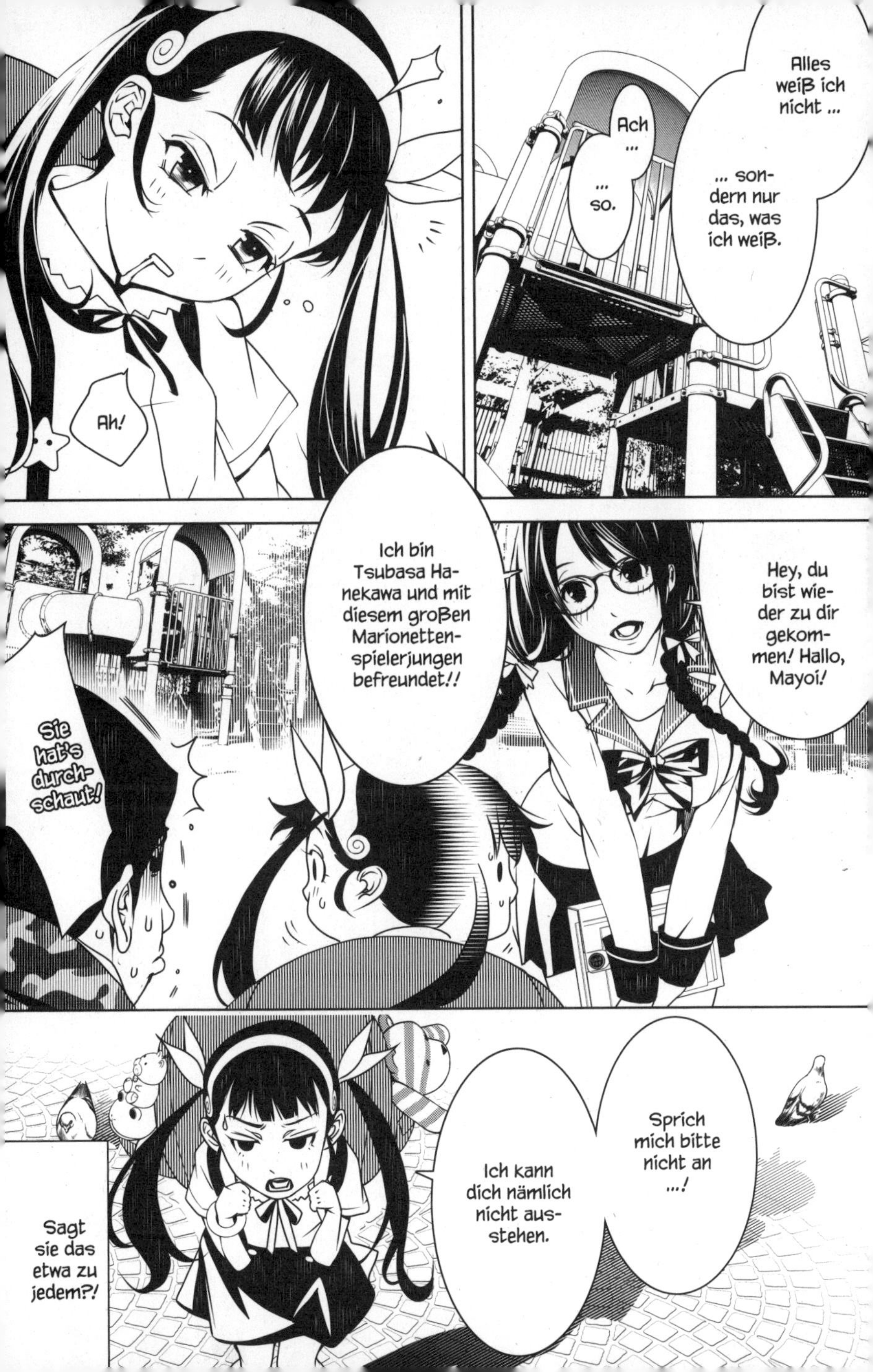
Alles weiß ich nicht ...
... sondern nur das, was ich weiß.
Ach ...
... so.
Ah!
Hey, du bist wieder zu dir gekommen! Hallo, Mayoi!
Ich bin Tsubasa Hanekawa und mit diesem großen Marionettenspielerjungen befreundet!!
Sie hat's durchschaut!
Sprich mich bitte nicht an ...!
Ich kann dich nämlich nicht ausstehen.
Sagt sie das etwa zu jedem?!

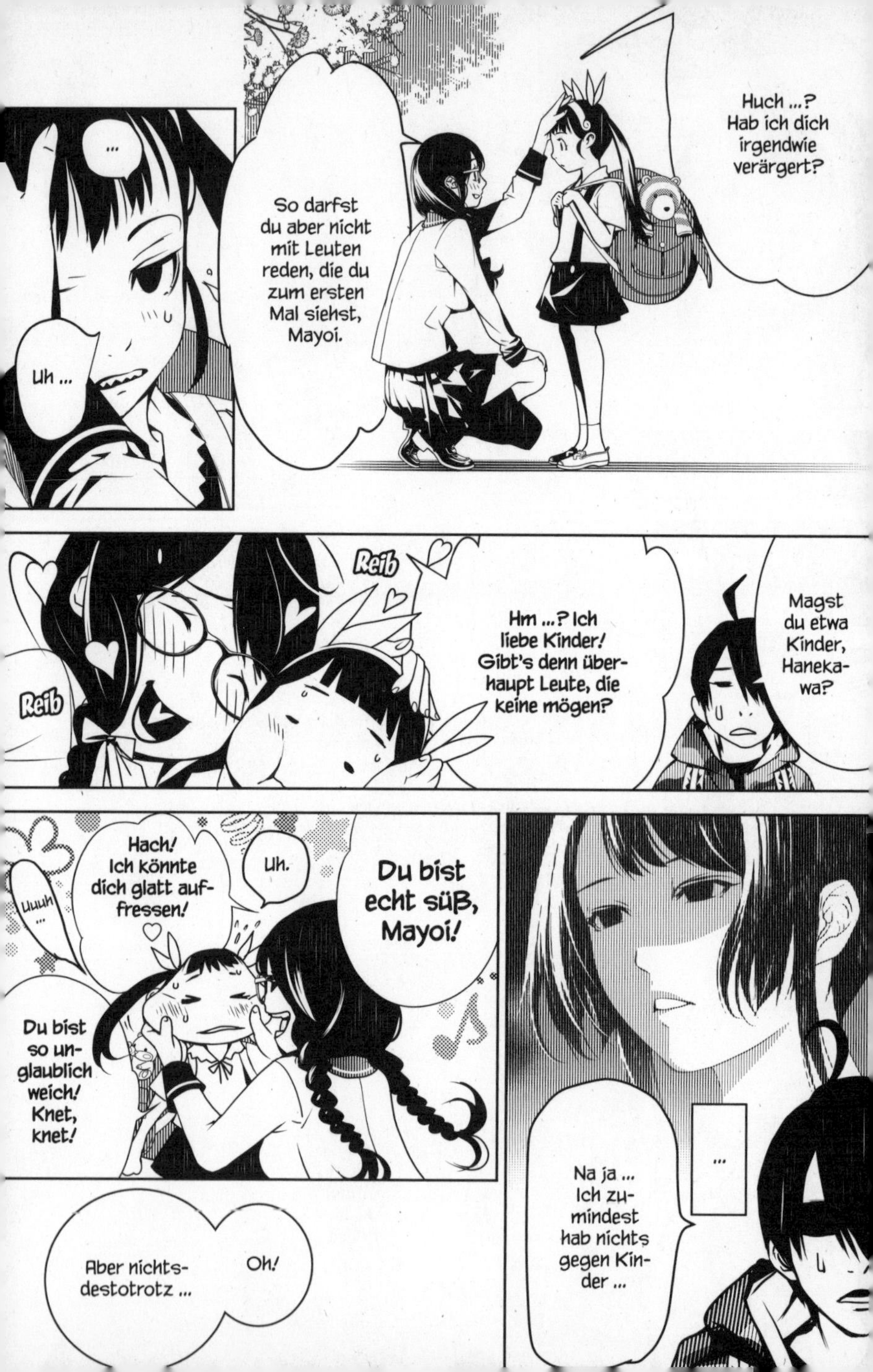
Huch ...? Hab ich dich irgendwie verärgert?
So darfst du aber nicht mit Leuten reden, die du zum ersten Mal siehst, Mayoi.
...
Uh ...
Magst du etwa Kinder, Hanekawa?
Hm ...? Ich liebe Kinder! Gibt's denn überhaupt Leute, die keine mögen?
Reib
Reib
...
Na ja ... Ich zumindest hab nichts gegen Kinder ...
Du bist echt süß, Mayoi!
Uh.
Hach! Ich könnte dich glatt auffressen!
Uuuh ...
Du bist so unglaublich weich! Knet, knet!
Oh!
Aber nichtsdestotrotz ...

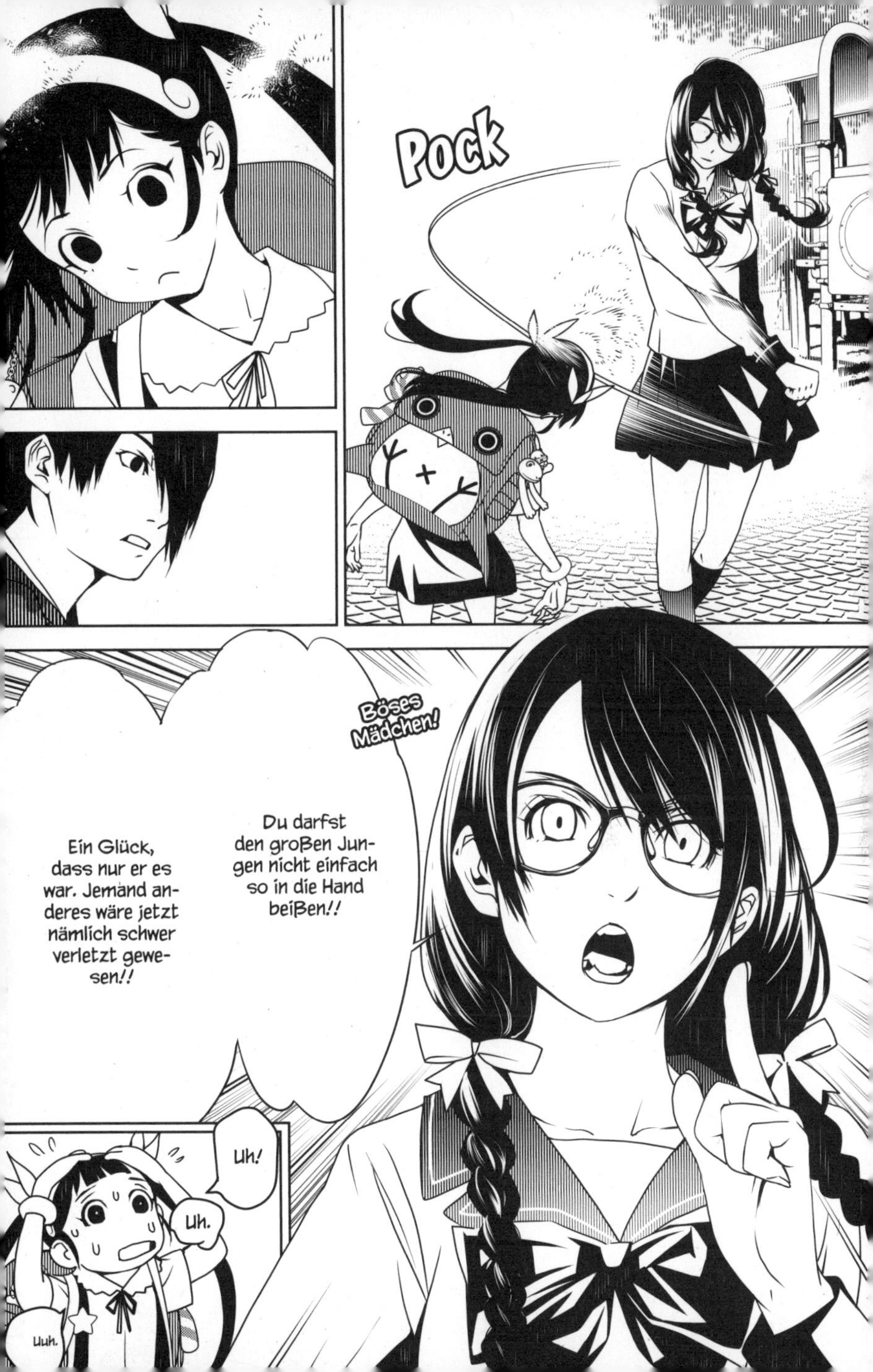
Pock
Böses Mädchen!
Du darfst den großen Jungen nicht einfach so in die Hand beißen!!
Ein Glück, dass nur er es war. Jemand anderes wäre jetzt nämlich schwer verletzt gewesen!!
Uh!
Uh.
Uuh.

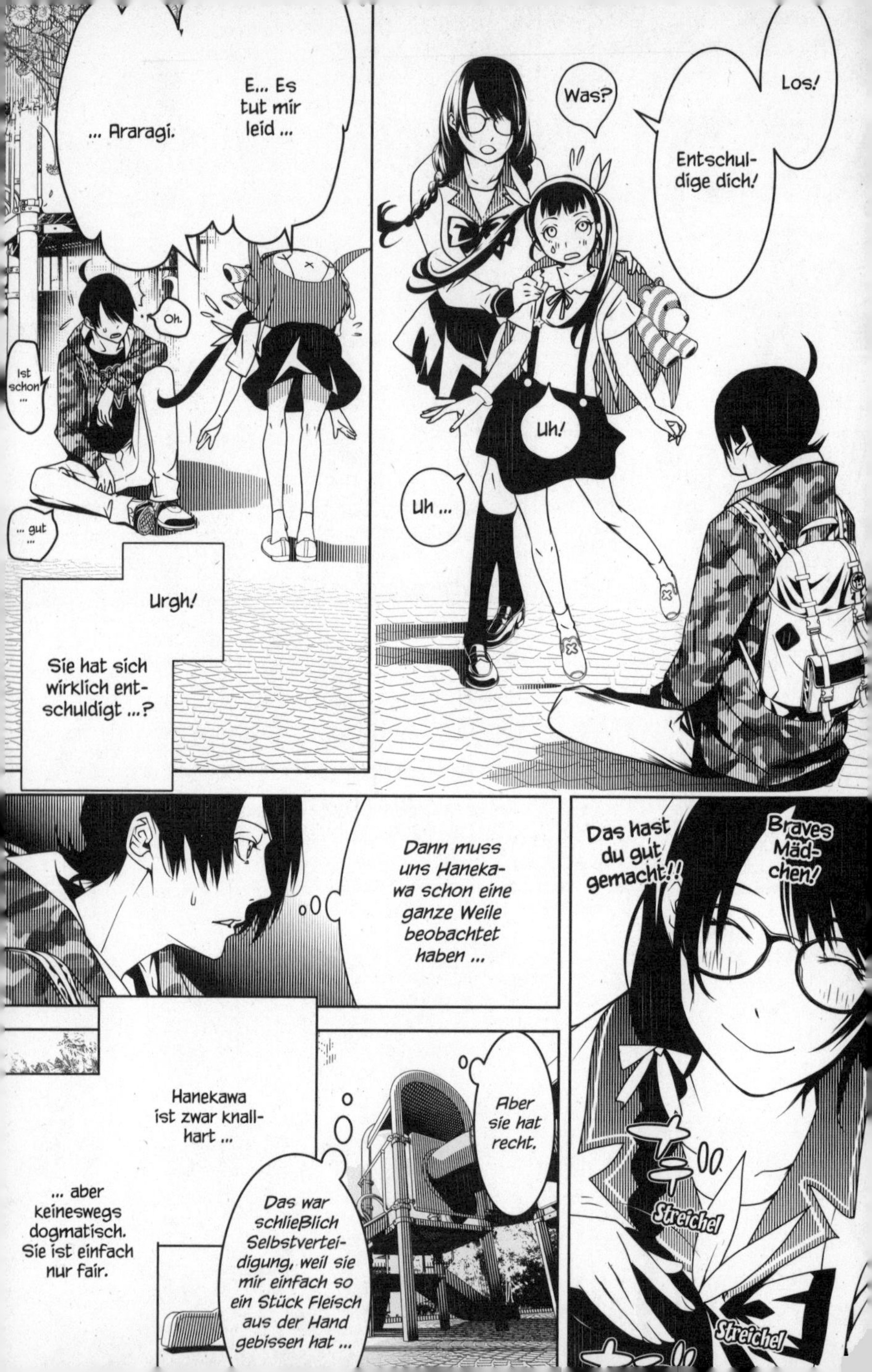
Los!
Entschuldige dich!
Was?
Uh!
Uh ...
E... Es tut mir leid ...
... Araragi.
Oh.
Ist schon ...
... gut ...
Urgh!
Sie hat sich wirklich entschuldigt ...?
Braves Mädchen!
Das hast du gut gemacht!!
Streichel
Streichel
Dann muss uns Hanekawa schon eine ganze Weile beobachtet haben ...
Aber sie hat recht.
Das war schließlich Selbstverteidigung, weil sie mir einfach so ein Stück Fleisch aus der Hand gebissen hat ...
Hanekawa ist zwar knallhart ...
... aber keineswegs dogmatisch. Sie ist einfach nur fair.

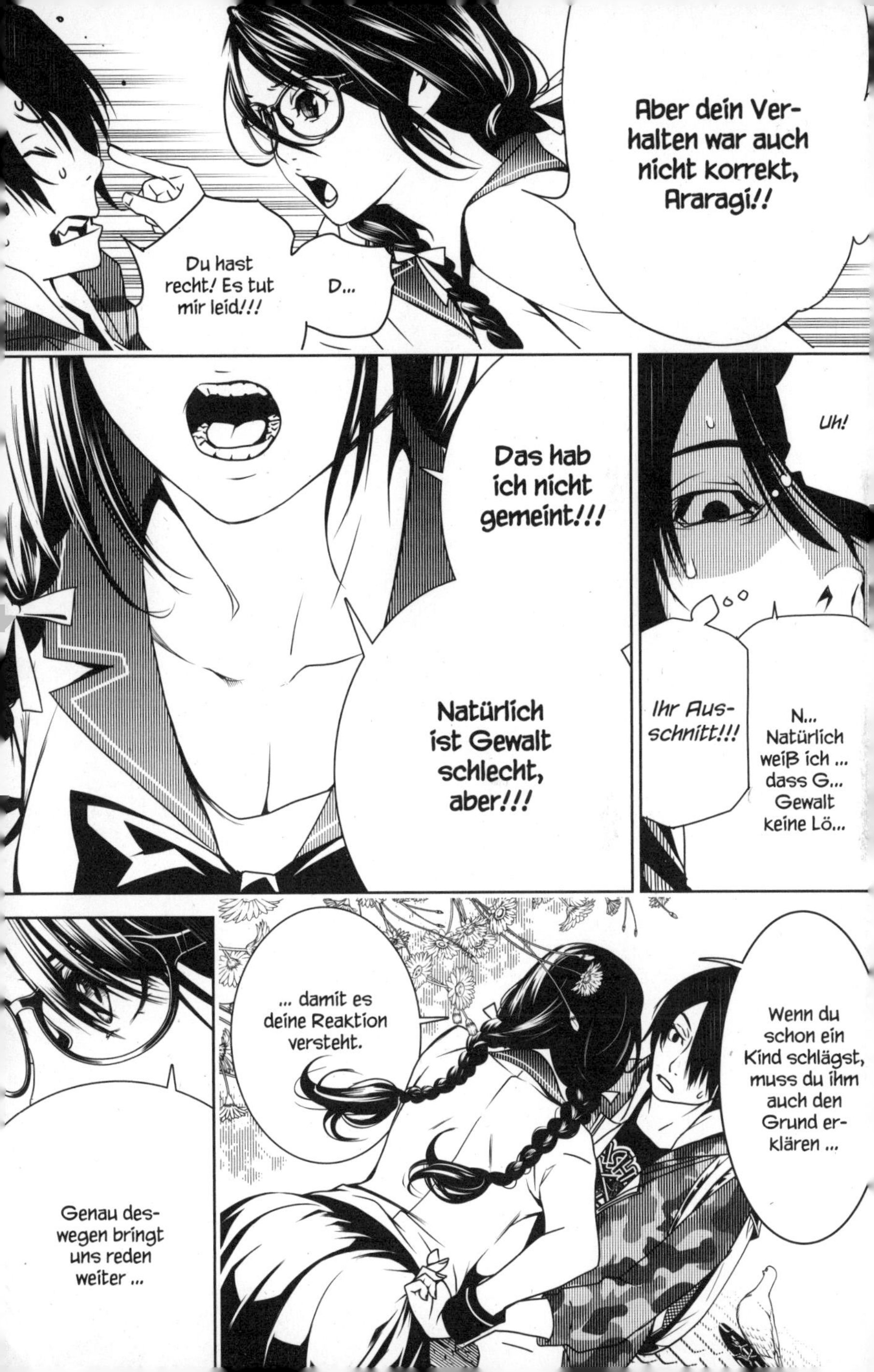
Aber dein Verhalten war auch nicht korrekt, Araragi!!
D...
Du hast recht! Es tut mir leid!!!
Uh!
Ihr Ausschnitt!!!
N... Natürlich weiß ich ... dass G... Gewalt keine Lö...
Das hab ich nicht gemeint!!!
Natürlich ist Gewalt schlecht, aber!!!
Wenn du schon ein Kind schlägst, muss du ihm auch den Grund erklären ...
... damit es deine Reaktion versteht.
Genau deswegen bringt uns reden weiter ...

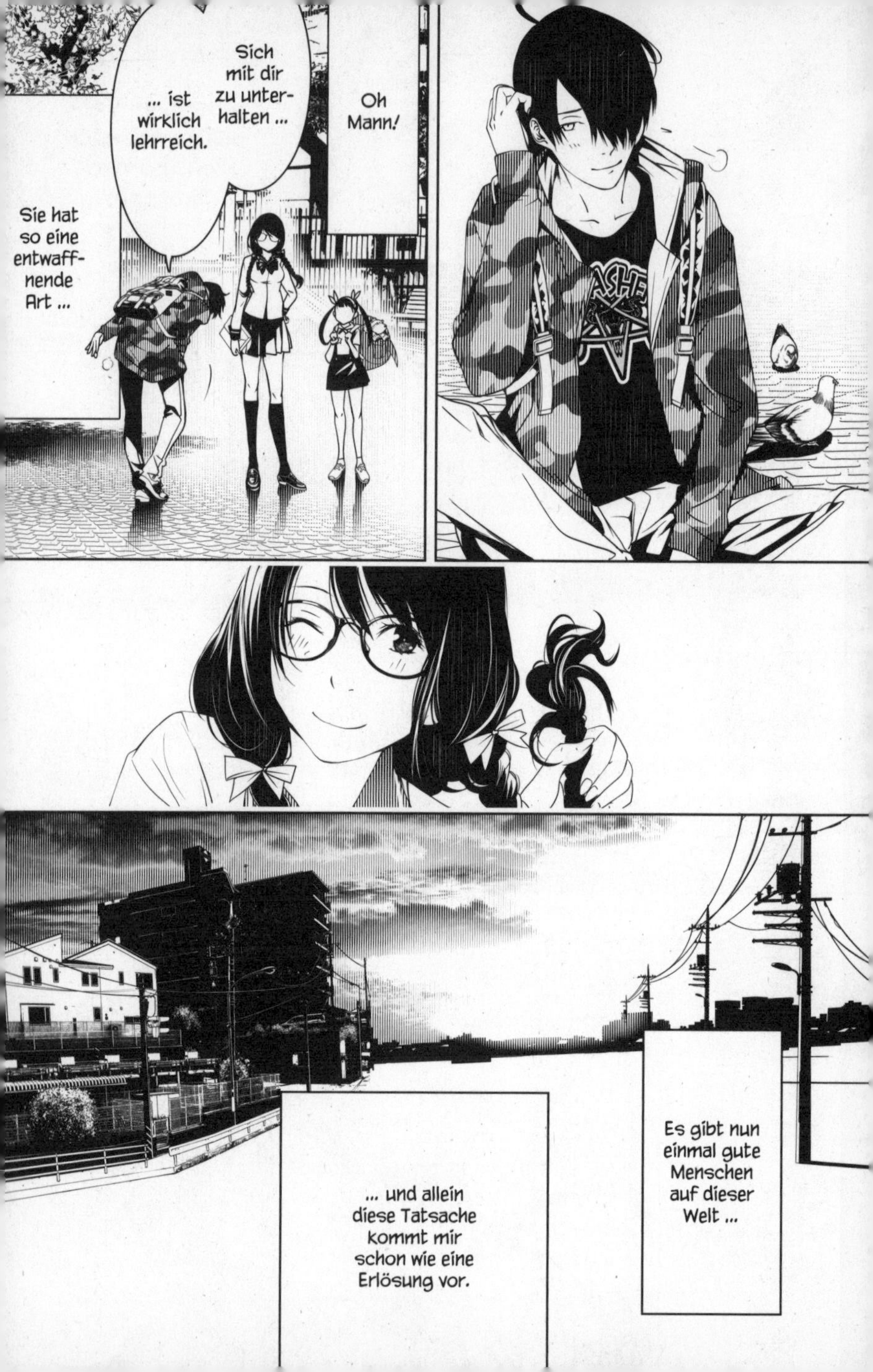
Oh Mann!
Sich mit dir zu unterhalten ...
... ist wirklich lehrreich.
Sie hat so eine entwaffnende Art ...
Es gibt nun einmal gute Menschen auf dieser Welt ...
... und allein diese Tatsache kommt mir schon wie eine Erlösung vor.

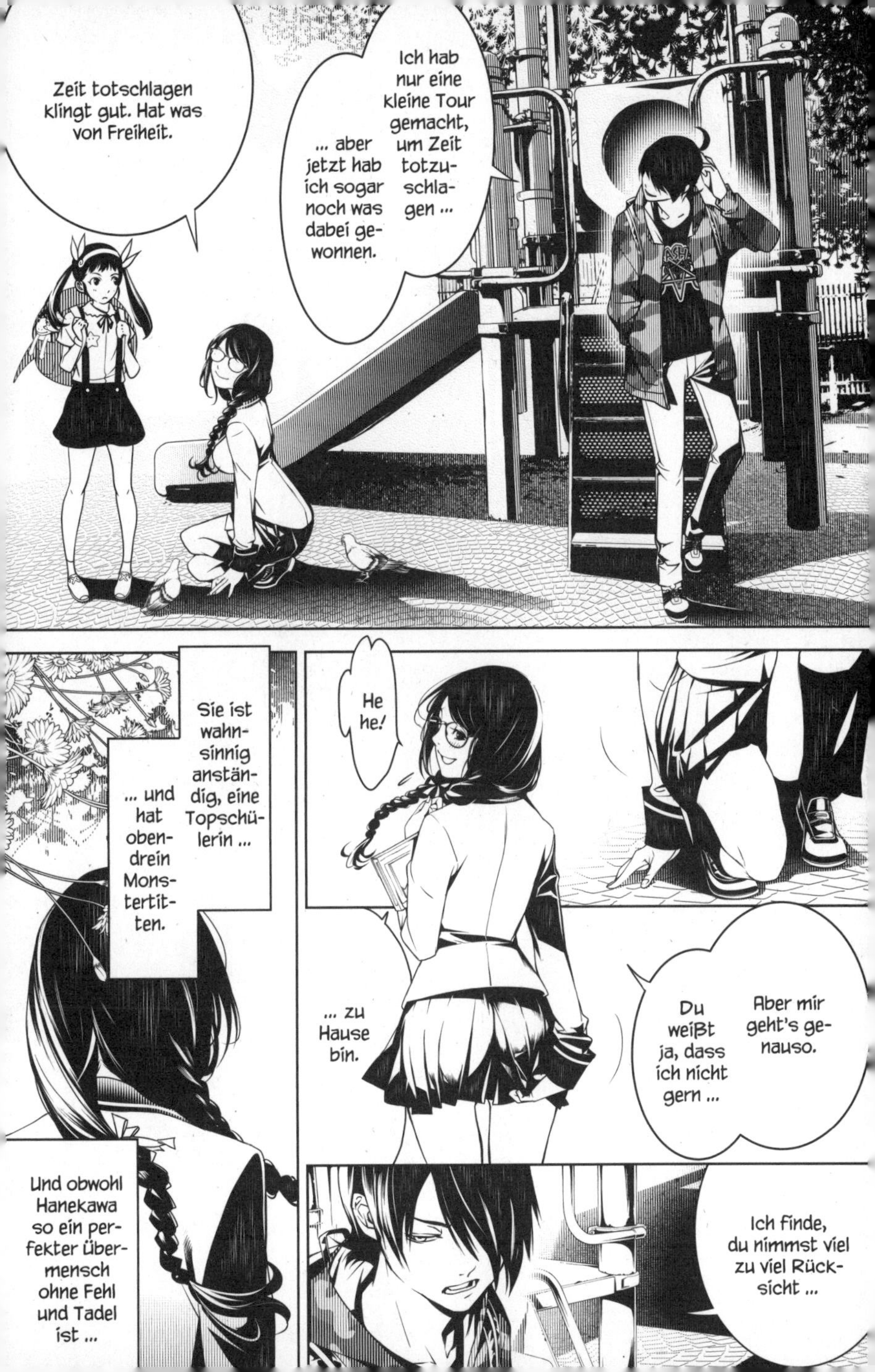
Ich hab nur eine kleine Tour gemacht, um Zeit totzuschlagen ...
... aber jetzt hab ich sogar noch was dabei gewonnen.
Zeit totschlagen klingt gut. Hat was von Freiheit.
He he!
Aber mir geht's genauso.
Du weißt ja, dass ich nicht gern ...
... zu Hause bin.
Sie ist wahnsinnig anständig, eine Topschülerin ...
... und hat obendrein Monstertitten.
Ich finde, du nimmst viel zu viel Rücksicht ...
Und obwohl Hanekawa so ein perfekter Übermensch ohne Fehl und Tadel ist ...

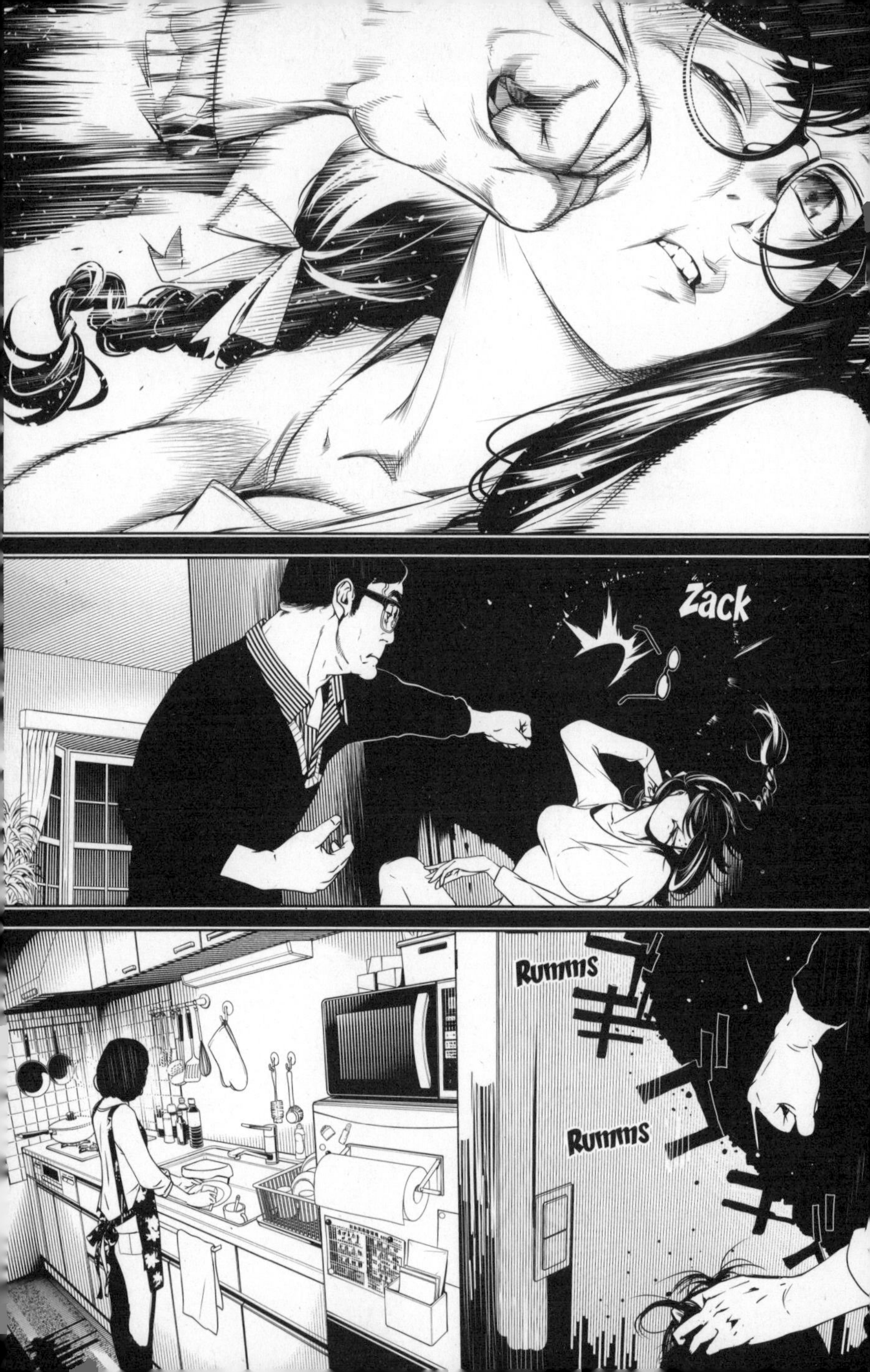
Zack
Rummms
Rummms

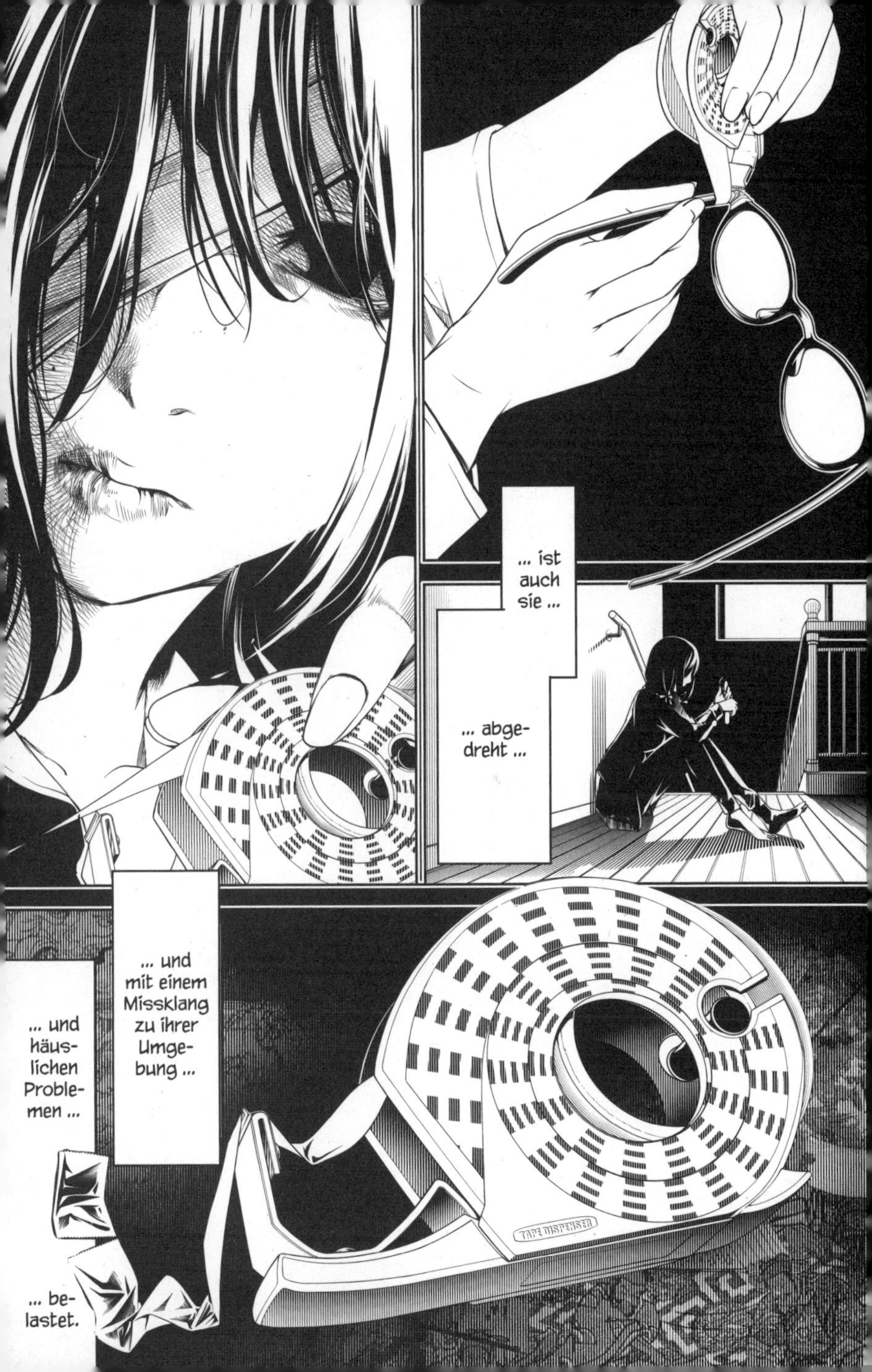
... ist auch sie ...
... abgedreht ...
... und mit einem Missklang zu ihrer Umgebung ...
... und häuslichen Problemen ...
... belastet.
TAPE DISPENSER

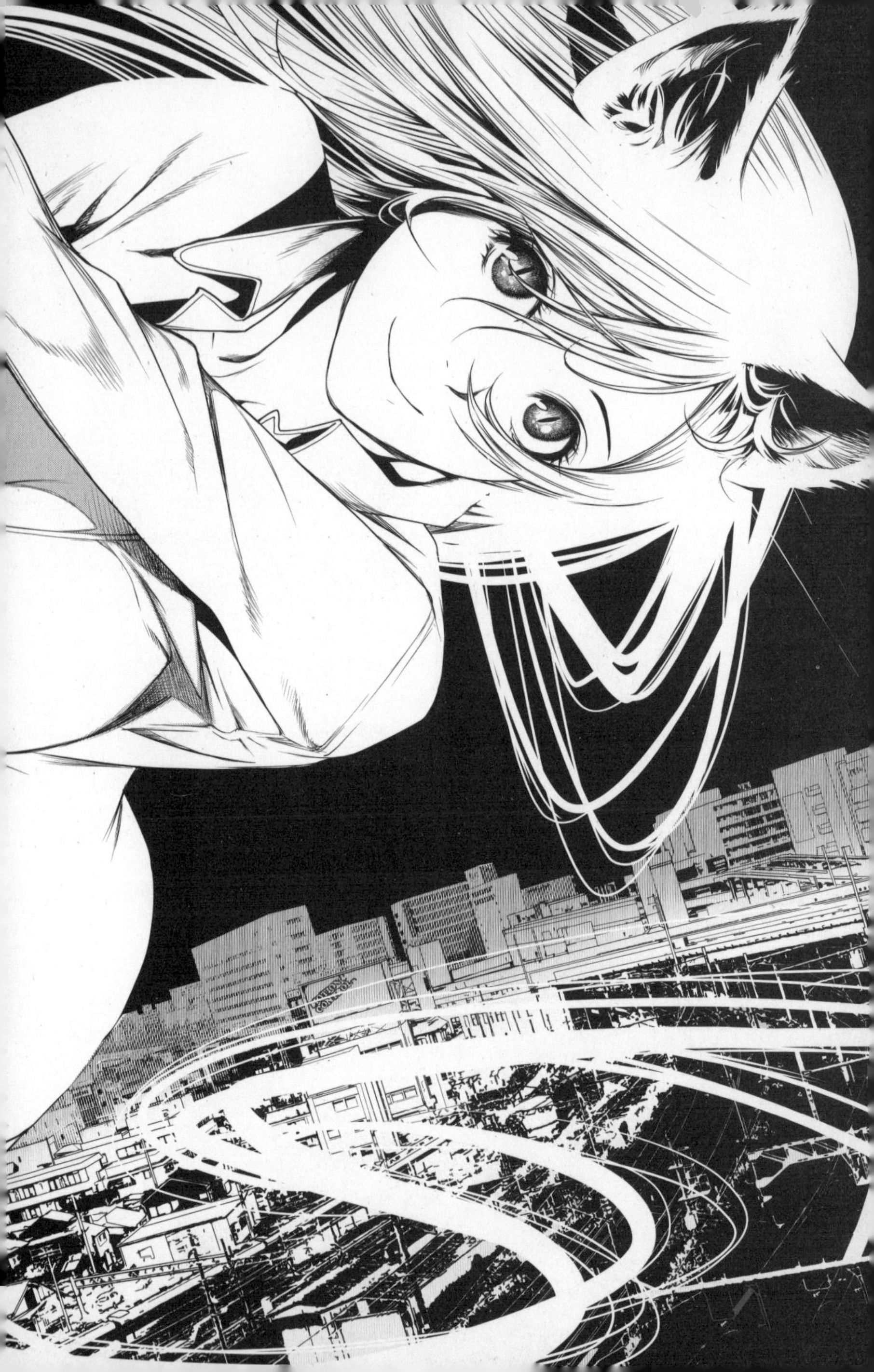

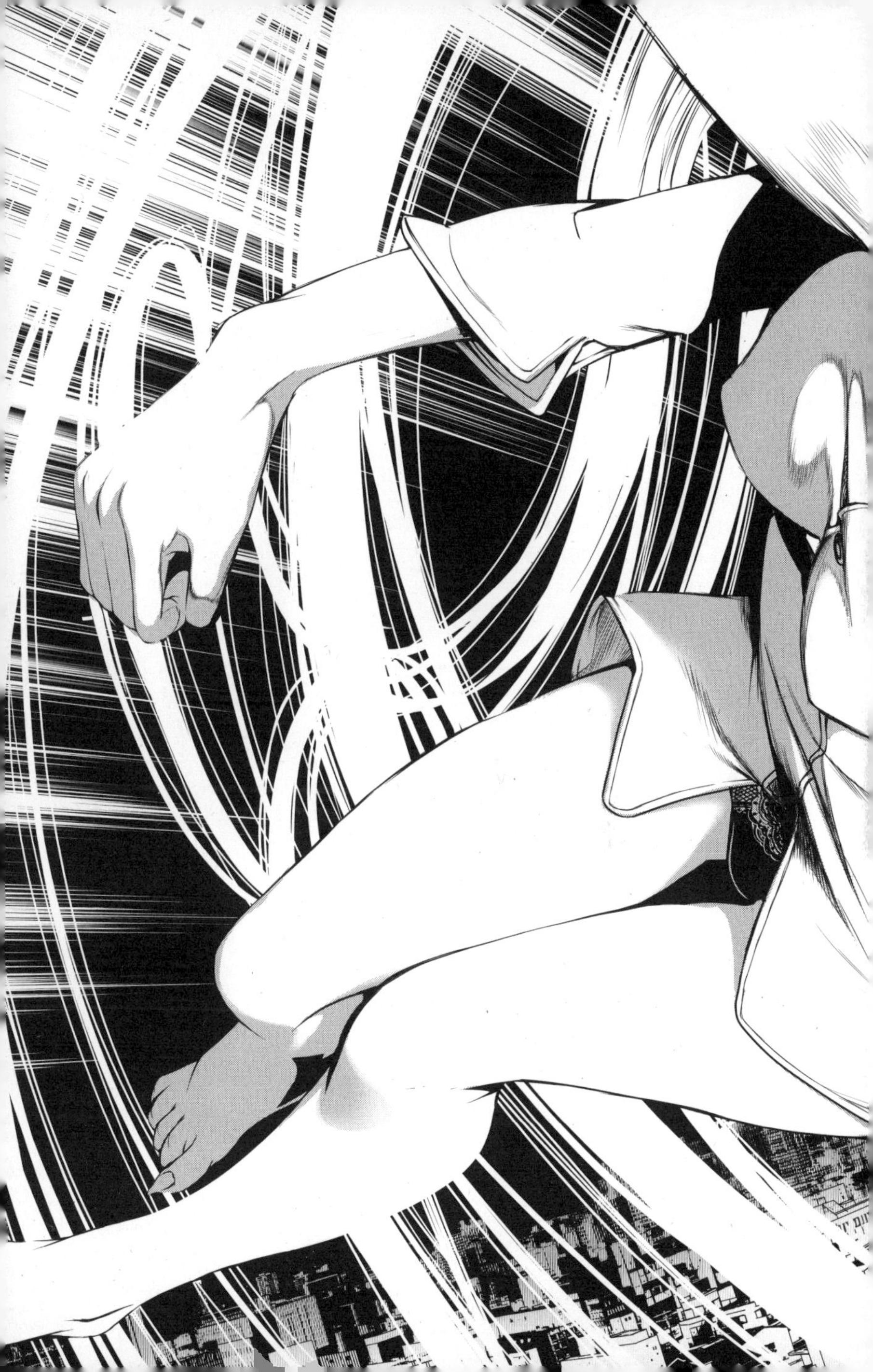

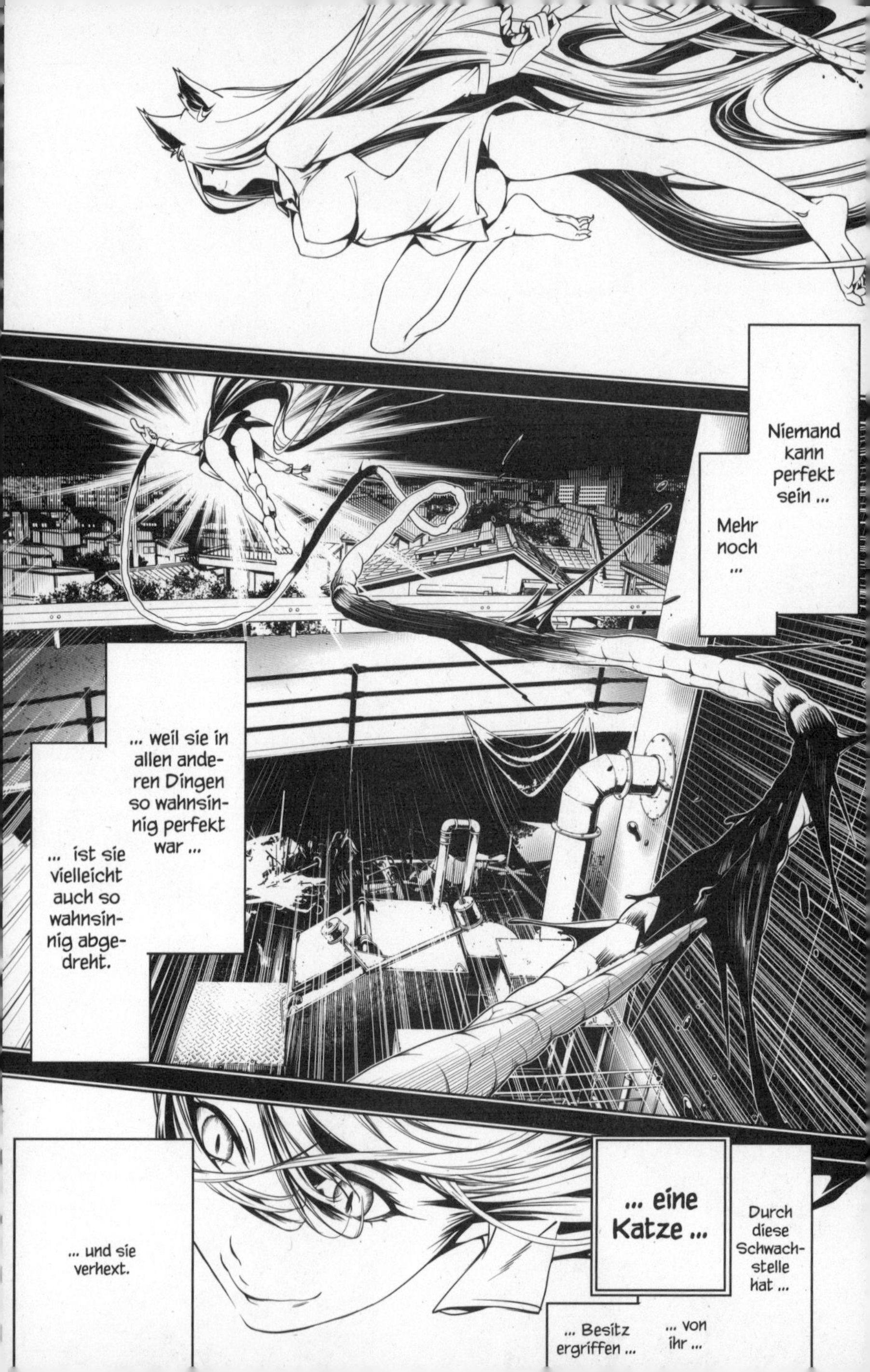

Niemand kann perfekt sein ...
Mehr noch ...
... weil sie in allen anderen Dingen so wahnsinnig perfekt war ...
... ist sie vielleicht auch so wahnsinnig abgedreht.
Durch diese Schwachstelle hat ...
... eine Katze ...
... von ihr ...
... Besitz ergriffen ...
... und sie verhext.

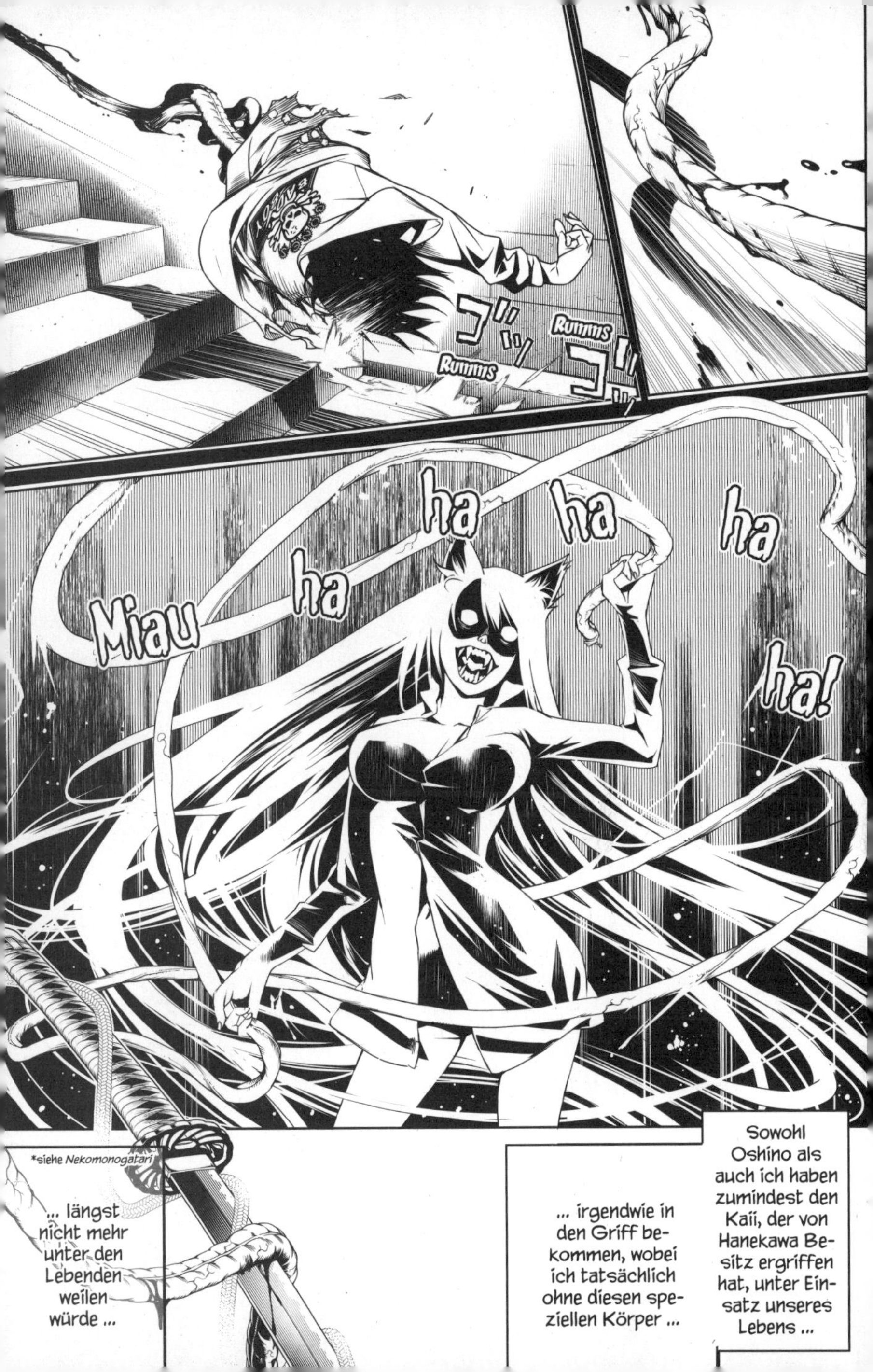

Runms
Runms
Miau
ha
ha
ha
ha
ha!
Sowohl Oshino als auch ich haben zumindest den Kaii, der von Hanekawa Besitz ergriffen hat, unter Einsatz unseres Lebens ...
... irgendwie in den Griff bekommen, wobei ich tatsächlich ohne diesen speziellen Körper ...
... längst nicht mehr unter den Lebenden weilen würde ...
*siehe Nekomonogatari

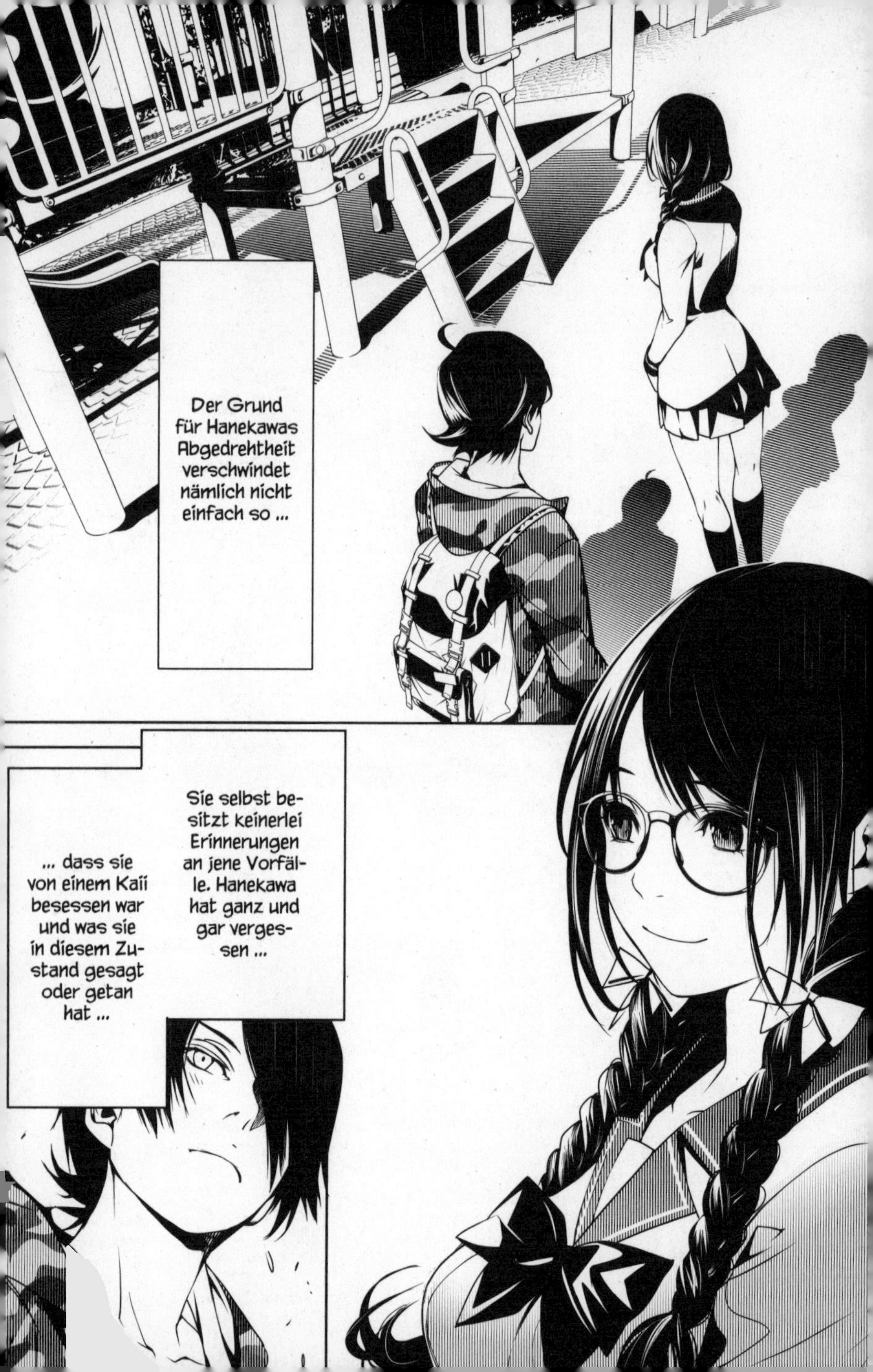
Der Grund für Hanekawas Abgedrehtheit verschwindet nämlich nicht einfach so ...
Sie selbst besitzt keinerlei Erinnerungen an jene Vorfälle. Hanekawa hat ganz und gar vergessen ...
... dass sie von einem Kaii besessen war und was sie in diesem Zustand gesagt oder getan hat ...

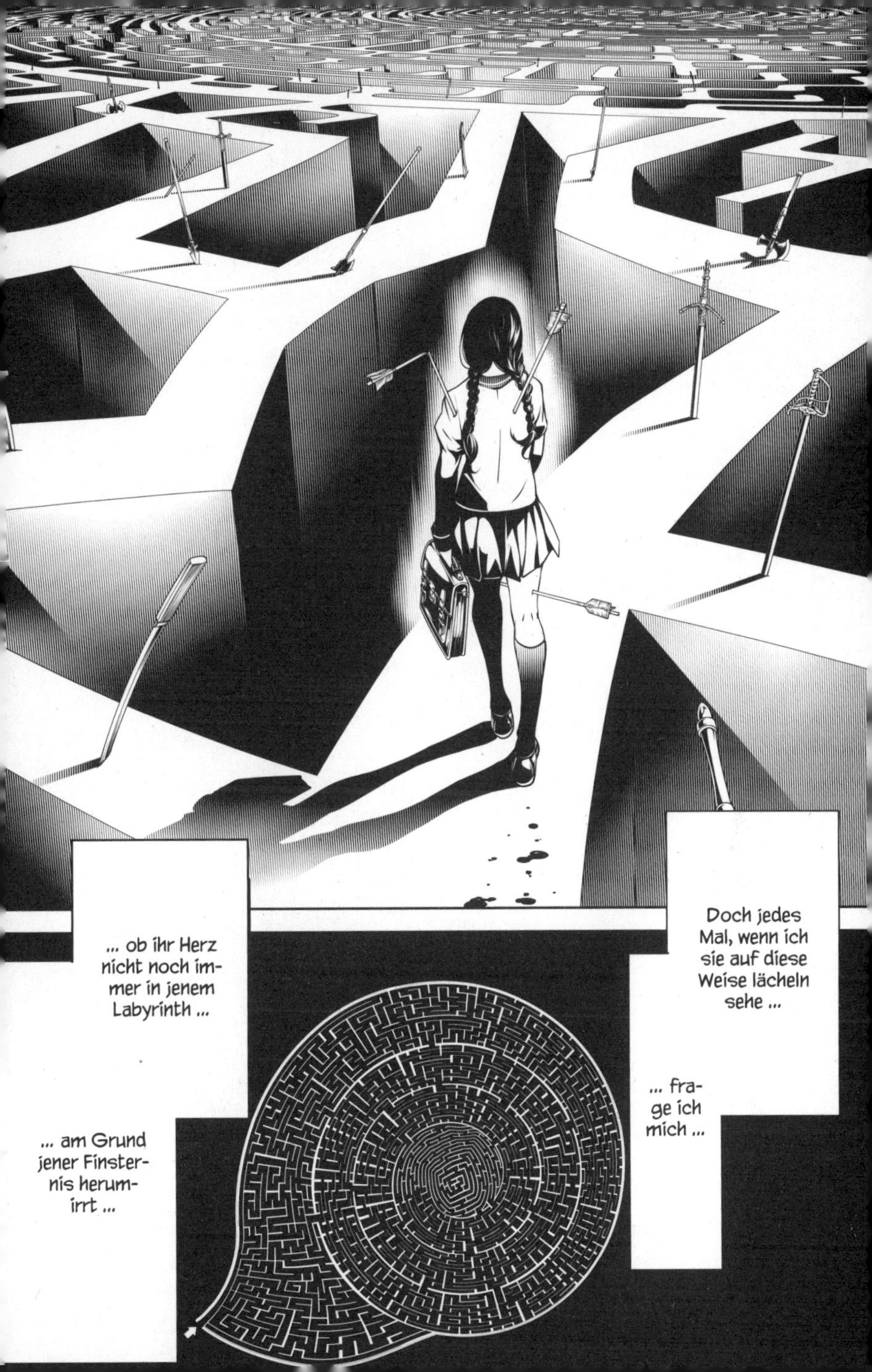
Doch jedes Mal, wenn ich sie auf diese Weise lächeln sehe ...
... frage ich mich ...
... ob ihr Herz nicht noch immer in jenem Labyrinth ...
... am Grund jener Finsternis herumirrt ...

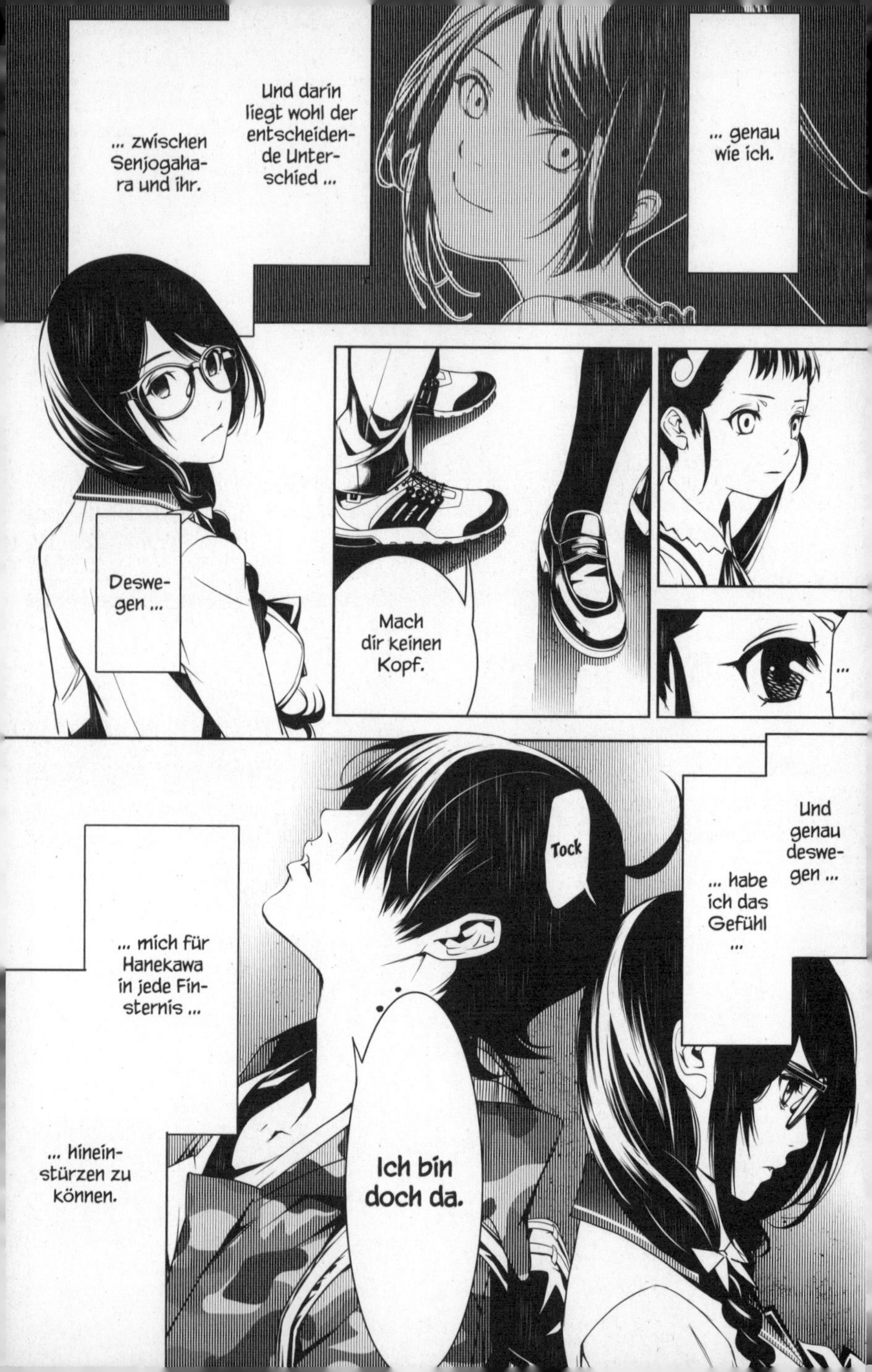

... genau wie ich.
Und darin liegt wohl der entscheidende Unterschied ...
... zwischen Senjogahara und ihr.
Mach dir keinen Kopf.
Deswegen ...
...
Und genau deswegen ...
... habe ich das Gefühl ...
Tock
... mich für Hanekawa in jede Finsternis ...
Ich bin doch da.
... hineinstürzen zu können.

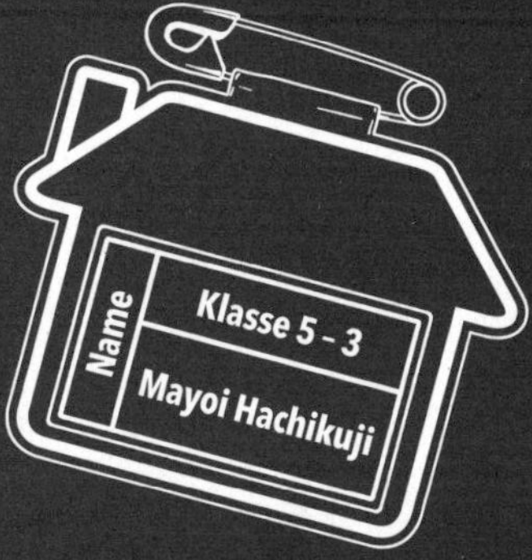

FORTSETZUNG FOLGT IN BAND 3

Einzelheiten zu

BAKEMONOGATARI

Der bisherige Verlauf des Mangas

Im fünften Grundschuljahr

Hitagi wird schwer krank.
→ Sie überlebt, doch ihre Mutter verfällt einer skrupellosen Sekte.

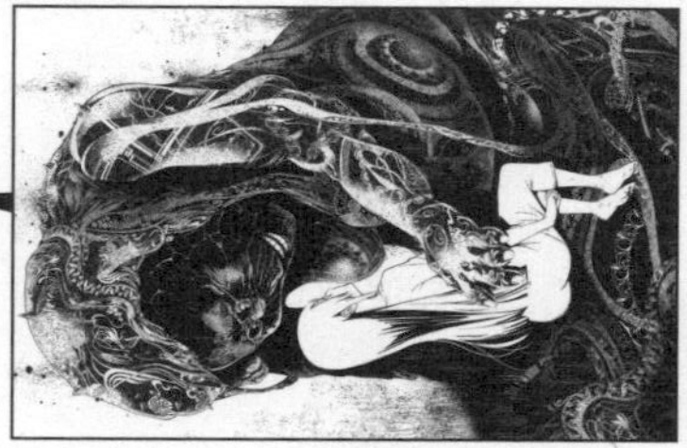

Vor Highschool-Eintritt

Hitagi begegnet der Krabbe, die ihr das Körpergewicht raubt.

Im zweiten Highschool-Jahr

25. März (Frühjahrsferien)

Koyomi begegnet einem Vampir, der im Sterben liegt.

Koyomi wird von ihm verhext, woraufhin er selbst sich in einen Vampir verwandelt und von Meme gerettet wird.

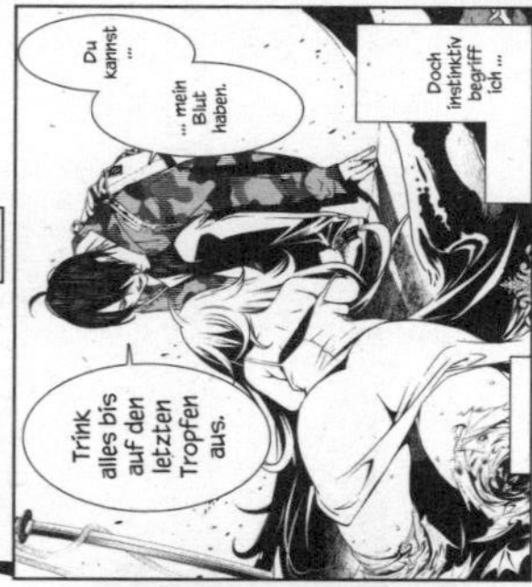

Im dritten Highschool-Jahr

29. April (Golden Week)

Hanekawa wird von einer Katze verhext.

→ Oshino hilft Hanekawa

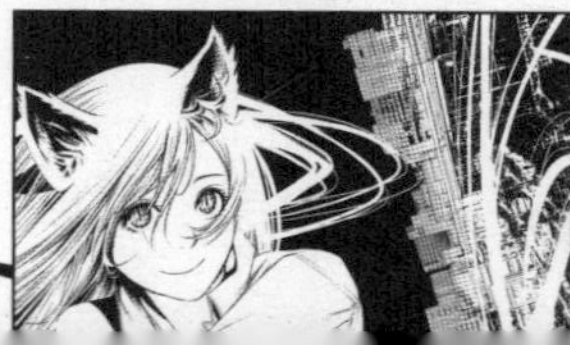

Kizumonogatari

Erschienen am 08.05.2008 in Japan

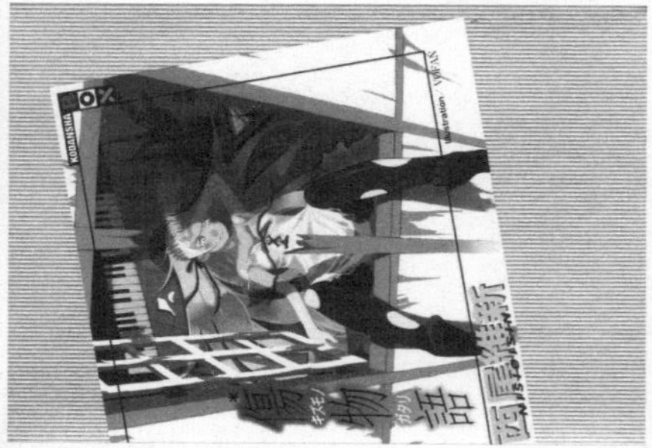

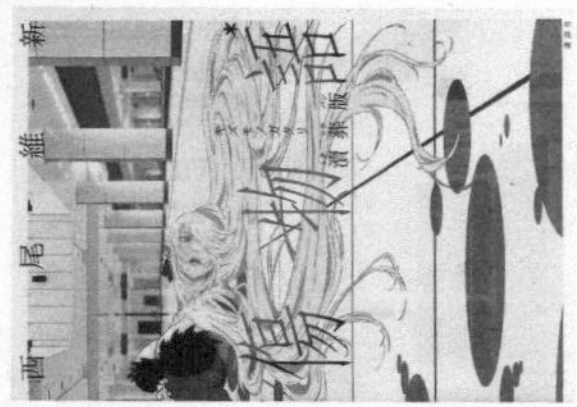

Kizumonogatari Sonderausgabe

Erschienen am 23.12.2015 in Japan

Kapitel 0: Koyomi Vamp

Hier nimmt alles seinen Anfang! Das ist die Vorgeschichte von Bakemonogatari! Alles beginnt in der Nacht am Tag der Abschlussfeier mit der Begegnung zwischen Koyomi Araragi und dem wunderschönen Vampir Kiss-Shot Acerola-Orion Heart-Under-Blade …

Nekomonogatari (Black)

Erschienen am 29.07.2010 in Japan

*Kizumonogatari

Der Manga befindet sich jetzt hier

Morgens: Koyomi fängt Hitagi auf.
Abends: Koyomi und Hitagi besuchen Meme.

Tags darauf:

Hitagi bekommt ihr Körpergewicht zurück.

Eine Woche nach dem Krabbenvorfall (Muttertag)

Morgens: Koyomi streitet sich mit seinen Schwestern und verlässt das Haus.
Koyomi trifft Senjogahara, die Freizeitkleidung trägt.

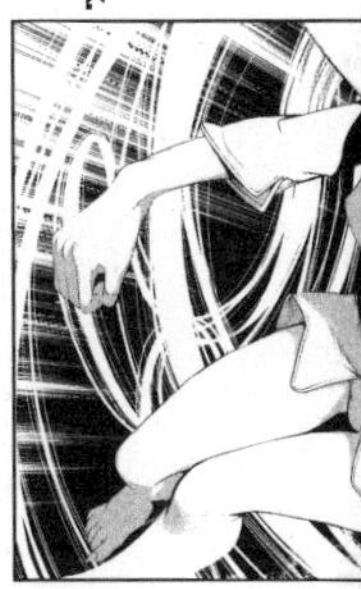

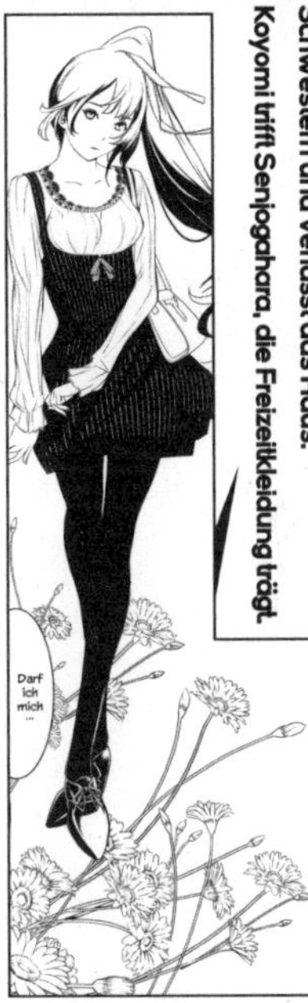

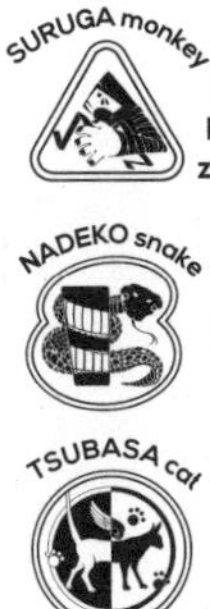

Koyomi begegnet Mayoi und zeigt ihr den Weg.

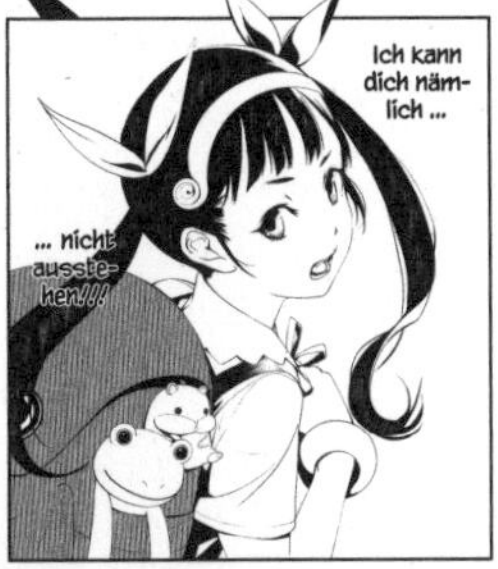

Koyomi begegnet zufällig Hanekawa.

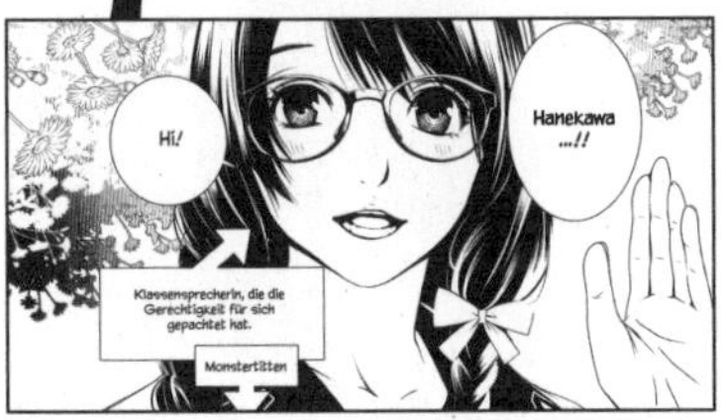

Bakemonogatari (Teil I)

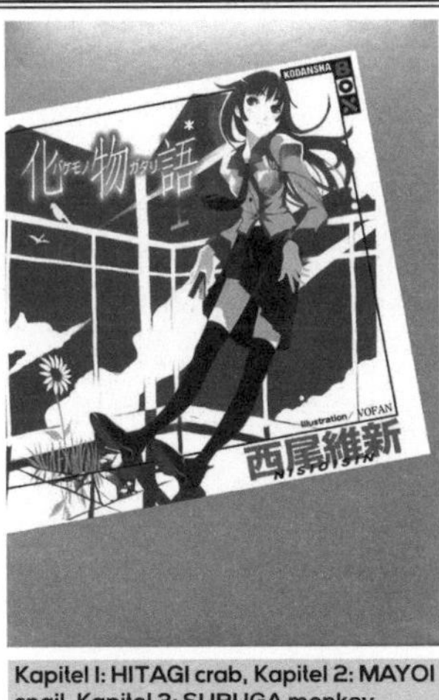

Erschienen am 02.11.2006 in Japan

Kapitel 1: HITAGI crab, Kapitel 2: MAYOI snail, Kapitel 3: SURUGA monkey

Ein Mädchen fällt vom Himmel direkt auf Koyomi Araragi. Hitagi Senjogahara ist so leicht wie eine Feder ...?!

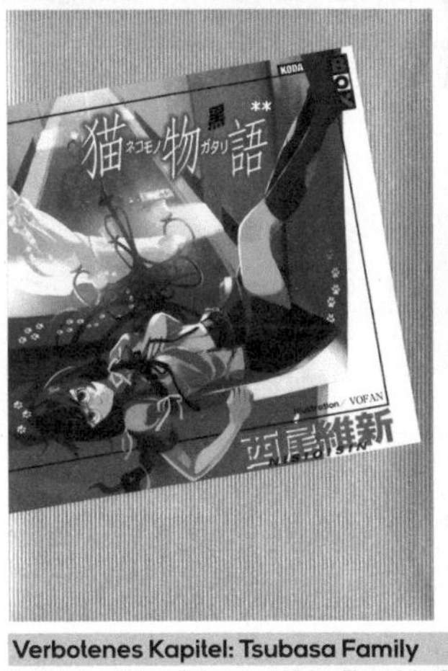

Verbotenes Kapitel: Tsubasa Family

Hier wird endlich erzählt, was wirklich während der Go Week geschah. Von was für einem Kaii wurde die tade Klassensprecherin Tsubasa Hanekawa verhext? Ohne es zu wissen, hatte sie sich zum ersten Mal verliebt.

*Bakemonogatari **Nekomonogatari Black

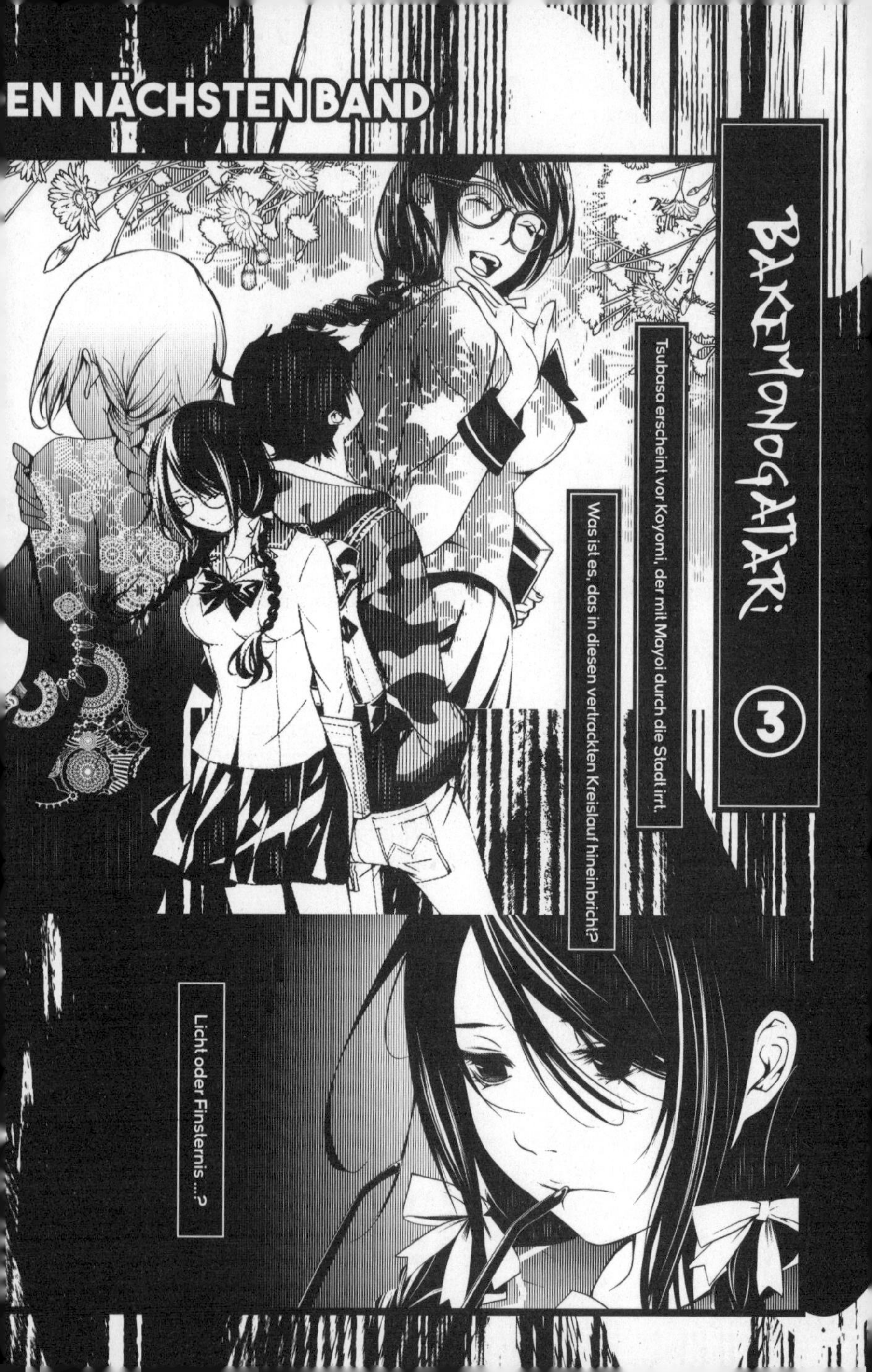
EN NÄCHSTEN BAND
BAKEMONOGATARI
3
Tsubasa erscheint vor Koyomi, der mit Mayoi durch die Stadt irrt.
Was ist es, das in diesen vertrackten Kreislauf hineinbricht?
Licht oder Finsternis …?

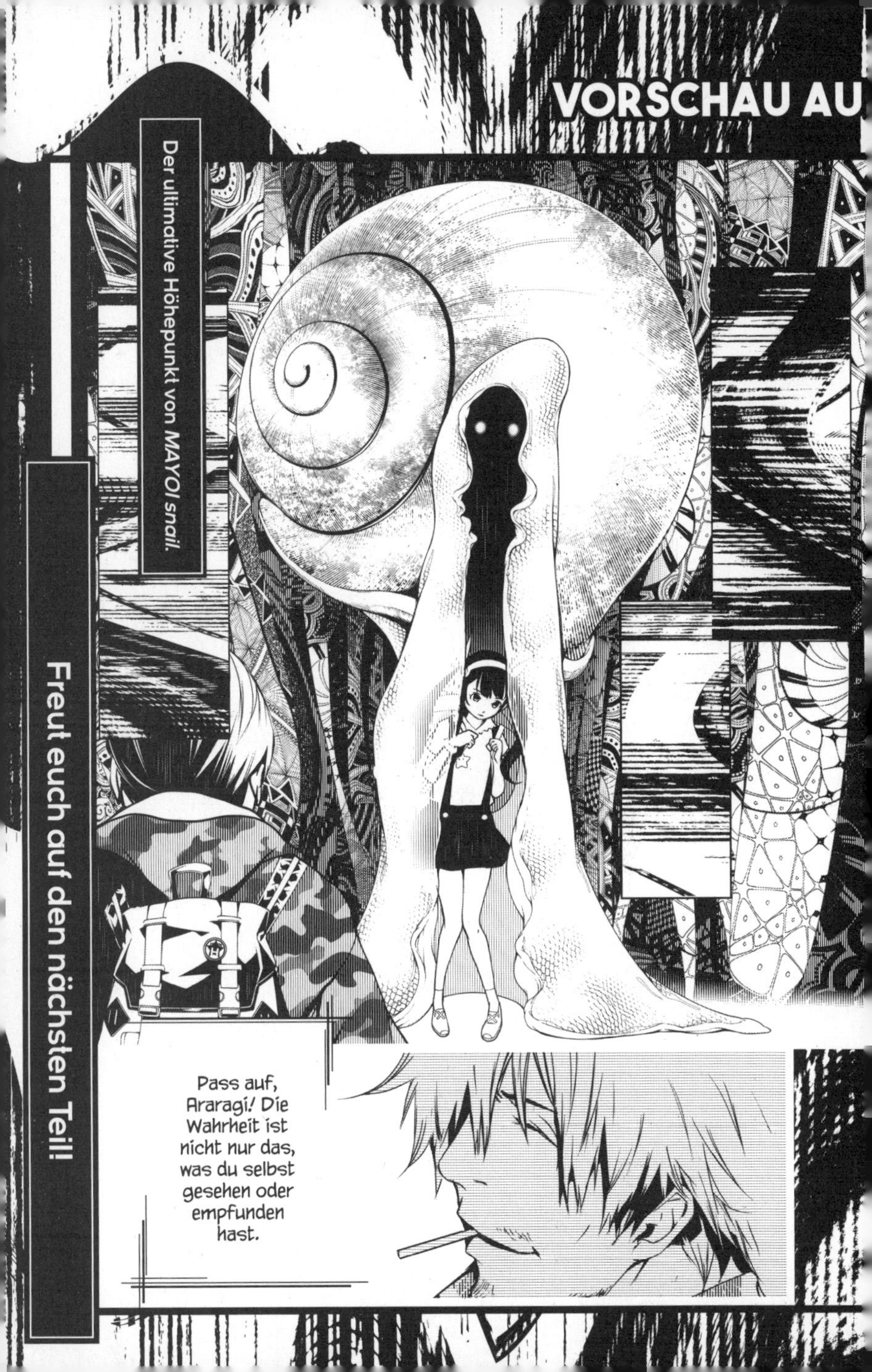
VORSCHAU AU
Der ultimative Höhepunkt von *MAYOI snail.*
Freut euch auf den nächsten Teil!
Pass auf, Araragi! Die Wahrheit ist nicht nur das, was du selbst gesehen oder empfunden hast.

TOKYOPOP GmbH
Hamburg

TOKYOPOP
1. Auflage, 2021
Deutsche Ausgabe/German Edition

Aus dem Japanischen von Sakura Ilgert

First published in Japan in 2018 by Kodansha Ltd., Tokyo.
Publication rights for this German edition
arranged through Kodansha Ltd.
Book Design: Veia

Redaktion: Natalie Tonak
Lettering: Vibrant Publishing Studio
Herstellung: Annika Meyer-Wülfing, Nils Bornemann
Druck und buchbinderische Verarbeitung:
CPI – Clausen & Bosse GmbH, Leck
Printed in Germany

FSC MIX Papier FSC® C083411

Wir achten auf die Umwelt.
Dieses Produkt besteht aus FSC®-zertifizierten
und anderen kontrollierten Materialien.

ISBN 978-3-8420-6968-8

www.tokyopop.de